网络空间战略问题研究

A STUDY ON THE STRATEGY OF CYBERSPACE

温百华 · 著

时 事 出 版 社
北 京

作者序

一直有个心愿，把自己网络空间战略问题研究成果重新梳理一下，形成完整的网络安全研究理论框架，至少是对得起自己的研究吧，无奈心有余而力不足。这不仅是因为时间精力有限，也是因为网络空间战略问题研究的复杂性、艰巨性。

但形成完整的网络空间战略理论框架，一直是国内外战略理论、安全理论、军事理论研究人员的夙愿。回顾自己过往十年来从事相关研究的心路历程，总感觉似乎有个方向，对美国所述“在”（In）和“利用”（Through）网络空间框架高度认同，对我国发展出“网络安全”和“信息化”领导体制深感欣慰。网络安全战略框架的核心任务就是要解决网络空间的“发展”与“安全”两大议题。

为此，自己一直在摸索遵照以下框架展开研究：一是两个方向问题，即网络空间发展战略、网络空间安全战略。这两个战略之间内容、方向有着严格的侧重，同时又有紧密的联系。“发展就是最大的安全”是基本认知。二是三个层次问题，是指网络空间国际战略层、网络空间国家战略层和网络空间国防战略层。两个方向在三个层次上都有体现，共同组成涉及“发展”与“安全”两大议题的六个不同领域。

而支撑这一框架的核心能力包括三个：一是网络空间国家治理能力，是指网络空间国家安全与发展两大方向的领导力，是网络空间国家战略的顶层设计与实践能力。就网络国防来说，就是网络空间军民融合体制。二是网络空间产业与服务能力，是保证网络空间国家安全的根本性能力。当前最主要关注的是网络技术、服务的国际分工与自主可控问题。三是网络国防军事保障与作战能力，是指网络空间军事作战能力。包括军队信息化建设、军事作战保障、民事关键基础设施应急反应支援、反暴恐情报支援等等。

遵照这样的框架，将这几年案头公开成果重新梳理一下，列举出来，按照时间排序，形成这个集子。时值美国新政府国家和国防两大战略落地之际，深感相关研究内容，至少在研究方向、涉及领域上与之有相当契合度，也算作是给自己过往研究的交代。但其中肯定存在很多问题，思路跳跃、文字晦涩等老毛病没能改过来，反映出自己早期研究的不成熟，拿出来让读者看，有些不恭，万望谅解。

温百华

网络安全研究的辛勤开拓者
——写在《网络空间战略问题研究》付梓之际

好友温百华的新作《网络空间战略问题研究》将要出版，为之高兴不已。他提出要我作序，我却深感惶恐。自知学术积累和研究深度严重不足，我岂有资格为其作序？然百华再三坚持，却之不恭。想了想，就谈谈温百华和他的新作吧。

温百华做学问最大的特点是认真执着，不惧下苦功夫。百华是我军较早研究网络安全问题的学者之一。大约是2010年前后，我初识百华，他就送了我一本《美军网络战研究》（国防大学出版社2009年版）。这本近20万字的书，是他在为国防大学硕士研究生开课而收集的大量资料基础上整理出来的，资料非常丰富。网络空间军事是一个新领域、新课题，很多概念都在发展变化之中，加上书中又有大量美军术语缩写，因此读起来非常吃力。即便是最基础的“赛博”（Cyber）一词，其确切含义如何，中文应该如何翻译为好，至今仍有争议。百华凭借其扎实的理工技术基础和敏锐的战略敏感性，对这个网络空间战略安全领域进行了长期持续的跟踪研究。

十多年来，百华聚焦网络安全研究的引领者——美国，以其为主要对象，每天都要花大量时间阅读一手英文资料，深入研究美国专家学者关于网络安全问题的概念及其变化，密切关注美国政府和美军的网络安全战略政策与实践，从一个个具体问题入手，逐渐梳理出了一个相对完整的体系框架。可以这样说，在网络安全领域，他摸了象腿摸象耳，摸了象耳摸象鼻，摸象身、象尾，这其中还有多次回过头来反复摸……现在我们看到，他已经可以相对完整、清晰地描绘出“美国网络军事”这头大象的总体轮廓和一些关键细节。温百华的网络安全研究，已经获得越来越多包括美国专家在内的中外网络安全专家的认可和重视，并为国家和军队有关部门的决策做出了积极贡献。当然，网络安全战略和网络军事问题本身仍在发展变化过程中，百华的分析和结论也必然会随着情况的发展而改变、深化，这其中，也不排除会有“否定之否定”的过程。

即将出版的这本《网络空间战略问题研究》，就是百华近年来的一部分研究成果。作为一部文集，它虽然不像通常的专著那样严密和成体系，但考虑到网络安全战略问题的前沿性，文集覆盖范围和研究深度，细心的读者不难发现，在百华这本新书里，实际上已经有一个体系性的构想贯穿其中了。他在书中提出的思想、判断和结论也同样值得关注。

这本书收录的文章从内容看，大致可分为三类：

一类是网络安全战略形势的年度报告和综述性分析文章。本文集收录了百华自2011年到2016年的6篇年度评估。但凡是长期性重大战略问题，都需要持续进行定期总体评估，以保持对其发展动态的跟踪把握，这既是战略研究的惯例，也是从宏观全局把握网络安全战略和军事斗争形势之必须。写这类报告需要阅读大量的资料，经过深入思考，提炼出需要抓住的重点问题，加以汇总和提炼，最终多以数千字成文。虽然端出来的只是一盘“烩菜”，但这盘菜的“食材”需求量却非常大。从事战略研究的人，都非常熟悉这样的“烩菜”，也都知道它非常考验“厨师”的功力。在文集中，“网络军事化发展趋势及网络军控走向”是一篇专题评论报告，百华在文中提出了“网络军事力量从战略走向战术”“网电作战成为联合作战核心内容”“关键基础设施是主战场”“网络军控需抓住‘扩大化的航天俱乐部’特征”等值得关注的重要判断，对认识理解当前世界网络战略和军事斗争态势和走向很有意义。

二类是专题研究报告和专题分析文章。这里不仅有一些看似零星却反映了当时（现在看，这些问题并没有过时，因此仍可以说是当下）的重点，还有关于美军军事建设和运用的系列专题研究报告和分析文章。这里特别值得一提的，是书中六篇“走向正规化的美军网络作战”，以及“理解美军网络力量”“网络国防与美军网络作战案例分析”“美军战术网络作战力量基本情况”“从军事作战角度透视美军网电作战装备”等专题分析文章。这些报告和文章从力量建设、装备发展、作战思想和作战案例等多角度对美军网络作战进行了描述，对读者全面理解美军网络作战的方方面面大有裨益。

三类是英文材料的翻译和编译。这类文章的意义在于把自己看到的有价值的好原文材料翻译过来，与读者共享。网络安全战略和网络军事问题，既有强烈的专业技术特性，又有明确的政策属性，还有浓厚的军事色彩，这种文献的阅读和理解，难度非常大，没有技术基础，不懂专业的人员，很难完成这个工作。百华多年来养成了信息分享的习惯。看到好文献，都要尽量翻译或编译出来，想办法发表出来。在本书中，“保罗·中森根：‘多域战（MDB）’中的网电空间”等文，都是当前网络安全研究人员应该关注的非常重要文献。虽然由于种种原因，有些译文的可读性仍有待提高，但这些译文和编译，无疑属于“拔己毛而利天下”的可赞之举。

总体上看，百华这本文集并不是单纯的学术论文集，更多属于网络安全战略和网络军事的政策性研究文集，与现实斗争的关联非常紧密。这也是战略、军事学术的特点。面向决策的战略、军事学术研究，既有学术研究的客观性和严谨性，同时又具有强烈的战略政策含义在其中。这也正是百华的研究成果能够得到有关职能部门认可的重要原因。

拉拉杂杂写了以上文字，与其说是为百华的新书作序，不如说是我自己对百华新书的学习体会。

徐纬地

目 录
CONTENTS

网络安全基础理论

网络安全国家战略

网络安全军事战略

网络安全国际治理

网络安全事件案例分析

网络安全国际态势年度评估

大国竞争对网络安全的影响

网络安全基础理论

网络安全战略问题初探

在经济全球化、社会信息化、政治多极化的国际环境下，网络安全战略问题研究是必须面临的历史使命。奥巴马政府2010年公布的《国家安全战略》正式将网络空间确定为与核、航天并列的国家安全核心战略领域。2011年美国《国防部网络空间作战战略》正式启动在该空间与陆海空天四维作战空间同样的采办、装备、训练、战备等军事业务。但网络安全战略到底该是什么、当前都有哪些重大的现实战略问题、其基本框架应有哪些基本组成等等战略性问题，都尚未有明确的理论结论，需要我们作全面的反思。纵观世界上所有国家已公布的网络安全战略文件，可以从如下几个角度理解网络空间安全战略问题：

一、网络安全的战略认知

（一）网络空间的战略本质

近10年来，美国对网络空间有不少于五个官方正式定义。这反映出各国对网络空间的战略认知一直在演化之中。当前，可以从两个层面理解网络空间：从技术上看包括物理网络层、逻辑网络层和用户或者社会网络层①。它向下逐渐过渡到电磁频谱空间，向上逐渐过渡到信息空间。从战略管理角度来看包括公开互联网、国家关键信息基础设施、军事关键信息基础设施三个层面。其中，国家关键信息基础设施又包括各类工业控制系统。东西方社会在网络空间技术发展过程中所起的主导作用不同导致对网络安全的战略认知存在明显不同：西方社会更注重从技术角度理解网络安全，中、俄、印、日、韩等国家更注重从偏重对人实施国家管理的信息安全角度理解网络安全；西方国家战略重点更偏重国家关键基础设施、军事（国家安全）基础设施的防护，东方国家更加注重互联网的治理与规范化技术应用。

（二）网络空间战略地位的特殊性

网络空间虽与其他战略空间并列，但与其他所有战略空间没有处

① 详见图2的“技术空间维度”。

于同一个层面①。这种关系可以用拥有三个闭环回路的网络空间社会行为控制模型来理解（见图 1）。这种模型反映出网络空间与现实陆海空天四个域是“映射的关系、独立的关系和集成的关系”。所谓映射，是因为网络空间完全是现实世界的反应。所谓独立，是因为它有其他域相同的客观存在特征。所谓集成关系，是将现实世界各要素关系在网络空间的再造。是一种对现实世界的重塑，属于能动作用。这种三闭环模型的根本落脚点是社会行为建模，它将网络空间的本质认识拉回到了“cyber”—“控制”这个原始含义上来。

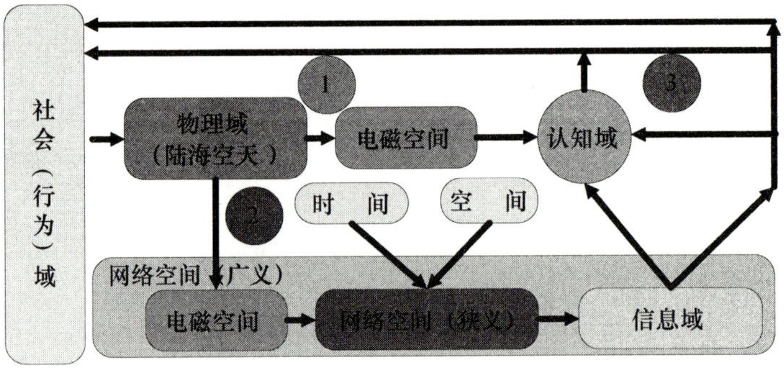

图 1　网络空间社会行为经典反馈控制模型

正是网络空间的这种特殊战略地位，导致网络空间的安全对经济、科技、社会、文化、政治、军事②等国家安全产生巨大影响。网络安全的战略地位成为当前国家战略的核心问题。

（三）网络安全战略的主体行为分析

网络空间战略地位的特殊性，导致制定网络安全战略的基点网络空间主体行为驱动分析。如表 1 所示，五大类网络空间行为主体覆盖社会行为域的所有主体。这些行为背后的行为驱动是网络空间行为分析的根本。而且这种行为驱动的基本特征是驱动要素的广泛叠加，涉及到政治、经济、军事、社会、文化等等国家传统与非传统安全的所有领域。

---

① 学者对这些空间的关系更多的描述为金字塔型。

② 详见图 2 的“行为维度”。

表 1　网络安全行为体行为驱动分析表①

网络空间行为体			权利与义务	备注
国际组织	联合国及下属组织	联合国教科文组织（UNESCO）、国际刑警组织（INTERPOL）、国际电信联盟（ITU）、世界知识产权组织（WIPO）	权利与义务是行为分析的核心	国际协调主体
	区域性国家联盟	欧洲联盟（EU）、北大西洋公约组织（NATO）、经济合作与发展组织（OECD）、欧洲理事会（COE）、东南亚国家联盟（ASEAN）、亚太经合组织（APEC）、上海合作组织（SCO）等		
	专业技术组织	计算机应急响应小组（FIRST）		
		国际标准化组织（ISO）		
国家行为体	第一层国家	社会信息化成熟度程度高，国家信息基础设施完善，软硬件产业实力强		关键管理主体
	第二层国家	社会信息化正在高速发展但整体成熟度不高，国家信息基础设施较为完整，软硬件产业领域有一定影响力，存在一定的国家网络空间应急反应机制		
	第三层国家	信息化建设的投入乏力，主要信息基础设施依赖于外国，对网络空间缺乏自主影响力。		
正式组织	政府部门	国家关键基础设施		关键服务主体
	企业	全球性国际企业（技术）		
		网络服务提供商（电信）		
		网络内容提供商（服务）		
	社会组织	基金会、各类智库		
	研究机构	传统与非传统研究机构、大学、专门科研机构		
非正式组织	黑客主义组织	占领华尔街运动		基本协作主体
	技术爱好者组织	CSDN		
	软件开源社区	Hypertable 等		
	黑客组织	匿名者		
	企业间组织	网络中心战工业联盟		
	国家间综合组织	慕尼黑安全政策会议		

① 详见图 2 的“主体维度”。

续表

网络空间行为体			权利与义务	备注
个人	网络空间个人用户	一般用户		基本行为主体
	网络空间专家	理论与技术专家		
	网络空间黑客	黑客		

（四）网络安全战略对抗空间

由以上三点总结，可以得到图 2 所示网络安全战略对抗空间。该空间中，技术维度就是网络空间的概念空间；主体维度是该对抗空间的行为主体；现实维度是网络安全所要映射的现实空间，是其所依附的社会应用领域，是现实的物理、社会域。利用该框架既可以描述网络空间行为，也可以描述网络空间能力和意图。

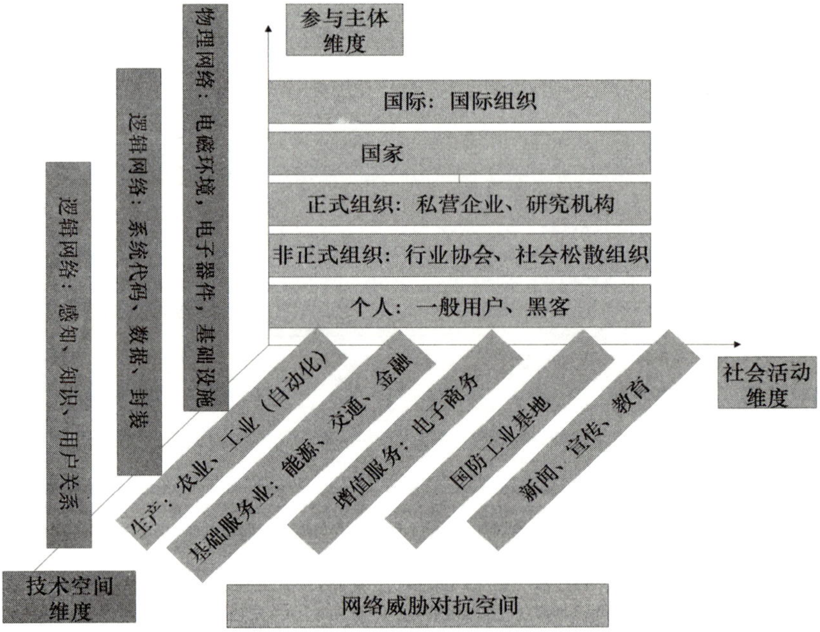

图 2　网络安全战略对抗空间

值得注意的是：一方面，该框架是其他国家安全与战略问题描述方法的一种抽象，只是网络问题的特殊战略地位决定了该框架的描述（颗）粒度更细；另一方面，网络空间的显示可分析性，也有助于其他国家战略与安全问题分析的具体化、科学化，是对战略与安全由理论走向实践的一种贡献。

（五）网络安全的战略属性

网络安全战略属性的根本特征是网络空间复杂性导致的网络安全战略的非对称性。这些特征包括战略直达、缺乏战略纵深、跨域级联效应明显；行为主体多样、行为驱动因素交织；溯源困难、攻击性行为具有先天主导优势；技术门槛低、预警时间短、网络态势感知困难等等。而这种战略非对称性较核领域、太空领域更为明显，其直接后果表现为核领域的战略态势最为成熟，太空领域次之，网络安全的战略态势最为不成熟，也最为模糊。

二、网络安全的战略驱动

网络安全战略问题由一系列战略性现实冲突与矛盾引发，其核心是现实物理世界战略冲突，但又因网络空间的复杂性引发一系列特殊的战略性问题。现实战略冲突与虚拟战略对抗相交织，驱动网络安全战略地位愈发重要。这些战略性问题驱动包括：

（一）网络价值观对国家主权的冲击

网络空间是涉及国家安全的全球公共领域之一。国家在网络空间当然享有以“立法、行政、司法”权为主的国家主权，但网络空间“自由、开放、共享”的核心价值观突破了国家疆界，传统的国家统治方式不完全适用于网络空间，对国家主权产生负面影响。更重要的是，网络空间价值观的国际政治化与国内政治化倾向相互交织，绝对化与普适性相呼应，使得该价值观成为国际、国内政治斗争的一种工具。网络空间国家主权的理念需要更新，主权地位的体现应该由更加强调公与私之间的“合作”理念来代替，形成网络空间国家治理框架。更重要的是，国家治理理念应该上升到全球治理：即通过作为网络空间的关键管理主体的国家之间的合作来推动治理方式、治理经验的全球分享，为网络空间价值观产生更加深远的社会价值。

（二）网络空间安全威胁与网络空间行为准则

网络犯罪、网络黑客主义、网络间谍（商业与国家安全）、网络恐怖主义、网络战争是网络空间安全威胁的五种基本形态。在网络空间技术远未成熟之间，网络空间行为准则问题至关重要。但就当前来看，国际社会对网络空间行为准则的主体界定模糊，对行为准则涉及行为类型不明确；对基于能力、基于行为还是基于意图的行为准则描述存在分歧；对行为代价的认知无统一标准，安全需求驱动力弱；攻击与防御两大类行为与能力尚在发展之中，攻击性行为主导导致战略失衡；对行为的认定困难、对违规的惩罚没有规范。制定网络空间行为准则的条件远未成熟。

（三）网络空间军事化与网络军控

以军队为主体构建网络安全力量是将网络空间与国家安全挂钩的必然选择，这也是国际上的普遍做法。美国、英国、法国、德国、日本、韩国、澳大利亚、新西兰，包括以色列、伊朗、朝鲜等国家莫不如此。美国在此方面取得的成绩最大：已经构建了网络安全力量建设与应用的完成框架，形成了网络空间企业化的体制机制。特别是美国在网络空间奉行威慑战略，通过震网等一系列攻击性行动展开网络作战实践，以 X-Plan 等项目积极发展攻击性网络作战技术，网络空间军事化已经全面失控。而且，美国以“其基础设施尚未强大到足以应对国家级的网络攻击，不具备可靠的网络战法来攻击敌方的国家基础设施，有规范价值的国际公约是否充其量只是对美国有限制意义”等为由，拒绝讨论网络军控问题，国际网络军控遥遥无期。

（四）网络安全战略态势感知与网络企业化

网络安全战略态势是网络安全战略的基本问题，因为网络空间的复杂性，也使得它成为最棘手的战略问题。网络空间企业化将各职能部门的感知信息共享交流，能够在技术发展的基础上，全面提升了国家对网络空间的安全威胁的反应能力，成为网络安全战略的基础前提。美军最早在国防部企业化的概念框架下提出网络企业化概念。可以从三个层次来把握其总体内涵：一是在战略上总体筹划网络空间发展与安全；二是在操作层面上按职能部门分头实施网络业务；三是在技术层面上构建统一共享平台。对于美军来说，网络空间企业化还具有特殊含义，即是要实现“打破军兵种的界限，实现光速作战”的战略目标。网络空间企业化是网络空间的内在需求，是网络空间的方法论。从当前几乎所有已构建的网络安全国家机制来看，普遍采取的是国家网络空间企业化的体制机制，这已经成为一种国家战略选择。事实上，国家网络空间企业化存在着部门利益的障碍，也存在着职能主体业务转型困难的苦局。

（五）网络技术创新与自主可控

一个国家在全球网络技术产业中地位决定着该国网络安全的基本战略态势。国家必须全面把握网络空间技术创新的几个基本趋势：一是关注软件领域的开源项目和社区。不论是 Google 的 Andriod 系统，Apple 的 IOS，还是微软的 windows，核心都转为构建网络应用的生态环境。开源项目是处于信息技术下游的国家在构建这种生态环境上发挥更大的作用、谋求到相对安全的最后机遇。二是硬件领域的网络核心设备制造业业务拓展问题。诸如华为、中兴这样的大型企业的国际业务受政治因素影响非常大，国家必须为其争取更好的政策环境，从技术和管理上多角度入手，推动相关企业的国际化。三是继续大力支持新兴信息技术的发展。特别关注量子通信领域的发展与成熟，这对无线通信的安全保密问题是一种断代式的跃升。四是面向社会的领域的智能服务集成问题。这是一个社会问题，是发展与安全问题的关键。在所有的这些技术领域，我们要自主可控，但必须是抱持开放态度的自主可控，更多地强调可控，更少地强调自主。网络空间全球化是基本的趋势，任何谋求封闭的、绝对的网络安全的做法，违背了网络空间基本价值观，即使其能够在短期实现技术突破，但长远发展必然缺乏基本驱动。

（六）网络安全人才培养与网络安全战略文化

网络安全人才是重要的战略资源，网络空间中的人也是网络空间最大的漏洞。美国在网络空间国际、国家、国防部安全战略中，都提到网络专业人才的战略培养问题。2011 年出台“网络教育与人才培养国家倡议”将网络安全教育纳入到国家战略高度，对网络安全特殊人才采取特殊政策和法律。网络安全人才培养需要一种积极的网络空间战略文化，对相关网络犯罪的法律不宜因为自身能力的不足而收缩得过紧，必须为网络安全特殊人才的成长与培养创建一种宽松的政策环境，国家应该通过具体的项目引导网络人才的持久发展。

三、网络安全的战略分析框架

面对如此复杂的网络安全战略现实，各国在战略上逐渐觉醒，纷纷制定各自的网络空间安全战略。纵观所有这些国家战略，隐射出面对网络安全战略态势所做出的共同战略选择，也折射出趋同的思维模式，为探讨制定网络安全战略框架奠定了实践基础。如图 3 所示，我们认为网络空间战略的理论框架应该包括如下几点：

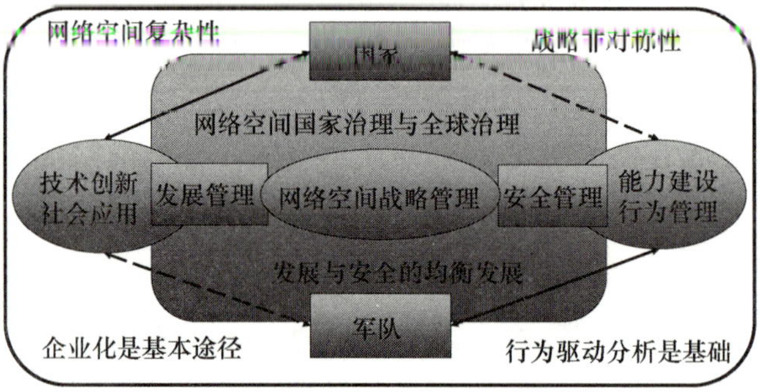

图 3　网络安全战略基本框架

1. 网络安全战略任务：网络空间的复杂性与网络空间的战略非对称性导致网络空间战略的核心任务是网络空间的战略管理。网络空间战略管理的基本内容是发展管理与安全管理：发展管理的核心内容是技术创新与社会应用；安全管理的核心内容是能力建设与行为管理。

2. 网络安全战略目标：网络空间战略的目标是网络空间的发展与安全的平衡，将国家治理与国际治理相结合，构建网络空间生态系统，完善网络空间发展与安全的自我实现机制。通过网络技术创新提升战略平衡点的战略层次，加强网络安全能力建设，寻求战略平衡点的动态平衡。

3. 网络安全战略实现途径：网络空间战略的首要任务是明确国家网络安全战略机制，确定网络安全发展战略道路。而构建这种战略机制的根本出发点就是网络空间企业化。这是网络空间战略管理的基本方式，需要国家在治理方式上做出战略转型。国家在网络空间的企业化甚至是未来型国家发展模式的必然。

4. 网络安全战略制定依据：网络空间行为驱动分析是网络安全战略制定的依据。通过对所有主体行为驱动的分析，找到化解现实世界与虚拟世界交织矛盾冲突的网络行为规范，是网络安全战略的基本依据，这也是网络安全战略的方法论。

5. 网络安全战略基点：网络安全战略基点是六大网络能力建设：网络空间安全管理能力、网络空间态势感知能力、网络空间防御能力、网络空间反应能力、网络空间调查取证能力、网络空间进攻能力。而国际上一般是以军队为主体构建这六大类能力。尽管每个国家对这六大能力的发展有不同轻重缓急选择，但它们缺一不可，需要均衡发展。它们直接影响到每个国家战略目标达成程度，甚至是国家安全的总体发展趋势。

军事网络作战基本理论
——网络作战机动法则

(The Principle of Maneuver in Cyber Operation, Scott D. Applegate, Volgenau School of information Technology Engineering George Mason University)

摘　要：美军将“机动”这一概念定义为：在作战之前或者作战期间，通过部署力量来获取“**阵地优势**”（Positional Advantage）。本文简要回顾动能作战中“机动”这一概念的演化过程，解释逻辑上该概念如何与网络作战或者网络战相关，定义网络机动法则；与传统战争机动概念进行比较，研究网络空间独特本质对“机动”概念内涵的改变；研究网络机动基本特征，分析进攻性机动与防御性机动既高度融合又相互区分的特性；简要讨论与网络机动紧密相关的网络空间主权，研究网络机动概念怎样或何时跨越主权的红线。本文试图说明，网络机动是正当的概念。因为因特网为网络作战提供的隐身与匿名特质，允许公然的网络行动，而类似的动能作战很可能导致公开的武装冲突。

一、引言

军事战略家已经对战争的基本法则和特征研究了几千年。虽然有些法则的内涵随着时间和特定的战略语境而不断变化，但机动法则一直是一个重要的概念，而且自人类早期一直到当代的作战记录显示，它都是影响战争的决定性因素。随着技术演化，战争不断拓展到新的域，机动概念也在发生变化。对海洋的开发利用创造出新的、独特的域，由此引入了全球公共领域（Globle Commons，全球公域）的概念，由此也带来了需要克服的新挑战。航空与航天为“机动”增加了全新的维度，导致军事战略的另一次转移。在最近的四十年间，计算机系统和因特网的出现形成了相互交织的虚拟环境，由此产生第五个作战域——网络空间。该域将其他四个作战域中的行动集成到一起，有独特的特征、形成新的挑战。

美军将“机动”描述为“在作战之前或者作战期间，部署部队执行作战，以确保阵地优势”。这种描述对网络空间作战有一定的适用性，但也必须要明确的是：网络空间这种开放的、无边界的、虚拟的环境，已经深刻改变了“机动”法则，必须努力解释并修订这其中的变化。

网络空间是作战域，但也显现出更强的对抗性。这种加剧的对抗性表现为两个方面：一是对抗行为体多样化，囊括了国家、非国家行为体，甚至包括私营实体。二是对手之间的冲突在整个网络空间持续咆哮、常年不断。虽然迄今为止尚未触发宣战，但冲突结果可能会对当事国家长远未来产生重大影响。关键计算资源被俘获，工业和军事秘密被盗窃，战略计划与外交谈判陷入危险，政府、私有、军事关键基础设施系统被渗透，这些都有助于网络攻击主动发起国家获取全面优势。

对网络空间中信息资源的进攻或防御，所采取的方法与过程包括“机动”。“机动”能够为一方赢得对手创造全面优势。全球多国正在实施网络战项目，逐步探索网络作战实践，但我们对网络机动法则尚未彻底了解，对法则囊括内容的理解愈显紧迫。同时，网络机动法则与战争中传统机动概念密切相关，也需要对网络空间作战域特征如何改变机动法则的机理进行深入研究。

二、战争法则中的“机动”

作为战争的基本法则，“机动”在过去几千年不断演进。在有记录的早期战斗中，机动概念包括部队向优势阵地的运动，包围或歼灭敌方部队。早期机动交战样式包括单侧包围、两翼包围、中部突击等等，这些形式本质上是战术层面。随着技术发展，指挥官用新型运输手段增加战斗中机动的速度和节奏。另外，武器技术的发展也引入了火力机动的概念，拓展了机动法则的内容。就这一点来说，通过与火力机动的结合，机动的运用结合了更多现代化方式的力量，但本质上仍然属战术层面。

十七八世纪见证了拿破仑陆军横扫欧洲。虽然拿破仑意识到并利用了作战机动，但直到美国国内战争期间，它才以条令形式被固定下来。在二战期间，德国闪电战开创了机动法则从“消耗战”转向“机动战”（Maneuver Warfare）的革命性跃变。在二战之前，机动的焦点问题几乎完全在破坏或者防御敌人，寻求与敌人决断性的战斗。闪电战深入穿插，直接瘫痪法国军事指挥系统，迫使法国投降。由此，德国发展出的闪电战催生了“机动战”概念，此概念的核心在于“通过震慑与干扰而不是消耗战迫使敌人投降。

到20世纪七八十年代，约翰·博伊德中校发展了机动理论。他用“竞争性决策环”（Competitive decision cycles，核心是OODA决策模型）来描述“机动”。根据博伊德的理论，想要在“竞争性决策环”中获胜，需要一方深入了解当前态势，并比对手更快地行动。博伊德革命性地再造了“机动法则”，因为该理论将焦点集中于比对手更加敏捷的决策速度，而不是动能作战或者火力运用。按照博伊德的理论，“机动”被描述为“在敌方OODA决策环内部作战，深入到敌人‘意识—时间—空间’之中，突破对手“精神—心理—物理”极限，将其与盟友隔离、撕散，破坏其抵抗意志”。博伊德是美国在第一次海湾战争中果断击败伊拉克战略的主要设计者，这种非对称性的成功，震慑了许多国家，后来被称作新军事革命。

对“机动”概念的定义归属于博伊德和其他一些军事理论家，是一代军事理论家合作的结晶。上述讨论简要回顾了“机动法则”的演化，为求简约，忽略了很多重要理论家及其对该理论的贡献。核心是要理解，机动的精要是采取行动来制造或者利用某种对敌人来说的优势。进一步简炼，机动即是“朝向目标的运动”。依照这样的归纳，我们可以尝试着理解如何将机动法则应用于网络空间，理解网络空间特性如何改变这个概念。

三、网络机动（Cyber Maneuver）

网络机动就是在网络空间，使用力量来捕捉、破坏、拒绝、降级或者操控“计算与信息资源”，用来获得相对于竞争者的优势阵地。在传统作战域中，机动涉及军事部队运动，火力运用。然而在网络空间，因为是虚拟环境，在动能意义上部队没有明显的运动。相反，在网络机动，涉及将力量运用到特定的攻击点或者防御点。这里所说的力量，是指为特定目的编写的代码，并在特定时间和选定虚拟位置执行它，以实现攻守双方的目标。更确切地说，力量在网络空间并没有移动，移动的是攻击点。这使得观察与探测非常困难，特别是寻找攻击源之间关系非常困难。

网络机动用来影响人或机器的行为，更确切地说，是影响人的行为。因为影响机器行为的目的完全是影响人的行为。网络机动提升了网络空间的阵地优势，能够干扰、拒绝、降级、破坏或者操控计算与信息资源。它运用力量，接入或者破坏关键信息仓库或高战略价值系统的运行。

机动概念需注意的另一重要因素：到目前为止，虽然尚未出现的国家间网络战争，但国家间、代理人之间、非国家行为体之间、私人实体之间的网络冲突持续不断。而且有大量的证据表明，国家参与了这种持续的冲突。因此，描述网络机动时，不仅需要考虑敌对国家，还需要考虑其他对手或竞争者，这样才更有利。在网络战问题上，国际法尚未成熟，只要这种情况一直存在，国家就非常有可能利用这种模糊性，在网络空间采取行动。而在物理世界中类似的行动可能不会被容忍。

理解网络机动，一方面，要理解网络机动表现出的独有特征；另一方面，也要分辨防御性和进攻性机动的主要样式，因为这两者在网络空间有高度融合的趋势。需要谨记的是，本文仅是始点，不求详尽或囊括一切，只是试图在这个全新作战域中定性地描述这种趋势，为持续细化网络空间作战提供基础。

（一）网络机动的特征

网络空间是独特的环境，包括了物理、信息和认知三类要素，并将它们混合在一起制造出虚拟域，让网络作战付诸实施。机动法则应用于网络作战时，与陆海空天等其他作战域比较，具有独有特征，而且非常明显：

1. 速度

网络机动最明显特征是速度。网络行动是事实上的并发、以机器速度发生。这让攻守双方都难于反应或适应已经发生的攻击行动：一旦攻击已经发动，在探测它或执行应对措施时，可能发现数据已被修改或系统发生错误，敌对行动已完成，对防御方已造成了严重的损伤。当然，如果攻击者在进攻期间修改防御方的数据时被发现，也不可能足够迅速地修正攻击方式，继续完成攻击任务。在网络作战中，速度对获得主动权的一方有利。成功的机动允许攻击者或防御者进入到对手决策环内部，以对手难以反应的速度行动。网络空间中速度是双刃剑。执行以机器速度运转，但反应以人的速度展开。因为反应需要人参与的分析与决策。

2. 作战范围（Operational Reach）

网络机动几乎有无限的作战范围。“作战范围是军事力量能够凝聚并果断运用的距离”。在动能作战中，作战范围受地形和距离的限制。但在网络空间，距离没有任何意义，所以影响网络作战范围的首要因素是机动的规模和各部队防止对手观察、探测与反应的能力。

3. 接入与控制（Access and Control）

网络机动需要接入到友方、中立方或敌方系统，网络机动的主要目的是便于后续作战，比如数据刺探、系统干扰或者权限提升。而获取系统控制权，意味着像动能空间一样，成功构建了前沿基地。对系统拥有控制权允许攻击者前移攻击点到该系统之中，该系统已不是原有系统，潜在地提升了攻击者相对于最终目标系统或者网络的权限。

4. 动态演化

网络空间所依赖的技术不断演化。最近几年，基于 web 的应用、云计算、移动电话、汇聚技术（Converging technology）等等纷纷崛起。这种持续演化导致网络空间攻守双方所使用的战术、技术与程序发生也持续变化。今天管用的方法，因为技术的进步，明天就可能失效。不像动能冲突，（网络空间）战场地势能够变化，这为制定作战计划提供的空间非常有限。对目标的侦察和防御就显得非常重要，能够提供相对优势。

5. 隐身与有限溯源

隐身与有限溯源已经成为大多数网络攻击的标志性特征。网络空间由那些利用匿名优势掩盖自身行动的非国家主体、“坏孩子”、复杂的国家主体主导。即使是大规模的、隐秘的攻击，比如针对特定行为体或国家的 DDoS 攻击，溯源都可能非常困难。

但网络空间中每个行动在某种层面上又都是可以被观察的。受限因素在于有限的传感器覆盖能力、有限的分析能力，或者其他一些原因。这些因素加在一起，能协助攻击者隐身。另外，在被攻陷系统之间“蛙跳”式攻击，也让溯源变得非常困难，特别是这些中间跳板在地理上分布在不同国家、不同管辖权的地区时。

6. 迅速集结（Rapid Concentration）

在网络空间，攻击能从单个或者成百上千、甚至几万个系统中无预警地同时发起。在动能作战中，攻击者发动类似大规模无预警攻击的难度非常大，因为他们都处于影像卫星与雷达的监视下。网络空间中，攻击者可以使用僵尸网络或者众包技术（Botnet and Crowd-sourcing），迅速产生分布式大规模效应。这种集结也可以被用来掩护更精细的攻击，用大规模的攻击引开正在试图恢复系统服务功能的防御者的视线，而让攻击者有效实施更隐秘渗透攻击。

7. 非串行与分布式

网络机动允许攻守双方在战争的多个层面、跨不同系统同时执行行动。对于防御者来说，这意味着，当新威胁发现时可以同时加固多个系统，在遭受攻击时同时阻塞多个接入点，并行采集并融合多传感器，从多个其他防御方获得数据。对于攻击者来说，这意味着在不同方向上同时攻击多个目标，而不是逐次串行攻击。串行攻击是旧式战斗模式。攻守双方一系列攻击与反攻交战行动以线性展开。在并行攻击中，目标攻击点是多个目标，影响效果也是非线性的。这种非线性效果能为防御方制造一系列麻烦，因为他们大规模防御资源可能非常有限。当攻击者将攻击瞄准多个层面时，在战术、作战与战略层面会同时产生影响。

（二）攻击性网络机动的基本样式

将网络机动与动能机动相比较，两者在防御作战中的差别最大。如果单从目的角度看——用机动确保相对于敌人或者竞争对手的阵地优势，网络机动与动能机动尚能有一定的可比性。但网络机动谋求目的的具体做法则非常不同，因为网络机动以机器速度运行，而且是在虚拟空间中展开。

1. 刺探机动（Exploitive Maneuver）

刺探机动是捕捉信息资源，获得战略、作战与战术竞争优势的过程。它是当前最好的间谍行动，但在后续作战过程中对这些刺探得来信息的利用又使得此种网络机动样式陷入险境。在这个新的作战域，信息就是物理空间的“地形”（Terrain），对关键信息资源的捕捉可能在政治、经济、财政或军事等全维领域中产生决定性后果。不像动能作战战场空间地形那样，一旦这些信息被捕捉，信息资源就不可能被夺回来后继续提供优势。在动能战场中，被敌人攻陷的关键地形还可以通过反攻夺回来，在后续作战中继续形成优势。但在信息空间完全不同，特别是那些敏感数据或者信息仓库。一旦关键信息资源遭到暴露，数据生产国经常因此失掉竞争优势，而数据获取国则可利用这些数据为自己谋利。

在最近20年间，很多国家都认识到，通过收集知识产权或者对手国家的秘密，可以获得竞争优势。虽然间谍不是新鲜事，但网络空间可将对信息的刺探与利用推高到前所未有的规模。如果信息就是网络空间的地形，有理由相信，网络进攻与防御都会涉及到的刺探机动必定是网络作战机动的关键行动样式。

2. 阵地机动（Positional Maneuver）

阵地机动是指捕捉或攻陷信息环境中关键物理或逻辑节点，用来支撑后续作战。这些节点可被视作是信息环境的重心，对这些节点的逻辑控制将使得攻击者在升级冲突、特别是战争或其他作战行动中获得关键优势与支点。这种优势被用来打击敌方意志，增加敌方困难，保持己方主动权。这些逻辑节点包括SCADA系统（Supervisory Control and Data Acquisition，监视控制与数据采集），敌方的指挥控制C^2系统，作战过程中提供通用作战视图的系统等其他关键系统。战斗过程中攻陷关键点，能够为进攻方带来决定性优势。

2007年，以色列攻击叙利亚可疑核反应堆行动是阵地机动的经典案例。以色列战机设法深入叙利亚内部，在没有引起叙利亚防空系统告警的情况下完成空袭任务。该行动综合运用了电子战、网络作战手段，使得叙利亚防空雷达在空袭过程中失效。在此动能作战实施之前，以色列已在必要的层面上获得接入这些系统的权限，并事先部署执行对防空系统的攻击任务。网络阵地机动在动能作战前的使用，向人们展示了此种网络机动样式潜在的决定性作用，特别是在战术和作战层面尤为重要。

3. 影响机动（Influencing Maneuver）

影响机动是指运用网络作战，深入敌方决策环内部，或采取直接、间接的行动胁迫其决策环运作。这种网络机动的形式非常宽泛，目的是维持信息优势或主导权，保持网络空间自由机动。影响机动经常与其他形式的进攻性机动协同。影响机动可以直接实施，也可以间接执行。直接实施的影响机动可以是攻陷敌指挥控制系统，精心操控其数据，降低指挥员对系统的信任度，以迫使其放慢决策环运转速度。间接执行的影响机动可以是向新闻媒体散播精心策划的数据，迫使敌方做出预期的反应。影响机动与传统信息作战紧密相关，但使用手段却是网络机动。

（三）防御性网络机动的基本样式

直到目前，防御性的网络机动与动能机动总体上比较类似。在概念内涵上，防御性网络机动的外围防御、入侵检测、纵深防御等概念与动能空间基本一致。欺骗式防御概念有点像埋伏，虽然目的不同，但都是引诱攻击者上当。移动目标防御在网络空间是独有的，它依赖于技术手段，而这种手段在物理世界是没有对比物的。

1. 外围防御与纵深防御

线性防御是网络空间的马奇诺防线，[①] 容易遭受机动攻击。但线性防御还是被许多机构采纳，它们购置防火墙、入侵检测系统及其他防御性技术措施，防御自身网络的外围。但往往它们忽略了自身网络内部的防御。纵深防御是一种战略性减灾措施，其基本方式是层层加固内部网络或者加固单个内部系统，以此减少线性防御的漏洞。纵深防御是一种比线性防御更有效的方法，但这两种防御样式都是防御相对来说静态的目标系统，敌人只需花费一定时间和资源探寻漏洞即可突破，而且受到报复性威胁的风险却很小。

2. 转移目标防御

不像之前讨论的线性防御那样，转移目标防御不是试图构建不可突破的防御环。相反，这种防御性机动样式使用技术机制，持续变更目标系统的某些属性，使得攻击者更难识别、定位或执行定点攻击。转移目标防御尝试构建、评估并部署一种机制或者策略，这种机制持续变换目标属性，随着时间的推移增加系统的复杂性，限制漏洞暴露几率，增加系统弹性，提升攻击者攻击代价。一般来说，转移目标防御使用三种方法：地址空间随机化、指令集随机化和数据随机化。当然，还有一些其他促进系统多样化的技术正在研究之中。

2008 年网络攻击格鲁吉亚期间，格鲁吉亚政府演示了初步的转移目标机动作战。当时政府将主要站点重定向到几个其他盟国的服务器上。2007 年爱沙尼亚遭受网络攻击时，其基本防御策略是‘阵地防

① 这里所说线性防御就是指外围防御。

御'，而格鲁吉亚则是机动防御。通过采取防御性机动，格鲁吉亚能够维持关键的政府服务正常运转，能够有效面对大规模的 DDos 攻击，这比其最开始的纵深防御更有效。

3. 欺骗式防御

欺骗式机动就是网络空间的埋伏。欺骗式机动使用特定措施，将攻击者引诱进来，提交访问申请，暴露出他们使用的方法，并协助防御者溯源。典型应用就是"蜜罐系统"，它是蓄意设计的系统，作为诱饵来吸引用户攻击。使用这样的系统，能够允许防御方拖延攻击行动，为防御方提供更多时间去采集信息，分析对手攻击手法，调整其他防御系统策略，应对攻击者的战术、技术和程序，重新获得主动权。

4. 反攻

反攻是另外一种形式的防御性机动，在动能物理世界也有对应的概念。虽然反攻概念相对直接、容易理解，但网络空间的反攻执行起来却非常复杂。因为溯源困难，许多攻击是来自第三方的攻击跳板。综合考虑这些因素，即使有时需要以破坏第三方系统为代价，反攻对于恢复关键作战行动仍非常必要。如果溯源非常准确，反攻作战的运用能够使得防御方迟滞攻击，重夺主动。如果对方僵尸网络的指挥控制服务器被准确定位，对其执行反攻作战能够全面破坏其分布式攻击，允许防御者继续作战。

三、网络主权与网络机动

主权，某国对地理上特定区域或地区实施管辖的权利。与主权相比，网络空间被非正式地认定为全球公域，这一点与海洋、天空非常类似，因为它们被认为处于任何特定国家地理意义上管辖权之外，是国际共享资源，可以用来贸易、通信等其他用途。网络空间也被描述为无界空间域，但这不是完全准确的阐述，主权国家有很多种方式对该域实施主权控制。

（一）界定网络空间疆界的努力

很多国家已经开始过滤网络空间逻辑疆界中属于自己那一部分的内容。以此方法，通过对该虚拟地域实施控制、展示权力，形成事实的国界。另外，许多国家，包括美国，正在寻求各种政策，试图定义网络空间国家疆界。美国和俄罗斯都公开宣称，他们保留使用所有可能方式应对网络攻击的权力，这包括传统动能打击手段。这意味着，这个问题当前尚处于“实力就是权力”的状态，而不是任何形式的国际社会一致意见。

定义网络空间国际疆界非常困难的原因很多，其中之一就是网络空间物理地域与逻辑地域远不能匹配。每个路由器、交换机或者其他网络设备，是网络空间赖以存在的前提，但却在物理上部署于某个国家。某国可以此为论据，将国家疆界作为网络疆界的基础。在这个模型中，所有位于美国领土范围内的系统，都被认定为在美国主权的控制之下，对其攻击将被视作是对主权的侵犯，是敌意行为。这被视作是简单直接的处理网络主权问题的方式，但这将导致很多网络空间逻辑上属于美国的系统无法受到保护。比如，美军在全球操控着逻辑上的域（互联网域名 . mil），它横跨 88 个国家，3500 个地区。这个逻辑域通过超过二万段租借的线路相互交织，支撑着 280 万个终端用户。非常明显，美国认为，即使这些设备位于美国海外，但任何对这些军事系统的攻击都会被视作是敌意行为。因此，简单的按照设备物理位置来界定网络空间疆界不能完全解决问题。采用逻辑疆界方法，也没有哪种一刀切的方式能够界定网络空间永久或半永久疆界，因为边界点一直处于一种持续波动状态。即使网络空间主权处在这种模糊状态，很多网络机动样式仍然被视作是敌意行为，或者对主权的侵犯。

（二）侵犯网络空间主权

以当前视角来看，网络空间将数百万个网络“飞地”连成巨大空间，而在这些飞地的外围都配置有防御性措施。事实上，网络飞地的外围电子设备确实提供了某种意义上的边界，对于网络机动来说具有重大影响。对这些设备的攻击，很容易让当事国宣称是对主权的侵犯，特别是当这些飞地属于政府机构或者军事部门的时候，这种侵犯更不可容忍。飞地所在国有既定的权力保护这些系统，可以对其实施控制和管辖。

比如说，某个国家实施阵地机动作战，将远程接入工具植入另一国家的 SCADA 系统中，而这些系统又涉及到该国的关键基础设施。即使该行动没有破坏这些系统，这种恶意工具的出现也意味着未来它可以被用作非法用途，制造破坏性攻击。这可以视作是首轮打击的前兆。再比如，如果伊朗使用刺探机动，捕捉来自以色列或者美国核武器的信息。因为两国的公开政策反对允许伊朗拥有核武器，这样类似的机动很容易引发动能打击。虽然这两个例子都是假设，但它们说明了网络作战侵犯国家主权的方式。

涉及主权与网络机动的另一重要问题是中立国家。在动能作战中，某国要借道中立国的物理疆界，必须首先取得该国的同意。但在网络空间，任何事实上两国之间的行动，都会在物理上或者逻辑上跨越边界，这又该怎么解释？而且，机动和攻击经常涉及到使用中立第三方的系统发动类似 DDos 这样的攻击，以屏蔽攻击源，获得主动权。这就像物理世界中的加拿大，试图从德克萨斯州发射导弹攻击墨西哥，此时美国会怎么想？但此类事件在网络空间经常发生，只能靠隐身与有限的溯源能力来避免政治上的反诉。

更多国家开始利用网络空间主权问题，但直到国际社会对“网络空间是否有主权，网络空间主权的定义规则是什么”等关键问题达成共识之前，网络作战仍可以大有所为。

四、分析与结论

机动法则在网络空间仍然是重要的作战法则。但在定义这个概念时必须注意关键的差别。信息是网络空间战争的硬通货。机动可以用来部署和运用部队，攻击和防御信息资源。这与物理世界的动能机动利用关键地形非常类似。但与地形不同的是，捕捉信息资源会在交战所有层面上产生持久影响。因为它一旦暴露，信息价值就在于攻守双方对它的利用上。这种价值可能是短期战术计划被曝光，也可能因高级机密技术的泄露而对多年以后产生重要的影响。

与动能机动一样，网络机动一般用于获取优于对手的阵地优势。与动能机动不一样的是，网络机动非常适用于敌对国家，即使是主权国家或者政治实体。网络作战没有被限定为敌对国家相互作战。竞争性经济与政治事务中，联盟国家也在使用网络作战来确保竞争优势。网络机动的适当运用允许部队在网络空间自由行动，可以形成经济、政治、军事等多方面的竞争优势。

主动权对于网络机动来说至关重要，因为网络行动的机器速度远比人的反应快。当还在以人力分析、决策应对方案时，你在网络空间已经失掉了主动权，可能致使整个部队瘫痪。当决策者面对这样的问题时，还必须考虑网络作战的作战范围、非线性影响等等问题，特别是它们的相互交织，这样的复杂局面经常困扰指挥官。

网络机动必须考虑主权问题。当前主要包括网络攻击溯源困难、模糊法律允许攻击者借用所在国攻击其他主权国家等等。攻击者在分散攻击资源方面有既定的利益，这会导致攻击者从敌方、中立方或盟友等第三方发动攻击。只要目前的状态持续，这种攻击模式将继续流行，网络机动也将考虑借用这种优势。一旦因技术进步，溯源变得容易，或者国际社会对网络主权问题达成一致，都会导致网络机动在执行方式上出现变化，特别是关于利用第三方系统作为跳板执行攻击问题将会备受关注。

网络机动最重要特征是匿名性与溯源问题，致使公然的敌意行动得不到应有的追诉。在许多案例中，同样的行动可能引发战争。比如说震网，当时它导致伊朗纳坦兹核设施中1000台离心机瘫痪。但该攻击除去媒体在大肆炒作以外，伊朗并没有寻求任何直接形式的报复。如果这是物理动能攻击行动，非常有可能导致伊朗对发起国的报复行动。

随着世界各国都在发展网络战项目，如何将战争法则应用到这个新作战域愈显重要。战略家与理论家一直都在运用这些法则，发展、制定战略与条令。而机动在这些条令中占有重要地位，因为机动可用来集聚部队，旁路力量，刺探漏洞，获取并保持主动，开拓成功，达成国家在战术、作战、战略等多层面的目标。虽然网络机动与动能机动有很多不同，但两者目标是一致的，都是取得相对于对手的阵地优势，并利用这种优势取得决定性胜利。因此，有必要继续对网络机动作深入研究，以确保在该新作战域中成功的作战。

网络安全国家战略

美国《国防部网络空间政策报告》评析

继2010年奥巴马政府发布《网络空间国际战略》之后，美国国防部为响应该战略于2011年6月发布了《国防部网络空间作战战略》。这两份报告基本上确认了美国在国家和军队两个层面上对未来网络空间的基本筹划。2011年11月，国防部再度公布《国防部网络空间政策报告》，主要是按2011年度国防授权法案第934款的要求，回应参议院111—201号报告。主体是针对参议院这份报告提出的13个关于政策与法律上的问题所做的应答。国防部出台该报告的核心目的是对美国国内和国际社会解释、宣讲美国网络空间威慑战略的恰当性、可信性、可行性和有效性，给攻击性网络作战行动以适当的政策与法律支持。

下面按照原报告的13个问题逐一评析。

一、关于发展“公开宣示”的网络空间威慑战略立场的恰当性问题，包括网络空间军事作战与动能作战之间关系的问题

美国在网络空间威慑立场上综合考虑了美国经济和政府机构对网络攻击的脆弱程度、潜在对手相对低的脆弱性以及攻击性网络作战在当前更拥有优势等因素。但参议院担心：就当前网络空间总体态势来看，美国网络空间战略层面上所持的威慑立场是否会招致更多潜在的对手的关注，从而带来更大的风险。实质上，参议院是在质疑公开性威慑战略的恰当性。同时，参议院特别关注网络空间军事作战行动与传统动能作战之间关系，这实际上是想明确网络空间作战在军事行动上的定位。也就是说，美军在战略上一贯采取威慑战略立场，网络空间的威慑与传统战争的威慑到底有何关系。

国防部认为：首先，奥巴马的《网络空间国际战略》已经在总体战略上明确了网络空间战略方针：美国鼓励网络空间负责的行为，反对干扰网络和信息系统的所作所为；在保留必要时采取适当手段保护国家安全和国家关键基础资产的同时，慑阻恶意行为体；将网络空间

威胁与其他针对美国的威胁同等对待，采取任何切实反应行动；所有国家都有权自卫，美国一样保留使用DIME（外交、信息、军事、经济）手段防御美国本土、盟友、合作伙伴和美国利益的权力。在执行这一战略方针时，美国会在使用武力之前采取任何可能的措施，在寻求任何可能的、广泛的国际社会支持前，以能够反映美国价值、增强合法性的方式，权衡“作为与不作为”之间利弊后采取行动。应该说，国会对网络空间威慑战略在认知上还是相对谨慎的。国防部对该战略的这种解释是对国际社会的一个交代，暴露出威慑战略制定者对此战略的底气不足。但网络空间威慑战略是美国人战略性格所致，改变这种战略立场也非常困难。

其次，国防部认为，威慑战略成功与否依赖两个机制：一是拒止对手的战略目标；二是必要时向对手的挑衅行为施加成本。为此，美军主要工作包括：（1）阻止对手攻击或者刺探网络，发展弹性的网络空间防御能力；（2）构建网络空间行为规范，塑造期望中的网络空间环境；（3）以“网络攻击行为归因”为基础，进一步发展网络空间的军事反应能力。

最后，国防部辩解说，防护美国本土是威慑战略的重要内容，也是其根本目的。国防部将在政策和法律的框架下、在致力于保护国家、保护民众的隐私和公民自由权的情况下，比照“国防支援民事当局（DSCA）”的模式，与包括司法部、国土安全部等跨部门机构合作，以国家政府部门整体方式，应对来自国内、国外的所有威胁。特别需要注意的是，国防部通过《持久安全框架》《国防工业基础网络安全/信息保障》等项目与私营部门展开全面合作。这一举措代表着国防部的业务模式方向性的调整：将工作重心延伸到私营部门。国防部对网络空间治理模式的参与，意味着国家与私营部门的深度整合，其实践经验对未来美国网络空间政策与战略的调整具有深刻影响。

二、确保总统在危机或对抗态势下能够采取自由行动的迫切性问题

因为当前的危机或对抗可能涉及到的国家既可以对美国产生可管控的传统威胁，也能通过网络攻击对美国经济、政府和军事造成严重影响。这个问题实际上是参议院对国防部网络空间作战过程提出的要

求。为保证总统拥有这种自由决策权力，国防部主要在三个领域做工作：一是网络空间情报领域。通过将网络司令部与国家安全局同地办公增加对敌方网络能力的了解与评估，并以情报为基础加强网络取证能力；二是增强国家关键基础设施的弹性防护能力；三是总统的应对方案可以包括使用网络能力或者动能攻击能力在内的任何措施。

三、在网络攻击归因不明的情况下如何成功地实施威慑或者有效报复的问题

国防部的方案是：第一，通过技术创新来增强归因能力。这包括通过部署新的项目，实现对跨国防部网络及信息系统进行实时的探测、跟踪和报告，追踪攻击的物理来源。还包括开发基于行为分析算法的攻击者身份评估软件。二是提升网络取证能力。情报界和美军网络司令部都在加强高水平技术取证专家队伍的建设，特别是国防部网络犯罪中心（DCCC），该机构能够支持针对“国防、执法和支撑国防部业务的私营部门”的网络犯罪取证业务。第三是通过与国土安全部的合作，努力扩大国际合作伙伴间的共享态势感知、预警能力和取证能力。

四、国防部如何或者何时打算解密网络能力和计划并如何展示与这些能力相关的信息问题

因为威慑所依赖的是能公开的或宣称的能力和报复计划都是高度机密。这个问题反映出参议院实际上更关心网络进攻作战受国家管束的问题。参议院认为，国防部不能以保密为名，自主行动，不受公众的监督，必须对国内民众有全面交代。国防部则承认，网络空间作战的动态性和敏感性的本质，使得不能及时解密与特定能力相关的信息。但国防部确认，网络空间进攻性作战必将在总统的直接指示下展开。国防部将按照传统动能攻击能力所遵照的政策原则、法律制度和武装部队冲突法来执行网络作战。

五、怎样维持对网络战的控制，或者管理网络战的升级问题

比如说，是否可以通过限制攻击特定目标（例如指挥控制系统和

关键基础设施）以防止升级。国防部认为，网络空间的特性使得网络战争不可控这一事实非常急迫。包括网络作战的行动速度快、网络空间动态性强、匿名所带来的挑战、恶意软件工具广泛扩散等等因素都混合在一起，增加了额外误解的可能。国防部认为一些明确的步骤非常重要，比如，增加政策的透明度，采取信心构建措施，进一步制定国际网络空间行为准则等等。国防部认为，增强网络空间的透明度将最小化网络事件导致危险升级的可能。国防部将持续把握扩大与关键国际行为体的透明度的机会，并综合考虑他们指挥控制、条令和网络能力部署的情况；国防部正在与国务院、盟友和合作伙伴合作，制定进一步的网络空间行为准则，以增强开放性、互操作性、安全性和可靠性，这有助于增强稳定性和可预测性；通过与国际伙伴的合作增强信心、减少风险，对误判和防止升级都有益处。

同时，国防部在执行网络空间作战任务时，将仔细地协调、认证、评估，并全面使用网络空间情报作战。网络空间作战所导致的情报、军事和政治影响都会认真考虑。

六、各级指挥官在应对“影响作战[①]”任务或者应对和平时期正常作战环境威胁时的网络交战准则问题

包括攻击直接来源于美国国内计算机主机这样的态势的交战准则问题。国防部解释说，国防部正在制定交战规则。这些规则将全面反映网络空间的铰链特征和网络空间的高反应速度特性，还将考虑网络威胁的可能影响、国防部在世界范围内全面作战的要求、最小化对盟友网络基础设施的影响等因素。

对于来自国内恶意行为所带来的挑战，国防部主要起辅助支援作用，具体反应行动由国家相关政府部门完成。

七、政府当局如何评估在执行情报收集任务过程中穿越外国网络的问题

因为这种穿透一旦被发现会导致目标国家将其作为一种严重的敌意行动来看待。国防部认为，间谍行为已经有很长的历史，而且间谍

① 这里特指网络作战。

行动是双向的。对于美国和许多其他国家来说，国家支持的情报收集职能一般关注国家安全、国防和外交政策等问题。美国通过网络空间收集外国情报过程中，遵循所有的现行法律、政策和程序。所有美国的情报作战都有长期和完善的考虑，包括这些情报是否会引起敌意的误解。

八、国防部如何确保充分告知国会重大的（包括用来准备军事作战环境下对目的所需的）网络空间介入行动的信息问题

国防部解释，每季度国防部都将向国会的适当成员提供网络简报。对于敏感的作战行动，将在此周期外特别报告。

九、有关盟国能在网络空间威慑、互助和集体防御、构建可接受的网络空间行为规范等方面都会获得哪些潜在好处的问题

美国总统在网络空间国际战略中明确地宣布对“与我们有军事条约关系的伙伴”在遭受网络空间敌意行动时的承诺。为了实现该构想，国防部通过共享的预警、能力构建、联合训练、国际接触等方式提供、交换信息和想法，加强美国及其盟友网络能力。国防部将持续协调修订“国家披露政策”确保与盟友和国际合作伙伴详细讨论网络作战行动。

国防部已与澳大利亚、加拿大、新西兰、英国等进行过高层和专家级协调行动。与北约紧密合作，修订了北约网络政策和相关行动计划，并在2011年6月的部长级会议上获得通过。国防部将持续深化与日本和韩国的条约关系。这些行为都能提升网络能力、减少风险、慑阻网络空间恶意行为。

美国主动地参与发展负责任国家在网络空间的行为规范，并将其作为美国的一项政策。其他长期指导国家行为的国际规范也同样适用于网络空间。这其中包括武装部队冲突法——虽然其部分内容需要进一步的明确。

十、当美国军方遭受位于中立第三方国家的计算机或者从其他基础设施上发生的攻击、并使得美军作战和部队在某些方面处于风险状态时，会对第三方主权国家决定采取何种行动的问题

国防部对敌意行动或者威胁的反应会综合考虑多种因素，但都会遵循武装部队法。这些反应包括国际法能理解的短期使用部队。国防部在判断第三方国家是否意识到恶意网络行为源于自己国内时，有行之有效的流程，这需要跨部门和国际伙伴之间的紧密合作，用以明确：(1) 恶意网络行为的本质；(2) 如果第三方国家参与的话，在其中的角色；(3) 第三方国家有效应对恶意网络行为的能力和意愿；(4) 依据特定的环境，美国政府为了解决第三方主权国家潜在的问题将采取的适当行动。

十一、在未获得类似于“过境飞行权”的条件下，经由位于中立第三方国家境内因特网基础设施运送网络武器的合法性问题

国防部认为，当前国际社会对网络武器没有广泛一致的定义。网络空间开发恶意代码的低成本、数量大、行为体角色复杂，使得发现和跟踪恶意网络工具非常困难。大多数情况下使用的技术本质上都有多种用途，甚至是一些软件只要经过简单的重用就可以用作恶意行为。网络空间互通互联的本质为如何采用一些“适用于特定物理域的法律框架”的行动带来挑战。但武装冲突法和习惯性国际法为“在网络空间应用这些行为规范、治理负责任的国家行为”提供了强烈的基础。重要的多国工作机制依然保留，以此用来澄清在网络空间应用“行为规范”和“惯用国家法”。

总统的网络空间国际战略指出，国家行为规范的制定既不需要再造惯用国际法，也不应给现行的行为规范制造障碍。相反，关键的现存行为规范只需通过与美国合作伙伴和盟友一道得到发展即可。国防部将与美国政府部门在这一方面做进一步努力。

十二、网络空间战争行为的定义或者网络空间战争的组成要素是什么、战争法怎样应用于网络空间军事作战的问题

战争行为经常用来代指允许国家使用部队自卫的行为。但更准确地说，它是导致国家间持续敌对或者出现武装冲突的行为。当代的国际法对战争行为的解释是“威胁或者使用武装部队”。《联合国宪章》第 2 章所写：所有成员国应该在涉及领土完整或政治独立等国际关系中避免威胁或者使用武力。适用于物理空间的《联合国宪章》或者武装冲突法所遵从的法律准则同样适用于网络空间。

在现实物理世界，网络空间的“威胁和使用武力”必须在行为发生时的环境中得到确认。这包括对国家受影响程度、行为日的等因素的全面分析。在现实真实世界中“恶意行为探测、研判其政治或者技术属性、特定行为是否属于一场更大的军事作战的一部分”等等问题非常困难，但相比较起来，网络空间的特殊属性使得对这些因素的确认更难。

毫无疑问，网络空间的一些行为可以构成某种使用武力，可能会招致国家合法使用自卫的固有权力。在这样的情况下，决策如何防御“假定的非法行为”的权力属于联合作战司令。

十三、为了达成与“战争权力法案”的一致，如何界定网络空间武力使用的问题

美国《战争权力决议案》“适用于有明确的环境表明美国武装部队卷入敌对状态或者处于即将来临的敌对冲突态势中，并适用于这类武力的继续使用或一直处于武力对抗态势”。

网络空间不一定导致武装部队人员介入敌对区域。然而，一场更大规模作战行动中的网络作战可能引发对“战争权力决议案”的关注。国防部将评估每一次类似的网络空间行动，以确定战争权力决议案是否适用于该行动。

结束语

美国从 2009 年开始公开讨论攻击性网络作战的政策与法律问题。该报告则进一步表明：美国在获得网络空间防御优势后，正在寻求加

快建设网络威慑能力、部署与实施攻击性网络作战行动，正在谋求属于美国自身的网络空间非对称能力。结合震网、DUQU、火焰等网络作战行动的实施，国际网络空间攻防态势发生了实质性转变。

评述美国网络司令部司令在参议院武装部队委员会的证词

一、证词的基本情况

本次参议院武装部队委员会听证会是网络司令部2009年组建以来向社会所做的第二次例行性公开报告和宣讲。听证会过程中，网络司令部司令亚历山大汇报了一年以来国家、军队在网络空间的全面工作，接受了参议员的质询。本证词的主体是对当前美国国家和军队在网络空间所面临的环境分析、美国基本立场及网络司令部在过去一年的主要工作思路、工作重点和工作成果。相关内容在一定程度上反映了网络司令部的一些最新动态和未来网络空间业务方向性的趋势，值得进一步关注。

二、证词主要分为如下几个部分

（一）美国网络空间新威胁覆盖经济、军事、社会与政治各个领域

证词在战略环境这一部分主要介绍了当前、并主要是去年以来网络空间威胁的新变化。一是国家安全、民众日常生活日益依赖网络空间。这一点虽然是老调重弹，但毋庸置疑，美国是受网络安全问题困扰最重的国家。按照2012年1月情报界简报所列，网络威胁位列恐怖主义、（核）扩散之后的第三位；二是证词提到，2010年震网病毒对工业控制系统的攻击已经严重威胁着美国的国家关键基础设施。这种能够“早期侦查、具有指挥控制中心、具备定向攻击能力”的病毒已经引发美国各界的集体关注；三是美国特别注意到了“颜色革命”中有关国家对国内抗议者所实施的网络隔离、过滤、甚至关闭等措施。以往，美国人一直在用“网络自由”等口号对此类行为嗤之以鼻，试图借口“人权”发难他国、干涉其内政。但这次证词却是从社会危机的角度看待类似行为。其主要原因是因为英国骚乱、欧债危机中很多盟国有过类似行动，澳大利亚也在加强网络审查，甚至美国媒体也对“占领华尔街”运动集体“失声”。这些变化让美国执政者对网络自由

问题有了新的认知；第三类变化是在网络犯罪领域。由于法律惩罚力度得以强化、网络提供商对网络犯罪事件的关注度提升、能力加强，使得诸如僵尸网络这样能够以显性方式赚钱的网络犯罪走向隐形。黑客开始以 APT① 方式盗取敏感数据。但证词随后直接将矛头调转，认为这种黑客行为可能有国家或者有关国家情报部门的背景支持。其实，国外媒体一开始就将网络空间此类威胁归结于国家背景支持，主要原因在于这类网络行为更为隐秘，更加难以防范，如果被敌对国家利用后果不堪设想。但我们认为，APT 并没有想象的复杂，网络空间开放性完全可以导致黑客行为的组织化、产业化，而网络技术的复杂性、网络应用模式的多样化，为这种威胁提供了多种借用途径，有时甚至不需要如何复杂的技术支撑即可实现。国家支持的 APT 完全是美国人的猜测。我们不排除有政治与军事因素在其中，但经济利益、社会矛盾等驱动因素更有可能；证词提到的第四类新威胁是“社会网络”和“无线网络”的威胁问题。其实这两者是两种不同类型的威胁，但却是未来互联网安全威胁的发展趋势。“社会网络”是网络应用与管理问题。最近美军已经开始对美军个人的社会行为严加管控，对诸如军人使用 FaceBook 等社会媒体问题做了严格的限制；而“无线网络”是技术问题。随着无线移动网络应用的深入发展，网络空间更加开放，许多新的针对无线网络的攻击开始出现。而对美国人来说更为可怕的是，美军的军用战场网络更多的就是无线网络。随着这种无线网络攻击技术的不断成熟，势必将威胁美军的战场作战；证词提到的最后一类新威胁是“匿名者”“鲁尔兹安全”这样的由网络黑客自由形成的非正式组织的威胁。虽然这类组织的安全威胁可能被媒体夸大，但证词担心的应该是“黑客的恐怖化、极端化”可能会为国家带来更加复杂的安全威胁。

其实，证词所提到的五类新威胁刚好覆盖国家政治、经济、军事、社会等多个领域。美国当前最关注的一是经济领域，也就是网络犯罪。因为这个问题有着广泛的社会需求，而且国际社会对解决该类问题相对有共识；二是军事领域，该领域也是网络司令部的工作重心。但现

---

① Advance Persist Threat，高级持续性威胁，人力情报与技术情报相结合的网络攻击行动。

实的军事领域网络安全竞争态势尚未明晰，军事领域威胁尚未形成现实的威胁，各方都在积蓄力量，谋求优势；三是对社会生活的威胁。网络空间的这类威胁与美国人所碰到的非传统安全问题紧密关联，是美国最为关注的潜在领域；最后是网络空间威胁对政治的影响。也就是对美国国内政治稳定的威胁。目前，美国人在该领域正在反思，国家机制、社会制度决定美国在这个问题上最为保守、避讳。

（二）美国在网络空间秉持“网络威慑”的基本战略

“当有必要时，美国将以‘对待其他任何形式的国家威胁’那样应对网络空间敌对行动”，这是美国国家网络空间政策的基本立场。证词认为，按照对等原则，并遵循现有的国际法，美国保有综合使用 DIME（外交、信息、军事和经济）任何必要手段的权力，而网络空间作战是信息领域手段的基本支撑。总体来说这就是网络威慑战略。

当前美军正在研究和发展网络威慑理论。该理论将“战略威慑联合作战概念”与布什的“新三位一体战略威慑”战略结合在一起，形成网络空间的网络威慑模型。基本情况可见下表对照。

	战略威慑联合作战概念	新三位一体战略威慑	网络威慑
基本要素	施加成本、减少收益、鼓励克制三要素	核与非核打击能力、防御能力、反应型基础设施	归因、身份管理、调节信任关系是网络威慑支点模型的三要素

理解网络威慑理论模型要把握两个方面：一是三位一体战略威慑模型是威慑能力建模。据此，网络空间的三位一体是网络防御、网络攻击和反应型基础设施网络，这主要是讲网络威慑的自身建设；二是战略威慑联合作战概念模型是威慑行为建模。据此，网络威慑既要增加对方的威胁成本，减少对方收益，还要通过推动克制支点左移来影响对方的决策。而网络威慑支点的模型主要包括攻击归因、身份管理和缓慢的信任关系三个要素。两个模型的核心是通过对威慑能力和威慑行为的建模，构建出影响对方战略决策的心理模型。

从 2010 年奥巴马政府公布的《国家安全战略》、2011 年 2 月公布的《国家军事战略》、到 2011 年 5 月公布的《网络空间国际战略》和 2012 年公布的《国防战略：维持美国的全球领导地位》，始终贯穿着网络威慑理论。证词指出，网络司令部就是要保证美国国家当局具有网络威慑这种可选行动的能力。当然，在听证会这样一种面对公众的场合，证词还是例行性地特别强调，网络司令部所做的一切都不会侵犯美国国内民众的自由与隐私。国防部将监控美国国防工业基础的网络监控项目　　网络飞行员，移交给了国土安全部，就有争取民众信任与支持的考虑。而事实上，国防部与国家安全局对此项目参与极深。特别是类似的监控国家关键基础设施与民用网络的、替代爱因斯坦 III 项目的“完美公民”项目，甚至直接采用秘密合同的方式，不对外公布。这些项目对美国国民隐私构成了事实的威胁。这也使类似项目面临着国内法律门槛的压力。

（三）网络司令部将构建“企业化网络”作为未来工作的基本筹划

网络空间企业化建设与指挥控制是美军的一个新提法。这可能将成为未来 10 年美军在网络空间业务领域发展建设的一个基本筹划，甚至是美军在网络空间领域作战指挥控制的基本行为模式。证词主要从两个方面介绍该方向问题。

一是证词介绍了最近一年来网络司令部的几个主要成功案例。案例一，RSA 公司遭受 APT 攻击而导致重要数字安全认证身份被窃之后，网络司令部直接将所有涉及到国防部范围内成员的、疑似丢失的数字身份认证证书全部替换。证词认为国防部因此没有发现与此相关的入侵行动。案例二，网络司令部汲取了 2010 年 Adobe 软件漏洞事件的教训——那个漏洞导致美军专家只能在事后阻止黑客的数据窃取行为——在 2011 年 Adobe 再次发现漏洞后，美军指挥过程已经成熟，提前做好了准备，在黑客发起攻击前阻断了所有相关攻击行动。案例三，网络司令部在国防部范围内先发制人、应对“匿名者”这样的极端黑客主义行为对国防部网络的攻击。目前网络司令部已经能够在美军网络范围内全面协调行动，应对类似维基解密这样事件、及其与此相关的极端黑客的影响。证词认为，这些成功案例得益于美军前期网络空间指挥控制作战行动企业化的努力。从侧面看，网络空间企业化是美军近一年以来主要工作成果的经验总结。

二是证词对如何在建设和作战两个领域构建未来网络空间企业化做了大胆构想。证词列举了如下几个重要领域：（1）企业化网络空间的作战概念构建问题：证词认为，作为一个与陆海空天并列的、全新的作战领域，作战概念的规范化和成熟度至为关键。需要有与之对应的条令、战术、技术和业务程序。美军在战略层面已经完成了组织构架的改组，正在发展能够先发制人、以光速度机动作战的灵活的网络部队所需的条令。同时，还正在研究“对手寻找我们弱点”的方式方法；在作战层面，美军的目标是构建一个单一的、综合的业务过程。正在探讨以“类似于其他作战领域、能满足联合作战司令部需求”的方式向联合作战司令提供网络能力。美军正在大力发展各军种的网络力量部队，正在起草关于网络作战的野战手册和联合出版物，正在与两个地区性联合作战司令部紧密合作、为他们提供网络支援能力所需的全套“工具箱”，并最终将这种模式推广到所有联合作战司令部。（2）企业化网络空间安全的职责划分问题：在网络安全问题上美国主要由三类部门承担。一是国土安全部。领导并协调国家范围内的所有网络安全行动，保护国家关键基础设施，确保联邦政府网络和系统的安全。二是联邦调查局。负责发生在美国国内的、在执法授权的条件下执行国内情报与反情报、反恐等领域的网络探测、调查、防治和反应任务。最重要的是，如果发生美国国内的网络恶意攻击行为，联邦调查局首当其冲，领导“阻止、调查和减轻危害”的所有行动。三是国防部、情报界、国家安全局和网络司令部。它们的职责是国外的网络空间、外部网络威胁情报和攻击属性问题、涉及国家安全和军事系统的安全问题。在极端特殊情况下，如果有来自国内外两个方向行为体的网络攻击，该类部门也会防御美国本土。证词认为，联邦政府、私营部门包括私营部门内部的信息共享是网络安全的基础。而在信息共享这个领域中，国土安全部的立法职能非常关键。同时，网络司令部也将与国防部和国家管理当局共同制订网络司令部参战的规则和标准。网络司令部将与参联会一道，共同制订允许网络司令部在必要时“识别威胁、确保高级领导能够迅速共享信息并付诸行动”的决策框架。（3）企业化网络空间部队的训练与战备部队问题：证词认为，政府和工业界都面临着网络员工短缺的问题。在训练与战备问题上，国防部和各军种需要统一的标准才能构建真正的联合力量。网络司令部正在评估员工招募和创新项目，用来培育并挽留优秀的网络防御人才，并对所有网络员工所需的训练统一标准、全程跟踪和综合管理。证词提到了 2011 年秋天，在“Cyber Flag（网旗）”演习就将对人员的训练与演习演练紧密地结合了起来。(4) 企业化网络空间“可防御型”的技术构架问题：这是个技术发展的趋势问题。证词认为以往的网络应用系统，在设计之初并没有考虑网络安全问题。而当前国防信息系统局所推动的云计算和国家安全局所推动的应用商店的基本做法，实际上倡导的是一种新的技术架构。云计算在系统构建伊始就具备内建的安全方案。这对于减少被攻击接口、减少网络“飞地”、构建完整统一的数据和服务模型、对服务实现基于身份的访问控制、对数据实现基于属性的访问控制、按照任务需求迅速配置网络构架（增强网络拓扑构架的弹性）等等都是一个基础性技术构架方案。而云计算和应用商店模式将在减少信息技术开支的同时，净化网络卫生环境，提升网络空间的总体安全。(5) 企业化网络空间全球可见的“赋能”作战问题：这个问题的实质是网络空间态势感知的可视化理解、“网络空间态势感知”与“网络空间作战反应”全面集成的问题。目的是要解决两个问题：一是通过可视化，更好地理解当前网络空间态势，并在技术上为相关技术人员、甚至是为自动化的威胁反应处理系统提供更好的反应行为依据并支撑反应能力。二是给高层决策者以能看得懂的决策依据。当前，在尚未构建可防御型技术构架的情况下，美军对于自身15000个网络上发生的、明确的、实时的总体态势尚无法完全掌握。对于发生于美国的、来自因特网的网络空间内外总体威胁的情况也没有完整的态势感知。网络司令部企业化网络空间“可视化作战”的战略目标是：跨部门、联邦政府和私营部门的统一合作；发展建设针对国防部网络和关键基础设施的、更快速的、全面的、更及时的威胁告警；以态势感知支撑一体化反应作战行动。企业化网络空间“可视化”作战行动目标是：通过来自自身网络和公开网络的信息融合和态势可视化，赋能作战行动；与跨部门、私有基础设施提供商、全球合作伙伴一起共享信息；为决策者而不仅仅是技术人员构建决策支撑能力。

（四）网络司令部 2011—2012 年的主要工作成果

证词主要从五个方面对 13 项主要工作进行了梳理，从中我们可以切实的看到网络司令部工作成果。这些工作都是具体任务，是网络司令部过去一年成绩的真实记录。

1. 在作战影响方面的五个工作：(1) 通用作战视图演习：这是网络司令部的联合作战中心、国家安全局的威胁作战中心和国防部网络犯罪中心参与、由白宫领导的国家层面上的演习，主要目的是为白宫层面的领导者提供联邦政府层面上的通用作战视图。（2）创建网络训练顾问委员会（Cyber Training Advisor Committee.）：这个委员会是为了跨军种、网络司令部和国家安全局的网络训练问题而创建的协调性组织和标准化组织，用以提升计算机网络作战的质量、效率，并确定网络训练是否充足。（3）国家侦察办公室“雷声之锤”模拟演习：网络司令部人员参与了国家侦察办公室组织的这场模拟演习，主要是为了增强太空资产能力和减少应对其网络攻击的漏洞。这场演习特别强调了网络空间安全和航天安全之间的关系。（4）国土安全部国家网络应急反应项目：将国土安全部的网络应急事件响应项目与国防部网络空间条件告警系统进行同步，以便于未来的作战。（5）全球网络同步大会的召开：代表战略司令部主办了第二届全球网络同步大会，以此实现在所有联合作战司令部作战计划需求的集成。

2. 在政策和条令方面：管理当局与国会已经完成了网络安全相关立法工作。在现今当局，国防部、国土安全部和国家安全局在网络安全事务上通力合作。而国家安全局、国家标准与技术研究院和国土安全部则在网络安全标准方面有着紧密的联系。主要工作包括参议院网络安全演习：2012 年 3 月 7 日，参议院的成员参与了网络安全演习。这是对 2 月份白宫和国务院“所有参议员网络安全威胁”简报的响应。

3. 在支援作战方面：（1）网络司令部网络支援分队的部署：网络支援分队是根据任务需要在每个联合作战司令部配置的分队，用以支援对应司令部的网络空间作战。网络司令部已经在中央战区司令部全面部署了网络支援分队，在太平洋战区司令部部署了部分的网络支援分队，6 个月以内将向其他联合作战司令部派遣相关分队。（2）网络司令部部队管理研讨会：去年 11 月召开的该研讨会，将所有军种网络职能组成责任人召集到一起，共同讨论网络司令部如何支援联合作战司令部作战的问题。（3）网络部队的战备和训练：网络司令部、国家安全局和各军种网络职能组织司令部完成了开发“联合网络空间训练与认证标准（JCT&CS）”的文件。这将是未来国防部所有网络操作员的通用训练标准。

4. 在增强防御方面：（1）“全球雷声 12”演习：这是网络司令部联合作战中心支援战略司令部年度性野战训练演习的行动。该演习是用来验证“核指挥控制通信”作战计划任务的。此次联合作战中心对演习的支援包括报告、分析、执行冲突排解和网络相关事件的反应。(2) 网络司令部支援“敏捷精灵”(Nimble Ghost) 演习:网络司令部与参联会一道,为组织这次演习的国防部高层领导提供了检验“政策和程序”的讨论平台。这些政策和程序主要用来明确如何防御美军网络、探讨国防部如何构建应对主要网络空间攻击的反应能力。

5. 增强网络团队关系方面:(1) 网络司令部为国土安全部《确保网络未来》战略性文件给予了充分的意见和建议。(2) 在国土安全部和国防部之间制订的《网络安全构想》工作计划指导下,切实推进两者之间的职责明确、分派特定行动、构建贯彻该构想的时间线等工作,增强了国土安全部与国防部网络安全作战协作。(3) 与国家安全局的人员一起,参加了英国、澳大利亚和美国战略司令部、国防部长办公室三方组织的三方防御网络接触组,完成了关注点主要是计划制定的桌面演习。列举出推动三方执行网络空间作战能力的问题列表。

证词最后说,网络司令部在所有这五个领域都有积极参与。因为他们之间是共同进步的关系。网络空间的能力必须是在这五个方面共同进步。

三、几点启示与思考

(一) 网络空间对人类社会的深刻影响趋势集中体现于当前对美国的影响

当网络技术的社会应用所带来的威胁引起国家层面严肃对待时,国家对技术发展和技术应用的强烈干预将进一步导致国家自身的政治、经济、军事、社会问题发生深刻变革。按照马克思主义的观点,技术发展是生产力的基本表现,基本属于经济基础领域;社会应用模式属于经济生活的组织方式问题或生产方式问题,属上层建筑领域。网络安全问题需要国家政治、经济、军事和社会适应这种新型上层建筑。美国是社会信息化最成熟的国家,随着美国一系列网络空间战略的出台,美国作为一个国家实体,已经觉醒,正在不断尝试探索、适应信息时代的政治、经济、军事与社会问题。证词所阐述的近一年以来网络空间威胁的新发展,涵盖了所有这些领域。美国在网络空间所采取的政策将为全世界其他国家应对该类挑战起到很好的示范作用。

（二）美国的网络威慑理论对规范网络空间行为准则具有相当负面压力

美军网络威慑理论的基础是假设敌手是理性的。通过对理性敌手的心理建模来探索在网络空间博弈的环境下双方的行为模式。网络威慑本身具有强烈的进攻性，其理论基础是考虑如何在对抗环境下谋求单方面的安全。这对“与潜在的合作伙伴的战略互信”是一种重大的伤害，为制定规范的网络空间行为准则带来巨大的负面压力。我们希望美国能够通过切实的操作层面上的具体行动，展现出全面的合作诚意，打消世界各国的疑虑，通过国家间良好互动来推动网络空间行为准则的构建。证词在听证会上答参议员麦凯恩的质询时强调，国家当局确认“是国土安全部而不是国防部”统领国家网络空间安全问题。这是美国在网络安全问题上向正确方向走的一步。说明美国当局对网络空间的复杂性尚有清醒的认识。这种确认不仅对美国国民有个交代，对于其他国家来说摆出的姿态也是正面的。

（三）网络空间的企业化将成为美军网络战场建设和作战业务的趋势

当前，美军最值得关注的是未来美军网络空间的企业化。这实质是美军对网络空间的战略管理问题。网络空间企业化包括对网络空间战略目标的整体勾画、对网络空间多层次实体间“职责分工和广泛合作”的管理、对采用全新网络空间技术构架的集中统一部属、对网络空间行为总体态势的清晰描述、对网络空间力量的培养训练方式等内容，以此形成网络空间良性发展的综合驱动力。企业化的思路适应了网络空间地位的战略性、影响的全局性和业务的独立性特性，是美军网络空间建设与作战的基本方向。美国国防领域网络空间企业化的建设将为美国国家网络空间企业化做出积极的探索。

（四）网络司令部对联合作战司令部的支援框架问题

美军网络司令部对联合作战司令部的支援方式是美军当前的焦点任务，本质上是关于美军军事网络力量的定位问题。从 2009 年开始，美军在战略司令部与四个军兵种之间已经完成了全面的战略调整，形成统一的指挥机制。这种机制可以用两句话来总结：一是网络建设与网络作战相分离；二是网络作战与网络空间情报相结合。这只解决了网络力量建设与指挥的问题，而没有解决网络力量向联合作战提供能力支援的问题。美军在这个方面有三种模式可以借鉴：一是航天作战对联合作战的支援方式——航天作战协调员模式。这种模式最大的好处是适应了网络空间作战自身的整体性和独立性。但联合作战对网络作战的依赖性太大，不能没有自身的指挥机制和内建部队；第二种是战略运输司令部模式——空中机动主任的模式。这种模式的好处是联合作战司令部开始有自己的网络力量，可以与联合作战更好地无缝连接，但此时仍需要网络司令部联合网络作战中心的全球化支援，自身尚无完整指挥控制；第三种是特种作战司令部所采用的联合特种作战职能组成司令部的模式。在地区性联合作战司令部所属辖区内组建联合网络作战职能组成司令部，形成“网络司令部所属的联合网络作战中心和联合作战司令部所属的联合网络作战职能组成司令部”两层的网络指挥机制，实现对传统作战的全面支援。所有三种模式是美军在汲取以往经验教训的基础上形成，具有相当的科学性。但根本的问题是网络作战的地位问题：它是依附于传统战争还是独立于传统战争。以上三种网络作战模式都属于作战支援配属，其作战样式依附于传统战争样式，但依赖程度不同。实际上，随着网络作战对传统战争样式的深入影响不断发展，当其足以独立执行、完成任务时，可能就需要构建除陆海空军、海军陆战队以外的第五军种。

关于网络空间漏洞国家管理的观察与思考

一、网络空间漏洞及其管理的若干基本问题

（一）网络空间漏洞管理的社会本质是动态过程，目标是提升网络空间可用性

网络空间漏洞是指被攻击者利用来减弱信息系统安全的弱点，是“系统缺陷或者脆弱性、威胁对系统缺陷的接入能力、攻击者利用系统缺陷的能力”三要素的交集。网络空间漏洞管理是包括挖掘、识别、分类、披露、利用、修复等六大类相关过程的周期性实践过程。

漏洞是现实世界向网络空间映射过程中的扭曲化表现，是从“用网”到“被用网”从而产生网络空间安全问题的根本，是影响信息化成果社会应用的主因。漏洞管理伴随着所有网络应用与服务的全过程，直接影响到网络服务的可用性。

（二）网络空间漏洞管理的首要职能是减少漏洞，压缩已知漏洞的网络存在

漏洞覆盖信息系统的三个领域：技术体系、业务架构和管理过程。三大类漏洞又普遍存在于公共因特网、国家关键信息基础设施、国家关键军事信息基础设施中。因为用户的网络安全意识、认识水平不一致，网络安全能力有限，导致这些设施中很多已知漏洞长期客观存在，无法全面及时修复。根据专业统计分析，网络空间威胁的90%来自现有利用网络空间的残留漏洞。所以网络空间漏洞管理的首要职能是加强漏洞披露与修补能力，减少已知漏洞的网络空间存在。

（三）网络空间漏洞管理的基本方式是公私合作，全面调动减少漏洞的能动性

因为漏洞具有广泛性、隐蔽性、长久性、必然发现性①，漏洞的管理过程涉及信息产业相关企业、社会用户和国家管理当局等三大类行为体。

---

① 广泛性是指漏洞在网络空间无处不在；隐蔽性是指漏洞很难被发现；长久性是指即使被发现也有个披露、修复的过程，产生的威胁并不是立刻消失；必然发现性是指客观上发现的漏洞才是漏洞。

而各类行为主体内部以及相互之间又是一种利益博弈的关系。网络空间漏洞管理必须抓住这种关系的本质，从利益协调角度，疏导各类行为体在漏洞管理六类职能中的行为，通过法律、政策、制度，甚至是利益驱动，借以公私合作的方式，向网络空间提供高水平的、及时迅捷的漏洞管理能力。

（四）网络空间漏洞管理的重要方向是漏洞利用，为国家安全提供非对称能力

网络空间的基本特征就是战略非对称性，这导致网络空间各类行为体之间的敏感性和脆弱性同时并存。网络空间漏洞利用是凭借网络空间的这种战略非对称性，平衡国家在网络空间战略安全的基本方式。网络空间漏洞管理的这种态势是一种客观存在的事实，也是导致网络空间竞争激烈、网络空间军事化的一个基本驱动。但无论是对网络强国还是弱国，漏洞利用都必须"有理、有利、有节"。无原则的、单方面的强调漏洞利用无法获得持久的网络安全。网络空间漏洞利用政策是国家软实力的重要方面。

（五）网络空间漏洞管理的核心能力是漏洞挖掘，黑客文化需要正确管理引导

网络空间漏洞管理的周期性实践过程，导致网络空间战略态势呈现一定的周期性：一段时间将是进攻性网络行为占主导，一段时间则是防御性网络行为占主导，社会对两者的关注点在不断交替。但漏洞又被称作攻击接口，是网络空间攻防两股力量交锋之所在。不断挖掘新的漏洞，以此主导网络攻防态势的演化发展趋势，是网络空间漏洞管理的核心能力。但该能力更加强调技术实力，是网络空间技术能力的全面表现。这种更加纯粹的技术问题不是通过简单的加大投资就能解决的，需要一定文化背景的支撑。这需要我们在诸如黑客世界所倡导的精神方面做出正确的选择。

二、网络空间漏洞国家管理的基本实践

（一）网络空间漏洞战略管理已经成为国家安全领域的重要议题

网络空间漏洞管理成为保障国家关键信息基础设施安全的基础。就美国来看，在克林顿时代，2000 年《保护美国的网络空间——信息系统保护国家计划》十大项目的第一项就是识别关键资产和相互依赖性、应对漏洞。2000 年的《新世纪国家安全战略》中也是突出强调漏

洞对国家安全的重要性。小布什政府时期，从国家安全战略、国防战略、国家军事战略到军队的联合作战条令，只要是涉及网络空间安全的，第一个强调的问题就是国家的漏洞管理。自2009年以后世界上很多国家开始在战略上制定网络安全国家战略，网络空间漏洞的国家管理都是其首要目标。

（二）通过多渠道构建漏洞库，加强漏洞信息的国家共享与披露机制

欧美等发达国家对漏洞库的研究较早，并拥有了一批在国际上颇具影响力的漏洞库，如美国国家漏洞库①、美国US-cert②、澳大利亚的Aus-CERT、丹麦的Secunia、法国的VUPEN。这些漏洞库之间执行共同标准，相互合作，强调提供基于漏洞信息的工具和修复，有效支撑漏洞信息的国家共享与披露。

以美国为例，美国政府部门、安全组织、商业公司既各司其职又深入合作，各机构保持高度的信息共享，各机构的漏洞库互为补充，才组成一个完善的体系。国土安全部的US-cert广泛协同联邦各部门、安全组织和商业公司，发布详尽而权威的漏洞信息和公告。开放安全基金筹建的“开源漏洞库”，是一个独立和开源的漏洞库。赛门铁克公司的“SecurityFocus漏洞数据库”公布的漏洞包含很多技术细节，广受技术人员和安全爱好者的青睐，该数据库活跃着全球众多安全团队的资深专家，是国际上许多漏洞库的数据来源。VeriSign公司的iDEFENSE漏洞顾问数据库以其“VCP③”能持续高效地发现漏洞，掌握着相当数量的0day漏洞，使其能够提供有关系统隐藏的、先前未知的漏洞的即时独特的见解。

（三）主动颁布漏洞利用的政策法律，通过约束漏洞利用行为提升国家软实力

就2009—2012年的震网、DUQU和火焰三次攻击性网络作战行动来说，将漏洞利用提升到国家安全重要工具已经成为一种趋势。这三次行动通过对一些重要漏洞巧妙利用，形成了从“网络渗透、网络传播、网络侦察、网络指挥控制到网络攻击”这一整套的网络攻击作战。因为漏洞利用得好，这几个案例成为定向网络攻击的典型，彻底地改

---

① 由NIST创建。

② 由卡内基·梅隆大学建立，国防部（国家安全局）资助。

③ 市场收购漏洞计划。

变了人们对网络武器攻击行为不可控的认知。

但2010年的震网极大地打击了人们对德国西门子公司产品的信心，直接加快德国、法国等国家对网络安全力量建设的步伐。英国、澳大利亚、日本、韩国和印度与美国在网络安全领域合作的过程中更多表现出的是一种战略姿态，实质性的网络安全合作非常有限。特别是当2012年美国政府通过媒体有关专家等多种渠道隐含地透露了这些攻击行为为其官方所为甚至是奥巴马直接下达的命令之后，沉重地打击了全世界所有国家对美国的信心，严重损害了美国的国家软实力。

网络漏洞利用的真正价值在于它是一种潜在的威慑能力。即使是强大国家也不应该将其轻易付诸行动。增强对漏洞利用的政策与法律透明度、强化监管是对漏洞国家管理的重要内容，对增进对国家网络力量运用的软实力、避免不必要的冲突具有重要意义。

（四）技术的规范化管理与新技术应用是网络空间漏洞管理的基础动力

漏洞管理是需要紧跟新技术的应用而不断发展的。国家在其中的关键作用是制定国家层面安全的战略需求，加强对相关安全项目的投资。云计算、大数据、下一代互联网、移动互联网和量子通信等技术正在火热发展之中。随之在社会领域的广泛应用，必然直接影响网络空间漏洞国家管理模式。

可能的漏洞管理新思路包括：关注新技术的发展趋势，提前明确国家网络层面的安全技术需求，以内置式的信息安全技术标准，指导信息产业对新技术的开发，谋求漏洞管理的相对优势；加大对网络安全的投入，上马大型网络安全态势感知项目，保护国家与军队的关键信息基础设施；按照网络生态的新理念，强化对网络空间行为体行为的管理，统一规范应用软件、安全软件的安装使用，净化网络环境卫生。这些新的思路与方法对于减少漏洞出现、提升漏洞存在层次、强化漏洞修复能力非常有益，是漏洞国家管理的宝贵实践。

（五）全方位、多领域、多层主体的合作使网络空间漏洞管理成为必然趋势

网络空间漏洞管理的全面合作是网络空间安全管理的必然要求。在经济全球化、社会信息化的大时代，在封闭网络空间独善其身的想法早已过时。就全球整个网络空间来说，共享、交流、互动、合作不仅成为网络空间的核心价值观，也是网络空间的世界观、方法论。全世界所有国家都已经意识到网络空间漏洞管理合作的重要意义。都在努力创建良好漏洞管理的国际政策与法律环境，积极参与网络空间安全发展筹划。同时，鼓励本国企业、有关政府机构、相关安全专家参与到这一全球性的安全进程之中。

三、思考与建议

我国在网络空间面临的战略环境有很多特殊性：一是知识产权保护力度跟不上，导致信息产业处于低水平徘徊阶段，漏洞管理实力有限。二是软硬件产业基本处于整个产业链的下游，漏洞管理的主导权不在我方。三是网络空间漏洞发展非常快，漏洞挖掘能力非常有限。这些问题导致我们的漏洞国家管理面临许多特殊的问题。

（一）深化网络空间漏洞管理的国家认知、创建网络空间漏洞管理战略文化

我们必须深刻地认识到：网络空间漏洞是网络空间漏洞利用成为网络空间网络攻防的焦点、网络空间国家安全的焦点，是网络空间安全的战略资源；加大知识产权保护既是信息产业发展的自身需求，也能够为漏洞管理理顺责权关系；正视网络空间漏洞长远存在的事实，在责权明晰的基础上，区分对待漏洞发现与漏洞利用，修改现行计算机犯罪相关法律，打击网络空间漏洞的黑市交易，同时放宽对“网络扫描等网络行为”的政策限制，尊重黑客文化与黑客精神，构建“鼓励开发漏洞、打击漏洞利用”的文化环境；加大网络空间立法，尽早加入《网络犯罪布达佩斯条约》，并推动该条约的国际化发展，为网络空间漏洞战略管理、交流、共享营造良好的外部环境。

（二）迫切需要形成体系化的、综合全面的网络空间漏洞管理的国家机制

进一步完善网络空间漏洞国家管理平台①的职能，形成挖掘、识

---

① 2009 年 11 月由国家互联网应急中心等单位组织的国家信息安全漏洞共享平台宣告成立，同时，由国家专项资金支持的中国“国家漏洞库”也正式投入运行，国家互联网应急中心负责人表示，国家信息安全漏洞共享平台将建立不同的漏洞信息发布途径，并按照不同用户的安全需求发布不同类型的漏洞信息，从而使得信息系统用户能够第一时间获知其所使用信息系统的安全隐患情况，从而加强对安全威胁的及时防范能力。现在的问题是如何更好地发挥这两个平台的现实能力和作用。

别、分类、披露、利用、修复、减少漏洞的闭环管理业务：特别是漏洞的强制修复职能，保证即时修复已有漏洞，减少网络空间漏洞风险；强化网络空间漏洞管理对国家关键基础设施、公开互联网各类涉及国家安全的信息网络的服务能力；建立网络空间漏洞披露审查、评估机制，保证网络空间漏洞的快速修复；规范特殊漏洞的披露程序，形成国家安全需要的漏洞管理机制。

适时出台法律法规，调动公私企业自身潜力，促使其提升企业高品质信息服务能力，形成良性、健康的公私合作漏洞管理机制。打破企业自身产品中存在的漏洞会影响产品市场的禁忌，让信息产业相关企业充分意识到加强网络空间漏洞管理是提升用户对其产品与服务信心的重要环节，是产品与服务的关键价值所在。

（三）核心关键软硬件的自主可控应更加强调可控，更少强调自主

“核高基”项目的发展是我国网络安全领域的重大项目工程，但应该调整发展模式，更加强调可控，更少地强调自主。核心软硬件的自主可控必须把握几个关键问题与原则：一是产业牵引的原则，国家必须大力培育基于自主软硬件的网络应用模式，形成新型信息服务产业。在应用过程中减少漏洞、完善自身发展。二是开放的原则，相关软硬件必须能够支撑为全球范围提供服务的原则。必须接受更大范围的用户检验。应用越广泛、自主可控能力的影响力越大。三是创新的原则，软硬件发展当前出现很多方向性的创新领域，我们必须把握信息产业这种客观发展趋势，通过创新来推动自主可控。不能再走过去软件产业的发展思路。

（四）以军队为主体整合国家网络空间安全力量，形成战略非对称能力

网络空间是与核、航天领域并列的战略空间。网络空间作战已经取代陆战场时代的坦克、海战场的航空母舰、空战场的战斗机，成为贯穿未来战场的主要作战行为。以军队为主体构建国家网络空间安全力量是国际上的通用做法。有助于网络空间态势感知能力、网络空间防御能力、网络空间反应能力、网络空间调查取证能力、网络空间进攻能力在国家范围内的有效集成。对于我军来说，通信、保密、情报[①]、指挥自动化、电子战甚至是航天，都在网络空间具有相当的部队和能力。我军差的是一种网络空间的战略布局，这需要我军在消除军兵种利益、制定统一的发展规划、构建统一的组织机制、形成统一的指挥控制上做出重大的战略决策。

① 包括情侦和技侦。

美国国家网络安全领导体制与分析

美国国家网络安全领导体制是一个逐步发展成熟的过程。先后历经三任总统的努力，在逐步发展建设网络空间的同时，形成了覆盖国内国土安全、国际军事安全的两大安全领域，培育出了完整的网络安全国家力量，形成了体系完善的网络安全能力，在充分协调利用民间网络安全力量的同时，探索出了较为科学的国家网络安全行为机制，随着网络安全成为国家安全的核心领域，美国国家网络安全领导体制机制的地位与作用正在逐步成为国家安全机制的重要组成。

如何认识美国网络安全国家领导体制？

网络空间两大战略问题有其特殊性，即发展战略与安全战略的紧密结合、高度的一体化。美国国家网络安全领导体制在早期的核心任务是建设、利用网络空间力量，后来发展为偏重网络安全，最终逐步过渡到网络空间应用发展与网络安全协调发展。从克林顿政府时期的信息高速公路计划，到奥巴马总统的大数据倡议，美国政府总能够以创新性的战略举措，推动国家实力的不断提升，以相对的能力优势赢得国际竞争与对抗。这种国家力量向网络空间的拓展，导致国家利益在网络空间全面体现，从而驱动该领导体制逐步向网络安全国家领导体制不断演化发展。

一、美国网络安全国家领导体制的战略设计依据

美国网络安全国家领导体制需要面对三个基本问题：一是国家是网络空间的管理者，不完全是网络空间的所有者。在网络空间三大领域——公开互联网、国家关键信息基础设施、国家安全关键信息基础设施中，只有涉及国家安全的国防与情报界关键信息基础设施才完全由国家运维、管理、掌控。而前两者的核心——网络数据、运营管理——都在各类私营部门手中。二是国家是网络安全的当然执行者，但核心角色是业务组织协调者。虽然国家没有完全拥有网络空间，但网络安全却只能由国家出面综合管理。国家必须发展全面网络安全力量，谋求包括网络空间安全管理能力、网络空间态势感知能力、网络

空间防御能力、网络空间反应能力、网络空间调查取证能力、网络空间进攻能力在内的综合网络安全能力。三是网络空间的虚拟性本质、对现实物理空间的依附性特征决定了不能就网络安全讲网络安全，国家的网络安全能力必须通过现有国家安全框架才能完全发挥出来。网络安全力量应该渗透到政治、经济、军事、社会、科技等所有国家力量之中，才能发挥出其现实的能力。

这三大基本问题是美国网络安全国家领导体制战略设计的基本立足点，也是理解该体制的出发点。

二、美国国家网络安全领导体制的战略框架

按照这三大基本问题，美国国家网络安全领导体制被设计成一个分层的战略框架（如图1所示）。其囊括的要素包括：最终责任人与关键战略文件、主持人或组织者、决策人与关键战略举措、顾问人与顾问机制、网络力量与协调机制、网络力量的运用方式。

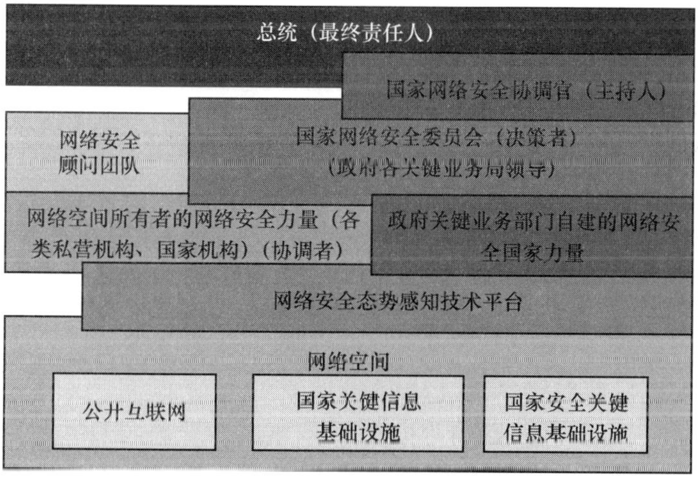

图1　美国网络安全领导体制框架

总统是该框架的最终责任者，他通过国家战略、国家安全战略等关键战略文件为顶层设计，推动该框架的不断调整、逐步走向成熟。向总统负责的安全、反恐与基础设施防护协调官是该框架的主持人或者组织者，它负责网络空间所有事务的总体筹划，推动该框架的有效

运作。政府所有关键领导业务机构的领导，包括国务卿、国防部长、财政部长、总检察长、商务部长、卫生部长、运输部长、中情局主任（情报总监）、参联会主席、联邦应急管理署长、管理与预算办公室主任、科学与技术政策办公室主任、国家经济委员会主任、总统安全事务助理、联邦通信委员会相关责任人组成的专门委员会，是该框架的决策者。他们通过各自业务领域与职能范围中的战略、倡议、项目、规划、计划等来落实总统制定的发展战略与安全战略，对涉及网络安全的重大事务集体决策，发展本部门所属的网络安全力量，制定网络力量的协调运作机制。政府机构以外的私营机构主管、网络空间的实事所有者，包括各类专家，成为该框架的顾问团队。他们能够通过各自不同领域的专业化的知识对网络空间重大事务提出建议。各个关键业务局逐渐发展起来国家性的网络力量或者队伍是该框架的具体执行者。他们与网络空间所有者一道，通过统一规划建设的网络安全态势技术平台，协调一致的运作，完成国家网络安全的战略目标。

三、美国国家网络安全领导体制发展演化的五个阶段

美国国家网络安全领导体制发展演化过程中注重了四大关系的处理：即物理基础设施防护与信息基础设施保护、信息基础设施防护与国内反恐战略、国内反恐与国际网络空间军事斗争、网络空间军事斗争中的网络防御与网络进攻。先后经历了 20 世纪 90 年代依附国家基础设施防护体制，2003 年前后依附于国家反恐体制，2009 年前后依附于国家安全体制这三次重大转型。依据该框架的组织结构变化，又可以分为五个关键阶段。

（一）克林顿时代早期（1998 年之前）

1993 年开始，美国政府启动国家信息高速公路项目，建设国家信息基础设施。该项目的核心是由副总统领导，商务部制定政策，商务部所属国家科学技术标准研究院制定技术标准，由私营部门广泛参与。在该项目框架下，克林顿总统意识到利用网络技术提升政府行政能力、提升政府行政效率的重要性，开创性地组建政府 IT 服务工作组，负责推动政府职能部门内部的建网用网工作，重点是发展政府自身的网络应用能力。在其下设置专门的信息基础设施特遣分队，具体负责执行政府网络的建设与运营维护。随着早期计算机病毒在政府工作网络中

的影响逐步增大，由副总统领导的政府 IT 服务委员会开始组建，并于 1995 年设立创新基金，探索政府部门的计算机安全反应能力建设。在该基金的支持下，1996 年 10 月由国家科学技术标准研究院（NIST）提出建设联邦政府计算机应急反应能力（FedCIRC Pilot）试点。最初由卡耐基·梅林大学计算机应急反应协调中心和能源部计算机应急顾问能力组成，并逐步融入了 NASA 的应急处理分队。到 1998 年 10 月试点结束后，能力相对成熟，便交给政府的总务局管理，直接服务于政府网络安全反应，并进一步融合了国防部的相关力量。该阶段国家网络安全领导框架尚未健全，基本要素也不完整。此时的领导体制的核心是发展网络安全应急反应能力，不具备执法与行政职能。

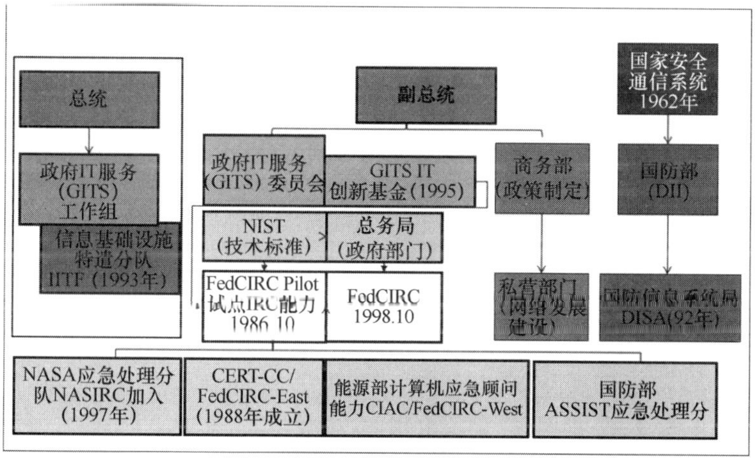

图 2　克林顿政府早期网络空间发展与安全领导框架

与此同时，国防部也在原通信局的基础上，于 1992 年组建国防信息系统局。该局提出的最有影响力的计划就是“国防信息基础设施”建设，即后来的全球信息栅格（GIG），这成为当前美军的军用网络。需要特别注意的是，组建于 1962 年古巴导弹危机之后、服务于国家危机通信指挥的国家安全通信系统在此时也属于国防部管理。当时该系统基本以模拟系统为主，计算机等数字化设备的应用较少，网络安全的需求相对低。后来国土安全部成立之后，小布什总统逐渐将该系统转隶国土安全部的国家防护与项目主任，到 2007 年国土安全部副部长成为该系统的管理者。随着该系统在国土安全战略框架下与国家应急反应机制的融合与成熟，国防领域指挥控制系统也逐步顺畅，2012 年 8 月奥巴马总统废止国家通信系统的运转。这两大系统一直以来完全处于国家的掌控之中，但此时尚未纳入到国家网络安全领导体制之中。

（二）克林顿时代晚期（1998 年之后）

随着美国国家信息高速公路项目的持续推进，覆盖金融、交通、能源、电力、电子商务、核生化物品管制、基础卫生等领域的国家关键基础设施逐步网络化。社会生活发生深刻变革，政府服务效率大幅提升，国家治理能力发生彻底变化，网络已经向美国国家政治、经济、军事、社会、科技各个层面渗透，正在改变美国的国家行为。但与此同时，国家基础设施体系化引发的系统级联效应也逐渐显现，几次大规模的电力系统故障、计算机系统千年虫可能引发的危机、逐步变强的计算机网络病毒、网络犯罪、知识产权防护、网络恐怖主义等安全问题也日益突出，国家基础设施安全问题逐步上升为国家安全问题，以此需求为依据，依附于物理基础设施安全防护的美国网络安全国家领导体制的雏形得以确立。

克林顿总统于 1998 年 5 月颁布《关键基础设施保护总统令（PDD - 63)》，确立了网络安全早期领导体制。该体制的核心包括：一是明确总统为网络安全事务的最终责任者；二是在国家安全委员会设立安全、反恐与基础设施防护协调官职位，理查德 · 克拉克被指定为该官员。他向总统安全事务助理负责，负责在政府范围内主持所有网络安全事务，是网络安全领导体制的主持人；三是组织联邦政府外专业人员组成国家基础设施保障委员会，向协调官做政策建议；集中所有特殊职能局——实际上就是涉及国家安全的综合政府部门，包括国务院、国防部、联邦调查局、中央情报局的领导组成关键基础设施协调组，负责网络空间事务战略决策。该工作组同时与国家安全政策委员会、国家安全通信与信息系统安全委员会、安全政策委员会协同工作，探讨网络安全政策；四是在联邦调查局组建国家关键基础设施防护中心，依托联邦调查局的国内调查执法职能，该中心与商务部、财政部、环保局、交通部、卫生部、能源部等政府关键领导局一道，就所有关键基础设施防护共同努力，具体执行基础设施防护任务。该中心成为网络安全力量的运用者；五是在商务部成立关键基础设施保障办公室，用来协调关键基础设施所有者——各类私营部门。

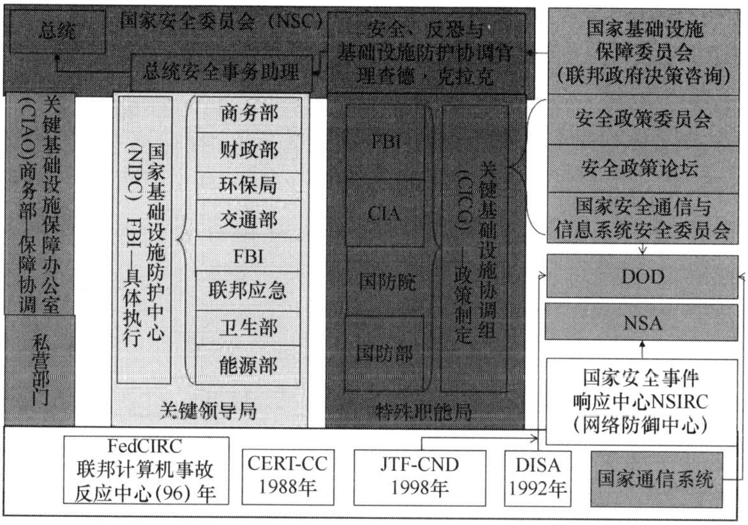

图 3　克林顿政府晚期国家网络安全领导架构

在该阶段，美国国家网络安全力量的国家队全面发展：联邦计算机应急反应中心得以正式成立；国防部于 1998 年在航天司令部下成立计算机网络防御联合特谴分队；国家安全局也成立国家安全事件响应中心，成为国家级的网络防御中心，包括国家通信系统在内的所有网络安全力量都要就网络安全事件向该中心汇报。

在 63 号总统令的倡议下，关键领导局和特殊职能局开始出台一系列网络安全战略措施，包括各种战略、倡议、项目，大力推动各自业务领域的网络安全力量，逐步成立各自的信息共享与分析中心（ISAC），以此为基础，形成了美国国家网络安全战略态势感知能力。

与此同时，国防部也成立以负责 C^3I 的助理国防部长为国防部职能型关键基础设施协调官，以首席基础设施安全办公委员会、首席信息官委员会为顾问，特种职能业务为需求、决策方，关键职能业务领域为不同国防领域的执行者，计算机网络防御联合特遣部队（2000 年以后，该分队改组为计算机网络作战联合特遣分队，JTF－CNO）为基本网络安全力量的网络安全领导框架。该框架的核心是军事关键基础设施的防御。此后的 2001 年，国防部成立国防部网络犯罪调查中心

（DC3），以此为基础逐渐发展成美国国家与军方共享的网络调查取证能力。

该阶段美国出台一系列的网络安全战略性文件，这包括1998年的克林顿总统的《新世纪国家安全战略》、2000年底颁布的《全球时代的国家安全战略》。国家安全局（NSA）1998年公布的《信息保障技术框架》，2000年白宫颁布的《信息系统保护国家计划1.0版》。这些战略文件在不同层面丰富和支持了该框架的形成。值得注意的是，在所有这些战略文件中，更加突出强调对关键信息基础设施的防护，这说明关键基础设施防护的重点已经由物理防护调整为信息安全防护。这不是说物理防护不再重要，而是说明基础设施防护的手段和重点都在向网络空间转移。

（三）小布什时代早期（DHS之前）

小布什政府早期基本继承了克林顿政府在网络安全领导体制的框架。但“9·11”事件以后，小布什即刻于2001年10月颁布13231号行政令——《信息时代保护关键基础设施》，强化基础设施安全防护。该总统令接受专家建议对网络安全加强领导的步伐，取消关键基础设施协调组，成立总统关键基础设施保护委员会，实际上是将关键基础设施协调组实体化，成为网络空间安全领导体制中的决策者。任命理

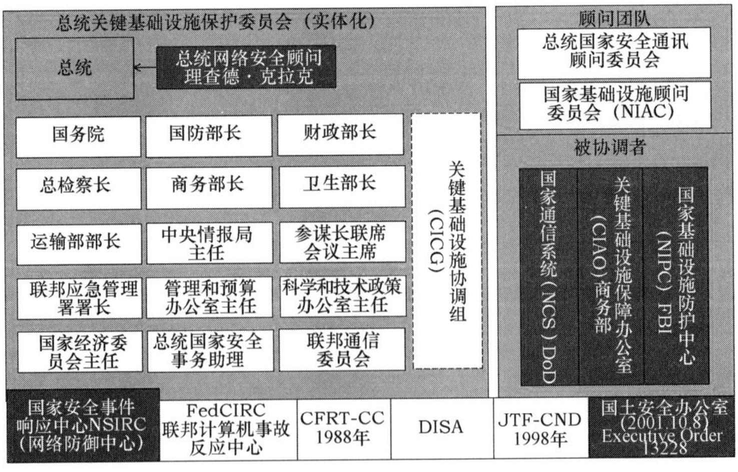

图4　小布什政府早期（国土安全部成立之前）网络安全领导体制

查德·克拉克为直接向总统汇报的总统网络安全顾问。改组国家基础设施保障委员会为国家基础设施顾问委员会，与总统国家安全通讯顾问委员会一道组成的顾问团队、协调者、网络安全力量在克林顿政府时期原有框架下进一步发展壮大。

但此后的13228号总统令也随即宣布成立国土安全部的前身——国土安全办公室，要求该委员会在反恐领域加强与该办公室的合作。可以说，该阶段的网络安全领导体制开始受到国家反恐战略的影响，但仍然没有与关键基础设施防护相互分离。

（四）小布什时代晚期（DHS之后）

成立国土安全部是“9·11”事件以后美国国内安全问题上升为国家安全战略核心的重大举措。虽然受部门利益之争、业务关系复杂、法律规范缺失等因素的影响，国土安全部组织架构一直处于不断调整的过程中。但其表现出的基本特征是参仿国防部军政、军令两条线架构，将国内安全力量运用方与国内安全力量提供方相分离。在国土安全部下，设立多个安全力量综合运用局，包括运输安全管理局、海关与边境防护局、身份与移民管理局、移民与身份执法局、海岸警卫队、联邦应急管理局、美国特勤局。同时，设有多种业务领域的直属职能部门作为安全力量的提供者，这包括国家防护与项目主任、联邦应急管理、政策办公室、健康事务办公室、情报与分析办公室、作战协调办公室、国内核探测办公室、联邦执法训练中心等等。此时，网络安全领导体制被彻底打破，总统网络安全顾问也被取消，相关力量全部融合到国土安全部国家防护与项目主任之下（见图5），成为国土安全部在网络安全领域的力量提供方，战略性地位下降。国内安全、反恐战略对网络安全原有构架造成严重冲击。

但此阶段中，小布什出台了一系列重大国家级网络安全举措。小布什总统于2003年2月在《美国国土安全的国家战略》框架下颁布《确保网络空间安全的国家战略》，白宫对此还专门补充颁布《关键基础设施与资产物理防护国家战略》。参联会于2005年首次颁布《网络空间作战国家军事战略》。同一时期的《国家军事战略》《国防战略》《四年防务评估》都对网络安全问题高度关注。

此阶段国家网络安全力量得以长足发展，网络安全业务不断规范。2002年联邦调查局成立国家网络犯罪调查联合特遣部队，负责国内网络犯罪执法；2003 年 11 月原联邦计算机应急响应中心改组为美国计算机应急反应分队（US – CERT），并在其下设置工业控制系统计算机应急反应分队（ICS – CERT），它开始主导 2002 年开始的系列爱因斯坦项目防护政府专用网络；计算机应急反应分队协调中心（CERT – CC）仍然存在，并继续支撑 DOD 的研发工作；国防部在原计算机网络作战联合特遣部队的基础上，于 2004 年进一步改组成立负责军用网络维护管理与防御的全球网络作战联合特遣部队（JTF – GNO）；同时，在 2005 年与国家安全局一起组建负责网络攻击的网络战联合职能组成司令部（JFCC – NW）；国家安全局成立的威胁作战中心专门与国土安全部就网络安全问题协调工作；情报界也成立情报界网络应急反应中心（IC – IRC）。最重要的是，2008 年 1 月小布什颁布第 54 号总统令。根据该总统令，在国土安全部国家网络安全局下成立国家网络安全中心，统管政府层面上的上述所有网络安全力量。应该说美国国家网络安全力量已经具备包括网络安全管理能力、态势感知能力、网络防御能力、应急反应能力、调查取证能力、网络攻击能力在内的六大能力。此时，美国网络安全力量的国家队基本成熟。

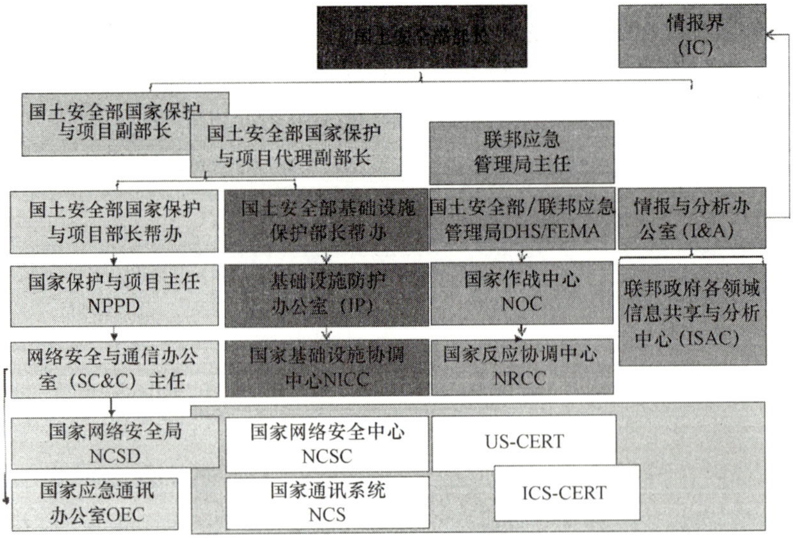

图 5　小布什政府晚期（DHS 成立之后）国家网络安全领导体制

（五）奥巴马时代

小布什政府团队在执政后期已经意识到网络安全领导体制上的力度有些弱。在执政结束时专门就网络安全问题发布《为第 44 届总统确保网络空间安全》报告，向奥巴马总统建议。奥巴马上台之初就组织进行《网络空间政策评估——保障可信和强健的信息和通信基础设施》，全面反思国家网络空间安全问题，按照网络空间国家治理框架对网络安全国家领导体制进行全面梳理（见图 6）。

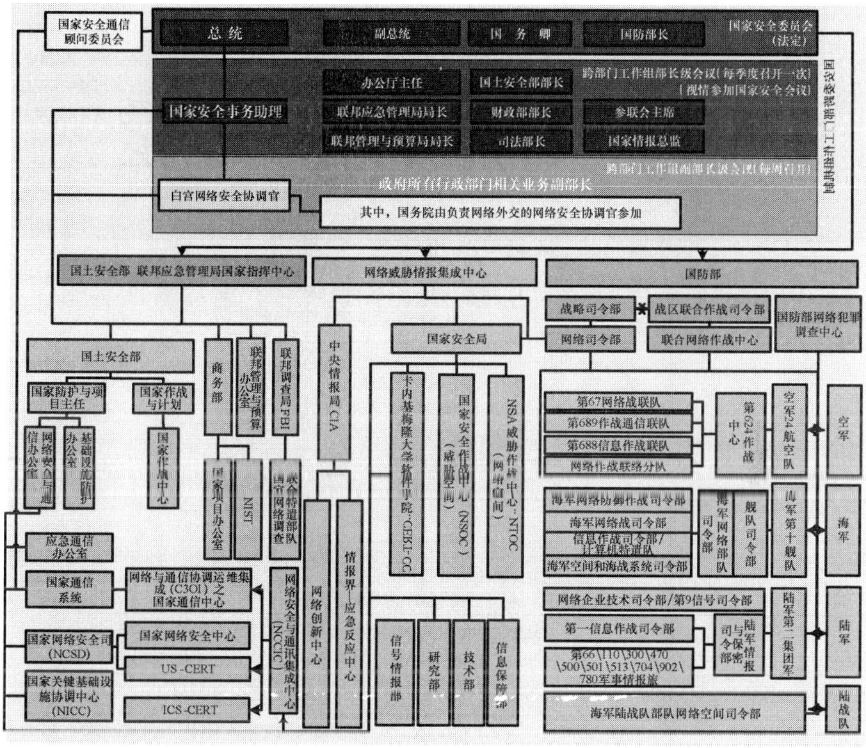

图 6　奥巴马政府国家网络安全领导体制

该框架的主要内容包括：

1. 奥巴马总统基本将国家网络安全业务分成三大块，国内业务由国土安全部主导，军事业务由国防部主导，国外电子情报业务由国家安全局提供，同时向两者提供能力支援。

2. 美国网络空间安全核心领导业务局（部）包括国防部、国土安全部、国家安全局、情报界、FBI、CIA、商务部、OMB 等机构。这些业务局在各自传统业务领域完成使命的过程中，逐渐将其主管业务、力量建设、组织方式等向网络中心化运作模式转型，所发展出的网络化业务能力大幅提升，成为美国国家网络空间领导体制的核心。

3. 重新设立了“白宫网络安全协调官”，辅以“国务院网络安全协调官”。这两个高层职位，前者直接向总统负责，后者负责网络事务国际协调。这两者一个主内，一个主外，成为美国国家网络安全顶层设计的核心。

4. 梳理网络安全国家力量，形成政府与国家两个层面上的网络力量体系：将国土安全部国家网络安全中心作为政府部门网络安全力量的中心节点，横向上贯通国土安全部美国计算机应急反应分队、国防部全球网络作战联合特遣部队[①]、联邦调查局国家网络调查联合特遣部队、情报界国家情报主任所辖情报界应急反应中心、国家安全局（中央安全局——属国防部）威胁作战中心、国防部网络犯罪中心。这八个中心是美国国家层面上真正的网络安全实体性力量。同时于 2009 年成立国土安全部国家网络安全与通信集成中心，将其视作是国家层面上的网络安全中心节点，统一协调组织国家在政府层面、私营部门的所有网络安全力量。

5. 国家网络安全力量业务体系逐渐成熟，覆盖网络安全的四个领域，即国防、情报、民事与执法。他们的主要职能体现在三个领域、共 14 项：在网络安全国家总体职能领域包括——战略、协作、监测、采集、分析；在网络安全国家特定业务领域包括——应急反应、信息分发、研发、教育与安全意识、训练与演习；在国家网络安全技术领域包括：系统防护、进攻与破坏、调查、溯源。各个网络安全中心依据自身职责，在态势感知、公司合作、国家安全与外国情报四个领域形成自己的优势竞争能力。

6. 在该领导机制中隐藏了重要的进攻性网络作战业务的基本机制。即图 8 中所示黑色粗实线的业务。该业务原属战略司令部网络战联合职能组成司令部（JFCC－NW），主要由空军情报局、陆军情报与安全司令部、海军保密局组成，他们向国家安全局的威胁作战中心报告。

① 现为战略司令部所属网络司令部。

该业务链以网络空间电子情报为基础，专门负责网络进攻。2009 年与全球网络作战联合特遣部队一道并入新组建的网络司令部。

7. 美国国家网络安全领导机制的最大变化是国防部 2009 年战略司令部所属网络司令部的成立。该司令部在当前美国国家网络安全实体力量中实力最强，兼具攻击与防御、军事信息基础设施运维管理等三大职能，是其网络安全力量的核心。

此时美国国家网络安全领导体制面临着一个新的问题，那就是国内国土安全威胁与国际军事安全威胁相结合。奥巴马总统对该框架的重新整理就是适应了这一新的安全需求。这反映在该阶段美国出台的一系列网络安全战略文件上，这包括 2009 年的《国防部信息安全战略》《国家情报战略》，2010 年的《国家安全战略》《国家安全航天战略》，2011 年的《网络空间国际战略》《国防部网络空间作战战略》、新版《国家反恐战略》、国土安全部的《网络空间可信身份国家战略》和 2012 年的《国防战略》《全球供应链安全国家战略》等等。网络安全向涉及国家安全的政治、经济、军事、社会、科技等各领域渗透，成为美国国家安全的核心。

三、美国国家网络安全技术力量演化发展

美国国家网络安全领导体制中只是解决了组织层面的问题，网络安全力量的作战运用最终要落实到网络安全技术力量上。目前来看，五大类网络安全技术力量正在逐渐形成。

（一）传统大型军工企业正在向“战场网络战”方向努力

美国传统军工企业是美军军事装备体系发展的基础力量，该类大型企业集团是国防工业基础（DIB）。自上世纪 90 年代以来，美军一直谋求利用信息技术优势发展转型美军军事力量。可以说这些军工企业是美军信息技术的根本提供者，是美军军事网络技术与应用的建设者。公开的信息表明，洛克希德马丁公司每年为军队武器装备信息化集成方面所写代码量已经超过微软公司。这些军工集团于 2004 年组成网络中心站工业联盟，助力美军信息化建设。

随着网络空间军事化的发展步伐，美国传统军工企业也正在努力跟上步伐，它们以传统、新型技术装备的网络化作战运用为基本起点，向网络空间攻防领域发展。这些领域主要表现为电子对抗新技术，雷

达体系欺骗与干扰技术，新型高速移动式、大容量、短延时数据链，时敏移动目标战术定位技术，智能传感器网络技术，认知无线电网络安全技术，等等。这些新的技术领域将战场环境中各类无线接入方式形成的网络作为战场，在其中实施网络攻防作战，试图在保护己方利用信息技术优势的同时，打击地方利用该技术的能力。外军专家将其定义为战场网络战。从装备技术角度看，战场网络战所需技术比较先进，研发周期比较长，风险比较大，应用领域比较窄，所需研发资本投入也多，客观上只有大型军工企业才有实力涉足该领域。

（二）跨国信息技术公司向网络安全产业转型促使防御性网络力量发展

信息技术产业与信息安全产业是两个完全不同的产业领域。长久以来，大型跨国信息技术公司一直在创新信息技术的“正向”应用。随着网络空间对抗性行为的出现，国家安全、企业竞争力、个人利益都与网络安全技术与应用挂钩，网络安全的价值逐渐显现。为了适应市场的这种新需求，信息技术产业也在不断变革，网络和信息系统的安全性技术不断提高，新型信息安全产业正在成型，而原跨国信息技术公司对信息安全产业的融合式发展为该产业的不断成熟增强了活力，信息技术产业与信息安全产业出现融合的趋势。这种融合趋势导致信息安全出现以下特点：1. 信息安全出现安全底层化特点。传统的信息安全产品将逐步萎缩，身份识别技术、隔离技术、监控技术、加密技术、审计技术等将被集成应用在信息产品底层，并将信息安全技术嵌入到 CPU、芯片、操作系统、数据库、整机、存储、路由器等产品中。2. 信息安全出现安全综合化特点。它集防病毒、防火墙、入侵检测等功能于一身，实现防护阶段的综合，集事前监测、事中防护、事后审计等功能于一体，实现了防护手段的主动化。3. 信息安全出现安全服务化特点。一方面，安全咨询、培训、评测、运维等信息服务将逐渐成熟。另一方面，信息安全服务流程标准化，信息安全防护理念由基于主机转为基于风险。4. 信息安全出现安全信息化特点。云计算、物联网、移动互联网对信息安全有更高的要求，大量新技术新应用爆炸式增长。

这些新特征极大地提升了防御性网络力量的技术能力，打破了网络防御与网络进攻之间的不平衡态势，对网络安全力量发展开辟了新的领域。

（三）小型创新性信息技术公司将主导攻击性网络力量

美国国家攻击性网络力量的来源一直是一个谜。主要原因是长久以来攻击性网络力量都处在一种隐秘状态。其相关信息一旦公开，可能导致攻击性网络作战的效力大打折扣。特别需要注意的是，攻击性网络力量需要大量技术上的创新，甚至需要与国际黑客市场有一些非法交易。这将严重影响对大型信息技术公司的信赖，与其国际化发展方向、业务拓展理念的基本战略不相符。相反，小型网络公司，以其不受公开舆论关注，组织行为模式低调等特征优势，可以有一定的生存空间。这类小型信息技术公司的雏形是黑客产业链中的一些非正式团体，随着国家、社会、私人对网络安全的需求提升，开始以公开的公司的模式组织业务运行。因为其核心能力的非法性导致业务很难真正公开。

同时，他们或者以训练、防护等其他名义，甚至是以国家安全为名，受法律、行业规范、技术标准等约束较少，他们在技术手段的创新应用上能够打破常规，达到出人意料的效果。2011 年 2 月，著名黑客组织“匿名者”攻击网络安全公司 HBgary，曝光的大量内部邮件显示，几家名为 KEYW，Immunity、Endgame 的小公司正在为五角大楼研发网络武器。其中，KEYM 公司是原诺斯罗普·格鲁曼公司的一批软件专家在 2008 年成立的，约有 800 名雇员，该公司在 2010 年的收入达到 1.08 亿美元。[①] 在今年曝光的 X 计划、CyberCity 项目中，都可以看到一些之前不出名的小公司的名称。正如很多专家预测的那样，未来美军军民界限更加模糊。

（四）科研机构正在研究国家关键基础设施网络攻防技术研究

网络攻防转向国家关键基础设施是网络攻防领域的新趋势。其中，震网病毒对这种转向起到了非常好的促进作用。特别是工业化、信息化高度发展的传统大国，都对此高度敏感。然而，大型信息技术公司基本以互联网技术与服务为其业务主阵地。国家关键基础设施更多地涉及工业控制系统，技术覆盖面相对窄，其行业技术又比较专业，系

① 车莉、赖滇、贾剑：《外军网络武器的发展情况》，《外军网络空间战》，2012 年第 2 期。

统运维管理比较封闭，直接面向的对象为服务性企业，接入该类网络的机会相对少，这些因素都给基于国家关键基础设施的网络攻防带来挑战。

以往国家对基于国家关键基础设施网络攻防的研究长期不重视。目前，能源、交通、民航、金融、银行、生化、水利等行业都在加大对该领域的投入。而当前研究基于工业控制系统网络攻防的主体力量基本上都是各类专业的科研机构，各类大学专门的实验室。国防部高级计划署的几个项目表明它也正在跟踪该领域的发展。基于国家关键基础设施网络攻防的基本问题是针对该类网络攻防研究带来的现实价值尚未全面显现，导致对该领域投入的促动力问题。应该说，基于国家关键基础设施的网络攻防的国家意识都有了，但对其技术、资金的投入远未达到满足国家安全需求水平。

（五）黑客是美国国家未来网络安全力量的推动者

“人”始终是网络攻防的首要因素。从美军网络力量的人员构成看，专家与私营企业已成为实质性支撑力量。军人品质与“信息战士”品质之间的差别可能是一个全球性的问题。2012 年 9 月 25 日防务新闻报道，新任美国空军参谋长马克．威尔斯承认他仍搞不懂 IP 地址是什么东西。美军第 24 航空队的副司令准将查尔斯·舒格也说，很难寻找到那种“既具有军人品质又精通网络业务的专家”。美军网络力量的发展及其对美军军事力量的管理与作战模式的影响，对美军作战人员的素质提出更加全面的要求，专家型军事作战人员成为美军作战人员需求的增长点。

据专家评估，美军需要 3—4 万名网络空间专家，现实情况是全美国也不过几千人。而传统军事院校培养的作战指挥人才很难适应未来美军作战的需求，需要美军军事教育与训练体系作出重大改革。从近 5 年美国国家和军队两个层面上发布的所有网络空间战略报告来看，网络空间人才培养、对特殊网络人才雇佣的政策与法律都是一个关键内容。2011 年，美国专门提出的《网络空间教育与人才培养国家战略倡议》，旨在通过一系列的国家计划培养下一代网络空间人才。到 2012 年，该倡议已经延伸出一系列国家计划，比如当前尚在持续的国家信息安全考试委员会 NBISE 组织了一系列大型教育培训活动。2012 年的 DeFcon 黑客大会上，网络司令部司令基斯亲自到会宣传，国家安全局的招募广告是“即使过去有过鲁莽的攻击行为也不必担心被追究责任”。这些营造积极的网络空间战略文化上的努力，将奠定美军未来在网络力量上的核心竞争优势。

四、美国国家网络安全领导体制下的网络安全力量运用

随着奥巴马总统对网络安全领导体制的重组，美国国家网络安全力量的运用模式也基本成熟。按照面向国内安全的国土安全与面向国际的军事安全两大安全领域，基本形成国家应急反应框架下的国内网络安全反应机制和联合作战框架下的美军网络作战机制。

（一）国家应急反应框架下的美国网络安全反应

2010 年 9 月，国土安全部公布《国家网络事件反应计划》，并在国家应急反应框架下确立了国家网络安全力量的运用模式。该计划明确了总统行政办公室（EOP）是整个反应协调架构的顶层领导，国土安全部是国内应急管理的首要机构，并向总统行政办公室报告。国家网络安全与通信集成中心（NCCIC）在不改变现有权力结构的情况下，协调执法部门，支持其网络犯罪协查处理；协调情报界，支撑其威胁分析与情报界作战，情报获取，溯源等业务；协调国防部，实施情报与信息共享，支援其国防防御作战；与各级政府部门合作，与私营部门合作，确保反应性组织的有效运转，提升通用作战视图的品质。由其形成网络空间跨域态势感知，向国家基础设施协调中心（NICC）和国家作战中心（NOC）提供威胁态势、漏洞和影响分析结果。

对于可以由单个部门执行的任务，比如 FBI、美国特勤局的应急反应调查行动的业务，其范围更为宽广，只有小部分需要与 NCCIC 协调。但 NCCIC 为维护态势感知的完整，避免冲突，设置“网络统一协调组（UCG）应急管理分队（IMT)，协调管理所有组织、全谱行动，达到增强态势感知的能力。根据网络安全事件的本质、严重程度、影响范围，NCCIC 与其他部门的关系分成被支援关系、支援关系、支援与被支援关系和复杂关系四种。在复杂态势条件下，国土安全部将激活危机行动分队（CAT)，在网络安全通信办公室主任的协调下，与 NCCIC 的 UCG 一道，提供综合支援。

日常网络空间稳定状态下，NCCIC 在国土安全部网络安全与通讯

主任、NCCIC 主任、网络统一协调组（Cyber UCG）、[①] 网络统一协调组高级官员的指导下完成日常业务。其中网络统一协调组是中心式协作与分布式执行的关键，它是各部门预置的高级官员，负责政策和决策，平时每年 4 次会议。日常业务由网络安全与通信部长帮办担任主席。网络 UCG 负责网络稳定状态和应急状态下的跨局同步。UCG 的参谋人员负责协助 NCCIC 主任、网络安全与通信助理部长和 UCG 应急管理分队（IMT）中的高级官员，在重大网络事件中执行各自的职责。而在日常稳定期，则起到联络官的作用，至少每月会见一次。

重大网络事件中，即发生重大与严重网络事件时，国土安全部网络安全与通信部长帮办在重大网络事件中直接向国土安全部长报告，成为国家网络应急事件的管理者，并负责所有与网络事件相关的作战行动。他与网络统一协调组按情况组织起来应急管理分队（IMT）一道，搭建沟通“国土安全部领导，国家保护与项目主任（NPPD），所有的网络 UCG 高级官员，NICC，NOC，白宫网络安全协调官”等成员的机制，并将各阶段的反应行动及时汇报过去。同时，他还负责与国家通信系统的管理者沟通，特别是在通信基础设施出现故障、服务能力降级的情况下。

（二）联合作战框架的美军网络作战

美军正在摸索如何将网络防御、网络刺探和网络进攻三类业务更好地运用到联合作战军事行动之中的指挥控制框架。2012 年 6 月，美国防部长帕内塔直接依照特种作战的模式来搭建了一种过渡性的网络力量运用框架。从该框架可以看出，美军将网络作战看作是与航天作战、运输作战、特种作战并列的一种作战职能，从而将其纳入到联合作战的框架下。

未来美军网络力量走向何方，它的发展将对美军发展带来什么样的影响，这是一个最值得关注的问题。2012 年 9 月份美军公布《美军联合作战顶层概念：联合部队 2020》，提出了全球集成作战的概念。纵观美军作战理论的发展，从联合作战，到一体化联合作战，再到全球集成作战，网络空间技术与应用一直是美军军事理论转型的最终

---

① 网络统一协调组是按照国家应急管理系统的总体筹划原则设置的网络空间机构，以达成与应急管理分队、应急行动计划等一致的国家应急反应指挥系统中的称谓、职能相一致，它替代了原国家网络反应协调组。

“赋能者”：通过发展网络空间力量，美军逐步实现对“单个装备、装备体系”到“编成模式、作战编组”再到“作战行动、指挥控制”的跨域集成。从2012年5月份以来美空军首席科学家为制定《网络构想：2025》而组织的一系列论坛来看，美军正在从“作战使命域”角度实现对“航空、航天、ISR、C^2、任务”等作战任务的跨域集成，该视角的跨域集成代表着美军开始将视角转向作战空间中“作战人员”。这种对“人”的集成，实质上将彻底改变网络空间从属于现实物理空间的作战地位，网络力量的发展将美军军事力量管理与作战引入到“全球集成作战”的新阶段。

美国军民融合式网络空间国家体制及启示

美国没有明确的“军民融合”概念，但军民融合战略是美军整个国防体制的重要特征。而这个特征在网络空间表现的尤为突出。综合来看，美国在网络空间国家体制的军民融合上，主要解决了“军队和民事政府在网络空间领导体制关系”“军队和私营机构在网络作战行动过程中的责任区分”“军队和民间在网络空间作战力量整合”三个关键领域的军民融合问题。

一、将国家安全领导体制延伸到网络空间，构建军队和民事政府在网络国防领导上的统一体制，理顺军事和民事之间的领导体制关系问题

在网络空间，是军队领导民事政府还是民事政府领导军队，是网络空间国家军民融合首先要解决的问题。与传统国防领域不同，网络空间既有军队的所有网络，还有国家政府机关的所有网络，更多的是国民经济各领域的所有网络。而军事网络只占整个网络空间很小的一部分。但网络作战力量又要求高度集成、统一的实现对三大不同领域网络的共同防御，这是网络国防的基本要求。美国早在克林顿政府期间就创新国家安全领导体制，将网络安全视作是国家安全的核心领域，将国家安全领导体制自然延伸到网络空间。在相对成熟的国家安全领导体制下，解决网络国防的统一领导体制问题。具体的措施就是，在总统国家安全事务助理办公室下设主管网络安全的安全事务助理办公室，办公室主任为网络事务协调官，负责在国家安全委员会体制下，协助总统协调统筹网络安全事务。同时，将网络国防领域划分为三大领域：国内网络安全的防御与应急反应、网络犯罪、网络恐怖主义等业务交给国土安全部；国外的军事网络作战、防御国家关键基础设施的进攻性网络作战交给国防部；而支援国内与国外两个方面网络作战的网络空间情报作战业务交给国家安全局。这三大块业务由总统统一领导，按照国家安全委员会领导体制对涉及网络空间的重大战略与政策问题进行决策、部署。同时，借助国家安全委员会的日常工作体

制——跨部门工作组，由国家安全事务助理和网络安全事务助理，分别召集部长级和副部长级会议，实现对上述三大业务领域的统一日常领导。

二、在国家关键信息基础设施防护框架下，探索军队和私营机构在网络作战之中的协作机制，明确军队和私营机构网络作战之间的配合问题

网络空间所有权分属不同领域的问题，要求国家网络作战行动过程中必须要严密配合、密切协同。奥巴马总统上台以后，积极探索国家网络作战过程中行动协调机制问题，并于2012年出台第20号总统政策令——PPD20。该政策令原属绝密，2013年被斯诺登所揭露。从该总统政策令的内容来看，在国家关键信息基础设施防护这一国家安全核心领域来看，基本明确了军队和私用机构的协调配合问题，实现了构建机制上的军民融合作战框架。该框架主要内容包括：一是在国家应急反应框架下，由国土安全部牵头，由国土安全部联邦管理局指挥，在国土安全部网络安全局设立国家网络与通信集成中心（NC-CIC），综合美国计算机应急反应分队（US - CERT）、美国工业控制系统计算机应急反应分队（ICS - CERT）、国防部攻击性网络作战力量，在联席制模式下，将新闻媒体、应急事件报告机构、网络服务提供商、执法机构、私营软件供应商、私营技术开发商、20大类国家基础设施所有者代表集中到一起，利用爱因斯坦I、II、III系列大型网络防护软件系统，实现对国家关键基础设施的安全防护。在具体的作战过程中，国土安全部负责网络威胁信息共享、网络威胁态势感知、网络安全应急事件的反应协调。而国防部的网络司令部，专门成立针对国关键基础设施的“网络防护部队”和“国家任务部队”。这两大类部队，在日常或者危机事件过程中，分别负责呼应国土安全部的任务请求，对关键基础设施危机事件的防御反应支援和针对外来威胁源头的攻击性动态猎杀。在国家关键基础设施安全防护作战过程中，国防部网络司令部严格恪守不进入国家关键基础设施内网的戒律，只从这些网络边界和外部采集、共享外来威胁信息。具体的防御和应急反应主要由国土安全部负责协调，任务执行仍然由关键基础设施网络的所有者、大型网络服务公司等实体自有的力量来执行。国防部网络司令部担负的

主要任务是技术支援和针对攻击源头的攻击性网络作战。这种在网络作战过程中，军队和地方政府及私营网络运营商之间的配合有严密的组织程序，有大型的软件项目支撑，甚至能够自动或半自动化地完成网络危机事件的应急反应。从作战组织实施角度看，科学合理、严守法律义务，合乎网络空间作战的基本要求。既能够统筹发挥网络司令部网络作战力量的效能，又有效地保护了私营机构对自身网络所有权的完整性。

三、推动国家层面网络空间人才战略与产业政策，创立军队和民间在网络作战力量的整合模式，解决军队和民间在网络作战资源的共享共建问题

与传统陆海空天作战域不同，网路作战力量主体在民间。因为当前网络技术的所有者主要是民间力量，网络人才也主要来自民间。如何利用民间顶级的技术与人才，实现网络作战资源的军事集成，是网络空间军民融合的重要问题。美国将这个问题上升到国家战略的高度，主要做法包括三个方面：一是出台国家性战略和政策，影响网络安全产业和人才发展。自奥巴马上台以来，逐步推出《网络空间人才国家倡议》，将网络人才培养进课堂，进入初高中课程学习，在国家考试委员会倡导下，举办大中学生参与的网络大奖赛，谋求赢在未来 20 年。制定《国家网络安全人才框架》，解决网络人才的素质标准。发布总统安全倡议，对政府内从事网络安全的人才在职业升迁、工资待遇等问题上给予政策倾斜。以《国家供应链安全战略》引导网络安全产业发展，修订《国防采办管理办法》，以招投标过程中优先中标等方式鼓励在网络安全上与国防部门紧密配合的产业公司。大力推动网络试点（Cyber Pilot）项目，实现军队与国防工业基础产业的网络联防、联控。二是以成熟的机制带动网络安全产业发展。一方面诸如洛·马、雷声这样的传统大型军工企业正在积极向网络空间装备上转型发展，科学应用国际公司（SAIC）这样的传统谍报设备供应公司也在向网络空间装备转型。另一方面，诸如“火眼”这样的小型、新兴网络安全公司，也以“旋转门”机制与政府部门互动，在黑客人才、漏洞购买、安全服务业务等领域与网络司令部有密切关系。这使得网络司令部能够充分利用黑客产业灰色市场。美国国土安全部还推动网络空间安全产业

技术联盟：MITRE公司，试图在技术上打通私营部门之间的利益壁垒，推动网络安全产业企业在技术方面的合作。三是，美国一直在以国家法律和政策促进产业发展。大力推动网络空间立法进程，通过明确企业在网络空间国家安全中的责任，为企业参与国家网络安全业务的担忧松绑。以媒体大肆宣传“网络威胁论”触动企业投资。主动调整政府预算，以国家安全投资、创造网络安全市场。专业公司预测，截止2014年，网络安全产业的市场规模已经超过千亿美元，在这其中的主体是政府与防务领域。但特别需要注意的是，美国立法仍限制私营企业私自展开网络攻击。私营企业可以提供技术和服务，但所有的攻击性网络作战行动必须由政府和国防部组织实施。

美国国防部网络空间战略愈趋透明

（国防部负责国土防御与全球安全的助理国防部长）
艾瑞克·罗森巴赫①

国防部在网络空间政策领域，长久以来就秉持同一个观点：美国不可能有足够实力构建技术防护墙，阻止敌对国家发起的每一次网络攻击，最好的赌注是威慑。

五角大楼网络威慑战略包括四大支柱，但最开始五角大楼认为网络威慑战略应该需要大声讲出来，需要认真仔细的解释。

这种战略的公开包括不同种类的平衡行动：官方希望尽可能清晰传递整个战略的内涵，像自己所秉持的网络空间国际行为准则所要求的那样清晰，因为在战略上足够透明才能威慑国家行为体的网络攻击行动，包括在网络武器导致严重财产或生命损失条件下，美国将使用传统军事力量作出反应的政策，都应该公开。

“但五角大楼不希望事前公布‘红线’应该是是什么，也不想告诉世界，如果你们跨越红线美国会怎样反应。因为一旦你明确红线是什么，世界上所有人都会试着看，你这条红线有多宽”。国防部负责国土防御与全球安全的助理国防部长艾瑞克·罗森巴赫，是这样解释这个问题的，“他们将走得尽可能的近，所以我们早就意识到并决定，我们不想在特定问题上设置明确的界限”。

相反，罗森巴赫周三告诉战略与国际研究中心，国防部现在想让世界或多或少地理解美国制定网络威慑战略的思维过程，而且国防部必须更加清晰地传播网络空间意图。特别是最近斯诺登揭秘事件之后，世界上很多国家都认为美国在进攻性网络作战领域太过莽撞。

一、遵循国家标准

国防部汲取了2011年的教训，当时提交给国会的报告中，在非保

① http：//www. federalnewsradio. com/394/371486/dod-to-be-more-transparent-about -to-deter-cyber-attacks。

密的论坛上首次谈到网络威慑，该报告也首次承认国防部拥有进攻性网络作战能力。

国防部在那份报告中说，他们将网络武器与炸弹和导弹等传统武器一样来对待：任何攻击性应用必须经由总统批准，并将遵循美国使用是否采取动能打击武器一样的法律体系。

“这看起来像是件很小的事情，但当你的国家对手正在仔细审视你的时候，他们就会小题大做”。罗森巴赫说。“原因我是知道的，当我与来自其他国家的人会谈时，他们问了我很多关于这份国会报告的问题，但很快另外一些其他国家根本就没有把这当回事。我马上意识到我们需要就网络空间问题保持沟通。其实这种事也经常发生，只要我们不够透明，特别是关于进攻性网络作战能力方面，其他国家就会认为我们正在控制破坏这个世界”。

现在国防部想要告诉其他国家的是，组成网络威慑的其他三个支柱是：一是美国将对网络攻击做出反应；二是美国拥有主动战略确保其他国家不可能借助网络空间攻击美国关键基础设施而获取好处；三是即使网络攻击成功，美国有能力迅速恢复网络设施正常工作。

关于这个反应，罗森巴赫解释说，美国要传递的消息是：当遇到网络攻击时，美军将有时会以牙还牙、以眼还眼。但并不是总是这样。

“这种反应可能有时候跟国防部没有任何关系，”他说，“这种反应的表现形式可能是份意见书，也可能是制裁，有时可能是起诉，它还可能是份让人难以接受的公开声明。特别像过去一年中我们经常做过的那样”。

国防部最后还想传递这样一个消息，“这些攻击不会成功，尝试中的攻击可能不值得你的耗费”，这样也是一种针对网络进攻的威慑。

罗森巴赫说到，美国可能会通过直接的通信发送其他国家信号，或者在网络上告知可能的攻击者，你们攻击不值得你们的烦劳。

二、网络弹性也是网络威慑的一部分

作为威慑战略的重要部分，在谈到美国的防御性网络作战行动、保护国防部自己的网络方面时，是当前最可信的。事实上，当前网络司令部正在组建6000人的网络部队中的绝大多数任务都是防御军事基础设施。

但现在，在谈到防御国家关键基础设施时，尚很难给人以毫无漏洞的印象。“最大的问题是我们没有拥有国家关键基础设施，或者总的来说，对国家关键基础设施的投资还存在巨大缺口”。他说，“因为，对于国防部来说，以我们正在追求、发展的能力，尚不能截获所有网络攻击”。然而，“拒止”——也就是让攻击者耗费巨大，或者收获渺茫——仍然是国防部未来威慑攻击的关键要素。

作为“拒止”的备份战略，国防部当前的设想包括增强网络弹性。也就是希望让攻击者知道：即使他们确实已经渗透到国家基础设施网络之中某个组成部分，系统将补上几个补丁，然后就迅速恢复能力。

“如果我们真的不能‘拒止’他们的网络攻击，他们的攻击还在发生，但只要这些网络设施能够迅速复原，或者警告灯只持续 15 分钟，就能改变对方的收益盘算”。罗森巴赫说，“现在，对手已经处于非常不利的境地，因为他们对抗的已经是整个国家。他们过去喜欢这样做，我们也知道他们正在试图这样做。但如果你是某‘Bad gay’国家的领导，你已经了解我们这种游戏规则的情况下，仍然还要攻击，我们就会看着你了，反应措施就可能不只是网络手段了”。

《日本保护国民信息安全战略》概要

为适应不断变化的IT信息环境，日本内阁官房长官平野博文领导的信息安全政策会议通过了《日本保护国民信息安全战略》，旨在保护日本公众日常生活正常运转不可或缺的关键基础设施的安全，降低日本民众在使用IT技术时所面临的风险。

该战略囊括了信息安全政策会议于2009年2月3日制定的《第二份信息安全基本计划》的全部内容，具有时间跨度长（2010年度至2013年度）及内容涉及面广等特点，是一个全面的IT战略。根据该战略要求，日本政府将在未来4年内，按年度分别制定《安全·日本20××年》计划，以对该战略的要求进行贯彻和落实。此外，相关评估工作也将定期进行，并在必要时对这一战略的内容进行审查。

《日本保护国民信息安全战略》内容概要如下：

一、制定《日本保护国民信息安全战略》的基本考虑

（一）基本方针

为进一步推动《第二份信息安全基本计划》实施以来日本公共和私营部门通力合作的良好势头，日本政府将以下列基本方针为基础，从安全保障和危机管理的角度出发，重点探讨应对信息安全问题的可行的新方法。

1. 以网络攻击迫在眉睫的观念来对相关信息安全政策进行强化，并对应对机制进行整顿。

2. 制定能适应不断变化的外部环境的信息安全政策。

3. 从制定被动的信息安全政策转向制定积极主动的信息安全政策。

（二）背景

在制定基本方针时所考虑到的实际环境变化包括：

1. 较大规模的网络攻击威胁不断增加。

2. 信息技术环境不断出现新变化。表现为：（1）社会经济活动对信息和通信技术的依赖程度不断加深。（2）信息通信技术不断推陈出新。（3）全球化等问题，如信息跨境流通愈加频繁等。

3. 重点努力方向。今后，日本政府在努力推动并落实信息安全政策的同时，将严格贯彻上述所提到的基本方针，并重点关注以下具体问题：（1）克服信息技术带来的威胁，为日本国民营造一个安心且安全的 IT 环境。（2）加强保障网络空间安全及危机管理的政策，并对作为社会经济活动运行基础的信息通信技术政策进行协调。（3）在制定信息安全政策时，应立足于安全保障、危机管理及保护用户权益这三个基本点，并在推进落实信息安全政策时，特别重视对用户权益进行保护。（4）制定的信息安全政策应有助于经济发展。（5）应加强国际合作。

二、《日本保护国民信息安全战略》拟实现的目标

1. 通过实施该战略，力争于 2020 年前，在确保日本国民有效利用互联网及信息系统等 IT 技术的同时，努力克服信息技术方面的脆弱性，从而为日本国民打造一个能放心使用的信息通信环境（高品质、高可靠性、安全且安心的环境），使日本成为世界“信息安全先进国”。

2. 在今后的 4 年里，通过加快落实《第二份信息安全基本计划（2009 年度—2011 年度）》的要求，来消除日本国民对信息安全的不安情绪。

三、《日本保护国民信息安全战略》的具体努力方向

通过日本政府强有力的领导，建立全面落实政策的体制，明确公共和私营部门的权责，并进一步加强公共和私营部门的伙伴关系，具体包括：

（一）整合应对大规模网络攻击的准备行动

1. 整合应对攻击的准备行动。包括：（1）对政府应对大规模网络攻击的初步应对行动进行整合。（2）推进公共和私营部门在这方面的努力。（3）加强防御领域的体制建设，以应对网络攻击。（4）加大对网络犯罪的打击力度。（5）加强与各国及国际组织在应对网络攻击方面的合作。

2. 加强日常信息收集工作，并建立一个共享体制。包括：（1）内阁官房及各个省厅之间通力协作，加强对有用信息的搜集及分析工作，

建立并强化信息共享机制。（2）加强同外国政府及国际组织等的合作，建立并强化信息共享机制。

（二）加强信息安全政策应对环境变化的能力

1. 加强保护国民信息安全的基础。包括：（1）加强政府部门等基础能力的建设，如加强日本各省厅作为最高信息安全责任者（CISO）的作用；加强和充实政府跨部门间的信息收集和分析系统的建设；提高政府部门信息系统的运作效率及对信息安全政策进行持续完善；在政府部门的电子政务中推广使用加密技术；确保使用云计算技术的信息安全；对政府部门制定信息安全政策的统一标准进行审查，以适应实际环境变化的要求；在政府部门的信息系统中恰当地构筑信息安全对策；探讨研究针对社会保障和税收的通用数字系统的信息安全对策，以避免相关政策侵犯个人隐私权；推进建立适用于地方公共团体和独立行政法人的信息安全对策。（2）强化关键基础设施建设，如加强信息共享机制建设；鼓励关键基础设施联络协议会开展活动；对关键基础设施运营部门和关键基础设施运营商“安全标准”等的制定指导原则进行分析及验证，力求不断完善；提高对关键基础设施的防护对策；充实事业继续计划（BCP）；推进关键基础设施领域的国际合作。（3）其他需要加强的领域，如加强和充实应对恶意软件的对策；涉及云计算发展趋势信息安全的对策；涉及 IPv6 信息安全的对策；涉及信息家电、移动终端、电子标签、传感器网络等的信息安全的对策；涉及医疗、教育领域等的信息安全的对策；面向中小企业信息安全的支援对策；电子商务的安全问题；知识产权保护的问题。（4）加强内阁官房信息安全中心（NISC）的作用，如强化内阁官房信息安全中心的综合协调能力等。

2. 加大对日本 IT 技术用户的保护力度。包括：（1）充实和加强对日本民众进行 IT 技术启发及普及活动。（2）探讨研究建立信息安全办公室（暂定名）的可能性，以与 IT 用户探讨信息安全等相关话题。（3）推进保护个人隐私，表现在：推动适当发展个人隐私保护技术，如密码和匿名等；回顾各领域有关个人隐私保护方面的指导方针；加强在保护个人隐私方面的国际协调；回顾《个人信息保护法》。（4）强化应对网络犯罪的姿态，表现为：加强执法基础，如推进数字取证及国际协调等；提高公众意识以阻止犯罪的发生等。

3. 加强国际合作。包括：（1）加强同美国、东盟（ASEAN）、欧洲等国家及地区的合作。（2）加强与亚太经合组织（APEC）、东盟地区论坛（AFR）、国际电信联盟（ITU）、国际观察与预警组织（I-WWN）、事件响应及安全组织论坛（FIRST）、亚太地区计算机应急响应组（APCERT）等国际组织的合作，积极参加各种相关的国际会议，加强与外国机构建立信息共享体制。（3）加强内阁官房信息安全中心作为交流窗口的作用，并强化其同外国相关机构的合作。

4. 推动技术战略发展。包括：（1）加快推进与信息安全相关的研究与开发工作。（2）大力培养信息安全人才。（3）确立信息安全治理体制。

5. 对与信息安全有关的制度进行整合，包括：（1）以改善网络空间的安全性和可依赖性为目标，对相关制度进行研究讨论。（2）对各国的相关信息安全制度进行比较研究，通过分析各国的异同，从而提出合作课题并对合作措施进行探讨研究。

从曼迪昂特 APT1 报告看美国网络感知能力

美国网络威慑战略是各种网络安全能力的综合运用，它的表现形式随网络安全能力的不同而有所变化。与2009—2010年震网攻击伊朗核设施不同，2013年曼迪昂特公司APT1报告，是美国在网络感知能力的部分领域取得进展后，指责中国军方支持下的有组织商业间谍、威慑中国的经典案例。

一、曼迪昂特公司报告出台的战略背景与目的

（一）美国对国家实力危机的焦虑是该报告出台的战略背景

当前，美国社会各界存在着“国家实力正在衰落”的危机意识。很多学者认为美国当前的战略环境已经发生深刻变化，美国处于“First Among Equals”① 的基本态势，国际社会多级格局已经形成。这种国家实力的相对变化，促使美国在核、太空、网络、海洋等领域出台一系列战略举措，试图重构国家影响力。2012年出台的《大数据国家战略》就是美国试图通过网络力量重塑国家创新能力、争取战略主动的重要手段。奥巴马总统利用2012年东亚领导人系列会议与温家宝总理的会谈、2013年与习近平主席的电话通话等机会，多次表达过美国对网络安全的深度关切。2013年国家情报总监在年度国家威胁评估中，将网络排在“恐怖主义和跨国有组织犯罪”之前，视作是对美国最大的威胁。这份评估特别提到，当前大规模网络战争尚没有可能，最为突出的网络安全威胁就是网络商业间谍，它正在侵蚀美国的经济与国家安全。这种将网络商业间谍上升到国家战略层面上的焦虑尚未能得到其他国家的理解和体会。

（二）美国试图借机造势解决国内外涉及网络安全的困境是其战略目标

就国际社会来说，网络行为准则是国际网络空间战略问题中的焦

---

① 美国国家情报委员会：《全球趋势2030：变换的世界》，该句话代表美国对多极化国际格局的认知。

点。但各国网络安全战略需求的多样性，使得当前网络准则制定进程陷入困境。美国正是抓住了“网络经济间谍”这个当前国际社会最趋一致性的问题向网络空间大国之一的中国发难，试图胁迫中国，寻找网络规范的突破口。美国国家安全事务助理特尼龙在2013年3月11日纽约亚洲协会上就曼迪昂特报告发言说：[①] 第一，我们需要有对网络间谍对国际贸易的威胁、中国工业的声誉的影响等系列问题紧迫性和影响范围的正确认知。第二，中国应该采取严肃的步骤调查并停止该类行动。第三，我们需要与中国合作，展开建设性的直接对话，在网络空间制定可接受的行为准则。该讲话最能代表美国官方发布曼迪昂特报告的真实心理。美国对网络准则问题最为急迫，但他不是坐下来认真谈，以诚意与合作推动该进程，而是采用抹黑等方式压制别人，想谋求谈判的主动，这就是美国人的威慑。曼迪昂特报告之前美国政府就在炒作中国成都李翔软件盗版案[②]，大肆报道所谓“华盛顿邮报、Facebook、Apple等公司遭受来自中国的网络攻击”。曼迪昂特报告之后的2月20日，白宫紧接着就发布《减轻美国贸易秘密被盗的管理战略》。这些战略意图非常明显的对中国的胁迫举措是其战略目标之一。

就美国国内来说，最大的网络安全困境来自国家治理模式与网络空间治理模式的冲突。美国2012年度四个以网络空间国家安全为目的的立法都触及到网络空间国家治理的核心——公私合作。[③] 这四个法律立法原意是国家安全，试图赋予国家监视个人、私营公司网络行为的权力，要求企业提供协助，并对网络安全事件负有相应的责任。但这种公私合作势必影响个人隐私与言论自由，影响私营企业的运作模式与经济利益，与美国国家治理的传统模式存在冲突，引发广泛的社会反弹。网络空间国家治理的内在要求与现实社会国家治理模式之间的矛盾是对美国的一个考验，需要美国采取措施营造氛围、凝聚共识。美国利用曼迪昂特报告，大肆攻击中国，夸大网络商业间谍的危害，

① http：//defencetech. org/2013/03/02/u-s-national-security-adviser-warn-china-of-further-cyber-crimes。

② http：//www. gloabletimes. cn/news/tabid/99/id/chinese-couple-face-criminal-software-private-charges. aspx。

③ 这些立法包括《反网络盗版法案》（SOPA）、《保护知识产权法案》（PIPA）、《网络情报分享与保护法案》CISPA、《网络安全法案2012》。

对国内企业大搞网络恐吓，这是该报告的战略目的之二。

（三）美国国家多层次网络感知能力的提升是该报告出台的基本前提

网络空间安全能力可以分成网络防御能力、网络感知能力和网络进攻能力三大类。其中，网络防御能力包括日常的网络运维管理能力和危机状态下的网络反应能力，网络感知能力包括威胁前的网络利用能力、①威胁中的态势感知能力和威胁之后的溯源能力②，网络进攻能力包括技术作战能力和社会工程能力。网络感知是网络防御与网络进攻的基础。通过发布国家战略、筹建新型网络力量、建设大型国家性技术项目等多种措施，美国一直在谋求网络空间感知优势能力（详见表1）。美国民间也已经动员起来，各种小型网络安全公司争相组建，以各种新型技术提供网络安全技术服务，争食因网络威胁带来的网络安全产业利润份额③。2012年美国专家在多种场合上透露，美国已经通过多种层面上的综合措施，有效提升了国家网络感知能力，只要有人做“坏事”，美国必定能够有效追踪溯源。据此可以综合运用包括网络攻击能力、物理空间手段反击等在内的威慑手段。在2011—2012年美国金融系统和沙特阿美石油公司网络遭受攻击时，就看到了这种能力的身影。这种能力的阶段性成果有效提升了美国网络威慑行动的信心。

表1　美国国家网络感知能力现状

层次	举措	实施主体	核心着眼点		
			服务器	网络链路	用户终端
国家	成立国家网络与通信集成中心（NC-CIC）：国家层面上的协作机制，这是美国网络态势感知的核心优势	国土安全部网络安全局	●	●	○
	实施《网络空间可信任身份标识国家战略》：推动网络身份认证	商务部	○	○	●

① Cyber Exploit，从技术角度讲也称为网络刺探。

② 从技术角度看，也可称为调查取证能力。

③ 据英国visiongain公司2012年底发布的《网络战市场2013—2023》报告称，2013年国际网络安全市场达200亿美元。

续表

层次	举措	实施主体	核心着眼点		
			服务器	网络链路	用户终端
政府	实施《爱因斯坦Ⅰ，Ⅱ，Ⅲ》安全项目：入侵检测、入侵防护	US - CERT	○	●	○
国防部	X - 计划：核心之一网络地图，即网络电子情报，是网络利用能力的表现	网络司令部	●	●	●
	网络保健项目倡议：规范实用软件的类型、供应商与使用，便于网络态势感知	国防部国防信息系统局	●	○	●
	国防部网络犯罪调查中心 DC3：调查取证能力	空军特别调查局	●	○	●
情报界	网络威胁技术特征：维持着高等级威胁的技术特征数据库，是所有网络安全威胁判断的技术依据	国家安全局	●	●	●
DIB 国防工业基础	网络试点（Cyber Pilot）项目	国防部 + 国土安全部	●	●	○
网络媒体公司	通过向专业公司（比如，Detica、Cassidian、Mandiant 等公司）购买服务的方式应对网络安全事件	各类私营公司以服务的方式提供支援	●	○	●
智库、科研机构			○	○	●
个人			○	○	●

* 实心圆代表该领域是该措施核心关注点，白圆代表不是。

但综合起来看，美国在网络感知领域有其优势，也存在明显不足：国家、政府与军方各层面的网络感知能力主要针对的是网络链路和服务器，包括路由器、防火墙、链路两端连接设备、服务器等。针对链路层和服务器的攻击行为有其特征，可以通过流量分析、数据包内容特征监测、恶意代码数字指纹等手段，分析、感知攻击行为。这种感知能力能够有效感知针对国家关键信息基础设施的大规模破坏性威胁行动，能在保证网络畅通、服务有效运转等方面起到作用。但对于国防工业基础企业、公开大型网络媒体公司、智库等科研机构这样的高价值目标来说，网络威胁主要针对服务器和个人用户终端上的数据，也就是网络利用，或者数据被盗，现在通用说法就是APT，[①] 高级持续性威胁。应对APT威胁的技术来源于网络犯罪调查取证。目前，这部分的网络感知任务主要交由私营公司由服务提供方式完成，其服务对象仍然是政府机关、国防工业基础和作为政府喉舌的媒体公司。这也使得该类公司成为美国国家网络感知能力的一个重要组成部分。但就当前技术来说，当前所能感知的只是一般APT攻击行动，高层次APT还是非常难以被发现。

二、曼迪昂特出台APT1报告的基本情况

（一）曼迪昂特公司及军方的历史渊源

曼迪昂特公司首席执行官凯文·曼迪亚和首席安全官理查德·伯特利西都是前国防部网络犯罪调查中心退役军官。[②] 凯文在参军后获得乔治·华盛顿大学取证科学硕士学位。20世纪90年代，他在国防部的工作主要是应对俄罗斯和以色列利用因特网全球通信系统从美国超级计算机上获取秘密。2001年与人合著《应急反应：计算机犯罪调查》一书，当前他仍然在大学、有关研究机构开设网络安全课程，并提供专家咨询服务。

2011年以前，受限于网络安全服务能力有限，曼迪昂特公司主要客户是政府、军方，主要服务集中于逐个案例分析。2011年，关于中国网络攻击的焦虑感蔓延，曼迪昂特公司接受凯鹏华盈与摩根大通提供的7000万美元风险投资，[③] 将总部设在美国加利福尼亚的Redwood，在爱尔兰的都柏林建有300名雇员的行动中心。能力由此大幅提升，2012年的营业收入超过1亿美元，被认为是“国家安全局以外，世界

---

① 工业领域称为高端网络间谍。

② 该中心设于空军司令部直属的特种调查办公室。

③ KPCB，Kleiner Perkins Caufield &Byers，凯鹏华盈风险投资公司，其全球化业务发展的重点是专注中国这个世界上增长最快的经济体，凯鹏华盈中国基金专注信息技术、绿色革命和生命科学，具备在本地市场运作的独立性和灵活性。http：//www. kpcb. com/china。

上对 APT 了解最多的公司”,[①] 成为美国军事工业复合体正在转型发展中的羽翼。[②] 曼迪昂特的客户主要集中于与政府有密切关系的公司。为了赢得客户信任，他与联邦政府监管机构保持良好信誉。FBI 曾建议纽约警察部门的反恐分队咨询曼迪昂特，应对自身计算机被黑事件。虽然曼迪昂特公司很少与外界共享关于网络安全威胁的情报信息，但他们与政府部门的调查员保持良好的私人信任关系，甚至还是英国政府通信总部所属通信与电子安全组、国家基础设施保护中心的客户。

（二）曼迪昂特公司的核心能力

曼迪昂特公司在网络感知领域的服务能力主要体现于两个层次：一是核心技术能力；二是综合安全服务能力。核心技术可以从曼迪昂特提供的 Redline 工具来看,[③] 它开发出恶意软件描述技术 IOC,[④] 将网络调查取证方法步骤固化为软件程序，能够从“程序进程、硬盘数据”等角度迅速识别分析是否有已知恶意软件，全面收集完整的文件结构、网络状态和系统内存。Redline 以运行于高于内核 RootKits 优先权之上的方式，分析物理内存映像，能够查找到只存在于内存中的恶意程序。该工具能够提供程序化的工作流程，通过数据调查整理、恶意软件风险指数评分、危损指示器（IOC）在线分析等方式，将已知恶意软件的自动分析与未知恶意软件的在线分析相结合，结合可信程序组件白名单 MD5 数据库等手段，实现恶意软件的综合分析。

二是综合安全服务能力，固化在其 MIR 产品中。[⑤] 这一点更为重要，也是其核心优势能力。经过长时间的实践积累，他们锻炼出一批网络安全分析专家团队，将他们分成不同小组。这些小组按任务需求操控在客户终端或者服务器上安装诸如 Redline、MIT 这样的软件，采集危损指示器数据，并将其通过网络实时传回行动中心进行分析。如

---

① 语出 Ted Schlein，凯鹏华盈的合伙人。

② http：//www. worker. org/author/fred-goldstein/。

③ 《Mandiant Redline Users Guide》，http：//www. mandiant. com。

④ IOC，indicator of Compromise，危损指示器，是机器可读格式的、开放式的、描述威胁信息的标准规范，它涵盖关于威胁的 500 多种参数，比如软件组件的哈希值、ssl 数字证书等等。它能被机器认读，又便于调查人员分析，是曼迪昂特的核心技术。多种恶意软件的相关信息可以形成 IOC 数据库，对该数据库的“聚类分析”是该分析的核心。

⑤ MIR，曼迪昂特情报反应软件，是基于主机的在线网络安全调查工具，能够得到分析团队的协助。

有需要，这些团队还可以提供实时的远程或者现场的数据分析。这种模式彻底改变了以往杀毒软件公司针对恶意软件的静态特征分析方式，使其具备了网络安全威胁情报综合分析能力。更为重要的是，在他向世界500强企业提供服务的同时，收集了大量恶意软件的信息，形成了IOC数据库，由此掌握了存在于其客户计算机上大量的攻击团队的完整档案。曼迪昂特公司曾表示，与APT1并列的APT12是另一个隐秘的攻击国防承包商的团队，该团队最近就曾攻击了《纽约时报》。曼迪昂特利用这些数据，将威胁的技术分析与专家人力在线分析相结合，能够有效提升该公司在APT分析领域的核心能力，使其与其他公司更具优势。

（三）对APT1的分析过程

1. 曼迪昂特报告所描述的APT1攻击方式。报告认为：攻击者以钓鱼的方式安装恶意软件，控制了世界上很多国家的计算机（攻击方式见图1）。将其中一部分作为中间跳板，以WEBC2、HTRAN、Arsenal等黑客工具构建指挥控制服务器，[①] 另一部分设置为FTP文件传输服务器，接收、转载数据，而在有高价值数据的目标计算机上安装对应的黑客软件客户端，形成完整的指挥网络。通过该控制网络向其中的目标计算机发送指令，收集各种文件。其中的文件包括电脑上存储的各种格式文件、OutLook离线邮件，甚至通过mapiget工具盗取存储在第三方Exchange邮件服务器上的特定邮件。将他们打包压缩成RAR文件，发送到FTP服务器上，再收回到攻击者的控制器上。为了便于管理这些被攻破的计算机，该团队以“实名注册域名解析服务器、动态域名解析服务器、或者劫持的第三方域名解析服务”三种方式动态性的管理整个被攻破的计算机群体，维持整个控制网络的运转。

2. 曼迪昂特报告对APT1的分析方法。曼迪昂特的分析方法体现于为客户提供网络安全服务过程中。它在被攻破计算机上部署软件，监测分析这些客户计算机上的黑客行为，搜集整理得到的可疑数据，利用数据情报领域的“聚类分析”方法得到结论。其分析重点主要包括：一是这些恶意软件的数字特征。主要是分析这些恶意软件的MD5数字特征。因为这些数字特征中包含了软件的编辑工具、时间、环境

---

① 这些工具基本来自公开渠道，部分定制工作也不需要很强的技术能力。

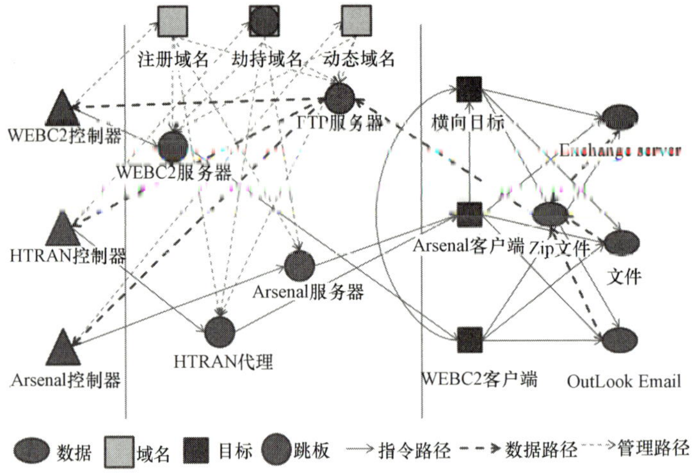

图 1　曼迪昂特报告所描述的 APT1 攻击方式

和作者的相关信息。二是分析恶意软件的行为特征。包括针对的目标群体、使用的 IP 地址、指挥控制过程。三是甄别攻击控制器。将控制器所使用的 SSL 数字证书、远程登陆桌面的 session 信息作为依据来判断，甚至包括采取攻击性网络手段加以验证。四是追踪被盗取数据，通过分析数据流向、数据内容所涉及的主题，评估攻击基础设施规模。不排除他的钓鱼手法，故意公开某个大容量文件，让攻击者长时间下载，以跟踪分析数据流背后的基础设施。五是将网络情报与人力分析相结合，识别出攻击控制网络的操作人员。

3. 曼迪昂特报告分析中的几个问题。一是该团队所使用的工具基本上全部来自公开渠道，总体水平低下。该团队的技术能力不高，不能代表国家的网络攻击能力。而且操控者的防范措施与操控行为过于明显，算不上高级专业人员所为，更不是真正的高级组织行为。这也是曼迪昂特能够较为有信心捕捉、识别该攻击团队的原因。但也正是技术特征过于大众化的问题，使得整个分析过程将不同黑客行为化为一类、混淆事实。二是从支撑该报告结论的附录所提及的关键技术证据上看，包括诸如 IP 地址段的大小、MD5 哈希值、时间戳、SSL 数字证书、Session 等信息，并不能有效支持判断操控计算机的来源，虚构这些信息是当前黑客的基本技能，这也是该报告自身都承认的事实。

从这些关键技术证据更不能判断该团队的规模。三是忽视当前黑客产业化是国际上该领域基本发展趋势，以先入为主的政治意图主导整个“聚类分析”过程，这是技术分析过程最为忌讳的问题，使得该分析显得非常不客观，分析结论与事实相差甚远。2013 年 1 月卡巴斯基实验室发布消息，红色十月代码长期以来就紧盯多个国家政府高官、大型商业公司的高管，盗取相关数据、赚取经济利益。APT1 从这个角度来看，与不甚专业的商业黑客间谍组织行为基本一致。

三、网络威慑的未来

曼迪昂特公司的核心技术能力有效填补了国家网络感知能力的空白，成为美国国家网络感知能力的重要组成部分。曼迪昂特的这份报告是美国该能力的全面展示，暴露了美国网络感知能力的实力，为我们评判美国在该领域的技术实力提供了案例。当然，该报告的客观结果是当前全球社会普遍存在的低水平网络商业间谍行为会有所收敛，但该类行动绝不会停止，而是技术手段将逐步走向高端。

美国将视威慑的效果，采取必要的后续手段。美国专家认为必须采取更具攻击性的手段，攻击性的经济制裁、法律诉求、政治围堵手段是其首选。但不能排除可能的危害性更强的攻击性网络作战，直至传统军事打击手段威慑。这种交锋必然会持续下去，当然谁都不会在该领域抱有侥幸，谁都不会惧怕这种威慑。美国是否应该放弃网络威慑战略，走集体安全、合作互助的路还需要视这种交锋的后果。

大数据与网络安全*

当前，网络安全已经成为国家安全的核心。国家在战略层面上对网络安全的重视，引发巨大投资驱动。而大数据在处理网络空间复杂性等系列问题上具有先天优势。两者的结合，使得网络安全问题成为大数据现实应用中最为活跃的领域之一。总的来看，大数据在网络安全领域的应用呈现如下几个特征。

一、实体—行为模型是大数据在网络安全领域应用的理论支撑

大数据技术的网络安全应用是个系统工程，在迫切需求理论指导下构建体系框架，探索多种技术创新应用的方法学。从当前几个代表性项目来看（见表1），将着眼点放在各类实体的行为之上、通过重构网络空间行为模型构建大数据应用理论框架是通用做法。

表1 基于实体—行为模型的网络安全大数据典型应用

代表性应用	核心技术与实体对象	数据来源	涉及领域
安全软件①	恶意软件行为分析（Malware behavior analysis）	主机设备（包括个人终端和服务器）	网络安全产业
MIR②	威胁行为取证（Malware behavior forensic）		
Mitre 相关项目③	网络威胁行为分析与应对（Cyber threat behavior analysis）	网络空间	网络安全产业联盟

* 所谓网络安全，包括在网络空间引发安全威胁和通过网络引发威胁两个方向。本文所述落脚点是大数据，所以下文并未严格区分网络黑客与网络反恐两者的异同。

① 这里指诸如迈克菲、赛门铁克、卡巴斯基、360这样的安全软件服务公司提供的软件产品。

② 曼迪昂特公司开发的基于主机的、在线网络安全调查分析工具。其行为描述方法称为IOC，indicator of Compromise，详见：www. mandiant. com。

③ MITRE公司管理着美国联邦资助研发中心（FFRDC），是美国国家重要资源，详见www. mitre. org。该公司目前正在致力于将系统工程与高级技术应用于网络安全分析与反应。

续表

代表性应用	核心技术与实体对象	数据来源	涉及领域
X-keyscore①项目	人在网络行为分析（Human-Cyber Behavior analysis）	网络空间	国家安全
X计划②	网络行为分析（Cyber Behavior analysis）	网络空间	国防安全

这些实体包括物理的实体，也包括虚拟的实体。卡巴斯基、曼迪昂特等网络安全产业公司的核心技术都是将主机恶意软件作为实体对象，通过恶意软件的行为分析识别威胁。而MITRE公司则是在此基础上面向整个网络安全产业，通过恶意软件威胁信息的结构化，实现国家、私营网络安全产业公司甚至个人提交的威胁信息的自动交换，并作归因枚举、攻击模式分析、可观察化、自动化管理等研究，最终实现在国家应急反应框架下的网络威胁自动化处理（见图一）。斯诺登所揭露的X-keyscore项目则将“人”作为实体，通过分析人在网络空间中的多跳信息交换行为，[③] 聚类分析到可疑分子。而美军当前正在推进的X计划项目，则是将网络空间所有物理与虚拟实体——包括人在内，也包括路由器、服务器、终端、业务系统、软件工具——作为研究对象，以网络地图的方式实现网络空间态势感知，服务于网络攻防作战。

二、信息萃取技术成为网络安全大数据应用的关键

实体行为体现于实体生产、存储、处理、转发各类信息的过程。这些信息在网络空间又可以分为元数据和内容数据两大类型，可以用来描述实体的行为。从中萃取实体的行为信息，依据实体行为模型进行综合分析，是网络安全大数据应用的基础和前提。高级信息萃取技术直接关系到实体行为分析的广度与深度。传统的元数据或者内容数

① 该项目为斯诺登所揭露的美国国家安全局国际合作项目，也是棱镜等一系列项目的后续版本，目的是通过监测通信情报（包括因特网）而满足国家安全需求。

② 美国国防部高级计划署（DARPA）的最新网络攻防对抗研究项目。参见：http：//www. washingtongpost. com/world/national-security/with-plan-x-pentagon-seeks-to-spread-us-military-might-to-cyberspace/2012/05/30/gjqaeca711u_ story. html? hpin = z1 。

③ Hops Analysis，逐条分析，根据六度分离理论，地球上任何人都可以通过六跳形成关系。目前，美国宣称已经具有全球数据的三跳分析能力。

据萃取技术包括：从通信语音识别、语种判断，到浏览器请求数据的语言识别，截获邮件的时间、地址分析、收发件人等信息分析，再到地理影像信息的判读、视频信息分析等。新兴的信息萃取技术则涉及面更广，有些甚至让人无法想象：包括从 office、PDF 等电子文档中分析该文档的传播路径、编辑修改作者信息、编辑修改计算机的 MAC 地址等信息，从浏览器 session 信息中获得上网人员的手机、住址、用户名、密码等信息；从移动设备中获得用户的地理位置信息；从用户使用 Google 地图的数据中获取用户敏感目标信息；从软件 MD5 信息中获得软件编辑环境、编辑作者、编码习惯等信息；从软件的操控对象或者网络访问目录中得到指挥控制中心信息；从软件二进制代码中分析得到软件演化行为的特征信息；从 VPN 网络中截获传输中的加密信息；从网络上直接嗅探发现所有可被攻破的主机信息；① 通过对海量加密文档样本的分析，获得当前主流加密算法的蛮力破解方法。② 这些信息萃取技术五花八门，通过这种全方位、大纵身信息的萃取，形成物理实体或者虚拟实体的行为信息，再通过地址聚合分析、联系链逐跳分析等方法，③ 就可以逐步聚合得到各类的实体。

表 2　代表性网络安全大数据应用项目萃取数据来源

（●代表从该类数据中萃取信息）

萃取对象	安全软件	MIR	Mitre	Xkeyscore	Plan X
VoIP				●	
视频				●	
图形				●	
网页		●	●	●	
文本			●	●	
电子文档		●	●	●	
地理信息				●	●

---

① 以上所述技术有些是成熟技术的大规模应用，有些是创新技术，更有的是通过与类似微软、谷歌、推特等信息服务巨头的隐秘合作实现的。

② 甚至解密本身，也成为大数据在网络安全领域的重要应用。

③ 斯诺登所曝恒星风项目，其基础就是人的地址数据库。而针对某地址所宿人员之间信息联系链条的逐跳分析是基本方法。

续表

萃取对象	安全软件	MIR	Mitre	Xkeyscore	Plan X
软件	●	●	●	●	●
终端主机	●	●	●	●	●
网络通信	●	●	●	●	●
服务器主机	●	●	●	●	●
网络设备			●	●	●
人		●		●	●

三、人机结合成为网络安全领域大数据分析工具的基本形态

单以全球每天产生的海量信息来看，以当前软硬件能力存储、传递、分析所有萃取出的元数据与内容数据仍然相当困难。为此有很多解决方案，包括“将元信息自动分析预警与重点内容数据采集”相结合、“采集数据滚动式缓存与验证信息结构化提取”等等，都可以减少海量信息采集与存储带来的压力。但这样仍然不能解决海量信息的分析处理需求。当前的主要解决方案是将人机结合作为大数据分析工具的基本形态：通过“形式化”专家学者的智能经验，提升分析工具的智能化程度；将关键领域任务模型与规范化工作流程相结合，打造任务敏感性分析方式；将情报分析专家与技术专家相结合，实时修订信息处理策略提升信息处理能力；以发展态势可视化技术为基本方向，做好人机结合式的网络安全态势理解。美国人正在做的系列项目，都是试图汇聚所有美国及其盟国情报系统的力量和资源，尽最大可能实现更广泛意义上的“人机”结合。[①]

四、组建国家网络安全力量是网络安全大数据应用的重要步骤

网络安全领域的大数据应用，要求数据的完整性、综合性，需要

① X-keyscore 项目就是以此为目的，该项目汇聚了美国、英国、加拿大、澳大利亚、新西兰五国的情报力量，目前正在发展德国加入。

多种信息处理手段相结合，更需要高效组织运作机制的保障。美国国家安全局正在以犹他州大数据中心建设为契机，[①] 以远程作战中心的定制接入作战业务、[②] 元数据分析中心的特种渠道作战业务，由高级分析局以 Boundless Informant 分析工具来实现综合数据分析，[③] 构成全球接入作战业务。[④] 三大作战业务在国家安全局威胁作战中心（NTOC）汇总，[⑤] 汇聚来自全球各国、多种信号类型、多种情报项目的情报信息，[⑥] 形成完整威胁作战能力（见图 1）。当前，这些情报来源已经由传统的军方以电子监听为主，[⑦] 转为以电子监听、网络监视相结合，甚至网络监视的业务量可能更大。这种组织构架全面、综合处理各类信息，能够有效地保证及时、准确地威胁告警与安全反应。2012 年 5 月，美国击毙本·拉登的组织领导者就是中央情报局。美海军陆战队只是执行人。2013 年 8 月 4 日，美国政府发布关闭全球大使馆安全告警，随后在也门打死 6 名“基地”组织武装人员，背后也都有大数据技术的有效支持。目前美军正在依照国家安全局的模式组建 133 个服务于联合作战的“营”级规模的网络作战分队，其核心装备仍需要大数据技术的支撑。国家力量对网络安全领域大数据的投入，彻底改变了国际网络安全力量格局，促成网络空间事实上的军事化。

五、数据采集政策成为影响网络安全大数据应用的根本

当前，影响大数据在网络安全领域应用的障碍除了资金与技术这两个因素以外，还有一个更为根本性的问题就是数据采集政策与规范。

---

① http：//www. wired. com/threatlevel/2012/03/ff_ nsadadacenter/all。

② TAO，Tailored Access Operation，定制接入作战，即美军所称的计算机网络刺探，是美国国家安全局的主要技术保障力量，它通过技术手段入侵他国计算机系统，盗取数据，属美国国家支持的黑客式团队。

③ Boundless Informant，斯诺登所揭露美国国家安全局情报分析项目，详见：http：//www. documentcloud. org/documents/743252 – nsa-pdfs-redacted-ed. html。

④ GAO，Global Access Operation，全球接入作战，综合 TAO、SSO，甚至包括美军全球基地、大使馆、陆海空天情报监视平台的数据，形成对全球数据的综合访问。从当前信息来看，该业务应该由国家安全局所属高级分析局（AAD，Advance Analysis Division）完成。

⑤ SSO，Special Source Operation，特种渠道作战，主要是通过直接与私营信息服务公司、电信服务公司合作，采集互联网网络数据。

⑥ NTOC，NSA Threat operation Center，美国国家安全局威胁作战中心，该中心是国家安全的总中心。

⑦ 电子监听主要来自于美军全球基地，各国大使馆，地面、水下、空中监视平台。

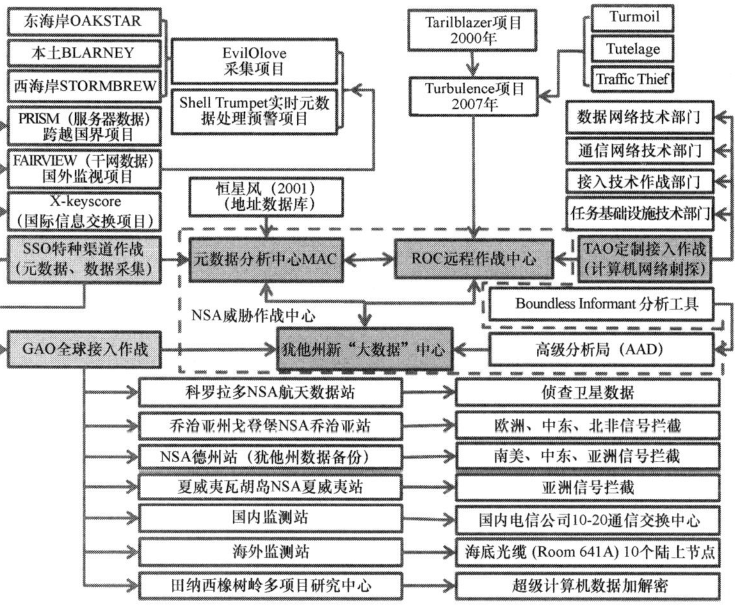

图1　美国国家安全局（NSA）电子情报监测业务总图①

曼迪昂特与当前网络安全产业公司不同之处在于，它与客户之间构建了一种信任关系。服务对象同意将本公司所属信息资源自动在线交给曼迪昂特，而曼迪昂特公司也承诺不会透露相关信息、损害相关公司的商业利益。而传统网络安全产业公司一直受困于不能过多的采集到用户主机上的数据。这就需要网络安全产业政策的支持。如果没有网络安全产业政策，曼迪昂特这种企业化服务模式只能针对大型企业，而且规模不可能无限拓展，因为规模扩大以后就无法保障隐私承诺。数据采集政策与规范已经成为影响网络安全产业发展的一个瓶颈。

美国国家安全局情报监视业务的数据采集在政策与法律上主要犯了两个错误：一是对于国内或者跨越国界业务，美国钻了“元数据的法律地位比内容数据低”的空子。但斯诺登事件后，人们对大规模元

① 该图根据包括近十年以来所有关于美国国家安全局告密者透露信息综合而来（包括最近斯诺登所揭露信息），该总图不一定完整，但从一个侧面反映了美国正在做的信号情报监视。

数据采集后的元数据的价值与地位有了全新理解，对元数据所涉及的个人隐私等问题有了全新的认识与定位。二是对于国外业务，美国利用自身在因特网物理拓扑上的中心地位的优势，截获互联网中转数据，甚至入侵他国网络核心设备，更该路由配置，盗取数据。美国的电子情报监听业务跨越了国界，从盗取数据和入侵设备两个角度上侵犯了他国网络空间国家主权。①

没有数据采集政策，就没有大数据在网络安全领域应用的法律依据。但从长远看，网络空间公私合作治理是一个趋势，网络安全国际合作也是必然，数据采集政策前景应该是光明的。但要避免出现网络空间成为某国谋求自身利益的战略工具，其中必然需要长久的国际斗争，这又涉及到更根本的政治问题。

① 虽然关于网络空间国家主权尚无国际共识，但数据与设备的属地属性是判断国家主权的基本原则，基本被大多数专家认同。

对美国“促进国家网络安全委员会”报告的分析与解读

2016 年 12 月 1 日，美国“促进国家网络安全委员会”发布题为《关于保障和培育数字经济的报告》。外界一致认为该报告既是对奥巴马总统过去 8 年国家网络安全政策与实践的总结，又是对未来新当选总统在国家网络安全政策的对策建议与政治交代。虽然当前还很难说该报告的具体对策建议能在多大程度上影响特朗普，但该报告深刻总结分析了美国国家网络安全的现状与问题，提出多项重大对策建议，对观察美国未来国家网络安全政策走向、发展我国网络安全战略和政策都具有重大意义。

一、报告出台的基本情况

2016 年 2 月，奥巴马总统发布 13718 号总统令，组建由总统任命，国会民主、共和两党共同提名的十三名资深专家组成的“促进国家网络安全委员会”，为未来总统准备网络安全对策建议。该委员会由前国家安全事务助理多尼隆领衔，包括前国家安全局局长、网军司令基斯·亚历山大，IBM、微软、MasterCard、斯坦福大学等企业与科研机构专家共同组成，委员会设在商务部，国土安全部、司法部、国防部、FBI、CIA 等部门与机构大力支持，并得到总统授权接触任何等级的涉密信息。该委员会任期不到一年，不领薪水，商务部只负责会议召集与保障，先后召开八次公开的政策讨论会，广泛向社会各界发送调查问卷、征求意见，12 月 1 日提交报告后 15 天内就自行解散。

二、强调网络安全与发展协调并进是该报告的核心思想

报告为未来政府在国家网络安全领域指出 6 大对策、16 项建议、53 条举措，每一条对策都体现了美国政府在过去 8 年中得到的经验总结，并针对短期内、中长期政策做出具体倡议。总的来看，该报告的最大特点是很好地把握了在网络空间“发展”与“安全”之间的政策平衡。

（一）进一步加强政府在国家网络安全领域的能力建设，但着重鼓励公私合作、推动国家网络政策透明与监管

该报告建议部分的第一和第五两大对策共10条建议讲的是强化关键基础设施防护与政府能力建设。报告明确提出按照美军军用网络安全的做法，制定十年网络安全发展计划，强化基于风险的国家网络安全管理框架，提升联邦政府网络安全。为此，特别强调关键基础设施防护的核心是要公私合作，建议新政府推动“国家网络安全公私合作项目（NCP3）”。2009年美国就在推动公私合作，但这次是在之前基础上的深化，是要在具体操作层面上的合作。相信，如果特朗普接受这一条，美国将会在“爱因斯坦系列”国家网络安全工程基础上，出台一系列新的、大型国家性网络安全工程项目。与此同时，报告建议强化国会对政府各部门网络安全能力建设与运用的统一监管，确保各业务局拥有合适的网络安全能力和职责。为绕过军队不能过多介入美国本土安全防御的法律障碍，报告建议各州推动建设由国民警卫队为主体的国土网络安全防御力量。

（二）进一步鼓励对数字网络与数字经济的创新与投资，但强调数字经济产业界的国家网络安全责任

该报告第二、三、四条对策的重点是强化对数字网络和数字经济的创新与投资，专门强调大力推动物联网、人工智能、机器学习、工业控制系统等方向网络安全技术研发，通过国家科学技术政策办公室、国家科学基金、信息技术现代化专项基金、联邦信息安全现代化专项基金、联邦预算管理办公室、商务部联合推动制定国家层面的标准与规程。到2020年前，推动“国家网络安全劳动力项目”“国家网络安全学徒项目”“总统网络安全学者项目”，分别培养初中高三级的网络安全就业人员、专家和资深学者。但该报告还专门要求，新政府联邦贸易委员会应该按照“数字时代消费者权利与责任法案”的要求明确企业与私人的网络安全责任，在强化网络全民网络安全意识的基础上，进一步推动企业与政府之间的面向供应链安全的信息共享。网络安全信息共享一直是制约美国网络安全发展的瓶颈性体制障碍，美国企业界因为自身市场份额遍布全球从而一直强调自身的“网络中立”地位，新政府采取何种手段招抚企业界是关注美国未来网络安全政策走向的风向标。

（三）进一步强化外交、司法、技术标准三大领域国际合作，但意图以协助他国网络安全能力建设为名推动构建网络同盟

该报告利用第六条对策来建议全面推动美国主导的网络安全国际合作、争取对美有利的外部网络安全环境。斯诺登揭秘事件以后，美国主导的美欧网络同盟破裂。但该报告建议沿袭奥巴马总统的思路重建该国际同盟，即：鼓励并主动协调国际社会塑造和谐的网络安全政策，推动国际网络安全法律协议与行为准则，着重打造“志趣相投国家”之间的网络安全合作，制定和平时期网络安全行为规范。报告要求司法部推动“多边司法协助条约（MLAT）”，要求商务部和国务院将基于风险的网络安全管理框架延伸到其他合作伙伴国，并以此扩大美国产业界的国际市场，要求国务院和国土安全部尽快协助有关国家网络安全能力建设。应该说，这些国际合作的领域覆盖外交、司法和产业界，既具有明显的打造美国主导网络安全同盟的意图，又有以此为口号，安抚盟国开放网络安全市场，控制有关国家网络安全能力发展的目的。

三、我国应既关注特朗普执政的共和党在网络安全政策的走向，也要学习该报告提出的很多维护网络安全的战略举措

我们应该从两个视角认识该报告：

（一）该报告是个全面的、综合性的、具有重大实践价值的国家战略对策报告

应该说，该委员会团队融合了美国民主、共和两大阵营在网络安全领域的主要精英，很好地把握住了网络空间“安全”与“发展”两大战略方向的平衡，报告提出的对策建议不仅对美国有启发，对世界很多网络大国都有借鉴意义。比如说，报告建议新总统尽速发布新版国家网络安全战略，建议保留白宫网络安全协调官、联邦首席信息官、联邦首席信息安全官、国务院网络事务协调官等重要职务，继续推动奥巴马主导的《联邦网络安全研发战略计划》，继续奥巴马尚未完成的《基于网络安全框架的联合网络国防计划》。特朗普在执政初期不一定能及时把注意力转到网络空间，但他们都深刻理解网络安全议题，一定会沿着奥巴马指出的这些大方向走下去。

（二）特朗普领导的共和党更加强调实用主义，口头上不一定重视该报告，但一定会超越该报告

首先，特朗普政府肯定会进一步加大国家网络安全力量建设的投入，进一步依靠美国硅谷网络巨头的新技术发展体系化的国家网络安全力量，让更多的企业参与国家网络安全主动防御行动。其次，特朗普政府可能会在坚持奥巴马倡导的网络威慑战略基础上，突破中美两国业已达成的网络安全国际行为准则精神，单方面采取更加激进的政策，全面动用攻击性网络力量。再次，特朗普很可能因为国内外反恐压力，进一步放宽其国家情报力量运用政策限制，强化对国际、国内两个方向的网络监控。在这三方面的政策突破，很可能抛弃奥巴马秉持的“安全”与“发展”协调并进的思路，会从长远冲击美国国家利益。但美国已经从过去几年网络议题上对付中俄两个网络大国的过程中尝到了短期政策甜头，这三大领域的突破势必对我国家网络安全造成巨大冲击，我应提早研究对策。

网络安全军事战略

理解美军网络力量

摘　要：美军网络力量是美军借由发展网络空间而表现出的军事实力的综合能力。这种综合能力在逻辑上首先反映在虚拟网络空间，被理解为在虚拟网络空间美军所具备的军事作战能力。但这还远远不够，在当前全球信息化发展远未成熟的现实历史背景下，这种综合能力还反映在“提升现实物理域美军联合部队作战效能、赋能传统动能作战”所起的作用与地位之中。本文从“在网络空间作战”和“利用网络空间作战”两个角度、多个层面分析美军网络力量，形成对美军网络力量的体系化解读。

网络力量（Cyberpower）是个正在发展演化的概念。[①] 美军专家认为[②]，网络力量是利用网络空间达成战略优势以影响其他作战环境中事件的、一种跨多种力量运用手段的能力。如同控制陆地、关键海洋通道、空天或者卫星轨道那样，网络力量已经逐渐崛起为国际系统中国家或者其他行为体投送影响的关键因素。站在国家的角度，理解网络力量可以有两个层次：一是战略层；二是国家层面。美国理论专家认为，网络空间是一种与陆海空天并列的现实“环境”，[③] 此种语境下，参照 Land Power、Seapower、Airpower、Spacepower，Cyberpower 可以理解为制网权。这种理解战略层次高，带有一定的政治视角。二是在军事层面上，Cyberpower 是一种力量，是一种利用网络空间达成战略优势与目标的能力。从这一点上看，网络空间又与陆海空天四个域有着完全不同的作用。因为网络空间虽在地位上与上述空间并列，但它却

---

① 本文所述网络力量均指 cyberpower，不是 cyberforce。作者认为 cyberpower 是高于 cyberforce 军事层面网络部队的国防层面概念，美军网络力量应该属于国防角度而不是纯粹军事角度作战。从这一角度理解美军网络空间力量，有助于填补从美国国家与军事两个层面之间的研究空白，更能精准把握其内涵。

② Gregory J. Rattray，“*cyberpower and national security*”，美国国防大学出版社与 Potomac Books 联合出版，第 255 页。

③ 就对网络空间的概念理解有两种倾向：一是“工具论”，是站在传统现实物理动能空间角度看网络空间；二是“环境论”，是站在网络空间对传统现实物理动能空间的“能动性”角度看待网络空间，作者认为后者基本囊括前者。

是所有上述四个空间的一种虚拟映射，而且是对这四个空间的集成式虚拟映射，对传统现实物理动能空间具有强大的能动性。这种力量既体现于纯粹网络空间的对抗能力，更体现于利用网络空间对现实四个域力量的再造上。

一、从逻辑角度讲，美军网络力量概念覆盖“在网络空间作战”与“利用网络空间作战”两个不同角度

总的来看，解析美军网络力量的基本逻辑框架可参见图1。由底向上形成一个分层的体系。所谓“在网络空间作战”，就是网络空间军事斗争问题，即美军所说“Warfighter”——网络战士问题，是将网络空间视作“作战环境”，通过在网络空间攻防作战，达成制网权，其总体能力体现于网络进攻、防御与感知三个方向能力的综合集成；所谓“利用网络空间作战”，即美军所说“Eanbler”——赋能者问题，是将网络空间视作传统作战的工具或者“倍增器”，利用网络空间的优势能力，通过再造传统军事作战的 ISR、C^2、电子战、航天作战、无人机作战，构建支持联合作战的联合信息环境，提升传统作战效能。在这个角度美军强调的是“灵活性”与“弹性”。① 这两种不同角度集中体现于该构架中的能力体系、力量构成和军事理论三个层面。但网络空间

图1　美军网络力量基本逻辑框架

① 请参考美国空军2012年12月公布的《网络构想：2025》。

的独特地位也决定了这两个角度在技术领域、装备项目、业务集成、战略筹划、指挥架构直到国家安全这几个层面又是紧密相关不可分割的。

这两个不同角度形成了美军当前网络空间军政（利用网络空间）与军令（在网络空间）两条线。但在网络空间，这两条线不如陆、海、空、航天等领域军政与军令两条线之间的联系那样直接：网络空间军政这条线的主要任务是网络建设，军令这条线的主要任务是军事作战，但美军在网络空间前者建设的目的并不完全是为了满足网络作战的“需求”，更多的是满足传统军事作战需求。至少，目前主管军政这条线的国防信息系统局尚没有公开出台专门满足于网络空间攻防作战所需装备建设的战略或规划。而主管网络空间军令这条线的战略司令部所属的联合职能组成网络司令部，[①] 也因美军不完全掌握全球网络空间、政策框架尚不成熟，[②] 未能在 2012 年提升为一级司令部。将自身的任务领域拓展到军政这条线，将两条线集中为一条线，成为网络空间最终责任者的计划至少还需要一段时间。当前，美军在网络空间军政体系中只有网络安全建设问题——亦即信息安全战略问题——[③]属于网络空间军事斗争的“战场建设”范畴，其业务对于网络空间军事斗争中的网络防御具有直接的意义。美军两条线的基本格局是当前美军对网络空间战略认知的基本成果，既反映了美军承认现实物理空间作战尚处军事作战的主体地位，也反映出受当前全球信息化社会发展尚未成熟的历史阶段限制，美军虚拟网络空间作战的样式、装备、指挥控制等基本问题没有形成成熟结论，尚在探索之中。对这种两条线基本格局的把握是理解美军网络力量的基本前提。

在战略高层上看，两条线的倾向其实也很明显。就“在网络空间作战”这个角度看，美军网络力量是美国国家实力的综合体现，是其一直奉行的“威慑战略”的组成部分：美军更强调网络空间虚拟军事能力的威慑与现实物理空间传统作战能力威慑之间的结合。网络威慑

① 英文全称 JFCC－CC，联合职能组成司令部之网络司令部，简称网络司令部。

② 美军只完全掌握美军军网 GIG，国家关键基础设施基本都在私营企业手中，其安全责任者当前是国土安全部。而国外网络空间的电子情报的主要责任者是国家安全局。三者在网络空间中的政策框架脱胎于传统国家安全需求，当前很难集中到一家。

③ IA，Information Assurance，信息安全。

是对“威慑战略”的再造：一方面把威慑战略延伸到网络空间，另一方面借由网络空间实施威慑。这也是其网络威慑战略的核心理念。[①] 就“利用网络空间作战”这个角度来看，主要体现于网络空间对传统军事作战理念演化发展的推动作用。[②]

在军事作战层面上来看，美军20世纪90年代以来军队建设的主题一直就是“充分借助网络技术发展建设面向未来的联合部队”。2011年，国防部公布的《网络空间作战战略》正式启动了第五空间的组织、训练、装备等等军事使命，这是一个里程碑式的战略文件。专家评说该战略在内容上定位非常模糊，既不是军事战略，也不是国防战略，但它的确确立了美军网络空间建设与作战的两大基本任务领域。由此，国防信息系统局启动了一系列网络空间战略计划，包括DISA战略、DISA战役实现计划、移动战略、GIG汇聚战略等等。[③] 当时该报告的核心仍是强调网络防御，因为网络防御是当时网络空间军政与军令两条线的基本汇聚点，是美军当前最能够做好的工作。而到2013年，随着美军对网络空间军事斗争一些基本问题的认识逐步深入，网络司令部司令基斯宣称要计划组建40支营级规模的网络部队，其中防御性的27支，攻击性的13支。而且基斯特别提出该计划的核心是攻击性网络。美军在军事作战层面上着重点的这种变化，表明了美军正在两个不同角度谋求全面的优势能力。

特别要注意的是，2009年美军网络司令部成立时的部队组成，合并了原战略司令部所属的两个二级司令部，一是全球网络作战特遣部队，[④] 二是网络战职能组成司令部。[⑤] 前者是美军网络部队的主力，其核心任务是网络建设、维护、运营与防御，战略使命是对美军各联合作战司令部现实物理空间中联合作战的支援，扮演着重要的“倍增器”的作用。而后者的支撑力量主要来源有国家安全局及美军所属的电子情报与安全保密部队，核心任务是网络攻击，扮演着重要

---

① 关于美军网络威慑战略的最新发展，可以参见国防科学委员会报告《弹性军事系统与网络威胁》第五章。

② 详见下文。

③ DISA Campaign Implement Plan，国防信息系统局战役实现计划。

④ JTF－GNO，全球网络作战联合特遣部队。

⑤ JFCC－NW，网络战职能组成司令部。

的“网络战士”的作用。美军网络司令部是在军令统一的理念下将两个有效统一。

在技术角度来看，在网络空间全世界所有军队普遍意义上都面临着两个挑战：一是军事网络空间发展问题，亦即网络战场建设问题；二是军事网络空间安全问题，亦即网络军事斗争问题。也就是网络空间的建设与作战运用的问题。但在技术层面上，网络空间的建设与安全问题是一个问题的两个方面，没有办法分裂开来对待。美军专家已经意识到这个问题，原拟议升格网络司令部为一级司令部的计划，将其作为网络空间指挥链的单一顶端，统筹网络力量建设与运用，核心的目的就是统一技术管理，实现网络空间企业化。美军正在搞的GIG升级、大数据、云计算、身份认证、集成式的网络安全解决方案、联合信息环境等规划，都是美军在网络空间技术上的努力，其基本目标就是跨域集成，包括跨空间域、跨任务域、跨作战行动域。这种努力的影响是深远的，必将对美军联合部队的军队建设—国防部企业化、作战编组—职能型部队、指挥模式—任务式指挥等三个方面产生影响。这些计划都属于网络战场建设，但首先要在技术上考虑的问题即是网络安全，或者说网络空间作战领域中的网络防御问题。同时，美军也在网络攻防领域展开各种武器装备或者技术项目建设，这包括网络基因技术、网络靶场建设、苏特尔项目、X计划、网络城市等等。而这些装备或者项目建设过程中技术上首先要考虑的是对网络空间战场的理解，也就是网络空间战场技术特征的问题。两者之间在装备层可能有所区分，但在纯技术的在底层上都是相通的，主要看执行者的作战目标是什么。

总的来看，这两条线中，一条是明线，即“在网络空间”。自20世纪90年代以来，凭借美国在网络空间技术上的上游地位，美军不断探索网络空间部队管理与作战[①]运用的实践，形成了一系列的思想、理论、概念，网络攻防作战的组织构架、编制体制和军事业务也不断演化。这是美军网络力量自身由无到有、一直到独立发展成型这一条显式线索。还有另外一条隐藏的线索，即“利用网络空间”。也就是美军

① 这里是指美军指挥链中的管理与作战（Administration&Operaion）两条线，就是军政与军令两个体系，也可以称为建设与运用。

网络力量对现实陆海空天四维物理空间作战的影响，也就是在网络空间通过“多种视角跨域集成”的实现，对美军军事力量的建设与运用转型发展的影响这一条暗线。对明线的研究可以了解美军网络力量发展现状，对暗线的把握可以预知美军网络力量的发展趋势。这两条线索演化过程相互作用，驱动美军网络力量的地位在发展演化上表现出由“基础支撑”到“业务独立”再到“附属支援”这一螺旋形上升的局面。2012 年 9 月，美军公布《联合作战顶层概念：联合部队 2020》，美军网络力量又表现出向更高层面上的“独立作战”和“全球集成作战”领域渗透的新趋势。这正是两条线、两个不同角度相互交织、协同发展一个例证。

二、从国家安全战略角度看，美军网络力量是国家力量的重要组成部分

从克林顿到小布什，再到奥巴马，在近 20 年的发展历程中，美国已经走在世界各国社会信息化的最前沿，形成了相对完整的网络空间国家战略，构建了网络安全国家安全机制，打造了以美军为主体的网络安全力量。在美国国家网络安全力量体系中（图 2），美军网络力量组织构架完整，技术能力全面，地位最为突出，是真正的网络实体部队。虽然受美国法律限制未执行国内业务，但它与国土安全部等机构联合，应其任务要求，有责任对国家关键信息基础设施进行协同防护，成为美国国内网络安全领域的直接支援者。美军网络力量已成为美国国家网络力量的中坚。

按照美国国家安全战略的构想，美军网络力量是实现国家安全的工具，赋予的使命不只是“防御美军军事信息基础设施、保障传统军事作战的安全”，还要协助实现国家安全目标，协助支援军事作战。美军在网络空间上奉行的威慑战略，也不仅是将传统威慑战略延伸到网络空间①，更强调的是利用网络力量展开传统威慑。2009 年，美军组建网络司令部，标志着美军在网络空间防御领域已获得了相对优势，在“发展攻击性网络作战技术、全面刺探网络情报”的基础上，正积

① 《2011 年国防部网络空间政策报告》关于公开的发展“网络空间威慑立场问题”。

极通过公开互联网展开有特定战略目标的攻击性网络作战实践[①]。美军网络力量已经走向展示美国国家力量的前台。

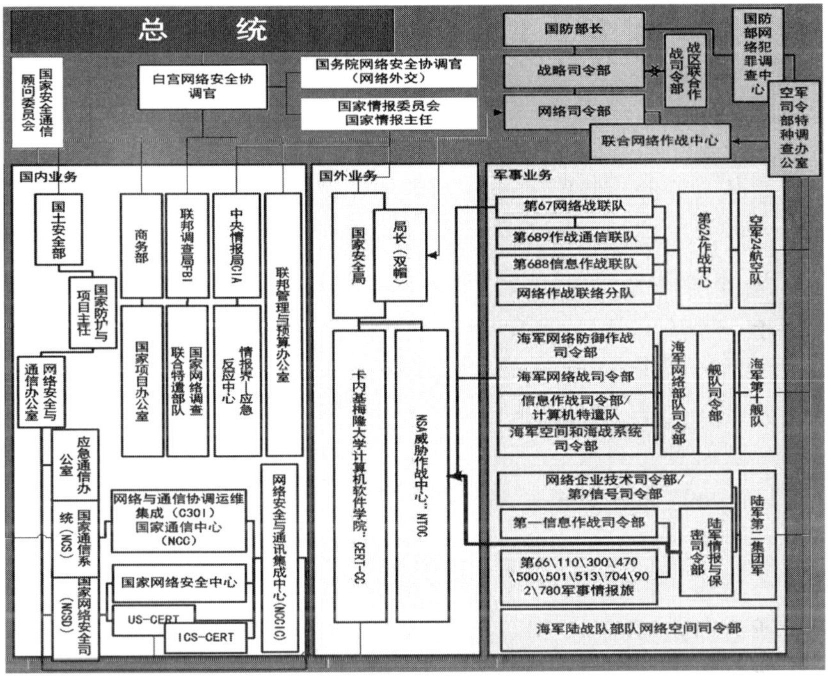

图 2　美国国家网络安全力量体系

在经济全球化、社会信息化、政治多极化时代，美国国家力量（DIME）——外交、信息、军事、经济——的四个领域中，美军网络力量不仅成熟到可以独立展示、独立执行国家安全任务，更为重要的已成为国家战略力量的支撑平台，是国家力量四个领域转型发展的重要推动力。近几年，美国积极展开网络外交活动，以立法、行政、司法等形式广泛开展网络空间行为准则的制定；强化美国情报界变革，突出信息资源的战略性地位；积极发展攻击性网络力量，不断探索性地实践网络攻击试验；加大对信息技术及应用的管控步伐，注重知识

① “奥巴马曾下令对伊朗的网络攻击”，《纽约时报》，详见 http：//www. nytimes. com/2012/06/01/world/middleeast/obama-ordered-wave-of-cyberattacks-against-iran. html? _ r = 1&pag-ewanted = all。

产权保护，都是美国谋求国家力量转型的重要举措。

三、从军事作战概念角度看，美军网络力量历经三个概念阶段并开始转入新时代

第一阶段是“网络运维”（Netops）概念阶段。[①] 经过20世纪几场战争的实践，美军真实地发现一体化网络互连的战场价值。由此，美军网络力量主要工作聚焦于战场环境与武器装备信息化领域，进行了实实在在的物理网络建设，解决了“战场作战”与“业务管理”系统的网络互连、互通与互操作问题。此阶段，以GIG建设为核心的美军战场网络环境逐渐成型，网络系统的应用、维护与管理业务突出。1998年，为应对持续的、棘手的网络威胁，国防部直属的计算机网络防御联合特遣部队（JTF－CND）成立，其主体力量是各单位组建的计算机应急响应中心。该机构于1999年转隶航天司令部。到2000年，因为被赋予信息作战概念框架下的计算机网络作战使命，承担部分进攻使命，而再次以计算机网络作战联合特遣部队（JTF－CNO）[②] 名称重建。2002年JTF－CND随航天司令部与原战略司令部的合并而并入现战略司令部。2004年4月，战略司令部以其为基础组建全球网络作战联合特遣部队（JTF－GNO），并正式将GIG网络作战（NetOps）概念正式确定为联合作战概念[③]，NetOps阶段正式成熟，并得以“独立”出来，并一直保持至今。这一阶段美军网络空间工作的重点是信息系统的内容维护、系统管理和网络防御。

第二阶段是“网络战”（Network Warfare）[④] 概念阶段。在该阶段美军开始筹划攻击性网络作战。虽然Netops有部分网络进攻使命，但美军深知，成功的网络攻击必须依靠全面的网络情报。该阶段可概略归于2005年战略司令部以国家安全局[⑤]为主要力量，以分布于陆海空

---

① Network Operations直译“网络作战”，但该概念与Cyber Operation——网络作战完全不同，下文所指“网络作战”都是均指“cyber operation”。

② CNO，计算机网络作战，包括计算机网络防御、计算机网络刺探和计算机网络进攻，因computer一词的加入限制了其没能够成为该阶段的标志性称谓。但这三类业务却奠定了Netops的业务构架。

③ Netops Conops，Netops，作战概念。

④ Network Warfare网络战，区别于Netops，也区别于Cyber Operation。

⑤ 国家安全局核心任务是国外电子情报，也称技侦。

军兵种之中的信号情报部队为基础，筹组网络战职能组成司令部[①]。与全球网络作战联合特遣部队不同，该司令部主体业务是网络进攻，其活动领域基本上超过了 GIG 的范围，与全球网络作战联合特遣部队的业务关系可用图 3 表示。从此时开始，进攻性网络作战开始进入军事作战领域，并逐渐崭露头角。

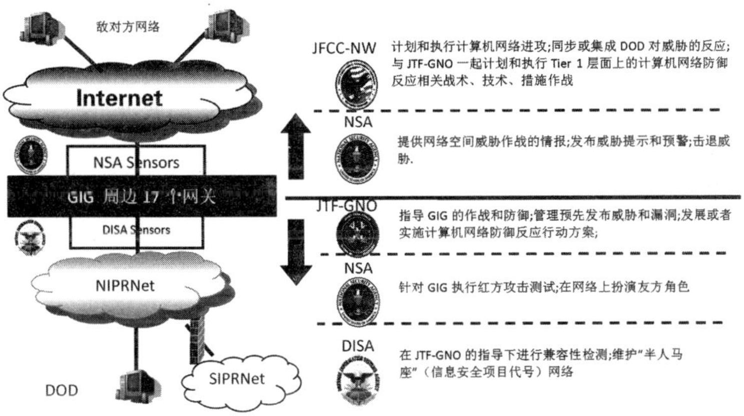

图 3　JFCC－NW、JTF－GNO、DISA 之间的业务关系

第三阶段是"网络作战"（Cyber Operation）概念阶段。该阶段以 2009 年美军组建战略司令部下属的网络司令部为标志，以"全球网络作战联合特遣部队与网络战联合功能组成司令部合并""国防信息系统局不再负责指挥全球网络作战联合特遣部队""国家安全局局长入主美军网络司令部"三大组织关系调整为基本思路。该阶段的特征是网络业务与网络作战的分立[②]、网络进攻与网络防御在作战上的整合。此时出现了较严格的网络空间作战指挥与控制，形成了指挥与控制作战力量体系，实现了网络空间的攻防一体化，并搭建了与情报界——国家安全局的紧密协作关系。Netops、Network warfare、Cyber Operation 这三

① JFCC－NW，网络战联合职能组成司令部，属职能型司令部，力量由军种相关部队组成。

② 在此之前，国防信息系统局局长一直身兼 JTF－GNO 的司令部，网络业务与网络作战中的防御业务界限模糊。网络司令部的成立使得网络空间军事业务重新走向严格意义上的军政、军令两条路线。

个概念是到目前为止美军网络力量发展建设的三个概念阶段，但它们之间不是相互隔离的关系，而是在内涵上相互交织，职能上相互交叠，代表了美军在网络空间不断探索发展优势能力过程。

未来美军网络力量走向何方，它的发展将对美军发展带来什么样的影响，这是一个值得关注的问题。2012 年 9 月，美军公布《美军联合作战顶层概念：联合部队 2020》，提出了全球集成作战的概念。纵观美军作战理论的发展，从联合作战，到一体化联合作战，再到全球集成作战，网络空间技术与应用一直是美军军事理论转型的最终“赋能者”。通过发展网络空间力量，美军逐步实现对“单个装备、装备体系”到“编程模式、作战编组”再到“作战行动、指挥控制”的跨域集成。从 2012 年 5 月份以来，美空军首席科学家为制定《网络构想：2025》而组织的一系列论坛来看，美军正在从“作战使命域”角度实现对“航空、航天、ISR、C^2、任务”等作战任务的跨域集成，该视角的跨域集成代表着美军开始将视角转向作战空间中“作战人员”。这种对“人”的集成，实质上将彻底改变网络空间从属于现实物理空间的作战地位，网络力量的发展将美军军事力量管理与作战引入到“全球集成作战”的新阶段。

四、从军队建设角度看，美军网络力量企业化将影响美军联合部队力量发展与建设的基本模式

从 20 世纪 90 年代初的《C^4ISR 框架结构》到 90 年代末的《DoD AF：国防部体系结构框架》，再到 21 世纪美军提出的《DoD BEA：国防部业务企业化构架》，美军一直在谋求国防部企业化①。2012 年 2 月，网络司令部司令亚历山大·基斯在国会听证会上明确宣布，在国防部企业化这一大框架下，美军开始网络企业化建设。从其基本内涵来说，网络企业化就是要在网络空间打破军兵种界限，实现网络作战业务的高度统一，实现以光速作战。但就其深层次的概念来看，美军要做的不仅是对网络作战进行全面的集成，而是还要对所有物理空间

① DoD Enterprise，国防部企业化是将现代大型企业的运维管理的理念、思想运用到网络空间、用以解决国防建设、作战、管理等一系列的方法论。作者认为，就美军来看，国防部企业化总体上可以包括技术架构企业化、业务管理企业化和作战运用企业化这三个重要方向。这三个方向又是美军战略管理企业化的重要内容。

中跨任务域的作战业务进行全面集成①，包括当前最为关键的电子战、情报与 C^2 作战业务。这实质上就是对美军作战指挥行动的跨域集成，属于美军军事力量运用模式的转型，一定程度来看，就是国防部企业化的第三个领域——作战运用企业化。我们可以从三个层次来把握网络企业化总体内涵：一是在战略上总体筹划网络空间发展与安全；二是在行动层面上按作战职能分部门实施网络业务；三是在技术层面上使用统一构建的信息共享平台。

目前，美军在战略层面上的网络企业化就是以网络司令部的组建及一系列组织、指挥关系的确立为基础的，形成了网络司令部负责作战、国防信息系统局负责建设的总格局。但与“陆海空天”作战领域不同，网络企业化客观上要求管理与作战这两条指挥链也必须在一个战略下更紧密地合作。美军军队高层就 2012 年年底将网络司令部升级为一级的计划，核心之一就是两者的进一步紧密整合。② 美军现行体制决定了国防信息系统局不可能完全合并到未来的网络司令部，但其网络建设业务以何种方式集成将是这一战略举措的核心。

美军网络力量在作战层面上的企业化主要体现在“网络作战、网络情报③、网络业务”三大类军事业务的全面整合，这是网络空间企业化的具体措施（见图 4）。一方面，美军网络司令部在“网络作战、网络情报”业务上的指挥控制机制，已经很好地整合了分布于陆、海、空、海军陆战队所有军种的部队，全面覆盖了“通信建设”“网络维护”“安全保密”“信号情报”等兵种。美军尚未完全将网络空间的所有作战部队要素，包括电子战④、ISR 作战、指挥控制系统、航天支援

---

① 详见图 4。

② 该计划的另外一个目的是将情报能力与网络作战剥离，摆脱国家安全局对网络作战的控制，构建美军自身的完全意义上的网络作战部队。

③ 所谓网络业务就是网络平台建设，当前美军的规划就是联合信息环境建设；网络作战就是网络力量运用，包括网络防御和网络进攻、网络情报（网络刺探，亦或更为广义上的网络感知）。美军将完整的网络防御、网络进攻两大业务与网络刺探分开，主要是因为网络刺探的主体力量来源于情报界的国家安全局，而情报界直接服务于国家，不单是军事领域。

④ 事实上，美陆军已经将电子战业务纳入到陆军网络司令部，而海空军的电子战业务已经高度集成到装备与战术层面，游离于网络空间之外的基本只剩电磁频谱管理类军事业务。

系统等部队纳入该体系之中①。但这种更广泛的综合集成、信息共享、能力互动已经成为一种现实需求，未来这几类网络力量的全面整合应是发展方向。

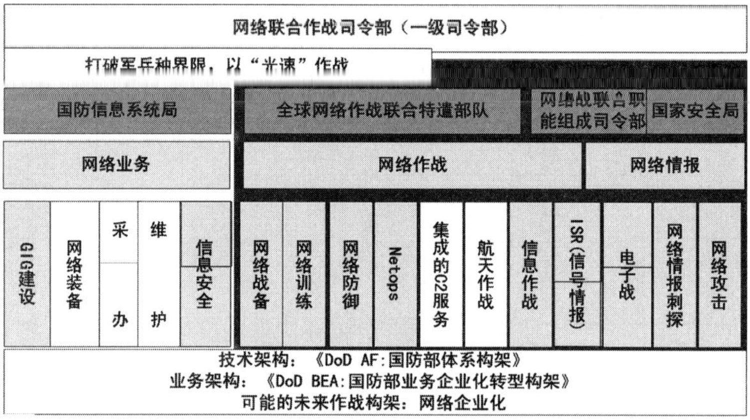

图4　美军未来可能的网络企业化整合框架

另一方面，就是对国防信息系统局负责的，以“网络空间装备、试验、采办与建设”为核心的“网络业务”的整合。这其实就是在网络空间技术与管理上的企业化过程。国防信息系统局早在20世纪90年代就在倡导国防部体系结构框架（DOD AF），国防部、各军兵种J6部门都分头出台过一系列GIG企业化的发展战略。如果网络司令部升格，这些战略规划应该由其来统一主导，其最终战略目标是“以光速作战”。美军专家表示，美军应该在国防信息系统局和三军网络力量的基础上发展出独立的第五军种，并再次回归“军政与军令分立”的模式建设与使用美军网络力量。实际上，这种说法过于理想化，正像当年美三个军种极力阻止情报界独立成军的案例那样，当前美军军事官僚机构的总体布局不会允许第五军种的出现。更重要的是，通过网络

① 这方面问题受限因素很多，包括美军军费管理体制、当前各军兵种的利益纠葛以及现实需求尚不强烈等等因素。但有一些事实暗示着这方面的发展：战场网络战的出现，或许将搭建真正意义上的网络作战与电子战之间的关系，即网电一体化作战；另一方面，国防信息系统局正在搞的云计算，实际上是网络服务部门开始考虑提供一体化的作战应用服务，依这种趋势走下去，迟早将指挥控制系统纳入到网络作战范畴；而航天作战中的通信服务问题本来就是网络作战的基本问题，只是当前空军的力量强大。

空间作战业务的高度集成，走集成化的道路，逐渐实现以作战职能为划分依据构建未来军队，集成、合并整个三个军种，是比较符合逻辑的方案。

也可以由此大胆推断，美军网络企业化实现“电子战、ISR、C^2 指挥控制、航天系统的作战业务”、“国防信息系统局主导网络空间所有建设业务”实现全面整合之日，即是美军企业化战略真正实现之时。将军事作战指挥视作最终集成目标的网络企业化框架也将与军事技术层面的《DOD AF：国防部体系结构框架》、日常管理业务领域的《DoD BEA：国防部业务企业化构架》相并列，成为作战领域企业化构架的雏形。从一定意义上说，网络企业化是美军军队管理与作战模式转型的实现途径。

五、从作战指挥角度看，美军网络力量支撑联合部队指挥控制框架将逐渐演化

美军传统现实物理动能空间联合部队的指挥框架早已成熟，当前正在摸索如何将网络防御、网络感知和网络进攻三类业务更好的集成到联合作战军事行动之中的指挥控制框架之下。其核心问题是：如何处理虚拟的网络空间态势活动与现实物理空间动力学态势①活动的关系。只有认清这一关系，才能明确“何种军事作战业务的运作模式适合未来战争发展需要”。是以“虚拟网络空间作战依附于现实物理空间战争”为作为理论基础构建作战支援关系？还是以“虚拟网络空间作战独立于现实物理空间战争”为理论基础考虑作战指挥关系？这是曾是2009—2012年间美军军事理论界一个热点问题。

《空天力量杂志》2011年夏季刊刊登了美国空军中校M·博丁·布德威尔的《借鉴其他领域经验，建设网空兵力编制和指挥结构》一文。该文提出了将航天力量、战略运输力量和特种作战力量的兵力建设与指挥控制模式应用到网络空间，并提出从航天作战到战略运输、再到特种作战模式逐渐演化的构想。应该说，2012年6月，美国防部长帕内塔直接依照特种作战的模式搭建了一种过渡性的网络力量运用框架（见图5），并没有采取逐步过渡的策略。作者认为这与美军当前

① Kinetic Posture，一般是指与网络虚拟空间对应的现实物理域的态势。

视网络作战从属于现实物理世界军事作战有直接关系。

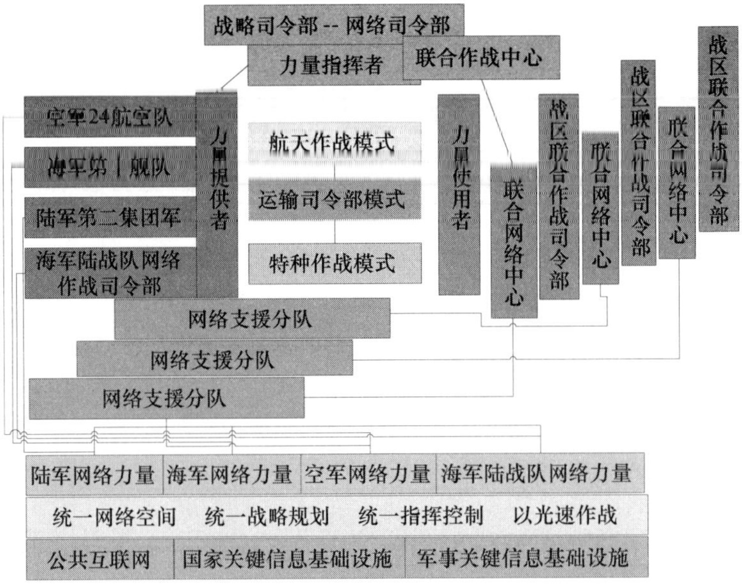

图 5　美军当前采取的过渡性网络力量编制与指挥模式①②

单就理论研究而言，纯粹的、独立于现实世界的网络战争可能会存在；但从当前演进来看，短期内，虚拟网络空间态势活动不可能脱离现实物理空间的动力学态势活动而独立存在。换言之，三类军事业务可能会不断剥离、合并、重组，但以“虚拟网络空间作战依附于现实物理空间战争”为主导思想来发展组织关系或者构建作战模式在短期内不会剧变。包括“网络作战对各军兵种、各战区联合司令部的支持”、“网络作战在联合作战司令部中的作战集成”等关键性的网络作战业务的体制和运作机制等问题在内，美军都将从现有军事组织架构的模式中寻找答案，网络力量的管理与作战模式短期难以突破，不会

① 核心是在战区联合司令部中设置联合网络中心这一指挥兼协调结构，负责指挥战区内分布于三军中的网络支援分队，并通过网络司令部的联合作战中心协调战区外的网络力量。

② 所谓航天作战模式，是指航天作战协调官模式，运输司令部模式是指运输总监模式，特种作战模式是指特种作战司令部模式。

出现断代性的突破。

布德威尔依据历史经验提出的“从航天到运输再到特种作战的演进模式”过于保守，过度强调静态理论，没有考虑到历史现实与发展演化，导致逻辑上刚好倒置。按照现实的需求与未来的发展来看，美军走的应该恰恰是相反的演进方向：当未来网络作战地位能独立时，更加强调独立性的航天作战协调官模式可能更适合其作战需求。从这个角度看，美军专家一直在探讨的“网络军种”问题应该很难成为未来选项，尚待美军网络力量的深入发展。

六、从作战形态发展来看，网络力量驱动美军现实物理域动能作战形态不断更新

最近，有美军专家提出数据中心战理论，这种说法是网络中心战理论的延续与扩展，现在提出该理论有其现实的背景。

当前，美军在极力强调 GIG 基础网络的弹性和可信性的同时，大规模削减分散于全球的数据中心，大力推进网络云计算项目。目的是在“形成灵活、智能、自适应的物理网络的基础上，将网络空间建设业务的关注点调整到‘改造网络化服务模式’”上来，直接以企业化的作战应用服务支撑作战过程，实现从“提供物理网络接入服务”到“提供虚拟网络应用服务”的转型，这是从“网络中心战”向“数据中心战”军事作战理论转型的基础和实质性目标。

在可预期的未来，随着 web 3.0[①] 技术的发展与成熟，美军军队建设理论必将发展变化，作战过程控制自动化程度将大幅提高，指挥官将能够把关注焦点逐渐提升到核心的作战目标。那时，隐藏在作战指挥者大脑中的主观意图将是核心焦点，相关知识将变成作战的中心。美军在《美军联合作战顶层概念：联合部队 2020》中着重提出“任务式指挥”概念，该概念客观上就是要求实现“知识中心战”。对于“知识中心战”的到来，我们将拭目以待。

---

① Web 1.0 的主要特点在于用户通过浏览器获取信息；Web 2.0 则更注重用户的交互作用，用户既是网站内容的浏览者，也是网站内容的制造者；Web 3.0 即语义网络技术。此时，网站内的信息可以直接和其他网站进行基于语义的信息交互，基于 web 浏览器即可实现复杂系统程序才能实现的系统功能，实现网络空间的业务整合。Web X.0 即元（meta）网络，大胆预测，将是武器自动作战的时代。

“物理层网络”“逻辑层数据”“用户层知识”是美军网络空间力量运用的基本战场[①]。从网络中心战到数据中心战，再到知识中心战，美军作战理论覆盖网络空间三层构架，美军作战理论也必将持续发展。

七、从美军网络力量的人员[②]构成来看，技术能力将成为美军人员素质的核心优势

从美军网络力量的人员构成看，技术专家与私营企业已成为实质性支撑力量。在这一点上美军也遇到一个全球性的问题：军人品质与“信息战士”品质之间的差别太大，以至于两者很难兼得。2012 年 9 月 25 日，“防务新闻”报道，新任美国空军参谋长马克·威尔斯承认他仍搞不懂 IP 地址是什么东西。美军第 24 航空队的副司令准将查尔斯·舒格也说，很难寻找到那种既具有军人品质又精通网络业务的专家。2013 年，美军专家在对网络战士能力综合评定过程中认为，简单的各类技术认证证书也并不能代表该人员的全部军事能力。美军网络力量的发展及其对美军军事力量的管理与作战模式的影响，对美军作战人员的素质提出更加全面的要求，专家型军事作战人员成为美军作战人员需求的增长点。据专家评估，美军需要 3—4 万名网络空间专家，现实情况是全美国也不过几千人。而传统军事院校培养的作战指挥人才很难适应未来美军作战的需求，需要美军军事教育与训练体系作出重大改革。从近 5 年美国国家和军队两个层面上发布的所有网络空间战略报告来看，网络空间人才培养、对特殊网络人才雇佣的政策与法律都是关键内容。2011 年，美国专门提出的《网络空间教育与人才培养国家战略倡议》，旨在通过一系列的国家计划培养下一代网络空间人才。到 2012 年，该倡议已经延伸出一系列国家计划，比如当前尚在持续的国家信息安全考试委员会 NBISE[③] 组织了一系列大型教育培训活动。2012 年的 DeFcon 黑客大会上，网络司令部司令基斯亲自到会宣传，国家安全局的招募广告是“即使过去有过鲁莽的攻击行为也不必担心被追究责任”。这些营造积极的网络空间战略文化上的努力，将

① 网络空间划分为三层，即物理网络层、逻辑网络层、用户网络层。物理网络中网络力量的载体是信号，逻辑网络中网络力量的载体是数据，用户网络层网络力量的载体是知识。

② 美军一般称为“work force”。

③ https：//www. nbise. org/。

奠定美军未来在网络力量上的核心竞争优势。

就美军现状来说，非现役人员（特别是技术人员）在美军当前网络力量体系中的比例也远超过其他作战领域①。涉及网络作战的很多带“C”的军事机构，都因为是军民混编，而不得不成为“中心”，而不是“司令部”。也可以说，在网络力量体系中，美军的军民融合度是最高的。美军很多涉及网络作战的部门主管或技术总监均有企业管理或企业技术总监的经历，其中最典型的例子就是现任国防部首席信息官特丽·高井女士。2011 年 2 月，著名黑客组织“匿名者”攻击网络安全公司 HBgary，曝光的大量内部邮件显示，几家名为 KEYW，Immunity、Endgame 的小公司正在为五角大楼研发网络武器。其中，KEYM 公司是原诺斯罗普·格鲁曼公司的一批软件专家在 2008 年成立的，约有 800 名雇员，2010 年收入达到 1.08 亿美元②。可以看到，正如很多专家预测的那样，未来美军的军民界限更加模糊。

结论

美军网络力量产生于美军对信息技术的创新性军事应用，发展于军事作战“赋能者”的现实驱动，独立于“网络作战”概念的确立。但放眼未来 40 年，美军网络力量发展尚处于早期，它一直并将持续扮演关键的军事力量集成的角色．从陆、海，到空、天，再到电磁、网络，是一种作战空间集成；从美陆军数字化师到 FCS 装备体系再到模块化部队是一种装备与装备编组集成③；从空天一体、ISR 作战、C^2 集成，再到“任务集成”是一种作战行动集成。而隐含于这些“集成”表象中的应该就是以《DoD AF：国防部体系框架》为技术标准、以《DoD BEA：国防部业务构架》为管理框架、以网络空间企业化为指挥控制发展方向的战争工程方法论。

按照这种军事理念的推动，美军作战形态从“网络中心战”到“数据中心战”再到“知识中心战”演化；指挥模式从“任务式指挥”到“指挥控制”再到“任务式指挥”交替跃升；军事力量的建设与运

① 新近成立的陆军第 780 军事情报旅就直接采用了军人和平民混编方式。

② 车莉、赖滇、贾剑：《外军网络武器的发展情况》，《外军网络空间战》，2012 年第 2 期。

③ 详见《美国陆军部队信息化建设概要》，国防大学出版社，2011 年版。

用从“联合作战”到“一体化联合作战”再到“全球集成作战”不断发展。总体上说，美军网络力量已经超越早期的理论思索与探索实践阶段，正在步入高速发展新阶段。

空海一体战中美军网络作战分析

一、美军当前网络作战力量现状

（一）网络作战概念相对完备

美军网络作战概念历经三个阶段。第一阶段是“网络运维”（Netops）阶段。该阶段是美军网络作战早期发展阶段，主要强调网络基础设施建设，对网络攻防停留在最早的概念阶段。第二个阶段是“网络战”（Network Warfare①）阶段。美军在此阶段将以“网络的维护、系统运行、维护管理”业务为主的网络作战概念正式纳入联合作战概念体系。但该业务基本上处于保障地位，尚未能完全、独立地进入作战领域。第三阶段是“网络作战”（Cyber Operation）概念阶段。该阶段以“全球网络作战联合特遣部队司令部（JTF－GNO）与网络战联合功能组成司令部（JFCC－NW）合并”，“国防信息系统局（DISA）不再指挥全球网络作战联合特遣部队”、“国家安全局（NSA）局长入主美军网络司令部②”三大组织关系调整为基本思路，实现了网络业务③与网络作战的分立，网络进攻与网络防御在作战上的整合，形成了指挥与控制框架，实现了网络空间的攻防一体化。同时，搭建了与情报界——国家安全局的紧密协作关系，将美军网络作战力量纳入到国家的战略框架下。

（二）网络作战力量全面整合

美军现有网络空间的实体部队涵盖了与网络力量相关的所有基本要素：包括分布于各军兵种的“通信建设”“网络维护”“安全保密”“信号情报”等专业部队。2009年后，美军对上述诸军兵种或者专业作战团队在网络空间的指挥控制领域做了有效重组和集成整合，形成

① Network Operation，直译“网络作战”，但该概念与Cyber Operation——网络作战完全不同。下文如无特指，“网络作战”均指“cyber operation”。

② 战略司令部所属的JFCC－CC，联合职能组成司令部——网络司令部，简称网络司令部。

③ Cyber Business，网络业务，是指在网络空间除去作战以外的建设与管理等日常事务。

了“以网络司令部、国家安全局和国防信息系统局”三驾马车为龙头，陆、海、空和海军陆战队相关部队专职指挥机构为基础，各地区性联合作战司令部为支援对象”的基本力量运用格局。

就作战业务来说，美军尚未明确将电子战、战场 ISR、指挥控制系统、航天系统支援等部队纳入该体系之中，但实际工作已经展开：（1）陆军的电子战有单独的部队，但已纳入陆军网络司令部指挥控制，海军的电子战是舰上的一个部门，空军则只是一个战术单位，实际上已经集成；（2）战场 ISR 作战业务与战略 ISR 业务分开比较明显，集成主要体现在装备管理层面上，现有体制也算可靠；（3）航天作战的支援则因涉及军种较少，业务单一，现有框架已可以保障业务整合需求；（4）对指挥控制系统的整合最难，因为这属于传统作战指挥业务的领域。但随着指挥信息化系统的云计算改造、“大数据”① 支持、HTML5 技术发展，这种集成也只是时间问题。

（三）网络作战业务开始发生转移

2009 年，美军网络司令部成立并一直宣称网络空间战略的核心是防御。但从 2009—2012 年发生的震网、Duqu、火焰三次网络作战行动来看，美军在网络空间防御领域已获得优势，并一直在追求攻击性网络力量的建设，多次展开攻击性网络行动的实践。

同时，基于震网等网络作战实践所引发的网络作战技术需求，美军开始研发 X-plan 项目。该项目的核心是通过人工智能技术的支持，在计算机系统的支持下，实现网络空间态势地图的自主构建，开发依据该地图自动攻击的操作系统，完成对自动网络攻击行动过程的指挥控制，以此实现攻击性网络作战的“自动化、光速化”。

同时，美空军已对无人机上的有源电子扫描相控阵雷达进行试验，改进后能成为电磁攻击和网络入侵的一部分——实现无人机版的“舒特”系统，以此更好地将网络作战能力延伸到传统作战领域，形成战场网络战能力。

（四）美军网络作战指挥模式逐渐明晰

美军已经形成明确的网络作战指挥模式：网络司令部是网络力量的指挥者，空军第 24 航空队、海军第十舰队、陆军第二集团军、海军

---

① Big Data，大数据，是数据识别、分析、整合的新技术。

陆战队网络作战司令部是网络力量的提供者，各地区性联合作战司令部通过设置在司令部中的联合网络中心行使网络指挥权，各司令部配有专属的网络支援分队，同时也接收来自全球网络部队的支援。

该指挥模式以企业化网络空间为发展方向，以统一的网络环境、统一的网络作战平台、统一的战略规划、统一的指挥控制、借助智能化的网络武器系统为基本方式，核心是实现“打破军兵种界限、在网络空间以光速作战”的目标。

二、美军攻击性网络作战样式分析

（一）攻击性网络作战行动样式

攻击性网络作战行动样式包括网络扫描、网络入侵、网络情报、网络攻击、网络反击、网络武力①。按照作战行动的属性来说，又分为网络刺探和网络攻击；按照网络作战的实施方式来说，包括技术作战和社会工程作战。

攻击性作战的主要特征包括：攻击性作战可以抵赖方式来执行，但可能造成敌方误判，这需要全方位的情报支援；攻击性技术相对便宜，应用广泛，易于获得，很多非国家行为体也可以达成类似国家行为体的效果；资源贫瘠国家可以通过“利用自动化技术减少所需人力、增加节奏”或者“通过窃取计算机和财政资源”来拥有网络空间重要影响力；网络攻击的间接效应往往比攻击的直接效果更有影响；攻击效果可能自实施以后有一定的时间延迟。

（二）攻击性作战的基本考虑

攻击性作战的基本考虑因素包括：第一，在目标选择上，网络作战可以有选择性，也可以无选择性，选择性网络作战需要大量的情报工作。第二，网络作战在技术制定和执行上非常复杂；比传统的军事作战有更多的选项；对结果路径的分析需要非常专业的知识；时间和空间维度跨越多个数量级。第三，网络攻击可能是：（1）只能用 次或者几分钟；（2）目标明确的网络攻击在效果上可能是临时的，或者在空间上是有限的；（3）技术上非常快，但作战操控起来可能非常慢，

① 援引约瑟夫·奈等：《攻击性网络能力的应用——美国攻击性网络政策的政策分析》一文。

很多都用在非时间敏感的作战想定中（比如，战前）；（4）在“以光速作战”和“法律速度/思想速度/分析速度”上对比反差明显。第四，目标识别困难：翻译掌握 IP 地址、处理器序列号、配置文件、键盘语言识别非常困难，经常需要手工参与。第五，计划制定复杂：需要“提前接入目标系统，用来准备战场，确定漏洞”，需要依据作战效果设定攻击负载，需要限制附属破坏（必须知道互联互通情况，级联效应很难预测）。第六，执行作战：需要长时间访问/获取漏洞；在此期间防御策略可能发生变化。第七，执行评估：需要分辨真正的成功和虚假的成功（网络刺探可能得到假信息，网络攻击可能是对方关机）。

（三）攻击性网络作战的应用

攻击性网络作战可应用于网络情报。包括刺探敌方指挥控制网络，确定其指挥部署、作战命令；刺探敌方军事网络，以备攻击；披露谈判立场、政治计划或者商业信息。这种作战自身不附带任何直接的物理效应，但其政治、经济、军事影响广泛，是应用最频繁、最常见的攻击性网络作战样式。

攻击性网络作战行动也可以用来隐蔽性作战。通过使用电子投票机器影响外国选举的结果，更改敌方军事领导人的电子医疗记录，破坏敌方监察性质的基础设施，扰乱对手国家的经济与社会秩序。这种隐蔽作战以产生直接的现实世界的影响为特征。其级联效应广泛，作战效益非常高，在特定的想定中能发挥异乎寻常的效果。

更为重要的是，攻击性网络作战可以用于支援传统军事作战。用来压制敌方防空系统，打乱敌方军事部署计划，扰乱敌方关键基础设施。它已经成为未来危机与战争的必然选择。

三、空海一体战中的美军网络作战

（一）网络震慑

危机前，以公开或者默认的方式，发动针对局部地区的网络攻击，比如，对危机毗邻地区的国家关键信息基础设施实施区域性网络瘫痪攻击，以此展示网络力量，支援海上摩擦行动，造成针对战略高层的决策压力。

威慑的效果依赖于：1. 情报准确度。2. 网络进攻的效果：受影响范围（能源、电力、交通、金融、通信等）、连带损失程度（物理设施损坏程度，相关产业自主程度）、恢复时间。3. 对手对区域性网络安全事件的反应能力。4. 社会承受力。5. 对手国家战略高层的决心。

如果威慑失败，可能会遭受反击：（1）遭受传统力量反击：（2）遭受网络空间反击。（3）遭受空间力量反击。（4）遭受核力量反击。视美方遭受反击的影响程度，考验美方的反应能力、社会的承受度，形成对国家高层的战略决策影响。

威慑结果包括：1. 对双方战略决心的把握。2. 网络空间能力的互相摸底。

（二）网络突击

网络突击是空海一体战第一阶段的网络作战样式。网络突击样式将以战场网络战、战略网络战相结合的方式进行，目的是配合军事打击，赢得4小时动能攻击窗口。其打击重心是军事反介入能力，包括联合火力打击和反空袭作战能力、战略预警能力、全面整合的 C^4ISR 与电子战网络战能力、装备远程弹道导弹和巡航导弹的攻击能力、进攻与防御性计算机网络作战能力、反太空武器、先进的海上防空、深水水雷和先进的鱼雷、部队的跨地区机动能力。

突击效果视网络打击与物理动能打击的配合度，军事反介入能力的直接瘫痪程度、范围、持续时间，军事反介入能力的间接瘫痪程度、范围、持续时间，后续反介入能力削弱程度，而有所不同。

（三）网络封锁

网络封锁作战应用于空海一体战的第二阶段——全面封锁阶段。是将所有网络作战样式全面系统地应用到网络空间的作战样式。网络封锁作战不是将作战对象简单的从网络空间抹掉，而是全面封锁并控制对手的网络空间行为，作战对象也不止是军事关键信息基础设施，涉及国计民生的所有网络行为都将是网络封锁作战的目标。作战的目的也不仅仅是破坏，更多的是强调一种对网络空间的控制。

与网络突击作战不同，网络封锁作战将是一个长期的作战过程。敌对双方有更多的机会交锋。网络封锁作战成功与否的关键要看：1. 制网权：能否持续压制对方网络空间能力；2. 对军事反介入能力的持久压制能力；3. 对国家关键基础设施的压制能力。影响网络封锁作战的影响因素：一是网络封锁的可行性；二是双方全面网络战的风险。

四、对空海一体战中美军网络作战的评述

（一）悲观评述

1. 网络作战震慑想定因为属于纯粹的网络空间作战，网络作战归因难，作战行动相对隐蔽，作战控制相对容易，实施的可能性最大，只要不公开声明，具有一定的战略回旋空间。

2. 网络作战突击作战、封锁作战的军事效益显著，处于空海一体战中的核心位置，未来战争中必然展现其身姿。

（二）乐观评述

1. 空海一体战中任何形式的网络空间作战想定都带有战略对决性质。与对手之间战略关系的持续发展是空海一体战中网络作战的最大刹车手。欧洲国家在欧债危机的政治觉醒也将对网络空间的大规模冲突形成一种积极遏制因素。美国还必须考虑到战略对决之后的国际格局的演化。

2. 网络作战实施的成功与否具有相当的时效性、复杂性，真实的网络作战效果没办法全面检验。某个零日漏洞及时的披露可能导致长时间精心筹划整个作战行动的失败。五角大楼已经向国会提交有关加速开发和部署网络武器、加速网络武器采办进程等战略报告，说明美军充分了解其中影响。

3. 当前美国在信息产业中处于上游地位，也处于美国竞争力的核心地位。但网络作战依靠的必将是根植于这些产业中的力量。作战结果必将打击全世界对美国信息产业的信心，导致美国信息产业的衰落。如此，美国的衰落将加速开始。

走向正规化的美军网络作战[①]

从2009年美军网络司令部成立以来，美军在网络空间的战场建设、装备发展、战备训练等领域取得长足进展，特别是在网络防御和感知两大领域，美军优势日益凸显。在这些进展和由此而生的自信驱使下，美军陆续推出一系列战略性举措：明确网络空间三类战线，建设可防御的网络战场，[②] 发展人机结合的网络作战装备，建设攻防兼备的网络作战能力，[③] 组织各类网络作战演习。所有这些努力，最终目的是将网络作战建成像“航天作战、运输作战、特种作战、情报（ISR）作战”那样的职能型作战样式，并将其纳入到一体化联合作战的总体框架。这就是美军所谓的“网络作战正规化进程”，即实现对抗性环境中的实战化运用。

一、美军“正规化网络作战”概念的提出与定位

正规化网络作战的概念起源于美军对网络作战指挥控制模式的探索。早在2009年成立美军网络司令部伊始，[④] 美军对网络作战的定位就已经基本明确，即将网络作战视作是类似特种作战、航天作战甚至是情报（ISR）作战一样的作战职能。网络司令部的成立使得美军有了授权，但美军并没有完全想清楚网络司令部该怎么完成该使命。甚至当时美军都制定了在未来一段时间内将该司令部升格为一级职能型司

① 正规化网络作战，Formalized Cyberspace Operation，或者 Normalize Cyberspace Operation，是美军军事高层对网络作战向实战化发展的新要求，突出强调将网络作战纳入到联合作战概念的框架下，实现如传统现实物理空间陆海空天作战那样的正规化。如果黑客式网络作战属游击战的话，美军网络作战的正规化即是在网络作战大规模、军事化、常态化方向发展的重要方向性趋势。

② Defensible GIG，可防御性的 GIG 军用网络。

③ Line of Operation，战线。

④ 英文全称 JFCC - CC，网络联合职能组成司令部，战略司令部所属二级司令部，国家安全局局长为该司令部司令，一般简称美军网络司令部。美军十大一级司令部分为两类：一类是战区型联合作战司令部；一类是职能型联合作战司令部。对于二级司令部，如果是职能型的，一般名字都以“联合职能组成——JFCC”开头，比如联合职能组成司令部之全球打击司令部等等。

令部的计划。只是碍于美军高层对网络作战的定位尚未形成一致意见，网络作战的政策框架、部队建设、指挥关系、条令条例（TTPS）等都未成熟，迄今尚未对此达成一致。[①②] 其中最突出的问题是美军网络作战在联合作战框架下的指挥控制问题。美军专家一直在尝试从多角度寻求该问题的突破，[③] 但他们一直在强调两条原则：一是网络作战的指挥控制必须有统一的终极责任人；二是在现实世界中，没有网络冲突，只有冲突，网络作战的指挥控制必须纳入到联合作战指挥控制链之中。

网络司令部的成立是网络作战正规化的契机，但它引发了网络作战走向正规化的争论。美军当时几乎绝大多数核心网络攻防作战能力全部都在国家安全局，美军各军兵种的网络人才与业务的焦点仅仅是美军军用网络（GIG）系统的运维管理和防御。[④] 网络司令部在国家安全局的控制下，能够很好地实现网络空间攻防作战的归一化。但该司令部的成立也剥夺了国防系统对网络作战的指挥权，[⑤] 留给美国军方的仅仅是一个网络空间的军政系统。这等于使军方失去了对网络作战的控制。这一战略举措进一步激化了各军兵种与国家安全局之间长久以来的矛盾：法律赋予国家安全局的核心职能仅仅是一个电子情报收集工具的制造者与电子情报的提供者，他没有军事作战指挥控制职能。美军情报（ISR）作战概念一直没有能够得以确立也是因为这个原因。[⑥⑦]

美空军最早提出网络作战的正规化问题。在2011年美国空军协会空天大会上，航天司令部司令米切尔·贝斯拉首次提出“网络空间下

---

① 在政策框架问题上，主要原因是美军只负责美军军用网络，而国家关键基础设施、因特网都不在美军手中，甚至其建设管理、防御职责都分别由国土安全部、FBI负责。

② TTPS，战术、技术与程序，这里一般是指网络作战的条令问题。

③ 参看 *War fighting in cyberspace: evolving force presentation and command and control* 2011. 3. 22《Air &space power journal》Bodine Birdwell，Robert Mills。

④ GIG，Global Information Grid，即全球信息栅格。

⑤ 具体是国防信息系统局，至少原来的以静态防御为主的作战指挥业务由它负责。

⑥ 受法律限制，国家安全局电子情报业务主要集中于涉及国家安全的情报业务，但国外部分主要依靠美国军队，国内业务主要在网络的边界或者网络干线的监视上。所以国家安全局与军方业务联系紧密。早在其60年代成立之初，甚至是想成为独立的第五军种，只是因为其他军种的强烈反对才作罢。

⑦ 但情报作战问题好一点，毕竟国家安全局的电子情报能力很大一部分来自美军军方的战场情报部队。

一个最大挑战是满足联合作战司令部提交的所有任务需求、‘制度化’或者‘常态化’网络作战”的问题。[①] 美空军认为，如何让联合作战司令部使用空军第24航空队所属624航空航天作战中心提供的网络作战能力，[②] 是一个重大的现实问题。其实，与空军第24航空队（空军网络司令部）一样，为美军提供网络作战力量的海军第十舰队（海军网络司令部）、陆军第二集团军（陆军网络司令部）与海军陆战队网络作战司令部，都属于军政、军令统一的机构，[③] 他们的顶层网络作战指挥权在网络司令部，受国家安全局支配，但这种作战能力并没有能够支援联合作战。[④]

美军网络作战正规化中里程碑式的事件发生于2012年6月。当时，美国防部长帕内塔公布了酝酿已久的首个“网络作战”概念计划：《联合参谋部过渡性网络空间作战指挥控制作战概念》。该计划遵照特种作战的模式，制订了网络空间过渡性指挥控制的组织框架。[⑤⑥] 可以说，该计划奠定了网络作战“正规化”的基本框架：一是在各战区联合作战司令部成立联合网络中心，[⑦] 将其作为联合作战司令部网络空间企业化的核心节点；二是在网络司令部成立直接支援各战区军事作战的网络支援分队，[⑧] 配属于各战区型联合作战司令部，实现网络作战能力的本地化。[⑨] 联合网络中心直接指挥配属在战区内的网络支援分队，在网络空间发生全球性影响、需要其他网络力量支援时，联合网络中

---

① 美空军第24航空队在行政上隶属美空军航天司令部，具体见 http://www.airforcemag.com/drachive/pages/2011/september%202011/september%202021%202011/afspc-pressingoncybernormalization.aspx。

② 624航空航天作战中心，是空军网络战的指挥机构。

③ 这里所说的指挥权，也主要体现于网络运维管理（Netops）的业务指挥，关于Netops见下文网络战线的概念。

④ 其实这是现阶段网络作战尚依附于现实物理空间传统作战的根本性、结构性矛盾问题，网络司令部有网络作战指挥权，但没有军事作战指挥权。

⑤ http://www.defensenews.com/article/20120606/defereg02/306060010/panetta-green-first-cyber-operation-plan。

⑥ 美国空军中校M·博丁·布德威尔：《借鉴其他领域经验，建设网空兵力编制和指挥结构》，《空天力量杂志》2011年夏季刊。

⑦ JCC，joint cyber center，联合网络中心。

⑧ CSE，Cyber Support Element，网络支援分队。

⑨ 网络司令部的这些分队基本上都来自战区内陆海空海军陆战队的力量，这也是网络作战能力本地化的基础。

心将协调网络司令部的联合作战中心，协调全军网络作战力量作战。[1]这就在2009年的基础上，形成了“网络司令部—各军兵种网络力量—网络支援分队”+“联合作战司令部—联合网络中心—网络支援分队”两条线、复合式的指挥控制链。应该说，该概念计划确定了网络作战正规化的基本方向。

美军网络作战正规化的另一重大事件发生在2013年3月。当时，网络司令部司令亚历山大·基斯在国会听证会上宣布美军计划利用三年时间成立100支“营”或者“中队”规模级别的网络作战分队。该计划内容包括：一是对现有网络作战部队的重组，形成60支网络保护部队，它们具有网络运维管理能力和静态网络防御能力，其主要任务是美军军网的运维管理与情报支援。二是新建40支具有网络进攻能力的分队，分成两组：13支国家任务部队，负责防御国家关键信息基础设施网络，能够在国家关键基础设施所涉及的网络内外以攻击性网络能力猎杀潜在的网络威胁，执行国家网络防御使命；27支战斗任务部队，分别隶属于对应的战区联合作战司令部。他们以特定对手的军事指挥控制系统为目标，计划或执行军事打击任务，意图瘫痪对手的军事信息系统，支援联合作战。计划中的这100支网络作战分队就是2012年计划中的网络支援分队。[2]

从网络作战指挥控制的组织框架到网络支援分队的构建计划，网络作战正规化步伐完全是美国国防部、参联会、各军兵种、国家安全局等部门高层领导共同筹划的结果。高层领导高度一致的战略认知推动了网络作战正规化的快速成型。这里不得不提的就是国防部长帕内塔在其中所起的作用。帕内塔曾任中央情报局局长，也就是国家安全局的上级领导。正是此人横跨国防与情报两大领域的职业历程与影响力，促成美军在网络作战正规化问题上做出清醒的战略选择。但到目前为止，在网络作战正规化的发展过程中，所有计划都讲的是国家安全局如何支援国防部的行动，并没有提到国家安全局与国防部的职责界限。未来国家安全局网络空间作战业务的走向值得进一步关注。

---

① 联合作战中心，是网络司令部设置的指挥机构，负责网络空间统一指挥。

② 从奥巴马政府2014年度国防预算草案中网络空间方向的预算大幅提升来看，该计划应该已经得到奥巴马政府批准。

二、美军正规化网络作战的主要做法

美军网络作战走向正规化过程中伴随着在作战层面上对网络空间特质的全面深入的研究。美军认为，网络空间对于作战行动来说最大的挑战来自三个方面：一是实时性、光速化；二是大规模、全域影响能力；三是动态性、对抗性或竞争性。美军要实现网络作战的正规化、实战化、常态化，必须采取多种手段应对这些挑战。此时，美军的战略管理能力优势得以全面体现。美军高层定下战略决心后，通过体系化的战略管理手段，美军在多个层面上采取多种措施，整体推动网络作战的正规化。

（一）以国家安全需求为牵引，以应对网络作战“实时性、光速化”挑战为目标，制定正规化网络作战的行动规范[①][②]

美军高层认为，既然网络空间作战光速化明显，美军“不可能抓住飞向自己的箭，只能先期消灭弓箭手”。因此，先发制人的网络作战策略是保障网络作战实战化的基本前提。但这会带来国际社会对“美军滥用攻击性网络力量”的质疑与担忧，削弱美军的战略软实力。[③] 为此，美军主要在构建网络战线、修订交战规则两个方面做工作。[④]

就网络战线来说，美军认为，在网络空间不可能有像现实物理空间作战那种由“敌军阵地、我军部署、主攻方向”组成的作战战线。但网络空间的战线也可以由逻辑上的“我方系统、网络目标和作战路径”三类要素组成。[⑤] 美军按照这三类要素的不同，将网络战线规范为三大类：网络运维（Netops）、防御性网络作战、进攻性网络作战。[⑥]

---

① 该类措施国家层面主要由奥巴马总体签署的《第20号总统政策令》，https：//www.hsdl.org/? view&did = 725668。

② 该类措施在国防领域由负责军事作战的参联会主导，他们的工作主要集中于相关条令、条例的修改，比如2012年11月新修改了JP3 - 13，信息作战条令，但当前在网络作战领域只于2010年出台了网络作战联合术语，网络作战条令尚未成熟。所有这些工作都体现了网络作战的正规化发展。

③ 毕竟，美军对国家网络安全没有100%的把握，在网络空间与国家伙伴的合作是美国的基本战略。

④ Line of operation，战线。

⑤ 这里的作战目标是指具体的网络空间目标，包括恶意行为或者代码。

⑥ Netops，Network Operations，业务集中于对美军军用网络GIG的运营维护和防御管理。

这三类战线实际上是当前美军紧贴国家安全三类需求制定的网络作战三大使命，同时也对应着三类作战任务部队（见表1）。美军以三大网络战线规范美军网络作战，实际上是突出强调网络进攻，突出强调先发制人的策略，释放美军攻击性网络作战能力。[①] 值得注意的是，这种三大战线的划分方法以作战任务而不是以能力运用形式或者行动样式为依据，试图逃避攻击网络作战的法律与国际义务。[②]

表1　美军网络空间三条战线概念

战线类型	我方系统	网络目标	作战路径	性质	执行分队
网络运维（Netops）	美军军用网络（GIG）	军网的边界与内部的恶意软件	军网（GIG）网络内部	静态防御	网络防护部队
防御性网络作战	国家关键基础设施	已经渗透进的恶意软件	国家关键基础设施、私营企业运营商、盟国网络	动态猎杀	国家任务部队
进攻性网络作战	—	敌军用网络的指挥行动	公开互联网、盟国网络	动态进攻	战斗任务部队

交战规则（ROE）的修订问题实质是网络作战行动的基本指导规范问题。[③] 按照2008年小布什总统时期的54号总统令，非战争状态下的攻击性网络作战必须有总统授权。但这样的政策对于美军来说过于死板，为使网络作战走向战场，美军进行了7年以来的首次交战规则

① 从作战能力角度看，只有网络运维是纯粹的网络防御。防御性网络作战和进攻性网络作战这两条战线都是进攻能力的展示与运用。这种三类战线的划分更多地是从传统作战样式上来考虑，意图是逃避美军攻击性网络作战行为的国际责任。

② 2013年北约外围组织“协作性网络防御卓越中心”有关专家制定的《适用于网络战争的国际塔林手册》就明确，类似美军震网这样的攻击性网络作战就与国际法基本原则冲突。

③ ROE，Rules of Engagement，交战规则。战争法是约束国家战争行为的准则，而美军的ROE则是规范美军自身作战行动的规范。美军每一次战争之后都会依据经验和教训对ROE做出修订。最近两次的修订分别是伊拉克战争和阿富汗战争，主要体现反恐战争条件下美军的作战行为规范。2012年开始的修订基本上围绕着网络作战。值得注意的是，美军是在可能的网络战争之前修订该规范，具有明显的为攻击性网络作战开绿灯的意图。美军宣称，ROE修改基本是参照现行国际武装冲突法。但与《塔林手册》——网络空间武装冲突法不完全在一个层面，从美国及北约高层对该手册的态度来看，两者甚至还有很大冲突。

修订。[1] 其核心内容就是在三类网络战线的基础上，修改现实物理空间传统作战的交战规则，参仿传统作战交战规则制定美军攻击性网络作战的行动条件、攻击目标、攻击手段、注意事项等等问题。目的是要确定其使命空间的边界，以明确的规则指导网络作战行动，提升网络作战能力运用的灵活性，改变网络作战能力只停留在战略高层的状态，将网络作战走向军事战场。这也是网络作战正规化的基本目的。

（二）以联合作战顶层概念为指导，以应对网络作战“大规模、全域影响”挑战为目标，实现正规化网络作战向联合作战的跨域集成[2]

美军网络空间三大战线实际上可分为两个角度：一是美军军用网络的运维管理，也就是网络作战中的网络运维这条战线上的业务，这属于传统作战赋能者（Enabler）的角色；二是以进攻性网络能力实施为内容的网络空间军事作战，也就是防御性网络作战和进攻性网络作战这两条战线，这属于网络作战战士的角色。[3]在 2012 年 3 月份开始撰写的美空军首席科学家《网络构想 2025》报告中，[4] 美军首次提出“发展网络空间技术的关键目标是‘跨域集成’”的目标。2012 年 9 月美军参联会推出《联合作战顶层概念：2020 联合部队》，进一步明确了跨域集成在未来联合部队中的地位和作用。这种跨域包括跨“陆、海、空、天和网络”等作战域，也包括跨指挥控制、情报（ISR）作战等作战业务域，甚至还包括跨进攻、防御等任务域。这两个角度都会影响美军联合作战全谱行动，对整个跨域集成来说至关重要。

第一类角色，网络作战实际上是运维、管理支撑跨域集成的军用网络基础平台，以“赋能”传统军事作战行动。这是有效、成功跨域集成的基础和前提。[5] 此时，网络空间被视作独立的作战集成环境，以支撑跨域能力集成。在这一方面，美军未来将主要通过构建可信计算环境确保跨域集成中的网络安全；优化“人机接口”，以易于指挥员和

① 美军宣称，ROE 的修改基本参照是现行国际武装冲突法。但与《塔林手册》——网络空间武装冲突法不完全在一个层面，从美国及北约高层对该手册的态度来看，两者甚至还有很大冲突。

② 该措施由参联会提需求，国防部国防信息系统局负责实施。

③ 第一个战线属于前者，后两个战线属于后者。

④ 该报告终稿于 2012 年 12 月发布。

⑤ 当前，美军将该平台称作 JIE，联合信息环境，国防信息系统局以此为目标推出云计算战略、移动战略、汇聚战略等系列举措。

作战人员理解的“通用作战视图”支持跨域集成作战中的指挥控制；从增强弹性和灵活性两个角度，升级美军军用网络，保证军事作战跨域集成的持续和有效；提升跨域集成过程中人员对任务的动态感知，确保并提升任务完成效能。

第二类角色，就是将网络作战作为跨域集成的一个作战职能，是需要被集成到联合作战军事行动中多个“域”中的一员。此时，网络空间被视作一种工具，网络作战则被视作一种作战能力，能够单独执行作战任务。无论是攻击性网络作战，还是防御性网络作战，都是以攻击性作战能力完成支援或者打击任务。此时，网络作战与情报（ISR）作战、指挥控制（C^2）、航天作战、空中作战、特种作战、运输作战等等并列。

美军不同时期对这两类角色的强调稍有侧重，代表了美军高层在对网络空间战略认知上由“网络空间环境论”到“网络空间工具论”的发展。美军在2009年以前的网络作战的初期，更多强调的是第一类角色。美军国防部预算的几乎所有计划都将网络空间视作一个单独的域空间来筹划。2009年网络司令部成立以后，美军则更多地将网络空间视作一种工具，是军事作战的一种手段。应该说，这两个角色都是网络作战的业务范围，这种变化是美军在网络防御能力提升以后的自信表现。对这两种角色在跨域集成中的地位与作用的规范，是美军正规化网络作战的重要内容。

（三）以对网络作战行为特征的理解为基础，以应对网络作战的“动态性、对抗性”挑战为目标，建设正规化网络作战所需的可防御型、容错式网络战场①

站在作战人员的角度看，网络作战行动非常复杂，重要原因是网络空间的动态性、对抗性。网络作战行动由敌我双方“人的行为”驱动这一基本事实，决定了网络作战必然是动态性的、对抗性的。虽然当前网络攻防作战的动态性、对抗性特征并不突出，但美军对这个问题相当敏感。美军对网络空间的这种理解，直接影响了美军网络战场建设的基本思路。主要表现在美军军用网络建设过程中对灵活性与韧

① 该措施主要由国防部国防信息系统局主导，各军兵种以具体项目形式参与。

性这两个方面的强调上。[①][②]

所谓灵活性，是指美军军网必须能够可防御、可作战。[③] 可防御或者可作战是相对于以往静态网络拓扑结构来说的。网络空间的特质决定由静态防御到动态进攻的转变，这种转变的前提即是网络空间技术参数的灵活性、可操控性问题。它要求美军军网未来的拓扑结构必须可变、可动态操控，以适应动态性、对抗性网络作战对战场空间的要求。网络资产，包括软硬件、IP 地址、MAC 物理地址、路由关系等等，必须能够在军网网络内部实现作战机动。这种网络机动能力可以避免网外攻击者对重点、核心网络系统的攻击，同时也能够吸收网内攻击者的恶意行为。美军正在搞的"MORPHINATOR"项目即是要完成网络空间机动的目标。[④] 将美军自身掌握的网络战场变得可作战，才能实现竞争性网络环境下的网络攻防作战。

所谓韧性，或者弹性，是指美军军用网络在遭受高级网络威胁攻击后能够以多大概率存活或者继续可用的问题。在 2013 年美国国防科学委员会公布的《韧性军事系统与高级网络威胁》的报告中，美军国防科技专家认为，当前，美军军用网络系统的技术体系过于一致化，[⑤] 技术漏洞更有可能产生全局性的网络瘫痪，导致军事作战行动的失败。美军必须考虑遭受高级网络威胁、现有军用网络部分不可用以后的军事行动能力的问题。报告建议，美军必须通过采取新技术避免网络空间灾难性后果，应对高级网络威胁；即使发生网络空间此类灾难，军事系统也必须在所有重要战略力量上保有一定数量的非网络化部队，以便于他们能够在网络环境崩溃条件下继续执行威慑作战。实际上美军是要构建军事作战行动的容错机制、保底工程。

网络作战对网络战场的灵活性与韧性问题上的考虑，是美军在网

---

① 美军将网络战场划分为公开互联网、国家关键信息基础设施、军事关键信息基础设施三大部分。真正在美军手中的只有美军军用网络，所以这里所说的美军网络战场建设的问题，就是指美军军用网络 CIC。

② 灵活性，Agility；韧性，resilience，也称弹性。

③ Defensible，Operational.

④ http：//raytheon. mediaroom. com/index. php？ s = 43&item = 2136，该项目核心能力首先是限制对手的网络侦察。

⑤ 技术一致化有确定，也有好处，一致性才能更好地服务于军事作战，才能更好地实现网络机动。这也是美军敢于大胆出台云计算战略的原因。

络作战领域未雨绸缪的战略举措，要求美军在网络战场建设过程中必须做好全面的技术架构设计。这是正规化网络作战向真正对抗性军事作战领域转变的重大方向性问题。美军对这两个问题的考虑，也将影响美军网络作战正规化过程中力量的建设与运用的基本模式。

（四）以网络作战装备形态转型为切入点，以“人机结合、作战集成”为基本形式综合应对网络空间三大挑战，实现正规化网络作战的常态化[①]

网络空间的三大挑战决定了“网络作战装备是网络作战的基础与前提”。而网络作战装备的形态是基于对网络战场深入理解基础上的战略选择，直接关系到网络作战的编组模式、网络电子情报（Cyber ISR）、指挥控制、作战样式等几乎所有网络作战的具体问题。

与世界上所有国家一样，美军在网络作战装备形态问题上也是一个逐步探索的过程。2009 年发生的针对伊朗核设施的“震网”攻击行动是一个典型的案例。[②] 总结该行动的经验与教训，美军认为，网络作战要正规化，就必须打破以往过分依靠黑客个人技术能力的网络作战模式，“人”是网络作战的重要装备，[③] 但“人”这种装备又最为不可靠，不稳定，不能够大规模“工业化生产”，不具有军事作战的可操控性。必须构建体系化的网络作战装备系统平台，在这个平台的支撑下，将“人”与体系化的装备结合起来，实现络作战的一体化、智能化、光速化。[④] 只有这样，才能将网络作战装备由执行网络空间干扰、网络空间破坏等类型的任务，提升到网络空间控制这一更高的阶段。[⑤] 网络作战装备形态由“人”到“人与系统相结合”的转变，是美军网络作战装备发展模式的重大转型。按照这种思维模式，美军开始了一系列“人机结合”的网络作战装备项目。[⑥]

---

① 该措施由网络司令部主导，DARPA、各军兵种都以具体项目形式参与。

② 详见《外国军事学术》，2013 年 4 月。

③ 这里的“人”即是指黑客个人。

④ 详见《Foundational CyberWar (Plan X)》，DARPA - BAA - 13 - 02。

⑤ 这里的控制，包括对网络武器的控制，对网络作战行动实施进程的控制和对敌方网络空间行动的控制。它是传统以破坏、瘫痪网络为目的的作战行动的升级，控制比单纯的破坏、瘫痪难度要高，军事运用价值也更明显。

⑥ 当前，美军在该领域最重要的项目就是 X 计划。详见《网络安全问题研究》，国防大学网络安全研究小组，2012 年 9 月。

网络作战装备形态的转型，将直接导致网络作战编组模式的转型，也就是网络作战装备中的“人”的配置问题。比如，在美军计划成立的营级规模的三类任务分队中，美军将配备网络漏洞分析人员、网络利用开发人员、网络僵尸收集人员、僵尸网络维护管理人员、网络作战人员、[①] 间谍人员、[②] 软件装备工具开发者、装备测试人员、[③] 领域技术顾问、[④] 装备体系的管理员、网络作战指挥官等等。每个任务分队的人员编组配置应该在100—200人之间。所有技术专家都应该具有世界级技术水平。他们在日常都是一同训练、一同战备，只关注特定的作战目标与任务，[⑤] 能够真正形成网络作战团队，可以有效提升网络作战的常态化。

网络作战装备形态的转型，将导致网络电子情报（CybcrISR）概念的出现。[⑥] 美军严格区分网络利用、网络电子情报与网络态势感知三者之间的界限。[⑦] 网络利用，是借助网络获取传统意义上的电子情报，该情报不一定是关于网络空间的，也不一定服务于网络作战。网络电子情报，是关于网络空间的电子情报，这些情报是纯粹关于网络空间技术参数的，服务的对象也是网络进攻或者防御行动。而网络态势感知则是在网络电子情报基础上，加上攻防态势理解、网络作战指挥控制等等内容。美军认为，在竞争性或对抗性网络作战条件下，网络电子情报是网络攻防目标，实现网络态势感知，形成网络作战制定计划、辅助决策、指挥控制、效果评估的“基础知识”，是网络攻防作战的基础。它来自于网络作战装备，是基于知识的网络作战装备的核心功能。[⑧]

---

① 利用网络渗透系统的具体技术人员、黑客。

② 抵近目标内部，特别是物理隔离网络内部的人力间谍。

③ 测试装备工具可用性、实战免杀测试等等。

④ 特定行业领域的软硬件专家，比如，能源工业、金融银行、交通管控等领域的特定技术专家。

⑤ 这也叫做任务敏感型部队，mission-critical，即与特定任务紧密相关的意思。比如，美军在太平洋战区可能需要针对中国、俄罗斯、伊朗分别成立三支战斗任务部队。

⑥ For and from cyberspace：conceptualizing cyber intelligence，surveillance，and reconnaissance，Mathew M，Hurley，USAF。

⑦ 计算机网络利用，CNE；网络ISR，即cyber ISR。

⑧ 详见X计划中的网络地图。该计划的核心目的是构建实现类似空军“战区战斗管理核心系统（TBMCS）”那样的空中战斗计划和情报作战的自动管理功能网络作战指挥控制功能。

网络作战装备形态的转型，将导致网络作战实施各个环节的全面集成。美军通过人机结合的网络作战装备建设，要实现网络作战像传统现实物理空间作战那样的计划制定、情报侦察、组织实施、在线评估等过程，使得网络作战过程像传统作战那样可控。[①] 如此正规化的网络作战实施步骤，既能够被传统军事作战人员所理解和接受，同时也是网络作战集成到联合作战大框架的现实需求。网络作战装备在将网络作战实施规范化的同时，也进一步将所有这些作战实施环节集成到一起，实现网络作战指挥控制的综合集成，将网络进攻与防御有效结合，更好地适应网络攻防作战，这也是正规化网络作战光速化的要求。

以新型网络作战装备建设为切入点，参仿传统现实物理空间作战实施模式，实现网络作战的正规化、常态化，实现了网络作战战斗力生成模式质的飞跃，是美军网络作战正规化的核心。

（五）以网络作战演习为牵引，以训战一体的部队建设原则应对网络作战能力的短缺挑战，强化正规化网络作战的战备与人才建设[②]

美军网络作战演习的类型非常复杂，形式多样。有验证网络作战的战略与政策的专家桌面推演；有训练指挥控制流程的指挥所演习；有验证网络威胁信息共享的多方演习；有离线的、仿真环境下的模拟演习；也有实兵实弹的、伴随传统军事演习的网络空间演习。由美军主导的比较正规的、一直在延续的军事层面演习的基本情况可见表2。

表2　美军主要网络空间军事演习基本情况

	目的	使用系统	备注
网络风暴（Cyber Storm）	国家网络防御，信息共享，协同反应	国家指挥系统	美军参与，国土安全部主导，2012年开始已经纳入到应急反应框架之下
网络卫士（Cyber Guard）	国家信息基础设施防御，情报共享、协同处理	—	美军网络司令部，国土安全部、FBI、军火商、私营公司等参加

① 这里的指挥控制，是指战术层面的作战行动控制，美军一直在该问题上探索适应性网络指挥控制模式。

② 该措施主要由各军兵种装备与训练单位负责实施。

续表

	目的	使用系统	备注
网旗 (Cyber Flag)	战术性质层级军事实兵演习	联合网络空间作战靶场	美军空军网络集成中心主导，陆海军参与，联合作战层面上的能力验证
终端暴怒 (Terminal Fury)	防御战时美军 C^2 体系	嵌入现实物理空间作战的网络空间演习	自2004年开始，美军太平洋司令部主导，能力验证

网络作战演习是当前美军正规化网络作战的重要举措。美军也不认为自己已经全面掌握了正规化网络作战的真谛，需要通过各种实践不断发现问题、总结经验。组织各类演习能够验证美军在网络作战领域正规化建设取得的成果，还可以锻炼、培养人才。

结束语①

网络作战正规化建设，是美军在取得网络防御、网络感知优势能力以后，在攻击性网络作战实战化应用问题上的重大战略举措。网络作战的正规化，将改变以往美军攻击性网络力量“黑客式、分散型、隐秘化”的状态，开始走“团队化、协作型、公开式”的发展模式，美军攻击性网络作战发展进入常态。

美军正规化网络作战的建设，是打着国家安全需求的大旗，赤裸裸的、公开的网络作战实战化能力建设，目的是确保获得美军在网络空间的主导优势。但网络空间非对称性的基本态势尚未发生改变，美军在网络作战正规化进程领域的成果只会刺激国际社会加大网络空间攻防作战的投入，谋求与自身国家安全需求相适应的网络空间非对称能力。网络军控态势将进一步恶化，国际社会在网络行为规范上的努力化作泡影，国际社会普遍诉求的网络空间治理构架更加难以成型。

---

① 关于美军网络作战正规化的问题，美军更多地停留在政策层面上。正规化所需的技术并没有成熟。但也有专家认为，美军在战场准备、装备建设等关键问题上不可能出现突破，因为传统军事作战的战略战术根本不适合网络空间。http：//www. zdnet. com/us-government-has-no-idea-how-to-wage-caberwar-ranum。作者认为，虽然美军仅仅处于网络作战军事运用的开始，但该时代确确实实已经开始。

走向正规化的美军网络作战之发展历史

美军自1998年出台第一版信息作战条令以来，即在试图将网络空间作为作战域，谋求网络作战的正规化，直到2011年国防部出台《国防部网络空间作战战略》之后，官方才正式将其视作与陆海空天并列的作战域，正规化其经费、装备、训练、人员配备与战备训练。反观美军网络空间16年以来的正规化历程，一系列重大历史性事件在其中扮演重要角色。

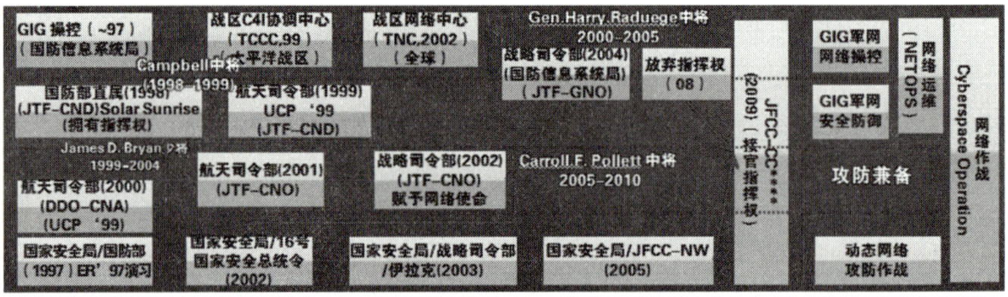

一、以美军主导的军网运维发展历程

网络运维即所谓“利用网络空间”保障联合作战，就是一般意义所说的网管角色，主要任务是保障网络正常运转与安全稳定。这其中蕴含美军军用网络的网络操控和网络安防两条发展脉络。

国防信息系统局早在1993年成立之初，即负责美军军网的干线网筹划与发展。但军兵种内部局域网仍然掌握在各军兵种手中。美太平洋战区首先于1999年成立太平洋战区C^4I协调中心，负责太平洋战区内各军种网络保障任务的协调，打破这种技术上的界限。在2002年太平洋战区“终端风暴”指挥所演习中，将其确立为常设机构——“战区网络中心”，统筹联合作战网络保障计划与协调。自此，以网络运维的联合作战概念逐渐成熟。

而网络安防这条线最早可以追溯到1998年。1998年2月1—26日，美中央战区指挥控制系统遭受疑似来自中东地区的计算机攻击。此时正值两次海湾战争中间，中央战区军事形势极度紧张。时任联合参谋部J39主任、两星空军中将坎贝尔在回忆国防部副部长哈默尔召集的紧急应对会议时说：当时会议室里约有30个军方高层。哈默尔坐在椭圆会议桌的最后，环视四周。“这事谁负责?”哈默尔高声问道。不幸的是没人回答。据说，是有人用胳膊肘捅了捅坎贝尔，这位联合参谋部负责电子战、信息作战的主任才勉强举手。本次会议后，成立了由24人组成的“计算机网络防御联合特遣部队”，统领当时陆海空军的计算机应急反应分队，成为负责网络安防的最高指挥与协调机构。

计算机网络防御联合特遣部队成立之初，空军一直努力将整个机构拿到手。海军、陆军不想要，但海军、陆军不允许空军独吞。最后妥协方案是交给了国防信息系统局。但根据1999年版的“联合司令部计划”，到1999年该司令部形成最终作战能力时，还是交给了航天司令部。重要的原因是，航天部队拥有最强、最专业的电子情报力量。

但随后美军高层试图将网络攻防一体化。所以2001年航天司令部将“计算机网络攻击作战副主任办公室”的部分进攻职能在信息作战的框架下剥离出来，转而与“计算机网络防御联合特遣部队”合并，成立“计算机网络作战联合特遣部队”。该司令部按照2002年版联合司令部计划，随航天司令部并入战略司令部。

到2004年，战略司令部以国防信息系统局牵头，将太平洋战区的经验与模式推广到全军，成立全球网络运维联合特遣部队，将上述“网络安防”与“网络操控”两项业务合并，以“网络运维”作战概念固化“利用网络空间保障联合作战”。

二、国家安全局主导的网络攻防作战发展历程

网络攻防即是指美军所说“在网络空间”支援联合作战性质的网络攻防作战。其主导者是美军之外的国家安全局。

1997年美军组织ER’97战备演习时，由国家安全局扮演的红队干净、利落地控制了美军军用指挥控制系统。这引发美军高层对网络安全事件的重视，美军授权国家安全局在网络攻防领域展开系列研究。但美军仍然试图构建军种控制的网络攻防能力。按照美军当时的理解，网络攻防作战是信息作战的核心领域。所以在1999年版“联合司令部计划”赋予航天司令部统管信息作战任务之后，将原隶属大西洋司令

部的联合信息作战中心转隶航天司令部，并于2000年冬季成立“计算机网络攻击副作战主任办公室”。该办公室实际上只有7人，但它确实成为整个国防部内部网络攻击任务的最早推动者。

“9·11”之后美国对反恐情报的需求，成全了美国国家安全局发展网络攻防力量、获取全球情报，而美军各军种却因此遭受冷落，没有大的发展。斯诺登所爆料的棱镜、恒星风、XKS、量子任务等等项目都起源于当时。2002年布什总统颁布第16号国家安全总统令，首次授权国家安全局网络攻防使命。2003年，关于伊拉克大规模杀伤性武器的战略情报牵引进一步要求美军探索网络攻防作战的指挥控制模式。到2005年，战略司令部以国家安全局为牵头，以陆海空军的信号情报部队为基础，筹组“网络战联合职能组成司令部”，简称网络战司令部，统筹网络攻防作战。从此开始，进攻性网络作战开始进入军事作战领域，并逐渐崭露头角。

三、战略司令部的归一化

2003年1月，布什总统签署命令，修改2002年版联合司令部计划，统管网络攻防的筹划与实施，并于2003年明确由国家安全局局长兼任战略司令部副司令，网络任务逐步成为战略司令部的重要发展领域。

但战略司令部成立之初，并没有真正属于自己的网络部队，只是扮演推动者的角色。为此，战略司令部分设三个二级司令部，分头培育网络空间相关力量：一是上述所提到的，2004年以国防信息系统局牵头，整合网络操控与网络安防力量，形成全球网络运维联合特遣部队，并逐步推动保障联合作战性质的“网络运维”作战概念进入联合作战条令；二是2005年，以国家安全局牵头，将ISR情报作战与网络攻防作战合并，以“网络战”军事概念为牵引，成立支援联合作战性质的网络战联合职能组成司令部；三是2006年，正式推出第二版信息作战条令，并以“信息作战”军事概念为牵引，将原航天司令部转隶过来的联合信息作战中心，改组为联合信息作战司令部。

2008年，国防信息系统局局长交出了网络安防的指挥权，国防信息系统局转变为纯粹的技术保障性机构。2009年，战略司令部合并“全球网络运维联合特遣部队”和“网络战联合职能组成司令部”，成立“网络联合职能组成司令部”，简称“网络司令部”，成为网络作战的最顶层，统一筹划其组织、计划和指挥控制。美军网络作战步入快车道。

在新成立的网络司令部的推动下，美军加紧网络作战正规化进程：2011 年美国防部发布《国防部网络空间作战战略》；2012 年 6 月参联会发布《联合参谋部过渡性网络空间作战指挥控制作战概念》；2013 年 3 月美军宣布计划成立 133 支网络任务分队。到 2017 年全部任务分队建成之时，美军网络作战正规化进程才告一段落。

走向正规化的美军网络作战之军事理论

作为独立的作战域，陆战、海战、空战军事作战理论都是逐步成熟的过程。相比较而言，当前网络作战军事理论基本等同于第一次世界大战前后的空战军事理论状态：保障联合作战通信与指挥控制职能已成熟，网络空间的情报侦察发展迅速，网络作战对联合作战的支援需求已经出现，但真正实时性、对抗性网络战从未发生。这迫切需要网络作战军事理论创新的引领与驱动。美军在网络作战正规化进程中，非常注重发展网络作战军事理论，主要表现为以下几个领域。

一、以“网络空间行为模型”理解网络战场，奠定网络作战军事思想的发展基础

美军认为，网络空间即网络战场。但网络空间是存在于逻辑层面的虚拟空间，以怎样的方式理解网络空间、认识网络战场才能支持军事作战，是网络作战军事思想的第一挑战。

早期，美军军事理论专家依托“网络中心战”理论，把作战空间划分为物理域、信息域、认知域、社会域四层结构。这种模型用于发展联合作战理论，并没有将网络空间独立出来，而是暗含在信息域之中。为支持发展网络作战军事理论，美军将该理论框架变成“电磁空间、网络空间、信息空间”三层结构。这种定义基于技术手段的不同，区分网络空间的所谓“逻辑能”与电磁空间的“电子能”；基于毁伤机理的不同，区分网络空间强调“控制”与信息空间强调“影响”。但这仍然只能从外部界定网络战场与电子战、信息作战两者之间的关系，不能分析网络战场内部特征，指导网络作战。

2009 年以后，美军逐步吸纳情报分析领域的成果，构建了网络战场三层模型：一是物理层，它包括网络空间物理基础设施层与全球地理坐标层。通过两者的结合大致区分敌我物理属性；二是逻辑层，此层突出强调基于物理基础设施之上的软件系统在全球地理空间分布，从而便于发现网络空间的逻辑关系；三是社会层，包括现实物理空间作战人员层和代表作战人员层在网络空间“存在”的终端设备层——

也称网络人物层。该层强调作战人员利用网络人物层在网络空间中的虚拟行为。该三层模型核心特征是将逻辑性强的逻辑空间分别向上、向下延伸，将虚拟网络空间可视化，便于强化对其理解：它一方面将逻辑层向下，通过物理基础设施与地理坐标系关联，搭建“关于网络空间情报的地理相关性”分析模型；另一方面将逻辑层向上，通过网络人物层与现实作战人员的相关性，形成网络空间“人物行为相关性”分析模型。通过两个分析模型的构建，让网络空间变得可定量、可测量、可分析，让网络空间“逻辑”虚拟对抗附着于物理空间“作战人员”现实对抗。为发展网络作战军事理论奠定基本依据。

二、对照传统军事作战模式开发网络作战基本军事概念，界定网络作战理论范畴

依照网络战场三层模型，对照传统作战，美军确立了一系列网络作战基本军事概念：对应于“作战对象”的“网络瞄准点”，即网络空间中的软硬件系统；对应于“作战地形”的“网络地形”，即作战双方软硬件系统的逻辑拓扑、物理拓扑在地理空间的分布；对应于传统“阵地”的“网络阵地”，即网络空间中要控制的“数据”与“软件系统”；对应于“战场”的“网络战场”，即覆盖因特网、国家关键基础设施、军用关键基础设施在内的所有网络；对应于“作战地图”的“网络地图”，即网络战场在地理空间中的分布；对应于“机动”的“网络机动”，即操控“计算与信息”资源，占据或控制优势网络阵地；对应于“战线”概念的“网络战线”，即敌我双方交战时在网络空间的相对方位。

但美军认为，按照网络作战基本军事概念只是便于按照传统作战模式理解网络作战，网络作战与传统军事作战有着根本性的特征：一是实时性，即所谓网络作战光速化，预期的作战效果需要以秒或者毫秒来衡量；二是大规模，即网络作战的全球性，网络作战基本上没有边界，不存在只限定在特定国家、特定领域的网络作战，必须站在整个网络空间的角度才能更好的实施网络作战；三是动态网络环境，即网络战场的自我演化性。网络战场不依作战人员主观意志而持续变化，网络地形随着新系统上线、旧系统的抛弃时刻变化，网络阵地甚至因为某次关机而发生突变，某个重要漏洞的出现或者消失，能够瞬时改

变网络战场地图；四是对抗性，即网络作战的反复性。某一时段对网络空间的控制不代表永久控制，以光速控制对方，对方也可以光速夺回控制权。基于网络作战这四点特征认识，美军将“在全球大规模、高动态网络战场环境中，以光速实时对抗”，作为网络作战军事理论的基本使命，从而很好地界定了网络作战军事理论的研究范畴。

三、按隐秘情报作战经验制定先发制人的军事理论指导方针，发展网络作战联合作战军事条令

美军对网络战场四个特征的总结，仍然不能解决一个重大的现实矛盾，即：作战人员的反应速度赶不上网络作战行动发生的速度。按照美军的说法，我们不可能徒手抓住网络空间中已经射出的箭。为此，基于自卫原则，美军将“先发制人”作为网络作战军事理论的基本指导方针。

按照2008年小布什总统时期的第54号总统令，非战争状态下的攻击性网络作战必须有总统授权。但这样的政策对于美军来说过于死板，为使网络作战走向战场，美军修订联合作战交战规则，其核心内容就是“放权”。参仿传统作战交战规则制定美军攻击性网络作战的行动条件、攻击目标、攻击手段、注意事项等等问题，允许美军事先展开战术性质的、以“控制”而不是“破坏”为目标的攻击性网络作战。目的是要确定其不同作战行动的使命边界，以明确的规则指导不同类型的网络作战行动，提升网络作战运用的灵活性，改变网络作战能力只停留在战略高层的状态，将网络作战走向军事战场。

从网络战场的理解，到网络作战基本军事概念的界定，再到军事作战条令的成熟，标志着美军网络作战军事理论已经有了质的飞跃。伴随着军事理论的发展，美军网络作战的部队建设、装备发展、指挥控制等才有了依据。

走向正规化的美军网络作战之力量建设

2009 年，美军网络司令部组建，将网络作战对联合作战的保障性和支援性两大作战指挥权集于一身。但当时美军网络作战力量主要用于保障联合作战。直到 2013 年，美军才宣布将组建攻击性网络作战部队时，美国才有了用于支援联合作战的部队。这两类部队的基本情况如下。

一、美军主导的保障性网络作战部队

保障性网络作战部队属于美军原生型部队。他们主要来源于电子战、电子情报与保密、信息作战、通信与指挥控制、网络安防和航天作战等相关部队。这些部队在美军发展进程中，经历了装备系统由模拟向数字、由单机到网络的全过程。他们以“网络运维”为核心使命，很好地保障了美军联合作战行动。其发展历程可大致分为四个阶段：

第一阶段（1993—1998 年）属早期探索阶段。各军种单独探索信息战下的、战术性质的计算机网络攻防部队建设。美空军于 1993 年组建空军信息战中心，海军于 1995 年组建舰队信息战中心，陆军同年也组建信息战行动部队。他们在战术层面上执行一些情报采集、防空突防等任务。各军种此阶段另一重点是网络安防，以应对俄罗斯、以色列等国家对美军军网的刺探。为此，各军兵种纷纷组建计算机应急反应分队。这些部队在业务上支援国防信息系统局，很好地保障了全军网络的安全稳定。

第二阶段（1998—2004 年）是迅速发展阶段。此阶段主要特征是各军兵种试图构建攻防兼备的网络作战部队。支援联合作战性质网络攻防作战部队与保障联合作战性质的网络运维部队都有不同程度的发展，但国家对反恐情报的重视导致对美军各军种经费投入不足，网络作战的重点仍然是网络运维。此阶段的重要特征是“通信、指挥控制、航天、电子信号情报、信息保障、信息作战、电子战”等作战因为数字网络技术的应用，迅速向网络空间转型。

第三阶段（2004—2009 年）是支援和保障联合作战两大角色“分

家”发展时期。主要原因是两者所采用的技术手段完全不同。美军网络作战主体业务则进一步回归网络运维。此阶段，在信息作战框架下，“通信、指挥控制、航天、电子信号情报、信息保障、信息作战、电子战”等部队在军种内集成。

第四阶段（2009—）全军集成阶段。在战略司令部的框架下，美军最终将网络攻防作战和网络运维置于同一框架下发展。“通信、指挥控制、航天、电子信号情报、信息保障、信息作战、电子战”得以在全军范围内集成。

各军兵种发展网络作战力量所采取的路线与策略各不相同。海军从通信部门开始，通信、指挥控制等信息化业务占据网络空间业务的主体地位；“利用网络空间”的网络运维业务最强，网络空间集成度最高。其指挥控制、航天、电子信号情报、信息保障、电子战先后并入，最终在海军范围内成为独立的“第四兵种”。

空军起于航天作战司令部，因为其电子情报能力最强。“在网络空间”的网络攻防能力最突出，部队规模最大、能力最强。但其“利用网络空间”能力最晚出现。空军屡次开创网络作战业务，但也遭受两次打击。第一次是2002年航天司令部并入战略司令部，失去统管全军网络作战的机会。第二次是2008年第八航空队未能统管全军网络作战，只能转而组建负责空军范围内网络作战的第24航空队。

陆军网络作战业务起源于指挥控制信息系统的建设与维护。但其部队主要来自战场电子情报系统技术分队。2011年，美陆军完成模块化改编后，网络作战指挥业务直达旅战斗队中的营级分队。目前其通信、指挥控制、电子战已整合到网络作战业务中，但航天业务、电子情报业务尚处于分离状态。

二、国家安全局主导的攻击性网络作战部队

2009年，美军高层在经过多次研讨后，接纳了以国家安全局为主导、迅速组建网络司令部的建议。主要原因是美国攻击性网络作战能力主要在国家安全局手中。国家安全局与网络司令部属于领导兼任、连署办公、同一部门两块牌子。直到2011年之前，美军自身拥有的攻击性网络作战主要集中于空军的第67网络战联队和陆军780军事情报旅。这两支部队所使用的手段是攻击性网络作战，但其主要任务仍是

获取军事情报，并不是纯粹的网络攻防。所以，到了2012年国防部公布《参联会过渡性网络作战指挥控制架构》军事概念计划时，美军网络司令部自身手中并没有多少部队能够支援联合作战。

为实现2012年版的网络作战指挥控制框架，在2013年3月国会听证会上，美网络司令部司令宣布利用3年时间组建133支网络作战任务部队，并得到国会批准。该计划内容包括：一是对美军现有部分网络运维部队进行重组，形成68支网络保护部队，每支部队约40人，分别配属不同军种和战区，主要任务是负责美军军网的运维管理。二是新建40支具有网络进攻能力的分队，每支60人，分成两组，即13支国家任务部队，负责防御国家关键信息基础设施网络，能够应国土安全部的召唤，在国家关键基础设施所涉及的网络空间以攻击性网络能力猎杀潜在的网络威胁，执行国家网络防御使命；和27支战斗任务部队，分别隶属于对应的战区联合作战司令部。他们以特定对手的军事指挥控制系统为目标，计划或执行军事打击任务，意图瘫痪对手的军事信息系统，支援联合作战。三是为两支攻击性任务部队分别再配置8支和17支技术支援分队，负责攻击性作战的技术保障。总共构成133支任务部队、约6000—7000人的规模。该计划在2014年国防预算法案中得以确认。美军在军费开支极度紧张的情况下，对网络作战力量建设的投入仍不放松。

2014年，美国智库兰德公司发布《与中国的冲突》报告，该报告认为，未来可能美国与中国冲突的唯一形式只可能是网络战。美军对网络作战力量建设的投入，充分显示了美军对网络作战在未来战争样式中地位的重视。

走向正规化的美军网络作战之武器装备

美军认为，“人”是网络作战的重要装备，但“人”这种装备又最不可靠、不稳定，不能够大规模“工业化生产”，不具有军事作战的可操控性。必须打破以往过分依靠黑客个人技术能力的网络作战模式，以人机结合作为网络作战装备的基本形态，构建体系化的网络作战装备系统平台。实现网络作战的一体化、智能化、光速化，达成“控制”网络空间这一最高使命。按照这种思维模式，美军通过两大类网络作战装备的建设，有效推动了网络作战正规化进程。

一、保障性网络作战武器装备基本情况

2013 年 3 月 24 日，美空军参谋长批准空军航天司令部六种网络武器系统的正式命名，指定航天司令部负责维护这些武器系统，将其装备到部队，并训练使用这些装备的人员。这六类武器包括：空军网络防御武器系统，网络防御分析武器系统，网络安全漏洞评估/猎取武器系统，网络指挥控制任务武器系统。

网络防御武器系统由计算机应急反应分队所使用软件系统发展而来。应急反应分队的主要职责是协调空军信息战中心的技术部门，评估、分析、减低计算机安全事故和漏洞。现在，网络防御武器系统持续在线的监控和防卫整个空军的非机密和机密网络。在事故预防、事故侦测、事故反应和计算机调查取证分析领域提供保障。

网络防御分析系统用来实施信息作战框架下的作战安全任务，即信息审查。对从己方保密、非保密系统——如计算机网络、无线通信、电话、电子邮件——以及美国空军部队网站发布的敏感信息进行监控、搜集、分析和报告，防止危害作战安全的信息泄露。该武器系统装备现役和预备役共四支部队。

网络安全与漏洞评估/猎取武器系统对空军和国防部网络进行漏洞查找、渗透测试和最佳实践审查与评估。该武器系统不属于移动终端、局域网络和干线网络，分别装备一支现役部队和一支国民警卫队部队。在“持久自由”和“伊拉克自由”作战期间，该系统就曾发挥重要作

用，并于2013年6月达到初始作战能力。

空军内联网控制武器系统，是空军信息网络的所有入口接入点的顶级控制网关，确保所有外部和内部人员、设备之间数据流传送的中央管理网关。它取消基于局域网管理的接入访问控制策略，变成集中控制模式，使得整个网络防御作战更有灵活性。

网络安全和控制武器系统提供全天候网络作战和管理职能，为网内重点全局性信息服务系统提供保障，以支援空军网内防御。该武器系统执行网络运维和故障处理，将空军在全球的网关业务集中到三个网络运维与安全中心，已装备多个现役和预备役空军中队。

网络指挥控制任务武器系统的核心使命是网络态势感知和指挥控制，负责对全网网络作战态势感知，同步指挥控制多层次网络作战，支援全球作战中的各级指挥官。整个系统只装备空军第24航空队对应的指挥控制中心——第624空中作战中心。

美空军六类网络武器装备形成初始作战能力，反映出美空军网络武器装备的进展和走向。这六类网络武器装备具有标准化、可持续特点，可像传统作战能力一样为联合作战司令部提供作战支援。这六类武器系统的配备情况，大致勾勒出美国空军在战略—战役层级的指挥、控制、感知、防御和内部管理武器装备体系基本轮廓。美军很可能推广空军这六类保障性装备的模式，研发满足68支网络防护部队所需的集“态势感知、网关控制、调查取证、作战安全、漏洞评估”等作战业务于一体的装备，为联合作战提供保障新支援。

二、攻击性网络作战武器装备基本情况

空军公布六类网络武器的目标是将相关装备制式化，能够有效保障系统升级、演化所需经费。但攻击性网络作战装备并没有像网络运维业务这样比较规范，大多数都是以项目开发名义建设。而且当前主要项目都掌握在国家安全局手中。斯诺登为我们了解该类网络作战装备提供了很好的视角：

第一类是网络攻防作战全球基础设施。即美军所称“全球信号情报与国防加密平台”基础平台，也是保密等级甚至高于美军军网的情报网络平台。该平台包括联通全球约20节点的大型海底光纤网，位于130个国家和地区的网络中心，几十个卫星通信截获地面站，数十家

第三方合作机构，全球几百个商业企业。在物理组成上几乎覆盖全球所有国家和地区，技术方式上覆盖因特网、移动通信网、卫星通信等不同领域，几乎可以监控全球范围内美国任意想要介入的对象，成为美军劫持整个网络空间，采集全球电子信号情报的基础设施。美军网络司令部几乎所有网络攻防行动都基于该平台。

第二类是情报准备、评估分析平台。国家安全局通过“全球信号情报与国防加密平台”每天拿到的数据记录超过400亿条，容量超过2.7PB。要准确地从中识别期望的作战目标、研判作战任务完成情况非常困难。基于大数据技术的鬼机（GHOSTMACHINE）平台和基于协作分析框架的ECHOBASE框架，成为美军网络情报的基础。基于这两大类工具，美军可以有效展开针对性的网络攻防作战情报准备和作战效能评估。

第三类是主被动结合的全球网络攻防作战平台。美军所谓主被动结合，是指通过被动的大规模数据采集分析，获得溯源情报，在此基础上发动针对性的主动攻击行动。该平台采用技术为美军所说的“量子任务”项目，能够依托情报准备情况，执行“从终端计算机、网络设备再到通信数据流”三阶段后门植入，破坏或控制对手网络系统。基于该技术部署在美军军网周边、执行防御美军军网任务的项目称作“TURBULENCE”，部署在全球、执行全球劫持的项目代号“QFIRE”。基于这两类平台，美军甚至可以通过隐身性能极佳的无人机，突破防空系统，抵近对手作战指挥中心，无线召唤激活预设后门，远程植入恶意程序，以网络手段瘫痪物理隔离的指挥控制系统。

第四类是美军网络攻防基础平台。前三类装备平台是国家安全局长久主导的项目，现在拿出来与美军军事作战行动共享使用。这类平台则由美军完全掌控。这包括国家网络靶场、网络城市、X计划等项目。

X计划则是装备未来40支网络攻防作战任务部队的、纯粹的网络攻防作战平台，旨在通过构建能映射整个网络空间的“网络地图”，研发攻防兼备的软硬件设备，以实时、灵敏、精确的网络战指挥控制系统，理解、规划和管理实时的、大规模的、动态的网络环境中的网络作战。

走向正规化的美军网络作战之作战条令

自2009年美军网络司令部成立以来，网络作战条令的发展与建设即成为美军网络作战正规化的重要内容。目前，美军网络作战条令基本体系化，关键核心领域已经取得突破。其标志性事件是2012年美军参联会完成的《JP3－12：网络作战》联合作战条令。但受限于网络作战能力尚未完全成熟，美军网络作战条令本身也还有很多结构性问题，陆海空军对网络作战的理解并没有完全统一。

一、从联合信息作战条令体系中逐步脱离出来的网络作战条令

到2006年，第三版联合信息作战条令基本成熟，但美军基本将“网络作战”作战概念纳入在《信息作战条令》框架之下的计算机网络作战概念之中，电子战—计算机网络作战—信息战（EW—CNO—IO），成为基本条令框架。其主要原因是，当时流行的计算机网络作战的主要任务仍然是电子情报采集。以逻辑层面的软对抗为特征的计算机网络作战，主要作战对象是对手的通信物理基础设施，导致网络作战的战略性地位尚未能被军事作战领域所理解。像电子战一样，计算机网络作战基本上处于战术支援性地位。

但也正是在《信息作战条令》逐步成熟之际，美军逐步意识到当时“信息作战—计算机网络作战—电子战”条令体系逐步不能反映网络的战略性地位，需要重新规范三者之间的关系。2010年，参联会发布《网络作战联合术语》备忘录，基本废止计算机网络作战军事概念，转而突出强调逻辑层面上的“网络（空间）作战”军事概念。

2011年，国防部发布《国防部网络空间作战战略》，美军官方首次确立网络空间“独立作战域”的地位，迫切要求全军有统一的网络作战条令。美军首先于2012年修订出台了第四版信息作战条令，弱化网络作战的描述，为网络作战条令的出现腾出发展空间。2013年2月，《JP3－12：网络作战》条令首次出现在联合作战条令体系下，电子战—网络作战—信息作战（EW－CYBER－IO）条令体系开始成形，

网络作战条令彻底脱离信息作战。

二、各军种先期完成各自条令修订，但对条令网络作战的强调重心各有不同

从 2009 到 2014 年，是各军兵种逐步修订网络作战条令的重要时期，但各军种的侧重点却有不同。

陆军于 2010 年 2 月率先颁布《网络作战概念能力计划 2016—2028》。这个条令性质的计划实质上只是提出了全新的作战概念框架，通篇表现出较强的技术性。为此，陆军在该计划中重点强调他们所认为的网络战场三层构架模型。美陆军另一个重大动作是 2014 年 2 月发布 FM3 - 38 作战条令《网络电磁行动》，将网络作战与电子战从作战组织实施的角度、在战术行动层面作了更好的整合。陆军这种安排在于与海空军不一样，电子战有专用装备，还有专门部队。陆军电子战与网络作战的集成难度比较大。对网络作战与电子战的集成需要明确化。

空军关于网络作战的计划与理解雄心勃勃。空军甚至于 2008 年就提出“在空中、太空和网空，飞行、战斗并赢取胜利”的口号。相比较陆军更强调技术，美空军则更强调对网络作战在空军力量中整体定位。2010 年 6 月，空军发布《网络作战职能型概念》。该条令也属于概念框架性文件，但它更强调网络作战的作战职能性定位，强调将网络作战与电子战、航天作战、全球打击等作战职能一样，如何完整地集成到军事作战之中。其中的核心问题就是指挥控制。2014 年 3 月，空军发布 AFPD10 - 17 政策指令，基本明确了防御性网络作战的指挥控制流程。

海军在发展网络作战条令方面非常务实，很少突出纯粹网络空间攻防作战的作用，反而提出信息优势军事概念，更注重对网络运维、安全防护、安全保密、电子战、信息作战、电子情报、航天作战等业务的转型与集成，强调信息对传统作战能力的改造，突出在联合作战框架内发展网络作战。海军太平洋战区是最早推动防御性、保障性的“网络运维”作战概念写入联合作战条令的军种。该概念早于 2004 年就被其他军种接受，而且海军也是最早展开网络作战对战区联合作战提供“保障”与“支援”的军种，还最早提出“网络效果作战”概

念，并被奥巴马总统的第 20 号总统令所采纳。2010 年，海军公布《美海军信息优势构想》，推动海军内部所有涉网业务的整合，成立独立的海军第四兵种。

2012 年 11 月，美海军发布《海军网络力量 2020》《获取信息优势海军战略 2013—2027》，2013 年公布《美海军信息优势路线图 2013—2028》。这些战略与计划，突出网络作战的三大使命：一是确保接入网络空间，保障联合作战的指挥控制；二是强调防御性网络作战，防止网络空间战略性突发事件，将网络安全事件纳入到联合作战态势图之中；三是维护军事行动全谱优势，制造决定性的网络效果，支援联合作战。此战略的杰出代表人物就是时任第十舰队/海军网络司令部司令米歇尔·S. 罗杰斯。他对联合作战框架下网络作战的理解适应了美军正在推动的网络正规化的总体要求，为其 2014 年晋升网络司令部司令奠定了基础。

三、网络作战联合作战条令逐步出台，攻击性网络作战条令成为未来发展重点

2013 年 2 月的《JP3－12：网络作战》条令核心秉持了“先发制人”军事战略思想。这也是该条令一经出台即被划为绝密的原因。这主要表现为两个方面：

一是该条令在作战行动层面更强调进攻。它将网络作战行动划分为“网络作战环境准备”“网络情报”“防御性网络作战”“进攻性网络作战”四大类。其中的网络作战环境准备即是网络战场预置，是要劫持整个网络空间，为网络空间攻防作战预设战场。而网络情报即是指“关于网络空间的情报”，是要采集、映射整个网络空间，为网络攻防作战提供情报保障和效能评估。但这两者都要求美军在和平时期开始作战，而且采取的手段都是攻击性的。这在本质上与现行国际武装冲突法的基本精神完全背道而驰。

二是对网络作战军事行动的放权。为此，美军将网络作战任务分成三条战线，分开授权，规范网络作战行动的自动授权、提升网络作战的军事可用性。这三条战线是国防部信息网络运维、防御性网络作战和攻击性网络作战。前两者基本不需要总统授权。而攻击性网络作战，也只有在诸如“震网”这样的重大攻击性作战行动过程之中，才

需要总统授权。更为重要的是，战场预置、网络情报这些常规性作战行动也不需要授权。例如，在2012年颁布的第20号总统令中即明确要求，情报系统和国防部要在6个月内联合制定“潜在海外攻击目标系统列表”。

美军网络作战条令在总体构架上区分四类作战行动和三条网络战线，目的就是尽最大程度隐藏网络作战先发制人的本质。这也是其一经颁布即被列为绝密的根本原因。

走向正规化的美军网络作战之指挥框架

网络作战指挥框架的确立，是美军网络作战正规化的核心内容。该指挥框架可以分为保障联合作战和支援联合作战两条指挥业务链，在其中覆盖“战区联合作战司令部、网络司令部、国防信息系统局和各军种”共四类角色。按照发展历程，可分为2012年版的《参联会网络空间作战过渡性指挥控制框架》和2013年《JP3－12：网络作战》条令所描述指挥控制框架两个版本。

一、2012年版网络作战过渡性指挥控制框架

战区联合作战司令部是网络作战力量的使用者，也是整个框架的关键。为满足网络作战对联合作战的保障和支援任务，在联合作战司令部的J39和J63两大部门框架下，分设“联合网络中心”和“战区网络协调中心”：前者负责支援联合作战，指挥由网络司令部提供、配属的“网络支援分队”，支援联合作战行动，从网络空间确保军事行动的胜利；后者属技术协调机构，其任务是网络运维与应急安全事件反应，负责在战区范围内，协调各军种和战区网络保障相关技术服务部门，确保联合作战过程网络系统的高效稳定。战区网络协调中心下设负责与战区内各军兵种协调战区的“战区网络运维与安全中心”和由国防信息系统局派驻的、负责与指定战区协调的“战区网络中心”。到2013年，相关力量进行重组，形成全新的68支网络防护部队。

网络司令部是网络作战力量的最终指挥者。它与国家安全局为领导兼任、连署办公。下设联合作战中心，通过各军种职能组成司令部指挥全军网络作战力量。同时，为支援联合作战，专门组建网络支援分队，直属网络司令部，又派驻各战区联合作战司令部，接受战区联合作战中心的指挥。在发生战区范围内军事作战任务时，网络支援分队接受联合作战司令部的作战控制。如果网络作战效果外溢、影响到全球，所有战区网络支援分队都要接受网络司令部的最高指挥控制。到2013年，这些部队逐步改称“战斗任务部队”。

国防信息系统局是网络作战的技术保障力量。它于2008年放弃对

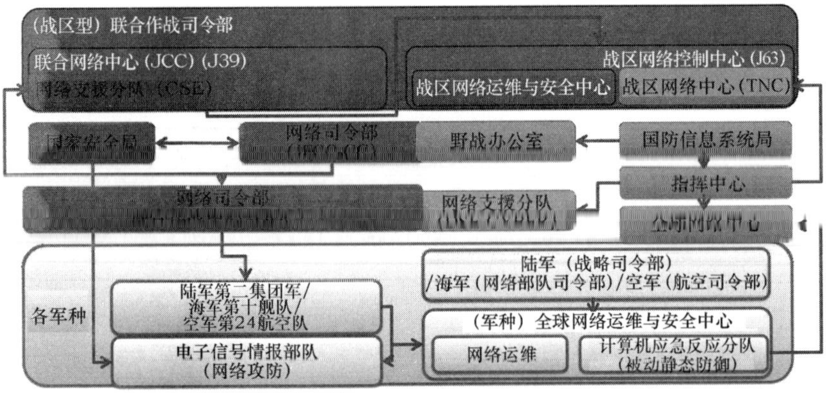

图1　美军过渡性网络作战指挥控制框架

网络安防的作战指挥权之后，回归纯粹技术性保障单位。其下设指挥中心，指挥全球共五个战区网络中心，设在本土的网络中心也被称为“全球网络中心”。全球网络中心接受来自各军种的“计算机应急反应分队”在网络安全事故上的支援。同时，国防信息系统局通过设在本土的野战办公室和专门派驻网络司令部联合网络中心的“国防信息系统局网络支援分队”从政策和技术上支援网络司令部。

各军种是网络作战力量的提供者。一方面，各军种传统的电子信号情报部队逐步转型，发展成为美军专属的网络攻防作战力量。这些力量一直在接受国家安全局的指挥；另一方面，各军种又拥有自己的“全球网络运维与安全中心”，站在军种的角度看网络、管理网络。这些中心拥有服务于自身的网络运维力量和计算机应急反应分队。各军种的网络力量在军种内部以“军政、军政分立”模式完成作战指挥和力量建设。陆军战略司令部、海军网络部队司令部、空军航天司令部属于军政系统，管理、装备、训练和培训各自网络力量。对应的是陆军第二集团军、海军第十舰队、空军第24航空队，属于军令系统，对上接受网络司令部的授权，对下指挥控制军种内网网络力量，完成支援和保障性作战任务。他们既要向网络司令部负责，又要向各军种负责，还要配合联合作战司令部。

从整个指挥控制框架来看，支援与保障两条作战业务混合，网络司令部、联合作战司令部和各军种分属不同视角的顶端，对网络作战力量实施不同业务的指挥控制。该框架属“混合式、复合式”联合作战指挥框架。

二、2013 年《JP3－12：网络作战》条令中的网络作战指挥框架

美军 2012 年颁布的网络作战过渡性指挥控制框架属重大军事作战概念的战略性举措。但该安排仍然是过渡性的，核心原因是相关力量并未完全成熟，其中多个机构都以“中心”命名，不属真正的指挥链上的“司令部”。其根本目的是为真正具有指挥权的正规化网络作战指挥控制框架发展能力、准备人才、培训部队。

该框架颁布之后，首先在太平洋战区成立联合网络中心，后在中央、欧洲、本土等多个战区完成组建。到 2013 年 2 月，网络作战联合作战条令颁布后，美军即开始在网络作战指挥控制领域作大规模重组。

一是规范网络力量建设，组建 133 支网络任务分队。国家任务分队支援国土安全部。网络保护部队分成两组，分别保护国家、军队关键基础设施。战斗任务部队在双重指挥框架下为联合作战司令部提供支援。同时明确，国家任务分队、战斗任务分队需要网络司令部的“信号授权”，执行战场预置、全球情报劫持等作战行动。

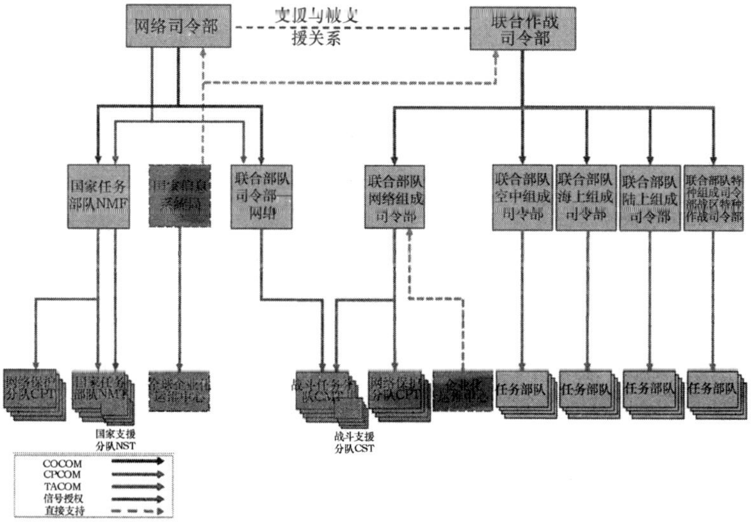

图 2　网络作战最终指挥控制框架

二是改组网络司令部联合网络中心，改称“网络联合部队司令部”，指挥战斗任务部队，支援联合作战。2014 年初，国家任务部队司令部成立，负责指挥国家任务部队，支援国土安全部国家关键基础设施防护。

三是在战区联合作战司令部，以“联合部队网络组成司令部”代替“联合网络中心”，指挥战斗任务部队和网络防护部队。同时，国防信息系统局在全面采用“云计算”技术后，改组原“战区网络中心”为“战区企业化运维中心”，逐步推进联合信息环境建设，在技术上全面支援联合作战司令部。

到 2013 年夏季，68 支网络防御部队基本改组完成，各联合作战司令部已获得防御性网络作战授权，具备接受指挥控制的能力。根据美军机密文件显示，虽然相关进攻性网络作战力量直到 2016 年才能完全组建完毕，但基于 2013 年现有力量，各战区也获得了攻击性网络作战的授权。2014 年，美空军颁布官方版的《网络作战指挥控制》条令，公开明确防御性网络作战的指挥流程。

走向正规化的美军网络作战之战例分析

2006年4月，伊朗高调宣布拥有浓缩铀能力，彻底激怒美国。美国情报机构马上就伊核问题做出《伊朗：核意图与能力》战略评估。该报告悲观地认为，美国战略遏制政策失败；伊朗拥核是迟早的事；军事打击也只能迟滞伊朗核进程；唯一可行的是打击伊朗发展核能力的国家意志。为此，小布什总统启动以“控制伊朗核能力发展进程”为战略目标的“奥林匹克运动”项目，以虚拟网络手段打击其战略意志项目启动。这就是2009—2012年度轰动全球的震网作战行动。通过对所有关于此次行动的公开报道分析，整个过程基本历经如下几个阶段：

一、作战准备阶段

美军首先成立由布什总统亲自指挥的作战分队。整个作战分队设一名指挥官、四个作战小组：第一小组是网络情报组，开发名为“火焰”的网络情报武器，在俄德核工业专家的小范围内传播，查找他们所涉及开发的工业控制软件，监听他们之间的语音对话，截获相互之间的电子邮件往来。美国人的基本结论是：伊朗核能力并没有完全自主，核心弱点在于伊朗核能力的软件供应链。伊朗是在俄德两国专家的协助下开发的浓缩铀控制软件。二是震网网络攻击武器开发组。它集成了多个从黑客市场上高价购买的“零日漏洞”，盗取合法数字证书，将自身伪装成数字设备，并针对国际主流杀毒软件病毒库进行免杀测试。该平台拥有至少两人衍生版本：一是没有加载战斗部的杜蚯(Duqu)，用来在第一小组情报分析基础上，盗取伊朗浓缩铀工业设计软件图纸电子文档。二是能够加载战斗部的版本，感染特定专家的开发环境，对其进行定向攻击。第三小组是攻击战斗部开发与验证评估组。在桑迪亚国家实验室核工业专家的协助下，该小组重构了伊朗浓缩铀工业控制软件开发环境和硬件运行环境，模拟俄德专家的开发环境，感染他们的开发环境，控制他们开发出离心机控制软件的控制逻辑。在模拟硬件运行环境中去测试验证。其行动实质上是通过在开发环节改变离心机控制逻辑来实现整个控制策略。第四小组是行动指挥控制组。小组首先在北欧的丹麦设立网站，搭建服务于上述三个小组网络攻防作战的指挥控制中心。在欧洲以俄德等国家的核工业专家为主要对象展开作战行动指挥控制。

二、两阶段作战实施

第一阶段在欧洲布设战场，以伊朗浓缩铀软件供应链不能完全自主为弱点，以少数俄德专家为作战目标，使用“控制离心机工作压力为基本破坏机理”的第一类战斗部，在尽量不被发觉的基础上，对伊朗核浓缩进程缓慢展开作战攻击，与俄德伊朗三国的核工业专家展开秘密较量。到 2009 年之前，伊朗离心机因为设计工作压力与实际工作压力的偏差，一直未能有效生成产出更高浓度的浓缩铀，离武器级 80% 以上的浓度相差甚远。大量离心机因工作负载的变化而急速疲劳损耗，甚至低浓度的浓缩铀都没能大规模工业化生产。

第一阶段攻击引发伊朗高层对伊朗核工业专家能力上的信任危机。伊朗也逐步在供应链环节中排斥俄德核工业专家，开发设计新一代浓缩铀设备。凭借同为穆斯林国家、具有良好外交信任关系，伊朗转头寻求印度尼西亚的帮助，以开发设计离心机控制软件。这直接导致整个“震网”作战行动失去介入、控制伊朗核浓缩铀的接口。到 2009 年 7—9 月，第一阶段攻击基本结束。

第二阶段攻击由以色列主导。美国情报机构失去俄德专家这条线后，与以色列情报机构合作，进一步加大情报搜集力度。两个机构共享代码、协同行动。以色列人利用“迷你火焰”网络情报武器、Gauss 网络情报武器扩大情报采集范围。其对象甚至包括法国总统府高层助理，黎巴嫩银行交易记录，中东地区多国政府石油部门要员的计算机。以色列的结论是：是印度尼西亚在帮助伊朗，而且印度尼西亚将部分代码编制工作外包给了印度。为此，第二阶段作战期间，以色列以中东、南亚、东南亚为主战场，在马来西亚设立网站作为指挥控制中心，主要以印度尼西亚和印度的工业控制软件开发的合同商为作战目标展开攻击。与美国人不同的是，以色列人的手法更加直接。它采用第二类战斗部，也就是利用离心机存在共振谐波频率的问题，控制离心机的马达与振动传感器，让离心机高速运转时产生共振，迅速、大批量地消耗伊朗离心机数量。按照当时伊朗的报道：伊朗离心机没问题，只是有些过热而已。

三、震网行动的暴露

三类关键角色在暴露阵亡作战过程中作用突出：一是白俄罗斯的VirusBlokAda杀毒软件公司。卖给美国行动小组零日漏洞的黑客将同一漏洞卖给了该公司。而行动小组将该零日漏洞与盗取的合法数字签名共同使用，这种行为与一般黑客行为完全不一样。引发同时拥有该漏洞信息VirusBlokAda公司的怀疑。为赢取新闻效应、获取广告效果，该公司直接公开该漏洞。震网行动由此暴露。二是德国核工业专家桑格。震网行动暴露后，包括赛门铁克在内的世界各大杀毒软件公司只知道它使用了工业控制系统代码，但不知道它具体在干什么。媒体甚至认为这是俄罗斯黑客，也有人说是中国在窃取情报。赛门铁克将震网病毒样本带给了国际著名工业控制系统专家桑格。他拥有完整的工业控制系统“银行”，也有使用这些工业控制系统的“用户名单”。桑格通过长时间的实验发现，震网的战斗部是针对伊朗的，并于2009年圣诞节前夕发布其研究成果。震网攻击才得以震动全球。此后，桑格还专门组织了一个团队，历经四年，全面深入研究震网。2013年12月，桑格在国际著名连线杂志上公开其研究成果：震网拥有两类战斗部。详细解释了基于控制离心机工作压力和控制离心机工作转速的两个战斗部的破坏机理。第三个关键角色是全球各大杀毒软件公司。赛门铁克公司凭借自身在欧美、中东地区杀毒软件市场的占有率，率先拦截了震网第二阶段攻击代码。但这一行动也招致中东地区对欧洲国家杀毒工具的不信任。俄罗斯杀毒软件公司卡巴斯基随后被引入到中东。这也是诸如杜蚯、高斯、火焰、迷你火焰等系列病毒的发现与拦截都是由俄国人实现的原因。

持续近6年的震网行动虽从军事意义上讲没有完全成功，但在战略上大获全胜。它在严重迟滞伊朗核浓缩铀进程、打击伊朗国家核战略意志的基础上，配合外交、政治等手段，使得伊朗国内强硬派势力失势，温和派上台。伊朗转而与美国在核问题上采取合作态度。震网也成为全球网络战历史上真正里程碑式的事件。网络战的潘多拉魔盒正式打开。

美军：构建弹性军事系统，应对高级网络威胁

——美国国防部科学委员会建议

应国防部负责采办、技术与后勤的副部长办公室的要求，美国国防部科学技术委员会成立特别任务工作组，于2013年1月发布报告。研究如何构建弹性军事系统，在遭受高级网络威胁导致致命性瘫痪后，美军如何保持作战能力。

该报告将网络威胁由低到高分成六级（见图1），并以结构化函数模式描述网络风险（见图2）。美国国防部认为，随着美军军事行动对网络空间的高度依赖，特别是随着对手网络能力的提升，尽管美军正在努力确保军事装备系统“硬件”的安全有效，美军对网络空间安全仍然没有绝对信心。在面对高级网络威胁时，美军作战能力可能出现致命性能力瘫痪。该工作组报告的核心就是研究如何构建弹性军事系统，保持遭受高级网络威胁之后的作战能力。

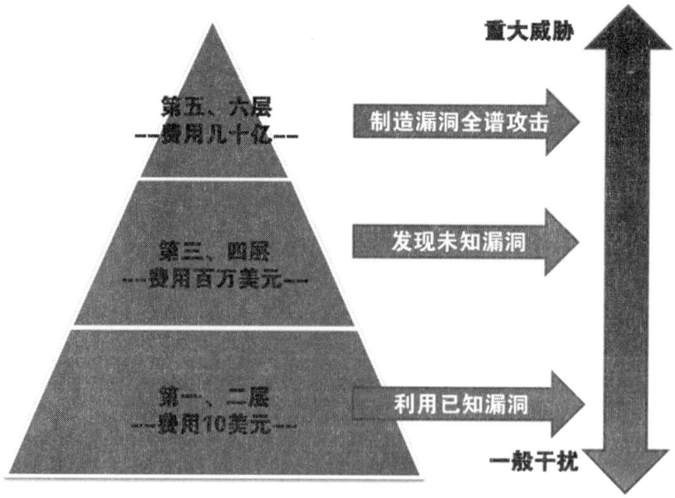

图1　网络威胁分类

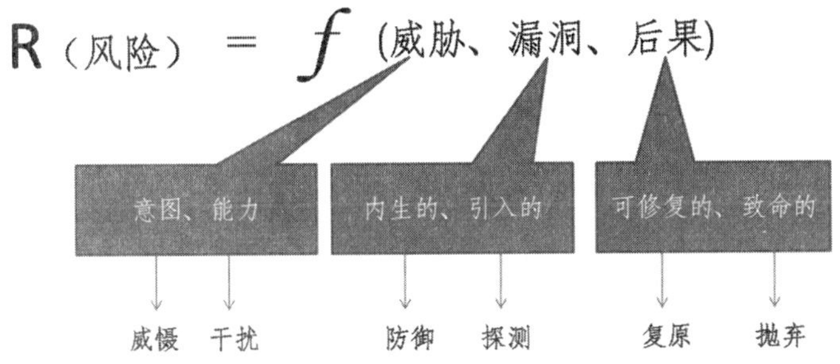

图 2　网络分析管理参数

鉴于美国国防部就网络高级威胁做出的这个战略性判断，该报告提出如下建议：

1. 重构美国核威慑战略政策，改变“不向无核国家使用核武器”的承诺，将遭受高级网络威胁作为核威慑的使用条件之一

建议：国防部长授权网络司令部，确保在遭受高级网络威胁时，核力量运用所需 C^3 系统的可用性。

2. 确保“攻击性网络作战力量、受保护的传统军事力量①、核力量”三种能力的有效混合运用，应对具有全谱能力的对手威胁

建议：参联会主席组建“三种力量有效混合”的部队，确保作战行动。必要时，确保足够的与网络环境相隔离的作战部队的存在，保证有效达成作战使命。

3. 强调情报收集与分析的重心地位，全面掌握对手的网络能力、计划和意图，以确保反击战略的有效性

建议：国防部长与中央情报局、联邦调查局、国土安全部一道，要求国家情报主任支援对高端网络威胁的情报收集与分析。

4. 在予以适当授权前提下构建并维持世界级的攻击性网络作战能力

建议：网络司令部形成“建模、仿真、训练大规模网络战”的能力；主管人事与战备的国防部副部长为涉及攻击性网络作战行动的文职和军事人员制定职业路径规划。

---

① 这里是指在网络空间受保护的传统军事力量。

5. 增强防御能力，确保低等或者中等层次的威胁

建议：国防部 CIO 与各业务局一道，推进企业化安全构架，包括代码编写与标准，确保企业化使命的可用性。

6. 变革国防部涉及网络与网络安全的文化

建议：国防部长和参联会主席推动建设涉及网络与网络安全的、覆盖整个国防部范围内的政策、传播、教育与增强项目。

7. 组建网络弹性部队

建议：副国防部长应该指示执行特定的行动，在国防部总体力量架构基础之上引入“网络弹性”这一新的军事需求，与负责装备、采办的国防部副部长、国防部 CIO 一起制定整套标准与需求，在网络敏感存活的任务系统①中嵌入网络弹性。

具体建议包括：制定一整套网络弹性标准；与情报界一起，通过建模仿真手段，开发出构建国防部弹性军事系统的一整套机制；培育网络技术人员，支持网络敏感存活任务能力建设；科学与技术界，与联邦资助研发中心②、大学所属研发机构、研究所、商业与国防工业一起，为构建安全系统设计项目，展开研究；情报界应该展开供应链（情报）采集行动③，确保端到端的软硬件系统由备选厂商制造。

该报详细分析了构建弹性军事系统所需的投资，制定出一整套的发展进程控制策略。同时也认为，构建弹性军事系统必须考虑投入负担的现实问题，必须在投入和效益之间做好平衡。

评述：构建弹性军事系统的重要性在战略上与 2012 年美国发布的《大数据国家战略》地位相同，都是美国试图引领军事技术发展趋势、谋求信息时代优势国家竞争力的战略举措。如果美军当局采纳该报告的建议，必然导致美军国防科技界对构建弹性军事系统的技术展开全面的技术投入，视该进程推动的速度与时效，美军未来军队建设与发展的模式也将发生重大转变。

---

① Cyber critical survivable mission systems，高度依赖网络得以存活的任务系统。

② Federally Funded Research and Development Centers（FFRDCs）。

③ Supply chain collection activity。

美军网络司令部的未来①

近几个月以来，美国华盛顿出现了一个娱乐性的猜谜游戏：美军网络司令部的未来走向是什么？该军事组织被赋予防御国家网络、攻击对手网络的使命。但斯诺登事件以后，因为网络司令部司令又是美国国家安全局的主任，该话题进一步公开化。

一、美军网络司令部的前身

网络司令部其实只有几年的历史。但其前任的发展史可以为分析其未来发展提供线索。15 年以来，美军一直在试图集成或者“正规化”网络，但正规化的含义或者怎样正规化一直以来都在变迁。

早在第一次海湾战争之后，美军就开始网络与信息战的组织准备。1993 年，美国空军信息战中心成立，② 美海军于 1995 年成立舰队信息战中心，③ 1997 年陆军成立第 9 信号司令部——网络司令部。④ 然而，陆海空军的这些网络作战分队只限于单个军种内部，不能指导全军网络防御，只能在五角大楼缺乏控制能力的早期阶段提一些建议。而且直到 1995 年，美空军的第 609 信息战中队的网络攻防业务是不分家的，两人类业务体系远未成熟。

为了正规化网络作战，1998 年美国防部组建了当前网络司令部的前身——由 24 人组成的“计算机网络防御联合特遣部队（JTF - CND)”。⑤ 当时，该司令部主体业务是网络防御。但基于历史经验，美军认为网络作战必须攻防一体，所以自其组建后的两年，又被赋予了网络进攻职责，此时该司令部更名为计算机网络作战联合特遣部队

① 该文主体发表于大西洋理事会网站，经作者综合各方信息编译，原文作者 Jason Healey，大西洋理事会“网络经世倡议”项目主任，详见 http：//www.acus.org/new_ atlanticist/future-us-cyber-command。

② Air force information warfare center，AFIWC。

③ Fleet Information warfare center，FIWC。

④ NETCOM/9th Signal command。

⑤ 出于陆海空各军种之间的斗争，该司令部最初归口国防部，但 1999 年转隶航天司令部。

(JTF－CNO)。[①] 2002年计算机网络作战联合特遣部队(JTF－CNO)随航天司令部与原战略司令部的合并而并入现战略司令部。

但这种安排只是过渡性的，2004年网络攻防业务再度分离。以2004年到2005年国家安全局组建主管网络进攻的“网络作战联合职能组成司令部(JFCC－NW)”的成立为基本标志。[②] 此时，网络攻防业务的正规化基本明晰：网络防御业务归口国防部国防信息系统局，国防信息系统局主任兼任全球网络作战联合特遣部队(JTF－GNO)的司令。理由似乎是：作为管理国防部IT系统的部门，负责系统的防御似乎是更为“正规化”的表现；网络进攻业务归口国家安全局，国家安全局局长兼任JFCC－NW司令。到2004年4月，战略司令部改JTF－CNO为JTF－GNO，并正式将针对GIG运维管理与静态防御的网络化作战(Netops)概念正式确定为联合作战概念[③]。

到此时，美军网络作战军政军令体系在整个国防部框架下成型：在战略司令部内部形成了网络防御与网络进攻军事业务两条线的军令体系；国家安全局和国防信息系统则分别把持网络进攻与防御的军政体系。

但这样的解决方案没有持续几年。奥巴马上台后，于2009年合并JFCC－NW和JTF－GNO两大司令部，组建当前的网络司令部(JFCC－CC，联合职能组成司令部之网络司令部，简称网络司令部)，并于2010年正式形成战斗力。在各业务力量进一步成熟的基础上，美军网络作战的组织机构进一步成熟。而且国家安全局主任兼任新的网络司令部司令，由原来的三星上将提升到四星。从表面上，由国家安全局主导该司令部，主要原因是国家安全局拥有网络安全绝大多数顶尖力量。这一安排主要原因也是“9·11”事件以来，对国家安全局在网络信号情报领域国家反恐行动有效支援做出的巨大贡献的认可。

但当前美国国内在反思“斯诺登事件”后认为，正是因为亚力山

---

① CNO，计算机网络作战，是美军2000年信息作战条令下的联合作战概念。包括计算机网络防御、计算机网络刺探和计算机网络进攻，因computer一词的加入限制了其没能够成为该阶段的标志性称谓。但这三类业务却奠定了Netops的业务构架。

② 该司令部军令体系也在战略司令部之下，与JTF－CNO并列。

③ Netops CONOPS，Netops作战概念，该概念的主体业务是美军军用网络GIG的静态防御。

大·基斯将精力集中于网络攻防作战，致使国家安全局信号情报业务疏于监管。

二、美军网络司令部未来的五种选项

上述简要的历史回顾，可以为未来美军网络司令部的走向提供分析依据。当前，美军网络司令部主要有五个发展方向：

一是分拆国家安全局和网络司令部，这是首选项。虽然有传闻基斯于2014年就退休，但分析家都认为不会等到他退休，两者就会被分拆。当前，奥巴马总统正在允许公开讨论美军总体架构改革问题，[①] 这在过去都属机密。这种分拆方案最被看好，因为奥巴马希望美国国家安全局能做好自己的全职信号情报工作，而不是“更性感”的网络司令部的攻击性使命。这种分拆，将回到2004年的指挥关系模式，美国国家安全局主任是三星上将，负责情报分析与汇报。网络司令部司令是四星上将，按照传统的作战模式回归联合作战框架。

二是升格为一级联合作战司令部。网络空间与传统陆海空天作战域完全不同，将其附属于战略司令部没有任何意义。网络空间及其作战涉及所有战区、跨越物理与虚拟域、囊括在所有冲突形式当中，因此，将其升格为一级联合作战司令部是公平合理的。如果网络空间在联合作战中的地位很重要而又不可能成为一个真正独立的作战域的话，这一选项是非常必要的。

从某种意义上讲，这是1998年以来谋求更大的司令部、拥有更高阶位军衔的将军负责网络空间军事作战的自然延伸。但升格该司令部可能导致美军航天司令部的担忧：1985年成立了一级联合作战司令部——航天司令部后，该司令部只持续存在到2002年。因为事实证明，航天并没有原来所想象的那样特殊或者那样重要。“把太空宣布为一个独立的域与其他作战域完全不同”的结论下的显得有点急躁。航天司令部似乎有点不自量力，现在几乎都被人遗忘。当然，这并不影响网络司令部的升格成为可能的选项。

三是特种作战模式。有些专家认为，网络太特殊了，它不可能正

① 美军正在考虑全球战区性联合作战司令部的重组，网络司令部的走向是个重要内容，http：//www. defensenews. com/artical/20130811/defreg02/308110001/dod-weighs-major-cocom-realignment。

规化。毕竟，主导网络的极客们不善于像传统战士、或者不需要像传统战士那样的严格纪律、矫捷的体魄或技能。[①] 这种选项认为，网络司令部不应该隶属于战略司令部，而是特种作战司令部。这种选项在某种程度上也有意义：如果未来的网络冲突是绝对隐秘的非常规战争，而且国防部视“隐蔽性、浅痕性”高于其他作战要素的话，这不妨也是一个选择。

虽然秘密行动、代理人/非常规网络冲突真的正在逐步盛行，但特种作战模式忽略了网络空间所需要的是常规性工作——网络空间日常性的繁重网络防御业务和网络管理业务与特种作战完全不同。这甚至都不要任何特定的特种专家，仅仅需要耐心和精力去长时间关注细节网络事件，这也是该选项不可行的原因。[②]

四是成立新的网络军种。如果网络真的非常重要，也确实是个全新的作战域，最“正规化”的选项不是升格，而是建立一个完全新的军种。毕竟陆、海、空，每个作战域都有代表性军种负责。那时，该新的网络空间部将打包整合所有网络力量，为其他联合作战司令部提供通用的网络作战业务，特别是那些困扰美军当前作战的诸如远程网络这样的技术性难题。

当然，该选项因为太过大胆而显得最为不可能，也不可能被当前美军的军事文化环境所接受。况且航天司令部也会跳出来提出反面例证：我们已经周期性的、持续的提出成立独立军种的要求，但并没有因为不成立航天司令部我们的军事系统就出了问题。而且，包括当前美国国家安全局都面临的问题是，华盛顿当局正在考虑的是裁员，而不是扩编。况且战略上美国也需要展示出更为低调的姿态。

五是保持现状。本来军事当局很有可能保持现有的总体布局安排不变，但随着现在美国国家安全局陷入的麻烦不断，该选项变得最为不可能了。[③]

---

① 极客（Geek），一般是指网络天才，但一般不做坏事，这一点与黑客有区别。

② 该观点是基于美军当前网络作战装备建设成果而言的，说明美军网络作战装备建设有了质的飞跃。

③ 这其中还有美军军事文化环境的重要原因：美军国防部、参联会、各军兵种高层领导对“国家安全局对网络作战的太多控制、亚历山大·基斯的野心”颇有微词，对拆解美军网络司令部、重归美军联合作战体系是当前美军高层的主流意见。

结束语

网络司令部最终的结局可能取决于陆海空军高级将领们的个性、亚历山大·基斯留下的遗产两大要素。既使不考虑到底哪一选项是更符合未来发展需要的明智选择，来自于财政紧缩的巨大压力决定了，最廉价的方式是保持现状，或者分拆两者。廉价的选择有另外一个优势：简单实用。因为每次对指挥链的重组都在更大程度上意味着背离真正解决网络作战问题——而这些真正需要解决的问题已存在了近20年。

其实无需考虑美军网络司令部的最终命运，当前的决策只是美军前进中的网络力量建设进程中的一小步，绝不是最后一步。就连美军自己都没有完全想清楚未来之路到底该怎样走，美军也不可能想清楚。但美军一直并将继续寻求跟上网络空间冲突的发展步伐。

2014 年陆军网络司令部与第二集团军绿皮书

（美国陆军网络司令部）Edward C. Cardon 中将①

网络空间作战室是当今复杂作战环境的中心，也是美国现代化陆军的基本战略优先方向。为协助陆军在陆上和网络空间保持其作战与技术优势，陆军与 2010 年组建了网络司令部，并成为美军网络司令的陆军职能组成司令部，也是其网络空间作战的继承者之一。当前，自组建四年以来，我们获得巨大的里程碑式进展，表现在网络空间可作战化、集成与同步陆军网络空间作战、确保陆军“任务式指挥”等三大领域。在 2014 财年期间，为支持这三个方向，我们达成了三个关键目标：在组建陆军网络任务部队方面完成了关键性任务；增强了陆军网络空间防御能力；维持了对联合作战和陆军指挥官的支持。

DoD 和陆军的决策远不止这些领域。在 2012 年，DoD 决定组建网络任务部队，陆军负责 133 支中的 41 支。在 2013 年，美军网络司令部和美陆军网络司令部组建了“网络联合部队司令部”，为网络部队提供任务式指挥，以网络空间能力直接支援三个联合作战司令部。此外，第 2014 -2 号陆军上将指令明确，陆军网络司令部指挥官，陆军部队组成司令部，兼任第二集团军指挥官。同时，将网络企业化技术司令部划归第二集团军，以进一步提升网络空间作战的团结努力。

为了在中心位置创建强有力的能力，陆军决定将陆军网络司令部本部和陆军网络联合部队司令部进驻到乔治亚的 Fort Gordon，靠近国家安全安局乔治亚基地。其他的一些重要决策包括：在 Fort Gordon 组建网络精英中心（CCOE），将网络倡导、推动权由网络司令部移交给 CCOE。Fort Gordon 将逐渐融合，并作为陆军网络空间作战的中心，以此增强陆军团结努力，在作战任务范围内指挥控制。

① http：//www. army. mil/article/134857/2014_ green_ book_ army_ cyber_ command_ and_ second_ army。

一、创建陆军网络任务部队

在联合参谋部和网络司令部的指导下，各军种合作起来创建133支网络任务部队、四个网络联合部队司令部和一支网络国家任务力量——这个国家任务力量到2016年形成初始作战能力。陆军负责的41支任务部队包括网络防护部队（CPT），网络战斗任务部队（CMT）和战斗支援部队（CST），同时还包括国家任务部队及其对应的补充性质的国家支援分队（NST）。陆军网络网络部队将全部由现役陆军部队组成。为补充这些现役力量，到2016年开始，陆军国民警卫队（ARNG）和美国陆军预备役（USAR）将以其他形式的部队结构组建网络战斗力量（cyber combat power）。ARNG已经在TITLE10之下组建CPT，而且最终将组建另外32支CPT。USAR也将由陆军预备役信息作战司令部转型成“陆军预备役网络作战组”，它们最终可能部署另外10支CPT。

二、提升陆军网络防御能力

2014财年，借助网络企业化技术司令部和陆军CIO/G6的共同努力，陆军网络司令部提升了陆军网络空间防御能力，方式就是不断强化陆军网络和作战能力，推进联合信息环境（JIE）建设。通过“联合赋能能力（JEC）”项目，陆军创建了更加可防御的网络构架，这是一种全新的，与空军和DISA一道，增加带宽并强化网络安全的架构共享计划，并且节省经费。JEC技术提升了网络安全、可靠性和性能，加大了扩展性，通过增加主干网带宽到100G/秒，增强了按需能力，提升了企业化服务。这些升级工作通过更大程度上的网络可视化、诊断与缓解能力，提升了网络态势感知，让网络更加灵活、可防御。在升级我们当前网络和安全基础设施的同时，陆军还将减少通过将因特网接入点从400个减少到15的方式减少网络漏洞。

陆军网络司令部还通过创建地区网络中心（RCC）的方式提升了全球网络防御能力。RCC将以前“战区网络作战与安全中心（T-NOSC）”“操控、维护、防御”三大职能与地区计算机应急反应分队（RCERTS）紧密结合，并做了指挥构架与流程优化。RCC分别位于西南亚、欧洲、夏威夷和阿瑞森那，已经成为战区网络作战的中心点，它们向陆军投送网络空间能力，在各自战区范围内与姊妹军种同步，支援战区性联合作战司令部。

三、支援联合作战与陆军司令部

确保联合作战与陆军司令部拥有网络空间的自由对于陆军和作战任务至关重要。当前，我们必须将网络视作是作战平台，是跨越五大作战域的力量倍增器。网络向陆军战时提供了超级技术优势，能够进一步接入后勤、情报、火力和其他力量倍增器。网络空间作战正在强化任务式指挥，主要手段包括：构建、操控、防御国防部信息网络，增加网络冗余度、安全和弹性。网络作战还能够拓展战斗空间，加深与联合部队及美军盟军与合作伙伴的协作关系，同时，还可以强化指挥官的“任务式指挥”。

支援联合作战和指挥官的重要方向，是在网络空间环境极度恶劣的条件下提供部队作战能力。我们在战斗训练中心组建网络反抗部队（COF，网络红队），扮演对手。此外，陆军网络司令部与美国“陆军部队司令部”一道，将“网络威胁枚举支援”业务集成到“任务式指挥评估分队（MCAT）”项目。MCAT 分队增强后的目标是将作战分队推送到近现实世界网络威胁面前，在执行部署任务、真正遇到网络反抗力量之前，做好探测、反应和减灾行动。作为网络任务部队的经验，联合网络部队司令部和陆军网络司令部获得向联合作战司令部提供网络能力的机会，也获得了来自伊拉克、阿富汗作战期间联合作战司令部提供的教训，陆军网络司令部正在与下属司令部协调，发展可部署的、训练有素的网络部队，以支援传统战术部队。陆军网络司令部已将相关能力集成到战术作战行动之中，并与网络反恐部队一起，在战斗训练中心一起训练。

四、来年的目标

对于 2015 年，陆军网络司令部的重要目标包括网络空间使命的三大关键方向：人才、作战和流程。“人才”是网络域的关键。陆军网络司令部正在建设可信任的精英部队，并筹划他们的网络空间职业生涯。陆军网络人才正在扩编，招募、管理和保有网络现役或非现役人才方面的状况正在好转。陆军还正在发展网络电磁部门，最近组建了临时的“网络电磁（CEM）”分队，专门跟踪并管理陆军网络部队人员。这个临时的“职业生涯管理分队”业务涵盖“现役士兵、准尉和军官管理”，它站在组织关注的角度，结合了“职能需求和任命推荐”两大方向。CEM 分队团结并统管整个陆军网络人才的士气，包括不同不同军事职业领域的专业人才。陆军正在使用“E－4”，这个“非－MOS”指定的网络“额外技能标示”（ASI），来跟踪和管理有资质的网络战士，基于网络战士的技能和阅历，协助人力资源司令部管理网络人事任命。因为陆军聚焦于将网络部队作为整个陆军部队的一部分发展网络人才，所以陆军正在从所有军事职业专业人才和部门中识别合适的网络战士，并不断集成这些预备组成（RC）网络战士和分队。拥有训练有素和战备充分的网络部队是满足联合作战域陆军指挥官的第一要务。RC 也是陆军网络部队的基本组成部分，美陆军将持续发展人才战略和配备进程，在 RC 给网络作战带来的能力和技能方面投资。

陆军网络司令部正在寻求利用“大数据”能力支持陆军作战，提升向决策者提供所需信息的适时度和效率，以此提升网络防御。陆军网络司令部正在督促指挥官构建更强兼容性和检察项目，以提升持续的网络监测能力，确保防范内部威胁，并进一步细化已有各项项目。陆军网络司令部将继续提升防御性网络作战能力，让陆军网络更加难以刺穿，并毫不犹豫地跟踪、反击网络威胁，确保网络空间行动自由。

陆军网络司令部正在与 HQDA 合作，发展并提升网络资源配置战略，确保能够及时地向指挥官和国家决策当局提供网络空间能力。陆军网络司令部将强化与陆军网络经营中心（CCOE）的合作，并将其作为基础的合作伙伴，并视其为“在跨整个条令化的陆军不同领域中发展网络空间条令和需求”的重要力量。

2014 年对于陆军网络司令部来说是个分水岭。在选址部署、组织构建和任务式指挥等方面的重大决策正在提供更大的推动力。这是陆军网络空间作战的激动人心的时刻。挑战被陆军网络司令部面临的机遇所超越。在持续发展进步之际，陆军网络司令部认为，人才第一，流程和时机正在变化，但还是“人才”在恰当的时机和场合组织能力完成了使命。陆军网络司令部如何在这个持续竞争的领域中继续努力将成为传奇。陆军网络司令部的战士和文职人员准备好了迎接挑战！

美军战术网络作战力量基本情况

近日，美军宣布将于2018年实现133支网络作战分队的完全作战能力。这将是2009年网络司令部组建以来，美军推动网络作战走向战场、支援联合作战进程中重大里程碑式的事件。现将其基本情况介绍如下：

一、军种主导下的联合作战战术支援分队

美军2009年以其网络作战部队尚处于分散状态。分别由ISR电子情报、战场通信保障、指挥信息化安全防御、航天作战保障、战场电子战、信息作战等六大类不同业务部门分头管控。整编后作战人员以四个集团军编制、约13万左右规模分属四大军种。到目前为止，他们在军种主导下，已经整合为独立的网络兵种。

依据美军军政、军令分立的联合作战体制，2009年组建网络司令部只是军令系统的指挥机构，对这13万部队只有指挥权，没有行政管理权。而且这四个集团军主体任务仍然是联合作战保障，不是联合作战支援。新组建的133支营级规模的分队，就是要在现有解决在军种主导的军政体制之下，完成战术层面联合作战支援使命。按照现有公开数据，133支分队在各军种的分布情况如下表。

分队	国家任务	国家支援	战斗任务	战斗支援	网络防护		合计
	13支	8支	27支	17支	68支		133/6187人
海军	4	3	8	5	20	国家网络18支	40/1860
空军	4	2	8	5	20	军种网络24支	39/1821
陆军	4	3	8	6	20	DODIN 6支	41/1899
陆战队	1	0	3	1	8	CCMD C^2 20支	13/607

其中，国家任务分队和战斗任务分别负责国家关键基础设施与军用关键信息基础设施网络系统的作战任务，国家支援分队与战斗支援分队则分别负责定向支援前者，在网络战场准备和网络武器定制开发

上做好技术支援。而网络防护分队则根据要防护的国家网络系统、军种网络、DODIN 网络干线、联合司令部指挥控制信息系统四类目标而区分为四大类。但需要说明的是，虽然所有五类分队的名称与战役层面任务有所不同，但从技术和战术角度看，他们都属攻击性力量。

二、全球部署、综合编组的兵力配备模式

各军种基本按照现有组织架构配置使用这 133 支分队：陆军按照旅战斗队的模式，将 41 支部队配属于两个旅集中建设、训练。但在作战演习过程中，这 41 支分队将会打散，以单个班或排小队的方式，用所谓网络要素的方式与现有旅战斗队混编，共同完成作战任务；空海军的作战分队则主要部署于全球的主要空军基地、海军通信或情报站。必要时他们也会被打散，以小分队的样式配置于作战飞机、舰艇或潜艇之上完成任务；他们常驻于美国本土，太平洋战区的夏威夷、日本，中央战区的巴林，负责平时与战时国家、军队网络国防使命。

国家任务分队、战斗任务分队标配 64 人，国家支援分队、战斗支援分队和网络防护分队标配 39 人。现役军官约占 1/2，国防部文职人员约占 1/3，NSA 情报体系人员约占 5%—8%。最开始曾计划编配私营承包商人员，后来全面取消。比较有意思的是：在网络防护分队中，情报体系人员占主体，而其他四类分队中，国防部体系人员与情报体系人员比例约为 2：1。这种编组模式说明，在强调防御任务为主的网络防护分队，无论是防御国家或是军队网络，主要借助 NSA 的网络态势感知能力，而在强调攻击性任务的其他四类分队中，主要由国防部现役军人把持，以此实现与美军原六大类网络业务的综合编组。

三、两阶段 + 三环节的网络作战样式

美军对这些分队基本确立了“和平与战时两个阶段衔接”和“网络战场预置 + 网络电磁行动抵近召唤 + 远程接入操控三环节相扣”的网络作战样式：

一是网络战场预置。主要由情报人员以和平时期情报作战行动完成。他们以斯诺登所揭露出的系列项目为装备，通过网络战场情报采集分析、软硬件供应链污染、人力情报手动后门预留、远程物理隔离网漏洞植入等方式，累积网络战场漏洞知识库，预先开发针对性网络

武器。

二是网络电磁行动抵近召唤。在军事行动期间，以诸如 X47B 无人机、濒海战斗舰、潜艇、X37B 航天器或者前出特种小分队物理上抵近攻击目标，以电磁手段搭建网桥、打通物理隔离限制，运用诸如舒特这样的网络作战战斗管理系统，并借助“无线电地图”等装备实施目标识别、效果评估，执行网络—电磁行动打击。

三是远程接入操控。在固定军事基地的远程作战中心，指挥控制分队通过抵近分队构建的联通网络，使用“X 计划”这样的网络作战平台，实施远程网络作战控制。抵近网络—电磁行动要素与远程指控分队之间形成类似“特种作战 + 传统火力召唤”式的配合关系。

美军在网络作战战术支援联合作战领域的探索，具有非凡的军事实践价值。但它开启了网络空间军事化的大幕，是美军网络空间军事化的核心体现。

美国网络空间战略在亚太

2013 年斯诺登揭秘事件以来，美国网络空间战略随之出现调整，转为强调以“威慑”与“合作”并重。在重返亚洲战略指导下，亚太成为美国战略重心。在此战略略背景下，2014—2015 年美国正在加强在亚太地区网络空间的战略布局，正在对我逐步推进网络空间军事斗争准备战略部署。

一、威慑与合作并重的美国全球网络空间战略

美国网络空间战略发端于克林顿，发展于小布什，成熟于奥巴马。2009 年奥巴马上台以来，积极地、明确地奉行网络空间威慑战略。强调以攻击性网络手段和传统武器甚至核武器威慑网络空间威胁。这实质上是一种尚不自信的表现，反映出美国意图谋求的网络能力上尚未完全满足自身国家安全需求。但奥巴马上台后不断调整、完善网络空间国家领导体制。通过大力推动国家网络力量整合，实现了国家网络空间态势感知能力的实质性跃升，这在一定程度上提升了美国奉行网络威慑战略信心。2012 年奥巴马政府制定《网络空间作战国家政策—PPD20》，进一步强调网络力量作为国家安全力量重要支柱的地位，坚定发展攻击性网络作战力量。

但 2013 年斯诺登解密事件不仅揭露了美试图借助网络空间控制全球的战略野心，还彻底暴露了美网络力量的底牌，分裂了美西方国家网络空间战略联盟。为此，美国国内出现调整美国网络空间战略与政策的声音。一方面继续大规模投资建设基于网络空间态势感知的网络机动能力，坚定地发展攻击性网络作战力量，将发展虚拟网络力量上升到新战略高度。通过不断渲染俄罗斯、伊朗、朝鲜、中国的网络威胁的方式，采取政策上小步走的策略，不断丰富“从媒体抹黑、司法指控、经济制裁、再到网络打击”的政策框架。另一方面，不断谋求网络空间战略与政策的透明。通过强化与欧洲盟友战略沟通，正在重新整合网络空间联盟。借助 2015 年欧洲出现恐怖主义扩散化的趋势，以协助欧洲反恐情报保障的方式，换取欧洲国家对美网络战略与政策

的理解。2016年，美军官方高层公开对IS发动网络战，很好地博得欧洲国家对美发展攻击性网络作战力量的谅解。

2015年底，美国公开了《网络空间威慑战略》政策文件报告。该报告标志着美国网络空间战略与政策调整为“威慑”与“合作”并重的策略，在坚定发展攻击性力量的同时，展开国际网络合作全球部署：针对俄罗斯在欧洲推动与盟国合作，针对伊朗在中东与沙特等海湾国家合作，针对网络犯罪在美洲与美洲国家组织合作。针对朝鲜、中国在西太与日韩澳合作，针对网络恐怖主义与东南亚国家合作。同时，以“拉”“压”配合的手法，成功与中国构建网络犯罪协查机制。目前正在推动与俄罗斯网络空间合作关系的恢复。

二、美国网络空间战略在亚太推进已经有阶段性成果

美国网络空间战略布局来源于美国对网络空间的深刻理解：网络空间即数字空间。网络基础设施运维、安全防护属于网络空间职能，传统信息安全（国家安全保密业务）保障情报、ISR电子信号情报采集属于网络空间，以数字化干扰为特征的下一代电子战也属于网络空间业务，甚至将航天作战也在一定程度上划为网络空间业务。对美军来说，网络空间即是虚拟对抗的空间，更是改造、发展传统联合作战能力的支撑空间。在这样的战略认知基础之上，美国亚太地区网络空间战略布局主要表现在情报作战保障、保障联合作战、支援联合作战三大领域的最新发展动态，也表现为战略与外交层面上为这三大领域力量在亚太地区发展展开的战略设计。目前取得的成果主要表现在以下几个方面：

（一）强化在亚太地区的网络空间军事力量部署

长久以来，亚太地区一直是美国网络空间战略重点：美西海岸对亚太地区的光缆一直受美国家安全局监控；在夏威夷海军通信总站布设整个亚太地区情报监控网络中心节点。搭配原天基红外系统，测试STSS天基导弹预警系统，监控西太地区导弹发射，完成系列国家反导实验；在日本北部部署战略ISR电子信号情报装备，监控覆盖中朝俄的远东网络空间战略、战术导弹情报，发展地（水）面、空中、太空一体化的反导网络。目前美日正在利用日本那霸基地，对我东海防空识别区展开试探性情报侦察，发展针对预警机相控阵雷达体系的反制

措施；通过与台湾当局的合作，在我台湾中部阿里山部署X波段雷达；2005年开始，在韩国乌山基地构建亚太地区网络监控区域节点，对亚太地区的中、日、韩因特网数据全面监控；在泰国芭提雅海军基地部署无人值守情报监测站，监控亚太地区所有同步轨道通信卫星通信数据；在新加坡樟宜布设关键海道军民船只监控网络；在中国大陆四个领事馆部署服务于攻击性网络作战的基础设施。

自2009年网络司令部成立以来，美军整合所有涉网军事力量，已经形成四个集团军、13万规模的网络兵种。2010年以来，通过与日本自卫队的合作，强化海空天一体的反潜情报网络，以冲绳那霸为基地，大力提升东海方向反潜作战能力。2013年以来，逐步推进网络作战正规化，将网络作战视作是关键联合作战力量，在战场上支援联合作战行动。2014年前后，先后与澳大利亚合作，在达尔文停靠“全球鹰”无人侦察机，向西控制中东、中亚、南亚，向东经日本、阿拉斯加控制西太。根据2015年最新公开资料，美海军将其所属40支攻击性战术网络作战分队的14支，分别部署于夏威夷和横须贺，主要作战方向就是西太。在2016年国防预算中，通过与菲律宾的合作重返南海东部，启动建设覆盖南海的情报、监控、作战网络基础设施，并在菲律宾部署一架EC－130H电子战、电子情报作战飞机。通过与新加坡的合作，停靠、保障其濒海战斗舰在南海方向的ISR战略情报侦察。2016年，在前期与日本合作的基础之上，利用朝鲜核试，绑架韩国积极推动萨德雷达系统在韩部署。通过媒体放出风，意图提升与台湾在远程预警雷达的情报共享，甚至层计划与菲律宾合作，针对我南海海军战略核潜艇基地，构建覆盖南海的反导雷达系统。

（二）提升与日、韩、澳传统盟国的网络空间战略关系

美国亚太盟国是美国亚太网络空间战略部署的核心支点。

1. 澳大利亚是美国传统军事盟国，与新西兰一起，自20世纪50年代以来一直是“五只眼联盟国家”。澳大利亚在美军眼里最重要的战略优势，恰在其位于南半球的地理位置。它填补了“美军天基航天战略资产能够在北半球完成任务后，迅速在南半球上空实施数据下载、航天任务调整规划等重要任务”的能力空白。澳大利亚北部还是美军面向太平洋、印度洋潜艇长波通信站的主要基地。2011年，美澳两国防长发表联合公报，加强太空、网络、联合演练、弹道导弹防御等方

面的合作，并宣布1951年缔结的《美新澳安全条约》适用于网络空间。2013年斯诺登解密事件暴露出美方借助澳大利亚的优势地理位置和紧密经济、政治关系，监控东南亚有关国家。目前，美澳试图将其北部达尔文地区军事基地群建成前出南海的前哨。这一战略部署，一方面满足美国的战略利益，另一方面也能够满足澳大利亚自身对东盟的战略影响和控制。

澳大利亚的国际战略、安全战略、经济转型走向决定着澳大利亚对美军亚太部署中的未来发展。最近澳大利亚海军未来潜艇舰队项目选择欧洲而非日本苍龙级作为合作方，就出自于澳大利亚自身国家长久国家安全利益的考虑。美澳军事同盟关系的深入发展对我影响需要客观的战略评估，不但要考虑美方对澳大利亚在军事部署上的借重，还要考虑澳大利亚自身战略利益。澳方深刻理解美方在网络空间的在澳战略部署对澳自身国家安全产生的影响，澳方对美下一步攻击性网络作战力量在澳实质性部署的战略态度有待观察。

2. 安倍政府“借美制中”的安全战略选择是近期内美在亚太地区网络空间战略部署的重大突破。在此战略思想指导下，2014年新版《美日安保条约》的重点从强调军事作战装备上的互联互通、技术共享、体系化集成基础之上，更加强调军事作战层面上的联合作战指挥控制机制的深入，强调在太空、情报、网络、反导等领域的全面合作。这三大领域的最新合作成果彻底将日本自卫队内嵌到美军联合作战框架之下，以对朝反导项目、对中反潜项目为牵引，美日联合作战体制在军事实践之中不断成熟。

但美方在网络空间战略部署上仍然对日本存有疑虑，在强调情报数据共享的基础上，在鼓励日本自卫队发展防御型网络作战力量，允许其发展网络空间态势感知能力，但仍然限制日本攻击性网络作战力量的发展。美海军将其所属的攻击性网络作战力量部署在日本横须贺就是基于这样的考虑，也是日美双方在该问题上的妥协方案。未来我应该高度重视该支分队的作战使用，充分评估其对我网络空间军事斗争的影响。

3. 美在韩军事部署与在日军事部署不同。美韩联合作战指挥权仍然在美方。韩国在数字经济产业领域的发展与美是竞争关系。在借重美军威慑朝鲜的同时，韩国对美网络作战力量的部署持有戒心。种种迹象表明，韩国政府对美军强化在乌山军事基地因特网情报采集方面很可能不知情。2013 年驻韩美军完成“战区网络企业化升级改造”还只限于联合作战保障领域的部署调整。韩美日三方 2015 年签署的《对朝的情报共享》只限于战略层面个案合作，不是作战行动层面的全面集成。

韩国国防部在攻击性网络作战力量发展战略方面具有自主权，也正针对朝鲜核项目发展计划，发展自身的攻击性网络作战力量。斯诺登文件显示，美方在网络情报领域时常也以韩国情报部门为作战对象。总之，美韩与美日在攻击性网络作战联合方面具有本质的不同。对我产生的可能影响也不一样。

（二）稳步推进与东盟国家网络空间战略合作

美对东南亚地区的网络空间战略部署由来已久。美方借助澳大利亚，全面掌控域内各国的国家安全战略情报。但这种战略布局是美澳单方面的，不是双方自主合作式的，甚至可能是攻击性的。这方面有历史的原因，也有东南亚国家网络与通信基础设施基本被美澳控制有关。泰国甚至都没有自主的网络电信服务商。新加坡借助自身商业服务能力也很好地掌握了东南亚国家的情报，但美新之间未见明显的国家层面情报紧密合作。印尼与马来西亚则因为穆斯林文化等问题一直拒绝与美合作。越南对美展开的意识形态领域斗争也存有高度戒心。

但目前，美与东南亚国家的战略合作正在取得巨大进展。主要手段包括：一是战略上降低对东南亚穆斯林国家的外交压力，从战略上重构信任关系。美马（来）、美印（尼）之间战略层面关系得到改善。二是渲染中国对东南亚国家的网络情报威胁。美借助新加坡，通过“火眼”等公司的商业行动，指责中国对东南亚有关国家的网络空间国家安全威胁。三是利用恐怖主义事件促动与有关国家在具体案例上的司法合作，美印尼双方成功的逮捕了对美战略司令部 Twitter 账号发动攻击 IS 黑客成员。四是利用网络经济犯罪协查，逐步构建双方信任关系。五是推动在菲律宾构建军用网络基础设施，保障在南海地区内情报、作战等系列军事作战行动。

当前，美国与东南亚国家间的网络空间合作正在逐步展开。双方实质性的、针对第三方的网络威慑很难出现大的、战略性格局上的变动。这种趋势非常不利于中国在该地区的影响力的发挥，威胁着南海方向国家核心利益。

三、中国破解美国亚太地区网络空间战略围堵迫在眉睫

长期以来，我国网络空间战略重点是对美、对欧。承受的、能看得到的压力主要来自意识形态领域，部分涉及数字经济产业，网络外交压力比较大。但因为中美双方在网络国防力量建设上差距比较明显，导致国家安全情报、国家关键基础设施安全保障、网络空间军事斗争、网络反恐等议题长期被动。“网络空间安全成为国家安全新高地”尚停留在战略层面、理论层面。

在重返亚太战略背景下，美国在亚太地区网络空间的合纵连横已经成为对我国家安全的现实威胁。而且网络空间这种威胁与冲突很可能是未来10年、20年、甚至是50年的主要形态、样式和焦点。我们判断：尽管网络空间斗争态势迅速演化，但我们网络空间的主要对手仍然是美国。但美国全球仍然有很多制约因素，短期内仍然会奉行“威慑”与“接触”并重的策略。我方要破解美在亚太地域的网络空间战略布局，也必须两手抓。

一是坚定执行东海、南海方向的既定战略筹划。中美双方在东海、南海方向上拥有巨大的战略接触空间。双方利益边界远未被限定，远未达到双方讨价还价的战略红线。美在亚太地域的网络空间布局服从服务于美国总体战略需求。通过军事、政治、经济等领域的战略性合作，向美展示我方“无意取代美国的战略地位”，缓解美方对中国崛起的战略焦虑是必须坚定战略方针。必须看到，美方在亚太地区的网络空间战略布局某种程度上、某些领域，比如网络反恐情报合作、网络犯罪协查，可能对我有利。我们要时刻警惕的是美方的浑水摸鱼，防止美方利用网络空间为其谋求非对称的国家战略利益。

二是进一步发挥我对亚太大中华区域经济、文化、意识形态领域的影响力。美方在亚太地域的网络空间整合还有很多结构性、战略性矛盾，短期内很难彻底实现。美国主导亚太地区安全格局的发展远未成熟，客观地对待这种战略布局，即要高度重视，又要冷静对待。以经济、文化、意识形态领域的优势影响力破解美国的网络空间围堵仍然是当前最有效的策略。以具体的网络外交行动，在政治上强化与澳大利亚、韩国、东盟等地区或国家之间的合作，仍是重要的战略选项。

三是积极推动构建中美共同主导的亚洲经济与安全合作体系。亚太地区“中国占据经济主导、美国占据安全主导”是当前的主要政治经济特征。如何破解这一结构性矛盾，成为中美之间的重大战略课题。适时推动加入美国主导的 TPP，适时的邀美合作构建地区安全框架应该是破解中美之间可能的“修昔底德陷阱”的现实战略考虑。这种战略层面的布局，有助于为打破美方在网络空间的战略围堵构建缓冲。

四是加紧建设国家网络安全力量体系。这是我们当前最为紧迫的任务。美国利用“9·11”以后国际反恐战争的实战磨练，已经在国家、军事层面上做好了完成网络空间国家力量转型，形成了网络空间国家领导体系，取得了网络空间军事化的阶段性成果。美国网络力量已经成为保障其国家安全、拓展其国家利益的重要手段，对我产生了巨大的安全压力。对美这样的华丽转型有战略认知，我们尚无有效战略应对手段。建设中国特色的国家网络安全力量已经非常紧迫。我们不应该囿于发展攻防兼备网络力量过程中，可能的、不存在的政治层面国际社会压力，大胆、公开的打出网络国防旗帜，以坚实的国家网络力量展开国际合作、慑阻美国的战略优势，是最佳选项。事实上，包括美国、欧洲、俄罗斯、金砖五国等重要网络强国在内，惧怕的不是网络空间力量发展，而是不确定的网络空间战略风险。在新军事改革的基础上，发展网络国防安全力量已经具备外部国际环境。

美军网络司令部升格开启美军联合作战变革

2016 年 3 月份以来，美军高层已经基本达成网络司令部升格为职能型一级联合作战司令部的共识。这将是美军网络空间军事化的重大事件，标志着美军在网络作战正规化方向的重大突破。更重要的是，该事件可能开启了美军新一轮军事变革的第一幕。

一、美军网络司令部升格是美军网络作战发展路线图中的里程碑

美军高层就网络作战发展问题有清晰的路线图，其历史逻辑起点20 世纪 90 年代。他们认为，美苏对抗、两次伊拉克战争背后的情报作战、航天作战、电子战等问题必将导致网络空间军事化，这是信息时代战争样式的必然演化，无论美军推动与否，都会是客观结果。美军高层认为，唯有坚定发展网络空间攻防力量，才能未雨绸缪。但如何才能准备军事理论界设想的网络战？如何发展网络作战力量？网络作战样式是什么？网络作战武器装备是什么形态？如何处理网络作战与联合作战的关系？美军同样困惑。

“9·11”事件之前，美军网络力量上比较弱小，只存在于战术层面。虽然能够执行某些特定战略性任务，但尚不能完成真正意义上的网络战争。“9·11”事件之后，在反恐战争战略情报需求的驱动下，美军大力投资建设网络空间全球监控项目，情报领域的主、被动网络情报获取能力获得质的飞跃。2009 年，经过美军高层的充分酝酿，决策开启网络作战正规化进程，逐步形成了网络作战发展三阶段路线图：首先，在军令体系上设立二级联合作战司令部，进一步培育网络力量建设；其次，逐步将其升格，让其在联合作战过程中真正发挥作用；最后，探讨网络力量进一步发展的新模式，让网络作战力量发挥主要、甚至是决定性军事效应。

第一阶段：二级职能型联合网络司令部与网络兵种

首先，由奥巴马总统推动在战略司令部之下，组建网络司令部，大力培育发展网络力量。对此，在军政、军令分立体制之下，美军高

层所承担的任务有两个：一是在网络情报作战的基础上，推动网络作战力量军事运用，探索网络作战保障和支援联合作战，创新“国家任务、战斗任务和网络防御任务”三条链的网络作战指挥控制模式；二是探索、成熟网络作战力量体系，在整合“ISR 信号情报、电子战、网络运维、计算机网络防御、航天作战、网络攻防”等六大业务领域作战人员的基础上，形成现有军种体制之下的网络兵种——信息主宰兵种，并推动网络作战分队力量编组，人员发展与训练，发展嵌入传统作战平台之上的网络作战武器装备。

第二阶段：一级联合作战司令部

其次，当前美军在 2016 年升格网络司令部为一级司令部的计划，满足了不升格无法继续推动网络力量全面发展新需求。这种新需求主要表现为网络作战装备发展问题。美军网络作战力量根植于 ISR 情报作战，美军网络司令部与国家安全局是同一个组织体系，两块牌子。2013 年斯诺登解密事件之后，美国曾有声音从政治需求角度出发，拆解国家安全局和网络司令部。但从军事力量角度看，拆解两者必然大幅度削弱美军网络作战力量，实质性阻碍其发展壮大。利用国家全局物理隔离网侵入能力，将网络作战系统嵌入到 EC－130H、F－22、F－35、X37B、EA－6B、B－21 战略轰炸机、濒海战斗舰、弗吉尼亚级潜艇等这样的传统武器系统之中，在军事战场上执行“近战接入、无线召唤（R3：Radio Recall and Reach back）、远程操控”是美军网络作战基本样式，即 CaR3Rc 作战样式。该作战样式断代性开创了网络作战军事实践，即将发挥网络作战对战场的控制作用，又与传统作战平台紧密配合，必将要求网络司令部在陆海空军装备体系发展中发挥更重要的作用。2013 年空军的“作战云”概念，2014 年陆军“网络电磁行动条令”，2015 年 12 月，老乌鸦协会（AOC）的第 52 届国际研讨会正在讨论推动的就是这个问题，都是要解决网络作战武器装备体系形态的问题。

第三阶段：网络军种？联合作战形态进一步演化

2016 年以后呢？网络作战发展路线图的未来是什么？陆海空军种主导格局下的网络兵种已经成形，还要组建新的网络军种吗？要回答这个问题，必须回答未来美军联合作战形态问题。

二、美军网络司令部升格是美军联合作战发展中的里程碑

美军联合作战基本形态的演化驱动来自两个问题：一是对手或者威胁的演化；二是自身军事能力的发展。而贯穿两者、推动其发展的就是军事作战实践，是推动美军联合作战“横向跨军种、纵向跨部队层级”两个方向上深度联合的核心因素，并逐步推动联合作战体系化形态从“政治联合、战略联合、作战行动联合到战术装备联合，再到单个人员层面的联合”的不断演进。

第一，政治层面联合：联合作战形态演进的开端

美军长久以来的军事文化是军种文化，而非联合作战文化。二战之前1920年美军颁布的《陆军和海军联合行动》条令即有联合作战概念的萌芽。二战后1947—49年《国家安全法》确立的文官领导体制，解决了政治层面上国防部作为各军种之上“政治联合”的架构设计。

第二，战略层面联合：联合作战形态演进的实质进步

冷战时期核战威胁曾经极大抑制了联合作战发展。越南战争军事实践的反思，80年代伊朗人质危机事件“鹰爪行动”的失利，对利比亚“黄金峡谷”外科手术式海空联合大行动的成功，让各军种充分意识到战略层面联合的重大意义。美苏争霸的行将结束，也为各军种力量发展释放了重大“利好”。两者的结合，促动各军种开始筹划战略层面上的联合。这就导致20世纪80年代初期《戈德华特—尼克尔斯国防部改组法》的通过，它努力理顺了美军战略层面上军种割裂的局面。但该法案还只是从军令系统这条脉络上贯穿军事力量战略性联合运用做出调整。军种仍然“隐式”的处于指挥链之中，一直到现在。

第三，作战层面联合：联合作战形态演进的重心

这是当前网络作战解决的主要问题。

两次海外战争切实地让美军各军种开始探索作战层面上联合的“甜头”。自此，“独立”“隔离”战略思维被各军种逐步抛弃。“空地一体战”理论得以实践，“非接触式作战”“信息战”“精确打击”“OODA”“五环理论”等军事概念不断创新。网络中心战、基于效果作战、快速决定性作战、震慑等军事理论得到落实。这启动了各军种军事作战层面联合的迅猛发展。该时期是美军各军种联合作战能力发展跃升的阶段，更是军事作战理论创新发展的黄金期。军政体系中军

种主导格局没变，但军令体系下军种联合的作战文化逐步提升。美国海军提出“网络中心战”理论，能够很好地被空军和陆军所接纳。也就在同一时期，网络空间装备体系物理层面上的“联合”开始出现，信息化指挥控制平台将美军各军种很好地结合到一起。作战行动层面上的联合成为现实。

“9·11”之后的反恐战争则彻底改变了军种隔离格局。情报作战、特种作战、航天作战、无人机作战等作战样式纷纷出现。在中央战区的反恐作战行动中，来自陆海空不同军种的特战队员，使用能够“互联互通互操作”的各式武器在同一个战壕中与本·拉登领导的“基地”组织作战。各军种在筹划自身传统军事力量建设过程中，如果不发展能够与其他军种联合作战的武器装备系统，你无法得到国防预算。美军基于这种作战能力整合上的自信，曾经信誓旦旦地宣称“保证能够同时打赢两场局部战争”。美军军事力量建设也由“基于威胁”转为“基于能力”。此时美军在网络空间作战也在做整合。标志性事件是2004 年以国防信息系统局为主导，组建“全球网络运维联合特遣部队（JTF - GNO）”，将各军种相关保障保障力量整合在一起，用以保障联合作战指挥控制系统和网络基础设施安全稳定运行。二是 2005 年以国家安全局为主导，组建“网络战联合职能组成司令部（JFCC - NW）”，将各军种 ISR 情报系统力量做整合，用以在作战、战术层面支援联合作战。

2009 年奥巴马总统上台以后，意识到美军这种无节制扩张导致的战略力量空虚。美军逐步收紧海外军事部署，大力削减国防预算。后恐怖主义战争时代美军该走向何方成为重要战略性议题。美军再次转为求助“威胁判定”，认定世界范围的威胁形态发生重大转型。“威胁频谱”概念开始出现，区域崛起中的大国与非传统安全威胁并重成为促使美军“展开新征程”。实质上，这要求美军联合作战能力向更深层次发展。具解决方案就是“网络作战”。2012 年奥巴马总统颁布绝密版的《国家网络空间作战战略（PPD - 20）》，从国家安全战略的高度视网络作战为国家“硬”实力，突出强调攻击性网络力量发展。在此战略思想指导下，美军进一步整合 2004 年、2005 年战略司令部之下组建的两大二级司令部，组建新的网络司令部。国防部对整个网络空间力量情况进行评估，规范网络力量建设国防预算，在国防预算吃紧的情况下，不断向网络空间投入巨资。参联会则颁布《过渡性网络作战指挥框架》。各军种则逐步探索发展133支网络分队，完善人员配备、训练编组、战备值班等条令、制度。

第四，装备层面联合：联合作战形态演进的高级阶段

这是当前网络作战对传统联合作战的冲击。

特别值得注意的是，网络空间这种整合与美军对未来联合作战形态的设计紧密相关，是以网络作战装备体系推动“跨军种装备层面的大联合”的具体体现。2012年联合作战条令中提出的“全球一体化联合作战”顶层概念，成为对联合作战形态筹划的顶层设计。再此牵引之下，后来更名为“全球公域联合介入与机动”的军事概念，在2014—2015年提出的“第三次抵消战略”，实质上都是美军在“装备发展层面”上的战略顶层设计。而网络空间武器装备是这些装备体系的核心之中的核心。网络作战装备内嵌入传统作战装备之中，在“网络中心战”物理层面打通传统装备互联互通的基础上，从“逻辑层面”再次打通不同装备之间的关系，美军称其为“数据中心战”。这是10年以内中近期内可以预见的美军联合作战发展新形态。从这一点上来说，美军网络司令部升格为一级联合作战司令部是美军联合作战发展形态演化过程中里程碑式事件毫不夸张。

三、未来美军联合作战基本形态构想

未来美军联合作战的未来是什么？美军网络作战在其中起到什么作用？独立的网络军种会实现吗？

第一，未来美军联合作战基本形态是“知识中心战”。也就是作战个体“人”层面上的联合。从网络中心战、数据中心战到知识中心战，是历史的必然逻辑。美军在全球一体化联合作战概念设计过程中，特别强调“任务式指挥（MC，而不是C^2）”，靠的就是单个作战人员或者分队作战执行过程中能否获得细致全面的“知识保障”。正像美参联会J7代理部长，空军准将2016年在《美军联合作战中的“跨域协同”》计划手册中提到的，“跨域协同最大的挑战在于能够吸收多领域专业人才及其经验知识，并使其融入到计划制定与作战之中”。知识中心战将是孙子所提出的“知己知彼”极致表现。而这完全在于美军是否能够占领网络空间。知识中心战不仅为联合作战打开方向，更为网

络作战指引发展方向。

第二，军政、军令系统合并，军种彻底退出指挥链。美军当前军政+军令分立的联合作战模式，并不是完全意义上的彻底分立，或者彻底分裂。军种没有顶层的联合作战指挥权（C^2 中的第一个 C），但在指挥链中仍然具有中间层的作战控制权（C^2 中的第二个 C）。这种选择的基本原因还是能力问题，还是在底层的“战术执行层”的战术分队或武器装备尚未完全互联互通的原因。这一点不仅表现在传统陆海空领域中的作战行动，也决定了美军网络作战指挥控制链中也有军种的重要支撑性作用。军种不能完全撤出指挥链是当前现有条件下的必然选择。目前美军正在推动的《国防部汇聚战略》就是要进一步设计战术层面能力借助网络空间实现“战术战斗力汇聚”。但未来中远期，随着这种能力的提升，军种必将完全退出指挥链。美军一直强调以战斗力为中心。军种尚未退出指挥链是因为战斗力生成机制尚未解决，军种彻底退出指挥链也因战斗力生成机制的完善。

第三，战区职能逐步退化，按照作战职能彻底编组。今年是两年一度的联合司令部计划（UCP）调整年。网络司令部升格的问题已经是美军高层共识。还有一个问题需要 UCP 解决。这就是参联会的职责与地位需要调整。这一点美国防部长在“战略与国际问题研究中心”已经清楚的提出要求。“现有联合作战体制由战区中心型向职能中心型”过渡已经出现在美军高层对话协调日程之上。网络司令部升格就是该最新动态的集中表现。美军未来战略运输司令部、特种作战司令部、航天作战司令部、全球打击司令部、信息作战中心、情报作战等职能型作战顶层机构的地位都必将得到提高。早在 20 世纪 90 年代末期，美军参联会副主席欧文斯就新军事变革问题就提出，按照“主动机动，精确打击，全维防护，聚焦后勤”四大职能重构美军。现在看，美军新军事变革正是完全按照这个思路在走。只不过欧文斯生不逢时，后来的拉姆斯菲尔德也因反恐战争被打断了雄心勃勃的“国防部转型计划”。其实，更应该说，两个人的步伐拉得有点大。军事变革的理论准备固然重要，但要化作国家或者军事集团意志，还必须要驱动，有实践，更重要的是有支点。这个支点就是网络空间，而美军 21 世纪之初在网络空间远未成熟。

第四，传统军事意义下的联合作战终将走向衰退。从威胁角度来看：无数为军事理论先哲明确指出：军事是社会领域矛盾冲突的集中体现。但军事领域的存在也完全依赖社会发展。网络战、网络作战是人类进入信息时代必然冲突样式。它支撑了联合作战形态从政治一直到人整个环节的演进，却被社会形态环境所支撑。信息时代人类个体之间的紧密互动与冲突将逐渐上升为主流矛盾样式，并上升为未来社会矛盾冲突的基本样式。现在意义上的网络反恐问题，网络犯罪问题就是未来冲突的胚胎。大规模传统意义上国家行为体之间的军事冲突将逐渐弱化，这将导致传统意义上的军事联合作战逐渐衰退。从能力角度看：届时，理论上、想象中的网络战将成为战争新形态。作战行动之中的联合态势虚拟化，联合指挥自动化，联合行动光速化，联合评估智能化。网络战成为最高形式的联合作战。当然，这只是远期设想，只是虚无飘渺的可能，不具备对当前军事斗争的指导意义。

从军事作战角度透视美军网电作战武器装备

美军网电作战武器装备平台非常繁杂，涉及技术面非常广泛，项目管理也非常隐秘，相关信息渠道非常有限，导致我们理解起来非常困难。这种局面原因很多，其中，有技术问题，有理念问题，更多的还是作战导向问题。本文尝试站在军事作战视角，全面梳理美军官方、美军学者、美国媒体、美国工业产业界、斯诺登揭秘、维基解密、DARPA、透露出的种种信息，并把它们放在合适的位置，拼出一个相对完整的轮廓，总结其中的作战概念、设计理念和核心技术，以供参考。

一、核心指标：面向联合作战，追求“可作战化”

网电作战武器装备的范围很难界定，军事网电实力不同，认定是否属于网电装备的指标也不同，网电作战装备涵盖的范围也不同。美军网电实力超群，其对网电装备的界定指标非常高，即“可作战化”（Operatioanlized）。“可作战化”即是为了面向联合作战，借用联合作战常规物理空间武器装备的术语、理念、指标来发展网电作战，是美军衡量网电作战装备称之为网电武器的核心指标：网电作战装备必须可以独立执行战略作战任务，也可支援联合战役作战行动，但都必须能够基于战术作战能力；网电作战装备体系必须可规模化生产、可重复使用，网电作战武器弹药则可消耗、可补充、可重建；必须可指挥控制，既可造成大规模杀伤效应，也能够投送精确打击效果；可在网电空间内部逻辑对抗，亦可向下至物理空间投送效果、向上达认知空间制造影响。“可作战化”既是描述网电作战装备的核心指标，又是发展网电作战装备的方法论，核心目的是将网电作战装备开发过程与运用过程统一起来，将技术手段与作战需求紧密对接，将后方文职技术方支援力量与前线操作军人放在一起思考问题，将网电作战部队嵌入传统联合作战力量体系，提升了联合作战对网电作战装备发展的有效牵引效应。

为此美军率先提出全新的网电空间五层模型：地理层（Geographical)、物理层、逻辑层、网电人物（Cyber - Personal）层、人物层。这其中地理层即是全球地理坐标，网电人物层即是用户在网电空间的映射，包括用户终端或系统服务器的IP地址、路由器IP、电子邮箱地址、手机SIM卡标识符、对应的等等数据。相较于美军早期对网电空间的理解，这两层的引入，可以更好地支撑网电空间作战的系列军事概念，是美军网电装备发展的方法论基础。基于该模型，美军发展出系列形成支撑性军事概念，这包括，网电地形（Cyber Terrain，软硬件系统逻辑拓扑、物理拓扑及其地理空间分布）、网电阵地（Cyber Position，数据与系统）、瞄准目标（Aim Point，软硬件系统）、网电战场（Cyber Battle Field，分布全球的因特网、国家关键基础设施、军用关键基础设施）、网电地图（Cyber Map，网电战场在地理空间中的分布）、网电机动（Cyber Maneuver，操控“计算与信息”资源，持续获得对网电目标的控制权）、网电战线（Line of Operation，敌我双方交战时在网络空间的相对方位）。特别需要注意的是，网电空间是数字空间，数字空间本身很难理解，但有了这些军事概念以后，网电空间变得可以形象化理解，变得不再是所谓虚拟空间触手可及，为网电作战武器装备“可作战化”奠定基础。

二、两大要素：“人”与“机器智能”及其地位作用

“人”与“机器智能”是网电武器装备的两大核心要素。网电武器装备在设计开发阶段更多地靠“人”，在作战过程中更多地靠“人”指挥、但更多地靠“机器智能”执行。“机器智能”在网电作战装备中发挥作用的比例，是衡量网电作战装备成熟度的标志。为此，美军从作战的角度将“人”和“机器智能”结合到一起，制定出一系列支撑“人+机”结合的网电概念。比如“网电知识库”（Cyber Repository），网电对抗态势感知（Cyber ISR），借助网电对抗指挥控制（Cyber C^2）等等，再辅以网电对抗基础设施平台（Cyber Operation Infrastructure），构建了智能化的网电对抗杀伤（Counter Cyber Kill Chain）作战概念。

而以MITRE非营利性机构为代表的网电产业界，则推出一系列“机+机”结合的工程化标准。这包括结构化威胁信息表达（STIX）、威胁指示信息可信自动交换（TAXII）、网络可观察表达（Cybox）、通

用攻击模式枚举与分类（CAPEC）、恶意软件溯源枚举与描述（MAEC）、通用威胁与暴露（CVE）、通用弱漏洞枚举（CWE）、开放的漏洞与评估语言（OVAL）等等。从推动“人+机”结合，到发展“机+机”结合，美军网电作战装备逐步走向深层智能化发展，使得网电作战武器装备很可能成为美军最早实现智能化的军事装备领域。

三、三大形态：传统IT装备+嵌入式系统+网电融合式装备

网电空间实质是数字空间，与依靠能量大小识别信息的模拟信号空间相对立。这决定了网电作战装备的基本形态也就是数字，包括数据（Data）和程序（Software）两种形态。但对网电作战装备的这种认识不够深入、不具体。美军基本认定网电作战武器装备包括三大形态：

一是传统IT装备。比如说美空军公布的六型防御性网电作战装备。基本形态是软件，包括必要的IT终端和服务器。目前看，从防御性网电作战角度看，发展趋势是“企业化”“韧性”，核心技术是“软件定义网络”；从进攻性网电作战角度看，发展趋势是“光速作战”，核心技术是“包深度检测”和“包深度注入”。

二是嵌入式系统网电作战装备。这涵盖搭载到传统作战装备之中的嵌入式系统，它们既是网电空间的传感器，又是发动网电作战的执行器。该类装备的核心技术是“软件定义无线电”。可以根据攻击机理的不同，简单的将他们划分为两大类，一大类是针对对手传统作战装备中的IT系统的，比如编队指挥控制软件，防空体系指挥中心指挥软件等等。比如，美海军潜艇部队针对对手海上编队指挥控制体统的BUNCATE，美空军在Black Dart演示验证实验中搭载在RC-135飞机上、针对对手无人机控制系统的Taxway系统，等等；另一大类是针对对手雷达、通信链路、ISR系统等传感器的。比如，空军搭载在RC-135空中巡逻机上的舒特（Suter）系统，海军EA-18G下一代干扰机（NGJ），F-35平台的AN/APG-81雷，针对的对手防空系统无线通信链路或机载的雷达传感器。该两类装备是美军网电作战走向战场、走向联合作战核心。

三是网电融合式的装备。这类装备比较宽泛。比如，F-35战斗机，美军将其定位为空中作战平台，执行网电软杀伤是该类装备的核

心能力。目前，F－35已经配备网电作战装备，完全能够执行网电作战任务。如果说F－35勉强算作网电作战装备的话，美军未来主要无人系统基本可以算作纯粹的网电融合式平台，因为美军从最开始的设计开发阶段就非常明确地将他们定位为网电融合平台。比如，能执行天网融合作战任务的X－37B无人航天器，能执行“Left of Launch”助推段反导任务的MQ－25空中无人机，正在研发的搭载在海基潜艇上，能执行前沿潜伏任务的多型无人潜航器、小型潜射无人机等。尽管该类装备是正处在美军技术演示验证开发阶段的全新项目，但这是美军武器装备发展的全新理念，是美军以网制陆、以网制海、以网制天、以网制电的核心装备，是颠覆未来战场的主角。

四、四大类别：战场预置、网电ISR、网电防御、网电进攻

美军网电作战条令是美军网电作战装备类别划分的基本依据。比如说，对斯诺登所揭露出的系列项目做个简单归类，战场预置装备（Cyber OPE）项目包括SIGINT ENABLING、BULLRUN；网电ISR类包括TreasureMap、XKS；空军公布的网络空间指挥控制与任务（C3MS）系统、内联网控制（AFINC）系统、网络空间防御（ACD）系统、网络安全与控制（CSCS）系统、网络空间防御分析（CDA）系统、网络空间漏洞评估与猎取CVA/Hunter）系统，属于被动防御装备；军用网络防御项目TURBULENCE，国家网络自动反击项目MonsterMind，全球网络攻击项目：QFire、Quantum系列项目则属于主动防御装备；针对雷达网的Suter项目则属于战场网电攻击武器。DARPA技术演示验证类项目X－plan则属于野战场攻防兼备项目。

需要特别说明两个问题：一是网电作战装备与网电作战行动之间的关系。网电作战装备是网电作战能力的核心体现，是美军战术层网电活动（Activity）的具体支撑，在它之上构建了战役层的“国防部信息网络运维、防御性网电作战、进攻性网作战”三大类网电作战行动（Operation）。网电作战活动与网电作战行动是上下层的关系，不是并列关系，不是一对一的关系，说一对多的关系。换句话说，即使防御性网电作战行动也会涉及战场预置、网电ISR、网电防御和网电进攻四大类装备。二是网电武器装备项目之间的关系问题。一般以独立的项

目或项目工程来实施建设，项目与项目之间有严格的界限划分，但项目与项目之间既有着广泛的交互，系列项目与子项目之间又可能有共同的基础技术做支撑。即使是同一装备项目，因为部署位置、完成使命不同，可能名称也会有变化。总之，装备项目、所完成的使命、所使用技术有很大的交叠。比如说，态势感知类项目 Treasuremap 自身属于网电知识库，是对全球网络拓扑、路由协议、终端地址、服务器设置的全维映射，它既可以支撑网电防御，又可以支撑网电攻击。比如说，Quantum 系列项目，它包含系列子项目，但几乎所有全部子项目都基于“包深度注入”技术，且其应用范围非常广泛。再比如说，TURBULENCE、MONSTERMIND 和 QFIRE 基本属于同一技术体系，具有能力也高度一致，只是部署位置有所不同。这些武器装备项目之间，或者以数据或元数据共享方式松耦合，或者以基础功能模块公用方式适度耦合，或者以标准化软件接口、复用软件代码等方式紧耦合，这充分说明美军拥有了搞层次的网电作战武器装备发展统筹管理经验，具备了高水平的网电作战装备体系化设计能力。这也必然要求美军采取“大型项目远周期规划立项、子项目功能模块快速采办、关键漏洞等战略资源隐秘采办”紧密结合的复合采办模式。

五、泛在平台：美军未来军事网电作战平台（MCOP）

当前，美军网电司令部升格为一级司令部以后，下一个目标就是与国家安全局的分家。而当前不能分家的重要原因在于美军尚未准备好美网军 133 支网电作战分队所使用的、独立于国家安全局情报作战的网电武器装备。而在所有需要独立的武器装备中，最难以独立的原因在于美军尚没有独立出情报作战所需要的体系化、通用军事网电作战平台（MCOP）。目前看，该项目已经立项上马，正处在早期研发阶段。但我们从 DARPA 前期研发的 Plan X 项目中，可以看到军事网电作战平台的雏形：该平台将以现有军用固定光纤干线网为甲板，以 133 支网电作战分队为水手，以搭载在有人或无人系统上的系统打击平台，以电磁无线电为介质打通对手物理隔离网，以数据包、软件代码为战斗部，以天基通信卫星向对手投送战斗部，以 CAR3RC（Close Access，Radio Recall and Reachback，Romote Control）为基本战法，“泛在”陆海空天电战场，执行对地支援、海上作战、空中作战、航天对抗、全球打击、反导防御等等作战使命。美军形象的将其称为“网电航母”(Cyber Carrier)。

总之，美军以军事作战视角牵引、设计、开发网电作战装备，将传统军事术语和理念与网电作战装备术语相结合，将网电作战能力嵌入到联合作战能力体系之中，走出了一条快速发展、成熟网电作战装备的成功之路，对我们有很大借鉴意义。

网络安全国际治理

对2012年上半年参与的两次网络空间战略对话的思考

一、两次网络对话的基本情况

2012年上半年，国际战略学会和国际关系学院分别组织了“网络空间安全：中国与世界”“第六届中美网络安全对话”。一次是中国与世界，以学者或者前政府主管为主；一次是中国对美国，学者和现任政府与防务机构相关责任人参加。前者更关注战略认知和理论，具有广泛的代表性，可以说理论务虚成果显著，让世界更好地了解了中国。后者双方的目的性很强，希望在具体的问题上与对方沟通，因参与者有一定官方性质，实际的操作意义非常明显，但实际达成的效果非常有限。

受对话自身和邀请对象的限制，没能充分反映国际知名网络安全产品大型企业和有关民间专家等非国家行为体的意见是这两次对话的局限。

二、国际社会对网络空间某些基本问题的共识与分歧

（一）网络空间国家主权在国际社会得到不同程度确认

网络空间无国家主权论点主要停留在专家理论界：一方面，专家认为网络空间使得国家力量得以分散，国家的管控能力削弱；另一方面，网络空间无国界，网络空间的本质时自由开放的，网络空间国家主权不能彰显。再加上美国为首的大国在早期，将网络空间政治化，以网络自由为口号，意图淡化他国的网络空间主权，行控制、影响他国之实。但这两次对话中反映出的是包括欧美、亚太国家、广大第三世界国家在内的专家和政府职能部门都认为：网络本身无国界，但网络空间行为体有国界。网络空间主权是比较难以界定，但突出国家对网络空间的主权，有助于大国对网络空间管控能力的实现。国家是网络空间关键管理主体的地位短期内难以转变。网络空间国家主权是网络空间健康发展的基本条件。

（二）网络空间自由必须受限成为普遍认同，但标准难以统一

开放、自由、共享是网络空间的基本价值观。网络新型媒体的出

现极大地延伸或扩展了民众对国家、社会活动的参与程度，对社会管理方式是一个革命性的转型。但在当前的网络空间环境下，网络空间的社会诚信、民众信心非常脆弱，完全的个人言论自由在当前的网络环境下容易成为部分群体谋求自身利益的工具。西方世界国家在反思了美国次贷危机引发的社会问题、席卷欧洲的经济危机引发的社会动乱，甚至是发生在西欧北非国家的颜色革命的经验时认为，完全的网络自由必须得以约束，否则国家将付出更大的社会代价。但受网络空间政治化的影响，网络空间自由的双重甚至是多重标准问题仍然严重。

（三）网络空间五大类威胁形式得到公认但各国关注领域不同

国际社会一致认定，网络黑客主义、网络犯罪、网络间谍、网络恐怖主义、网络战争是网络空间五大类威胁。网络空间安全威胁具有综合安全特征、集体安全特征、共同安全特征、普遍安全特征。但各国专家和相关部门对当前的焦点问题有所侧重：网络黑客主义遭到全球国家普遍关注，正在当作一种社会问题加以重视；网络犯罪，美国欧洲等西方国家更注意网络盗版、知识产权保护类经济犯罪，广大第三世界国家则关注的网络化经济犯罪；网络间谍分为国家安全情报间谍和经济间谍，美国主张国家安全情报间谍是允许的，经济间谍不可容忍。现在看，经济间谍成为一个焦点问题；网络恐怖主义领域的问题是一种社会矛盾、国家与民族问题的交织，三种倾向特别有意义，一是黑客恐怖化、二是恐怖主义黑客化、三是网络恐怖主义国家化。伊朗在2009年到2012年的一系列美国发起的攻击性网络作战中吃了不少亏，正在积极建设网络力量，以恐怖主义手法对抗美国很可能成为一种国家选择；网络战争是网络空间军事化的必然，虽然网络战争必定与现实世界的传统战争相联系，但其地位和作用正在显现。韩国、日本特别关注地区性冲突导致的网络空间斗争。美军的空海一体战明确提出也要发展适用于美国的网络空间非对称力量就是一种明确的信号。

三、网络空间国家治理理念已经成型，但全球治理框架困难重重

（一）网络空间公私合作成为国家治理的基本方式

网络空间国家治理，是从技术与架构、研究与发展、政策与治理、

基础设施运转与安全四个领域，从国际层面、国家层面、关键政府部门三个层次全面发挥国家的管理职能来确保网络空间健康发展的一种发展模式。虽然国家对网络空间拥有主权，但国家不是网络空间行为主体，国家在网络空间的直接管理能力也非常有限。其基本方式是公私合作，充分发挥网络空间多层行为体的能动性，协调推动国际社会、国家、社会、企业、个人全面参与技术发展、国际标准，以公私合作、国际合作、联合监管、统一法律等多种手段对网络空间综合治理。按照西方的国家体制，国家不直接参与控制私营部门的运营管理，现在就是要对私营部门的行为作出规范。突出强调内置式的网络空间安全理念。

（二）网络空间治理理念的核心是制定网络空间行为准则

网络空间主体行为驱动分析是网络空间战略问题分析的基本方法。五大类网络空间行为主体是背后的行为驱动是网络空间行为分析的根本。而且这种行为驱动的基本特征是驱动要素的广泛交织，涉及到行为体之间的政治利益、经济利益、军事斗争、社会问题、文化冲突等等国家传统与非传统安全的所有领域。两次与会专家学者一致认为，构建一个网络空间行为国际规范远比事后解决问题重要。实际上，这个问题的本质是要更大的发挥网络空间国家治理框架中的国家角色，通过国家之间的互动，制定国际社会、全球民众和各类组织共同接受的全球行为准则。

（三）网络空间全球治理现实需求不足、矛盾冲突重重

中美网络安全战略对话过程中显露出的最大问题是双方只聚焦网络空间双边关系，没能将网络空间健康发展作为中美双方共同的责任来对待。这反映出当前网络空间尚未出现需要中美共同应对的网络安全事件，网络空间全球治理的现实需求不足。

网络空间全球治理的主体仍然是国家。但国家必须将网络空间国家治理理念提升到全球治理理念。在制定全球网络空间行为准则过程中把握两个方面的问题：一是所有国家必须能够摆正国家在网络空间的位置，网络空间国际行为准则首先是制定国家在网络空间的行为准则。二是国家间应该共同努力，在推动而不是替代其他行为体层次或跨行为体层次制定行为准则，将网络空间行为准则的制定过程专业化、科学化，并带头执行其他行为体形成的规则。在此过程中更少的强调国家利益，避免将网络空间问题国家化、政治化。

当前网络空间国际上的双边、多边与区域合作不断展开，这是出于追求国家现实利益最大化的结果。但就全球范围来看，现实利益冲突胜过共同利益需求成为国家治理与全球治理的根本障碍，网络空间政治化成为影响当前网络空间全球治理框架的关键。

四、网络空间军事化已无法避免，攻击性网络力量运用的政策支持成为重点

（一）网络空间攻击行动代替防御行动成为国家关注焦点

2009年美军网络司令部成立以来一直宣称网络空间国防战略的核心是防御。但2009—2012年发生的震网、DUQU、火焰三次攻击性网络作战行动来看，美军已在网络空间防御领域获得优势，并一直在追求攻击性网络力量的建设，多次展开攻击性网络行动的实践。欧洲在网络空间安全问题上开始觉醒，并由此走向独立发展道路。日韩两国更是积极筹组网络力量建设，在网络空间战略上甚至更为高调的展示出攻击性倾向。印度虽然自身尚未明确网络空间国家安全战略机制，但印度软件服务业世界闻名，在攻击性网络力量运用上具有天然潜力，甚至进入菲律宾、越南、马来西亚等新兴软件服务产业国家。总体来说，全球网络空间攻防态势更加强调进攻，网络空间态势日趋严重。

与核领域、航天领域、生化领域相比，网络空间门槛低，行为体多元化。网络大国在谋求非对称的网络空间震慑能力，网络弱国也在强化投入建设保留适当的网络空间反击能力，导致网络空间国际局势更复杂、态势远未成熟，网络军控局势更加复杂。

（二）非国家行为体成为国家行为体网络攻击技术的具体支持人

美国国防部认为，一方面美军缺乏网络空间攻击性力量建设的相关人才，军事院校培养出的具备军人素质的军官很难成为网络技术专家。另一方面，传统军工集团的业务专注点尚未完全转型到网络空间攻防，而信息化产业大型国际企业的主流业务是网络服务，对网络攻击来说深恶痛绝。这导致攻击性网络能力无以依托。

从现实来看，网络空间防御技术的发展也导致单靠一两个黑客完成复杂的攻击行动也非常困难。由此，各类知名黑客、脱胎传统军工企业的技术专家开始走到前台，招揽多方人才，以团队或者公司的名

义展开相关的研究。他们能够为军方和情报部门提供操作系统漏洞评估、各类应用软件漏洞、从地下黑客手中购买零日漏洞，甚至承揽研制网络攻击工具。这类非国家行为体处于非常微妙的一种半公开、半地下的境地。军方一般先有特定的作战需求，由此提出项目，由这些实体完成具体的方案设计，并组织实施整个作战过程。军方只要出资金采购整个服务即可。

（三）美国正在网络空间攻击性力量的运用上寻求政策辩解

在中美网络空间战略对话过程中，国防部助理帮办回答震网病毒问题时特别指出，震网不是针对中国的。言外之意是在为其攻击性网络作战辩解。

早在2009年，美国国家科学院就出台《美国网络攻击力量采购与运用涉及的技术、政策、法律与道德问题》《慑阻网络攻击行为工作组工作进程》两份报告，这两份报告成为美国需求网络空间攻击性力量运用的基本政策支持。2011年11月，美国国防部出台《网络空间政策报告》。该报告的核心目的是对美国国内和国际社会解释、宣讲美国网络空间威慑政策的恰当性、可信性、可行性和有效性，给攻击性网络作战行动以适当的政策与法律支持。2012年4月，约瑟夫．奈等专家合作完成《攻击性网络能力的应用——美国攻击性网络政策的政策分析》报告，对六大类攻击性网络空间运用导致的法律、政策问题作全面分析。

这些辩解都是要完成一个目的：在运用攻击性网络力量是尽量不要破坏国际社会对美国的信心，以此避免削弱国家的软实力。但网络空间战略复杂性使这种辩解显得非常惨白无力，相反，人们看到的实际行动则明显地让人们更加怀疑美国的意图。

五、中美网络空间合作尚需现实需求的驱动

（一）战略互疑与美方奉行的网络空间震慑战略是阻碍双方合作的战略层矛盾

正在这两次对话展开之际，中美专家合作的《中美战略互疑》报告出台，双方在战略上的对抗使得网络空间合作缺乏基本的信任基础。美方跳过战略上的结构性问题，在战略上不信任中国的前提下，试图通过对话打通操作层面上的沟通渠道。按照中方的战略思维，“为朋友

我们可以两肋插刀”，但在2012年将带有明显战略敌意的“空海一体战”思想写入美军的军事战略报告的前提下，很难认为我们是朋友关系。

在战略互疑气氛比较浓的前提下，美方又奉行单边主义色彩强烈的网络空间震慑战略，这让中方感觉到美方的合作只是意图谋求美方的网络空间安全，中方在网络空间的安全甚至都没有任何战略保障。如果想增进我们之间的互信，就要拿出切实的战略具体举措，让中方在合作中互惠，从中体会到我们你真是朋友，合作才有可能深入。

（二）缺乏现实安全框架与网络力量差距成为阻碍双方合作的操作层障碍

其实，中方在网络空间中美合作上是保有积极态度的。虽然双方在战略有结构性现实，我们也本着灵活的态度，展开操作层面上的合作。我们注意到美国与英国、欧洲盟国、澳大利亚、亚洲准盟国、印度等国家能够迅速展开网络空间的合作，非常重要的一点是，他们之间在合作的操作层面上有现实的国家间安全合作框架可以依附。中美双方在网络空间操作层面上的回旋余地非常小，也是合作难以实质性展开的关键问题。

另一个方面，中方认为双方在网络空间力量差距明显，担心与美方在操作层面的合作成为美方摸清中方实际能力的机会，可能对中方国家安全造成更加被动的局面。这要求美方在操作层面上的合作过程中展现更加灵活的姿态，向中方开放更多的信息。

（三）中美双方网络空间合作的现实需求驱动力尚不充分但远景看好

有中美双方专家认为，在引发中美之间的网络空间合作的现实需求事件尚未出现的情况，双方的合作思路很难调整。中美双方必须认清网络空间的复杂性，网络空间的安全威胁是中美双方共同面临的挑战。网络空间不止有中美两国，不只有国家间的安全对抗，网络空间非对称性战略本质可能成为中美网络空间互相合作的基点。中美双方理性的学者和战略家都认为，我们在现实世界中并没有结构性矛盾，相反，在网络空间我们才刚刚开始，有很多挑战等待我们共同面对。

网络空间军备控制现状及思考

随着全球军事政治学说和网络技术的发展，国际间基于网络空间进行的攻击与防卫行动愈演愈烈。在短短十数年间，网络空间行动的顶级模式，已经由简单的泄愤式宣传和偷窥式窃密，进阶为某一国家主体/国际组织基于自身利益的考虑，对另一国家主体/国际组织的某种特定能力（经济、军事、行政等）进行破坏与瘫痪的军事行动。而这种攻击行动，在某种程度上已经造成了不亚于传统战争引起的破坏。在2010年1月28日召开的达沃斯世界经济论坛年会上，有专家称美中俄等20多个国家已处于网络空间军备竞赛状态、并且有160多个国家及组织正在从事网络武器的开发工作。若任由这种情况无序发展，就可能会造成敌对势态，会造成网络安全局势从网络防御转向网络攻击的趋势更加明显。因此，在国际军政学界，越来越多的人倾向于将网络战这一概念正式引入传统国际法体系。

一、美国在网络空间军备控制方面的研究与观点

早在2000年前后，网络空间军备控制就已作为美国政府的资助课题在斯坦福大学进行了研究，并且在一个关于基础设施保护的会议上进行过研讨。美国政府及军方就网络空间军备控制问题的主要观点如下：

1. 条约不如合作

美国反对为网络战制定类似《限制化学武器公约》这样的多边国际条约，而是主张各国在国际执法机构的协调下展开合作，共同打击网络犯罪。美国的理由是，国际条约只对政府存在约束力，而对黑客鞭长莫及。

2. 控制等于束缚

美国国家科学院的研究表明，美国军方认为现在就限制网络攻击行为为时过早，因为攻击敌国关键性基础设施的网络战技术还处于发展阶段，对于网络战的潜在能力还在认识过程中，军方不愿在此阶段就限制这种能力的发展。

3. 先建设后谈判

美国的关键性国家基础设施是否强大到足以应对国家级的网络攻击，这是决定美国政府对网络空间军备控制态度的根本性问题。为此，自1998年5月克林顿政府发布第63号总统令（《克林顿政府对关键基础设施保护的政策》）至今，美国政府仍在不断加强关键性基础设施的安全保障。

4. 签订条约不等于履行条约承诺

控制网络空间军备竞赛的国际条约是否充其量只是对美国有限制意义，其他国家能否保证履行他们在这个限制条约上的承诺？这也成为美国政府反对就网络空间军备控制进行国际磋商的重要原因之一。美国网络司令部司令基思·B·亚历山大将军也曾明确表示，可以响应俄罗斯长期以来对制定一项这方面条约的呼吁，但不可能按《削减核武器条约》的方式进行。因为，核弹头可以清点计数，导弹可以追踪记录，但是网络武器却因为可任意复制而无法控制。

5. 价值观的取向是合作的前提

正如美国《网络空间国际战略》中所说："各国必须尊重根本的言论和结社自由，在网络空间也是如此……美国会尽力与周边国家达成共识，在开放的、安全可靠的网络空间内与价值观共识的国家建立多边协作和多国负责的国际环境。"在此原则指导下，过去几年，美国国防部与澳大利亚、加拿大、英国等具有"同等价值观的国家"在网络空间领域进行了广泛的合作。

6. 最佳条约模式

美国斯坦福大学国际安全与合作研究所成员、权威军控专家戴维·埃利奥特（David Elliott）在2009年11月的美国《今日军控》杂志上发表文章认为，任何一个国家或组织对美国国家关键基础设施的网络攻击都将会给美国带来重大打击，所以应该以军控条约的形式限制网络攻击行动，但这种限制形式同时又要保证美国自身的网络攻击能力发展不受限制。因此戴维·埃利奥特提出了一种自认是最佳的网络空间军控模式，力求在两者之间取得平衡。即，将"承诺不首先使用影响范围大、持续时间长并且效果严重的网络攻击手段攻击其他国家的基础设施"作为网络军控模式开端。目前，《禁止为军事或任何其他敌对目的使用改变环境的技术的条约》（ENMOD）是最接近此种限制网络攻击条约模式的条约，该条约界定了受保护的目标等级、名称、国家关键基础设施的组成。

但也有一些美国防务专家存在不同观点，前白宫首席网络总管梅利莎·哈撒弗曾经呼吁签订国际网络安全协议，事实上她曾数次在演讲中提出“互联网海洋法条约”的概念。凯文·科尔曼则认为，网络战的复杂性和独特性要求建立网络攻击和网络战交战规则（CAWRoE），并建议美国政府制定决定网络战行为构成的框架和解决国际网络犯罪行为的法律框架，组建网络维和部队。为了应对网络安全威胁，美国政府必须要承认“我们正处在网络军备竞赛的初期阶段，需要对此做出反应”，发展新型网络战武器和防御系统（这其中的一项重要任务就是提高美国军方检测网络攻击来源的能力）。此外，他还建议美国应该在应对网络攻击、保护关键信息基础设施方面寻求国际合作。

二、俄罗斯在网络空间军备控制方面的研究与观点

由于网络核心技术一直掌握在美国人手中，俄罗斯人的网络活动尽管声势浩大，但毕竟没有经过真正大规模战争的考验，因此俄罗斯方面积极主张制定网络战国际条约，他们的主要立场是要求削弱网络攻击性武器，并强调各国应通过签订某种条约，禁止向他国电脑或网络系统中秘密植入恶意代码，以用于未来战争。俄罗斯方面同时还建议，各国应承诺不袭击网络上的非军事目标，不通过伪装手段发动网络袭击，同时加强对互联网的监控。俄罗斯方面希望，同美国达成一个类似生化武器协议那样的国际条约来约束各方在网络世界的所作所为，以免在网络空间领域中形成“军备竞赛”。

早在1996年，俄罗斯就曾与美举行秘密的高层会晤，商讨“网络军控”问题，但是无功而返。此后俄罗斯多次向联合国提交建议，希望国际社会能够达成公约，禁止网络战武器的使用。

1998年，俄罗斯在联合国提交提案，发出了网络军控的倡议，呼吁联合国成员国制订“国际准则”来与其所说的信息恐怖主义作斗争。俄罗斯的提案指出，新信息技术为“文明的进一步发展”提供了机会，但也可能被用于“与保持国际稳定和安全的目标不协调的目的，并会对成员国的安全带来不利影响。”此后，俄罗斯每年都会提交相似内容

的提案。

俄罗斯2008年的“信息安全”提案呼吁成立一个“政府专家小组”，该小组将对网络威胁以及“合作性的解决措施”进行研究。美国、俄罗斯、中国和其他所有主要的网络国家都向该小组派出了代表。美国的目标是使讨论集中在国际法对网络冲突的适用性上，他们认为现有的武装冲突法规对网络冲突仍然适用，并且美国将支持制订抱有共识的国家在网络空间遵守的“行为准则”。

俄罗斯2009年曾经向联合国提交一个名为“国际电信和信息领域发展安全”的决议，希望能把未来的信息安全和网络战等问题条约化。俄罗斯军事科学院杜列夫斯基上校认为，应将网络战纳入“侵略”、“武力或以武力相威胁”的范畴，并认为一个国家应为其存在与网络战相关的非法国际行动承担相应的责任，并建议建立国际网络安全的通用协议－美国对此表示了反对。在当年的3月18日，俄罗斯国家安全委员会副秘书弗拉迪斯拉夫再次明确了俄方关于在网络空间实施军控的基本立场，而美方仍然对俄罗斯的提议保持了坚决反对的态度。

三、一些国家慎提网络空间军备控制条约的真正原因

而对另外一些国家来说，他们慎提网络空间军控条约也是有原因的。

首先，网络空间的最大特点是虚拟性和隐蔽性，在网络空间里确认犯罪行为及其动机是非常困难的，而这也就导致了目前还没有办法对网络军备或者网络战的战术进行有效捕获和查证。在这种情况下，虽然签订网络军控条约很简单，但按照条约进行检查和验证却是非常困难的。

其次，关系正常的国家之间不需要进行网络空间军备控制，因为它们之间不存在网络威胁。只有冷战期间的美苏这种既处于和平时期但又属于积极对抗的对手之间才需要进行军控。

第三，即使网络空间军备控制条约能够顺利通过，也不可能长期坚持下去，因为地缘政治关系经常发生变化，而政治关系一旦变化，条约也必然发生变化。

第四，判断什么是网络攻击目前尚没有统一标准，各国在网络空间术语定义上的不统一，也导致了一些国家对网络空间军备控制的

冷漠。

四、联合国在网络空间军备控制方面的努力

虽然联合国认为网络战是战争行为，但直到今天，任何联合国成员国和条约都没有明文给出对“网络战”这一术语的定义。

2009 年 2 月 18 日，联合国秘书长潘基文称联合国将考虑网络战及其对国际安全的影响。有关专家认为联合国应该采取以下 5 个步骤：

1. 联合国需要定义什么是网络攻击，什么是网络战行为以及什么是网络恐怖主义行为和网络武器。

2. 联合国必须制定应对网络攻击威胁的公约，以及对违反公约的人采取何种措施。协定还必须要求所有成员国合作调查和起诉攻击者。

3. 要求所有国家用统一的方式按季报告符合网络攻击、网络战和网络恐怖主义定义的行为和事件。

4. 有关方面必须向联合国秘书长和联合国安理会提供与网络活动相关的独立保密年报，年报中需要包括网络攻击、网络战与网络恐怖主义相关的计划、防御、费用和行为/事件等内容。

5. 为成员国制定更好的网络情报收集措施，这些措施将用来向成员国解释目前和潜在的威胁。此外，要通过这些情报来监视违反协定者，并在必要时采取行动。

五、网络空间军务控制的黯淡前景

2009 年 9 月，美国律师协会和国家战略论坛召集的一个国际安全法专家小组得出结论：任何涉及多国的网络空间军备控制协定的前景都是暗淡的。该小组认为，对于国际上众多的政治力量来说，拥有网络战能力优势的诱惑实在是太大了，以至于他们不可能放弃这种好处。

为什么我们几乎不可能限制或禁止网络武器呢？兰德公司专家理贝基认为，首先，虽然传统军备限制措施对于限制传统武器可能有效，但由于网络战武器具有可以瞬间复制的特性，所以传统军备限制措施对限制网络战武器毫无作用。其次，禁止某些攻击方法从操作上讲类似于禁止使用某种手段收集信息，而就网络特性来看，这种禁止是行不通的。其三，禁止攻击代码也不现实，因为这些代码可用作合法用途。

六、“政治前提”下的双边合作

在布什任总统期间，美国政府对俄罗斯在联合国的网络“裁军”提案采取了相对强硬的立场 – 即使在其他国家都投了赞成票，美国仍会投下反对票。奥巴马上台后，其政府采取了更为积极的方式，希望能对俄罗斯的提案进行修改以使其更易被接受。在 2010 年 6 月的一次新闻发布会上，当被问及俄罗斯的提案时，美国网络司令部司令基思·B·亚历山大将军说：“我不认为我们必须要设立规则……俄罗斯的提案可能是国际讨论的一个起点。”——这也许是美国改变立场的一个暗示。

此外，为响应联合国等国际组织发起的“建立统一的网络和信息安全领域关键术语定义”的倡议。2011 年 4 月 27 日，莫斯科国立大学信息安全学院与美国东西方研究所的专家在历史上首次就 20 个关键网络安全术语达成了统一定义。值得注意的是，俄美双方联合开展网络安全术语定义的工作，其意义并不仅仅限于定义术语本身，更重要的意义在于，双方可以通过该项工作建立信任与相互理解，以利于今后进一步的合作。

在俄美双方专家边博弈边合作的同时，中国专家也正在为网络空间的和平进行着自己的工作。然而，在 2011 年 6 月举办的国防科技大学“国家安全与科技发展战略国际研讨会”上，当笔者问及参会的兰德公司专家理贝基，美国智库是否与中国民间智库或官方相关机构在此方面有合作计划或意向时，理贝基却意味深长地说：“这不仅仅是技术问题，这更是政治问题。”

理贝基不是无缘无故地说这句话的，他的这句话，需要结合美国最近发布的《网络空间国际战略》来看。在这份被白宫官员定位为“第一份提供未来网络空间国际合作全面设想的政策文件”的文件中，美国人直接提出了共同的价值观是合作的前提。即所谓的“各国必须尊重根本的言论和结社自由，在网络空间也是如此…… 美国会尽力与周边国家达成共识，在开放的、安全可靠的网络空间内与有价值观共识的国家建立多边协作和多国负责的国际环境。”

这种强烈的以美为中心的、以政治为前提的“多边合作”能走多远？我们拭目以待。

七、几点思考

1. 善战才能不战，充分认识网络安全领域弱国无“外交”的丛林法则

俄罗斯以牺牲自身发展为代价提出“网络军控”，目的在于弱化美军在网络战领域的独霸地位。但是美军对其建议根本不予理会，这充分说明平等外交是建立在双方的平等地位基础之上的，在网络安全的技术领域远逊美国的俄罗斯，当然是“弱国无外交”。因此，我们要充分认清形势，树立危机意识，迅速提升网络作战能力，才能在世界网络战的发展格局中抢占一席之地。

2. 稳固才能还击，制订正确的网络战略方针

必须抓紧时间制定网络安全国家战略，将其纳入我国国家安全战略的重要乃至核心领域。针对美国的网络战优势地位，结合我国的一贯战略方针，确立“网络防御为主，具备网络还击能力”的网络战略方针。

具体来说，就是要加强我国信息与网络防护，加大资金投入，加速发展网络战相关设施、装备，增强网络抗打击能力，发展网络二次反击能力。以作战需求为牵引，为战而防，消除为防而防、为安全责任而防的消极计算机网络防御思想。

3. 构建国家级网络安全保障体系

网络安全是国家完全战略问题，必须由国家构建统一的网络安全保障体系。为防止重复建设，提高各项投入的效益，应在国家层面统一规划和部署网络安全体系；为保障网络空间行动的时效性，参加行动的各单位应服从统一而明确的指令系统，这样才能防止相关单位各自为战，避免导致网络空间行动的时效性被破坏。在网络空间里的政治与军事斗争不是一朝一夕的事，切忌杀鸡取卵、急功近利。

4. 未雨绸缪，大力加强“网络军控”问题研究

网络军控是将网络安全问题放到全球视角来看待网络安全的战略问题，是对“技术手段解决网络安全”的战略管理问题。随着世界上更多国家对网络空间安全的重视和能力提升，国际社会很可能会在网络空间危机控制、信任机制建立等方面达成一定范围的协议。积极参加国际社会的“网络军控”活动，对提升国际形象，削弱美国网络空

间的垄断地位有着积极的作用。因此，我国应积极参与该类国际活动，未雨绸缪，率先开展网络空间国家主权、危机控制、信任机制建立等理论研究，为制定网络空间国家战略提供决策依据。

理论研究与队伍建设应高于网络环境建设，只有扎实的理论基础与过硬网络安全技术队伍才能真正地立于不败，走的更远。知彼知己，方能百战不殆。应加强外军网络军控问题研究，特别是美国政府在网络空间领域的战略文化背景研究，知道他们在想什么、将来要做什么，找到其本质。这样才能为我们的决策提供准确的依据。

5. 发挥优势，建立网络安全产业联盟

加强网络攻击性武器与网络安全装备的研制与生产。值得庆幸的是，在此领域，我们与先进国家的差距并不遥远，相反在某些方面上还有一定的优势。但最为关键的问题是如果鼓励、培育这个产业领域的发展建设。为充分而有效地利用民间技术力量为我所用，应尽快在政府支持下建立网络安全产业联盟，这一方面可发挥集团作战优势，另一方面则可规范产业的有序发展，防止产业界内部的恶性竞争，为产业界提供一个良好的、可持续发展的科研与生产环境。

6. 主动出击，打击美国政府“中国黑客威胁论”

针对美国屡次诬告中国黑客威胁的言论，应主动出击，倡议与美国进行网络联合反恐，一则为净化世界网络做出贡献，二则堵其嘴封其言，变被动为主动。另一方面，在保障我国网络安全主权的情况下，倡议制定决定网络战行为构成的框架和解决国际网络犯罪行为的法律框架。组建多国网络“维和部队”，并在其中形成主导力量，建立打击跨国网络犯罪协调机制与技术协助体系，在防御网络攻击威胁，打击网络恐怖主义方面发挥更大的国际作用。

网络空间国际治理的政治选择

网络空间国际治理是全球治理的重要组成部分，甚至可能是全球治理的实现途径。它涉及政治、经济、军事、科技、文化等人类社会所有领域，是对人类社会现实物理空间中现有矛盾关系的颠覆。从根本上说，网络治理过程就是技术发展与政治管控混合交织、不断演进的过程。但当前西方主导的网络空间治理模式在政治上刻意忽视政治力量对网络空间治理的介入，以事实上的政治化，恶意贬低网络空间治理中政治力量的重要作用，排斥网络空间治理政治选择的积极因素。这需要客观公正地认识网络空间治理的政治选择，以确保网络空间的持久、健康发展。

一、网络空间治理的基本政治属性

网络空间的根本属性就是复杂性。反映在网络空间治理领域就是割裂性和竞争性。割裂性要求政治弥合，竞争性需要政治妥协。这就决定了网络空间治理也是重要的政治选择过程。而网络空间治理的基本政治属性表现在网络治理的方方面面。

（一）网络空间治理环境决定国家在网络空间治理的核心地位

网络治理还是网络空间治理，这是一个必须明确的概念。网络治理更多是对网络技术发展与应用的引导，而网络空间治理则更强调网络空间中的物理与虚拟实体行为的约束，需要从技术与架构、研究与发展、基础设施运维与安全、政策与治理等角度综合考虑。[①] 后者实际上更从本质上抓住了网络安全问题的要害：如果不是“人”之间利益的竞争，就没有网络治理的需求。所有需要网络治理解决的问题，都是现实物理世界人之间矛盾在虚拟世界的反映。这就是网络空间治理所必须面对的环境。作为当前现实物理世界中“人”的最有效管理者，国家必然是网络空间治理的最核心主体之一。

但国家不是网络空间治理的直接主体。网络空间资源分散在网络

① http：//www.boozallen.com/media/file/cyber-vision－2020.pdf。

空间的个人用户、私营企业和政府不同部门手中。网络空间治理手段是这一系列主体所遵循的行为规范，具体表现为统一的原则、规范、规则、决策程序等公共政策。这些公共政策不仅需要国家法律的授权，还需要国家代表公民社会从总体上设计其总体框架。只有这样以真正体现网络空间的社会价值。所以从根本上说，网络空间治理必须有国家主体的参与，就是政治行为。

（二）网络空间治理理念反映国家对网络空间治理的政治承诺

是否承认网络空间治理属政治过程是个障碍，如何做好网络空间治理政治选择也是一个障碍。而且后者比前者更重要。网络空间政治选择的基本表现就是网络空间治理理念。西方主导的网络空间治理理念中强调“自由、开放、共享”，这一点没有任何问题，也没有任何国家表示反对。只是这还远远不够，即使在发达国家都不得不承认，社会对网络空间的治理要求远远超过这三方面，它们更不能代表全球社会对网络空间的全部价值观。“合作、发展、安全、机会均等”都应该囊括到网络空间治理的理念之中。

国际社会往往以“负责任”的政治姿态质问中俄两国的网络空间治理理念，认为中俄两国不负责任地以政治干预网络治理，损害了网络空间价值观。殊不知真正负责任的国家必须能够有全球社会共同发展的担当，必须直面网络空间治理的政治化现实，必须能够就网络空间治理理念问题展开讨论，以倾听者的姿态、以灵活的态度共同协商。否则就只能说明所谓的网络治理理念只是漂亮的借口，真正做的是以政治化对抗所谓的“政治化”，排斥他国政治力量介入，行网络空间治理理念政治化之实，意图独霸网络空间。

（三）网络空间治理模型需要国家对网络空间治理的政治创新

同全球治理一样，网络空间治理需要谈判，需要不同实体之间的讨价还价，需要一整套能够被政治过程认同的讨价还价体系，这也可以称作网络空间治理模型。其实，按照马克思主义观点，网络技术发展与社会应用属网络空间的“经济基础”，网络空间治理模型就是上层建筑。而网络空间治理模型需要政治上的设计与创新（详见图 1）。

设计网络空间治理模型需要结合网络规范制定能力和网络规范执行能力。私营部门、因特网技术与服务公司、国家政府、跨政府组织都没有完美的能力胜任该职能。完美的政治设计体现于图二右上角上的方格，也是需要国际社会共同政治创新的地方。

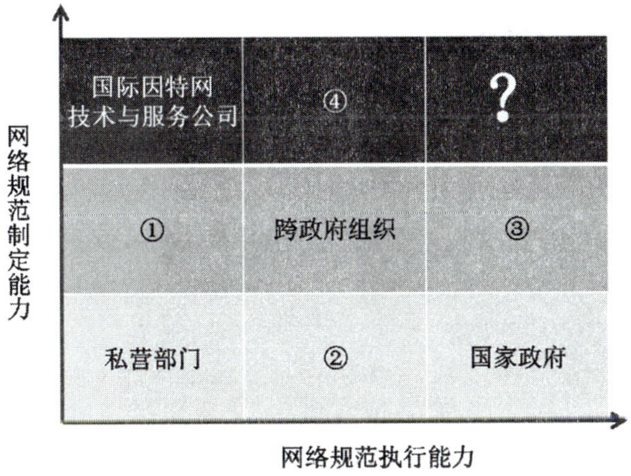

图 1　网络空间治理的政治框架缺失

其实，不仅是右上角一个位置需要创新，图中①②③④位置都是需要政治创新的地方，只是右上角的创新难度最大。网络空间治理政治创新过程就是个将其他空位逐渐填满的过程，这需要极大的政治智慧。就当前的网络空间治理态势来看，美国已经获得网络空间国家能力建设的突破，形成较为显著的相对优势。其对自身能力的额自信，驱动其试图用图中的右下角代替右上角，将网络空间视作是美国谋求国家利益的工具，这基本政治立场驱使美国不支持任何其他形式的政治创新。美国反对网络空间政治选择是美国在该领域的政治阴谋。

（四）网络空间治理发展引领着全球治理政治格局的走向

当前，网络空间安全治理已经成为国际政治、外交领域的核心。但反过来说，将网络空间治理视作全球治理的实现途径也一点都不过分。因为国际社会已经踏上了社会信息化的不归之路。国家实力更多通过网络空间表现，或者干脆表现于网络空间。美国最早意识到网络空间能力对国际竞争的重要性。从克林顿时代的信息高速公路计划，到小布什的网络反恐，再到奥巴马的大数据国家倡议、推进网络空间军事化进程，都是在谋求国家实力的竞争性优势。

通过网络空间治理，强化国际社会在网络黑客主义、网络犯罪、网络间谍、网络恐怖主义、网络战争等问题上的合作，将直接影响国家间的政治信任与国际关系，直接关系到国际局势的和平与稳定，影响到关系到国家实力的此消彼长，直接影响国际格局的走向。更重要的是，网络空间并不是现实物理空间那样的“零和”空间，网络空间为全球治理政治困境提供沟通与交流空间的同时，也提供了解决方案，提供了相互回旋的余地。以网络空间治理为突破口，促进全球安全，共同发展，需要的只是战略互信与政治勇气。

二、现阶段国际网络空间治理的政治选择现状

（一）美国以“政治化”对“政治化”，意图操控网络治理政治进程服务于自身国家利益

美国博兹·艾伦·汉密尔顿咨询公司最早提出较为细致的网络治理模型；美国智库INSA也是最早提出网络安全公私合作P3模型。[①]新美国安全智库也于2011年发布《美国的网络未来——信息时代的安全与优势》报告，[②]对美国网络治理的政策提出建议。他们的研究有很多科学、合理之处，但出台这些报告的根本目的是服务于美国政府。博兹·艾伦公司在报告中直言不讳：提出网络治理模型的目的就是要保证美国在网络空间的全球领导地位。斯诺登所揭露的棱镜项目、X－KeyScore项目充分的说明：美国以国家安全的名义，以法律手段胁迫私营公司监控国际互联网内容数据，其跨越国境的情报收集严重侵犯了世界上几乎所有国家网络主权。这本身就是国际政治问题。

但另一方面，美国几乎在所有网络治理的国际场合下全面排斥他国政治介入谈判，以“政治化”对“政治化”，意图延迟网络治理国际合作，为美国进一步控制网络空间赢得时间。最拙劣的表现就是美国政府代表在2012迪拜ITU大会上的表演：大会核心是修订ITR条约，[③]该条约最终文本既没有提到因特网，也没有包括任何使用“通信内容”的语言，这两条红线也是美国代表团最为关注的。但即使这样，

---

① Public Private Partnership，这一模型本质上是国家治理能力实现模型，http：//www.insaonline.org/cmdowload.aspx？contentkey=e1f31be3－e110－aa0c－966020051f5c&contentitemkey=1611e015c－670f－449a－8753－689cbc3de85e。

② http：//www.cnas.org/documents/publications/cnas_ cyber_ volume%20ii_ 2.pdf。

③ International Telecommunication Regulation，国际电信条约。

仍然不能让包括美国在内的“志同道合”国家签署该条约（89 个国家签署，55 个国家没有签署，形成关键少数），这让国际社会进一步看清了美国网络空间政治化的真实目的。美国官方给出的原因：（1）诸如联合国或者 ITU 这样的官僚性组织，不可能有效管理因特网资源。（2）政府缺乏紧跟迅猛发展中的技术的专业技能。（3）美国希望保护因特网言论自由。但专家分析的实质原因在于，ITR 条约过多的被他国控制，虽然内容上基本满足美国的要求，但作为互联网治理可能的备选方案，ITR 并没有受美国的政治主导。如果签署，会在政治上给予有关国家更大的自主权，美国失去对网络空间治理的控制权。美国无视被世界上绝大多数未能与世界相连国家福利的 ITR 条约，带头拒绝签署，根本不配做网络空间负责任的大国。

（二）欧洲国家正在摆脱美国对网络治理的依赖，成为网络治理领域最重要角色

欧洲国家在网络安全治理问题上受美国影响最大，但也是最可能与美国抗衡的力量。主要原因包括：（1）欧洲国家社会信息化成熟度普遍高，网络空间国家治理的基础好，国家网络空间安全战略明晰，组织机构健全，力量发展迅速，具备网络空间治理的现实影响力；（2）欧盟作为重要国际组织在网络空间安全国际合作问题，为促进区域内国家间合作出很多有益的尝试，制定网络犯罪日内外公约，推动欧盟内部网络安全合作力量建设，举行重要的“网络欧洲”系列演习等，在网络空间国际合作商具有丰富的经验。更重要的是，欧洲国家网络空间治理的政治信用好：欧洲国家在网络空间军事化的总体战略态势上是被动防御性的；欧洲国家在网络反恐、网络犯罪等问题上愿意与所有国家合作；欧洲国家倡导网络空间“自由、开放、共享”的价值观，但并没有明显排斥其他合理理念对网络空间价值观的丰富。

但欧洲国家的问题在于需要更为积极主动的国际行动。起源于慕尼黑安全论坛的网络空间大会是一个有益探索。[①] 该会议参与者包括：

---

① 慕尼黑安全大会（MSC），原名世界防务大会，德国人埃瓦尔德·冯克莱斯特于 1962 年创办，会议一般在每年 2 月举行，参会者为各国国防委员以及安全领域专家，有“防务领域达沃斯论坛之称”，截止 2012 年，已举办过 48 届。2011 年，在慕尼黑大会上受英国外交大臣黑格的提议，召开网络空间大会（cyberspace conference），伦敦（2011），布达佩斯（2012），首尔（2013）。

因特网专家，来自政府的网络安全参与者、私营企业、非政府组织。2011 年 11 月的首次大会过度的将焦点放在了网络自由上，因为之前的两个月中俄在联合国大会上提交了“行为守则：更多以政府为中心原则的因特网、基于国家主权原则的国土内网络空间国家调控”。2012 年的布达佩斯会议则比较全面：议题包括网络行为、治理与因特网自由、涉及网络安全能力建设、国家与私营企业在提供网络安全上的职责、地区组织的角色、网络犯罪调查与起诉国际合作。把类似的会议开好，就网络空间治理的问题展开全面深入的探讨，是网络空间治理政治进程的重要步骤。

斯诺登揭露棱镜、X－keyscore 项目后，美国网络军事力量和反恐情报优势已经对盟国产生附带效应。虽然只有德国提出比较专业化的信息请求，但大多数盟国都对美国的可信性产生质疑：盟国在反恐问题上积极支持美国，但美国只是将盟国作为“非美国人”对待，而盟国尚在天真的相信美国人所说的共享网络自由价值观。很多曾信任美国的游说、支持美国的人都产生了背叛的感觉。

（三）中俄在网络治理政治参与的理念上有责任担当，但缺乏现实的网络治理能力与影响力

中俄在网络空间治理理念上有着高度的政治一致性。其网络空间价值观绝不仅仅代表着这两个国家自身对网络安全的理解和需求，而是带有更为广泛的国际社会共同需求的，其并不是为了反对美国而提出的网络治理理念，而是站在更广大新型市场国家、广大发展中国家利益角度的政治承诺，是一种负责任国家的具体表现。中俄在相互理解、信任的基础上，一直推动全方位的网络空间治理合作。这包括 2006 年开始的借助“上海合作组织”平台上就网络反恐展开信息合作、2011 年就网络安全国际行为准则致第 66 届联合国大会的特别倡议信、就网络安全合作与英国、法国、韩国、巴西、东盟等国家和地区组织展开双边、多变网络外交等努力，在 2013 年 2 月份联合国网络犯罪政府专家组会上就网络犯罪国际合作上持有积极的政治态度等等，[1] 都是这种政治担当的表现。

---

① http://www.fmprc.gov.cn/ce/cgviemma/chn/hyyfy/t1018227.html，在该次会议上全面、系统阐释了中国在网络犯罪问题上的积极立场。

但两国最大的问题是国家网络治理机制不够健全，网络空间治理现实能力比较弱，网络空间治理经验尚待成熟。这些因素是制约两国在网络空间治理领域发挥影响力、做出更大贡献的基本原因。但两国政府在网络空间安全问题没有试图突破现有国际安全框架、投机钻营现行国际法在网络空间空缺的野心。两国对网络空间军事化问题上持有谨慎和反对的政治态度，努力维护网络空间的安全与稳定，是在网络空间治理上是负政治责任的国家。

（四）网络空间治理第四极是网络治理的政治选择潜在的积极力量，但尚待政治觉醒

网络治理的第四极是指社会信息化发展迅速，网络空间投资积极、信息产业活力蓬勃、网络治理取得成果，并在本地区或者国际网络空间治理有现实影响力的国家。这包括大部分新型市场国家及东亚、南亚、东欧、拉美、海湾地区等国家。例如，韩国、日本、印度、沙特、罗马尼亚、波兰、巴西、墨西哥、阿根廷、埃及、马来西亚、印度尼西亚、爱尔兰等等。这些国家在网络空间治理问题上所受外部政治压力小，在网络治理领域主要关注点在国内，迫切要求网络空间治理提供公平、公正、合理、宽松的发展环境，能够保障自身网络力量独立自主、高效顺畅的发展。这些国家在网络空间治理的政治选择问题上有强烈的愿望与要求，但无力单独对抗美国的压力，需要充分借助和利用网络空间治理的国际合作。

以 2012 年 ITU 大会印度的表现为例来看，这第四极的政治态度：印度没有直接签署 ITR 公约，会议代表认为需要在做出最终决定前作必要的咨询顾问。因为印度不是联合国常任理事国，所以印度在是否由 ITU 来实现互联网治理问题上存在疑虑。印度只关心条约中涉及通信服务可用性和安全性的议题。印度认为新的 ITR 应该反映当前全球的实体即因特网的动态特性，这样的话可以为印度软件产业的国际化发展提供更大的空间。这样的政治态度具有合理性，但没有更大、更完整的政治视野。

（五）联合国将成为网络治理政治创新的主角，私营部门、研究机构可以发挥更大的作用

在联合国框架下作网络空间治理政治创新最具合理性。联合国也一直在网络治理领域做出政治创新。从 2003—2005 年，时任联合国秘书长安南积极推动“信息社会世界峰会”（WSIS）。[①] 联合国已经先后七次组织 WSIS 的常设论坛“因特网治理论坛（IGF）”年度论坛。[②] WSIS 大会之后，联合国信息社会组（WGIG）成立，用以协调联合国相关实体与组织遵循 WSIS 政治成果。为提升联合国网络空间治理领域的合法性与执行力，联合国大会分别于 2012 年和 2013 年组织联合国政府专家组（UN GGE），就网络空间国家安全、网络犯罪网络合作举行会议，目的是为年度联合国大会提供决策建议。[③] 但到目前为止，联合国系统内部仍没有成立单一的负责因特网职责的中心。

私营部门是网络空间的提供者，也是网络空间治理的核心责任者之一。他们提供的技术产品与信息服务蕴含着网络空间治理的基本理念，是事实上网络规范的制定者。但私营部门往往屈服于所在国的政治压力，容易沦为所在国控制世界的工具，成为网络空间政治斗争的牺牲品。同时，他们往往出于自身利益与发展的需求，对网络治理的政治选择问题比较排斥，需要端正自己在网络空间治理上的正确位置。

众多国际著名的研究机构、互联网治理现有技术组织是网络空间治理的重要参与者。ICANN 虽设在美国，受美国政府法律管辖，但该组织在运维方式、基本理念等问题上正在发生变革。联合国裁军研究所（UNIDIR）2012 大会专门探讨“信任构建措施在确保网络稳定方面的角色”议题。美国东西方研究所于 2009 年发起“全世界网络安全倡议”项目，致力于面对网络安全这一全球性挑战。自 2011 年开始已经组织两次网络峰会。2012 年出台《中美网络缓和：塑造日程》。

① 2001 年 12 月，根据联合国大会的决议，欢迎 ITU 的倡议，决定举办信息世界信息峰会。峰会首次以两阶段举行的方式，于 2003 年 12 月在日内外举办第一阶段峰会，2005 年 11 月在突尼斯举办第二阶段会议。峰会首次采取多利益攸关方的方式，吸引众多国际组织、非政府组织、民间团体和私营部门的广泛参与。主要成果《日内瓦宣言》《日内瓦行动计划》《突尼斯承诺》《突尼斯议程》，根据信息社会世界峰会（2003 年日内瓦，2005 年突尼斯）2005 年的《信息社会突尼斯峰会议程》上达成的意向：制定因特网公共政策的政策权力属国家主权。这些原则结合了“多利益相关者介入概念”与“制定公共政策上国家处于领导地位”的再确认。

② 因特网治理论坛（IGF），每年一次会议，由 2005 年突尼斯信息社会世界大会决议创办，2012 年 11 月在巴库举办第 7 次会议，“主题：互联网治理与可持续人类、经济和社会发展”，表面上看这是个多利益攸关者，但不是决策制定实体。

③ 联合国国际安全政府专家组（UN GGE，2012 倡议，2013 年将向联合国大会提交报告）：国际安全语境下的信息域通讯，关注潜在的“网络空间负责任国家行为规范、规则与原则，国家间信任构建措施”，以维护信息安全。有 15 个成员专家组，基于一致原则运作。

2013年5月份习奥会之前建议将“打击垃圾邮件合作模型”作为中美网络安全合作的切入点。斯诺登事件后，东西方研究所研究员格雷格·奥斯丁站在全球稳定的角度全面审视美国的网络优势与网络力量运用政策所带来的全球性的负面效应。[①] 自2009年以来，战略与国际研究中心CSIS已经与中美官方与民间学者合作，举办了七次“中美二轨网络安全对话”，目标是减少误解、增加透明度，理解双方处理网络的方式，识别潜在的合作领域，促进构建信任措施，达成网络安全行为规范与规则。大西洋理事会于2009年提出网络经世倡议，[②] 探索网络安全国际合作机制。欧洲的安全与防务智库SDA提出网络安全倡议。北约协作式网络防御精英中心于2013年完成由多方专家参与修订的《适用网络战的战争法塔林手册》，该手册在很多方面有其积极的一面。这些研究机构有的具有浓厚的政治立场，有些则较为客观公正，但就学术观点来讲，都有可取之处，是网络空间治理的重要力量。

三、国际网络空间治理的政治选择

强调网络空间治理的政治性并不是否定网络空间治理的“多利益攸关方”模式，也不存在“以国家为中心”的网络空间治理模式与“多利益攸关方模式”之间的斗争，而是要正确认识网络空间治理过程中政治力量的积极作用，消除网络空间治理的政治障碍，推动网络空间治理的健康发展。网络空间治理的政治选择决定着网络治理是走向“城堡”还是通向“绿洲”的关键，[③] 其当务之急包括：

1. 发展网络空间战略文化，提供网络空间政治环境

网络空间战略文化是网络空间治理政治选择的前提。所谓网络空间战略文化，就是对网络空间基本价值观的认同，是网络空间治理模型的基础，是制定网络行为规范的依据。当前西方国家提出的网络空间价值观过于狭隘，网络空间治理的政治选择的首要任务就是定义网络空间战略文化。明确网络空间政治选择的评判依据，为网络空间治理提供政治环境。

---

① http：//www.ewi.info/costs-american-superiority，2013年8月13日。

② Cyber statecraft initiative，www.acus.org/tags/cyber- statecraft-initiative。

③ http：//www.cyberdialogue.ca/2013/02/global-governance-and-cyberspace-fortresses-or-oases-by-paul-meyer。

2. 强化网络空间国家能力，保持网络空间政治稳定

网络空间政治稳定是网络空间治理政治选择的目标。但政治本身并不能保持网络空间自身的稳定，必须国家强化网络空间能力，以现实的影响力推动网络空间政治选择是现实主义的要求。国家网络空间战略、网络安全力量建设、网络安全反应机制都是网络空间国家能力的体现。只有国家在网络空间形成制衡能力才能保证网络空间的政治稳定。

3. 培养网络空间政治互信，促进网络空间国际合作

网络空间政治互信是网络空间治理政治选择的必要途径。网络空间政治互信起源于国家间战略互信，需要国家间战略关系的成熟与发展。同时，也需要在细节问题上逐步实践，不断累积信任。这需要国家战略层面上的耐心，需要相互的理解。

4. 创新网络空间安全机制，推动网络空间政治进程

网络空间安全机制是网络空间治理政治选择的核心任务。但网络空间安全机制的构建是个漫长的历史过程，是一个现实利益与权力在全球范围内再分配的过程，需要采取适当的政治策略，逐步展开，是个注定饱受煎熬的历史过程。

美军手中的网络作战国防承包商

2013年英国贸易与投资政府办公室估计，网络安全市场已达到1230亿英镑，而且正以每年10%的速度增长，而政府、国防军工已成为网络安全市场的最大用户。随着美军对网络作战力量和网络作战装备发展的持续投入，很多传统和非传统网络安全企业进入美国防承包商列表。美国网络安全军工企业逐步形成体系，很好地支撑了美军网络作战，也为美军带来不可避免的麻烦。

一、传统大型军工企业征战“战场网络战”，支撑电子战、网络战融合发展趋势

美国传统军工企业是美军军事装备体系发展的基础力量，美国国家将该类大型企业集团成为国防工业基础（DIB）。自20世纪90年代以来，美军一直谋求的利用信息技术优势发展转型美军军事力量。这些军工企业是美军信息技术的根本提供者，也是美军军事网络技术与应用的建设者。公开的信息表明，洛克希德·马丁公司每年为军队武器装备信息化集成方面所写代码量已经超过微软公司。这些军工集团于2004年组成网络中心战工业联盟，助力美军信息化建设。随着美军网络作战力量的发展，网络空间军事化的发展步伐不断加快，传统电子战领域占主导的大型传统军工企业也正在努力跟上步伐，它们以传统、新型技术装备的网络化作战运用为基本起点，向网络空间攻防领域发展，逐步转向电子战、网络战融合领域技术。

这些领域主要表现为电子对抗新技术，雷达体系欺骗与干扰技术，新型高速移动式、大容量、短延时数据链，时敏移动目标战术定位技术，智能传感器网络技术，认知无线电网络安全技术等等。比如自2007年开始逐步发展起来的“舒特”项目，它与“战术目标网络定位（TTNT）”“高速硬件无线网络链路”“网络中心协同定位（NCCT）”先进软件算法相互补充，将战场多ISR传感器的实时信号数据融合，对战术性无线时敏目标精准定位，对数字战场进行综合管理，将“反辐射物理打击、协同电子战注入攻击、无线召唤网络攻击”多种手段

综合起来，形成实时作战方案。随着舒特系统与诸如 X-47B 这样的无人机系统的结合，这种借助无人机隐身性能抵近对手指挥控制中心，以斯诺登所暴露的系列软件硬件预置漏洞发动网络攻击，为物理手段打击创建两小时时间窗口的作战样式，将成为美军未来战场的首战装备。这些新技术领域将对战场环境中各类无线接入方式形成的网络作为战场，在其中实施网络攻防作战，试图在保护己方利用信息技术优势的同时，打击地方利用该技术的能力。外军专家将其定义为战场网络战。从装备技术角度看，战场网络战所需技术比较先进，研发周期比较长，风险比较大，应用领域比较窄，所需研发资本投入也多，客观上只有大型军工企业才有实力涉足该领域。

二、跨国信息技术公司向网络安全产业转型促使防御性网络技术转型，美军网络战场将变得更加“可作战”

信息技术产业与信息安全产业是完全不同的两个产业领域。长久以来，美国大型跨国信息技术公司一直在创新信息技术的“正向”应用。随着网络空间对抗性行为的出现，国家安全、企业竞争力、个人利益都与网络安全技术与应用挂钩，网络安全的价值逐渐显现。为了适应市场的这种新需求，信息技术产业也在不断变革，网络和信息系统的安全性技术不断提高，新型信息安全产业正在成型，而原跨国信息技术公司对信息安全产业的融合式发展为该产业的不断成熟增强了活力，信息技术产业与信息安全产业出现融合的趋势。这种融合趋势导致信息安全出现以下特点：一是信息安全出现安全底层化特点。传统的信息安全产品将逐步萎缩，身份识别技术、隔离技术、监控技术、加密技术、审计技术等将被集成应用在信息产品底层，并将信息安全技术嵌入到 CPU、芯片、操作系统、数据库、整机、存储、路由器等产品中。二是信息安全出现安全综合化特点。它集防病毒、防火墙、入侵检测等功能于一身，实现防护阶段的综合，集事前监测、事中防护、事后审计等功能于一体，实现了防护手段的主动化。三是信息安全出现安全服务化特点。一方面，安全咨询、培训、评测、运维等信息服务将逐渐成熟。另一方面，信息安全服务流程标准化，信息安全防护理念由基于主机转为基于威胁、基于情报。四是信息安全出现安全信息化特点。云计算、物联网、移动互联网对信息安全有更高的要求，大量新技术新应用爆炸式增长。这些新特征可以将网络空间固定物理拓扑结构变得“可变形”，从而将网络空间变得可以动态可管理、可控，也就是所谓的“可作战”。这极大地提升了防御性网络力量的技术能力，打破了网络防御与网络进攻之间的不平衡态势，对网络安全力量发展开辟了新的领域。

美军自2011年开始的联合信息环境（JIE）建设正是在这样的技术发展背景下启动的。联合信息环境所涉及的核心技术覆盖云计算的四大领域：一是商业云服务；二是企业化云存储服务；三是MPLS链路云；四是“雅典卫城”安全分析云。这些都是采用这些公司提供的成熟技术。比如，亚马逊为联合信息环境第一阶段欧洲战区提供大部分的云计算技术。美军持续推动的“梯次防御”（DEEP）网络安全基本构架，正在联合信息环境项目中转换为基于情报数据分析的网络安全集成项目。而项目的实施方正是对情报数据进行大数据分析的帕兰提尔公司。该公司在猎杀本拉登的情报保障中发挥重要作用。这样的网络安全项目未来基本确认将交由网络司令部的133支网络任务部队中的网络防御部队，成为美军防御性网络作战的主战装备。美空军去年公布的六类网络作战武器装备，实质也是利用商用成熟技术所做的自动化的防御性网络作战安全管理平台，都是上述诸多商用网络安全技术的集成平台。

三、小型创新性信息技术公司将主导攻击性网络力量，其创新性能力成为美军攻击性网络作战的重要技术资源

美国国家攻击性网络力量的来源一直是一个谜。主要原因是长久以来攻击性网络力量都处在一种隐秘状态。其相关信息一旦公开，可能导致攻击性网络作战的效力大打折扣。特别需要注意的是，攻击性网络力量需要大量技术上的创新，甚至需要与国际黑客市场有一些非法交易。这将严重影响对大型信息技术公司的信赖，与其国际化发展方向、业务拓展理念的基本战略不相符。相反，小型网络公司，以其不受公开舆论关注，组织行为模式低调等特征优势，可以有一定的生存空间。这类小型信息技术公司的雏形是黑客产业链中的一些非正式团体，随着国家、社会、私人对网络安全的需求提升，开始公开地以公司的模式组织业务运行。因为其核心能力的非法性导致业务很难真

正公开。同时，他们或者以训练、防护等其他名义，甚至是以国家安全为名，受法律、行业规范、技术标准等约束较少，他们在技术手段的创新应用上能够打破常规，达到出人意料的效果。

2011年2月，著名黑客组织“匿名者”攻击网络安全公司HBgary，曝光的大量内部邮件显示，几家名为KEYW，Immunity、Endgame的小公司正在为五角大楼研发网络武器。其中，KEYM公司是原诺斯罗普·格鲁曼公司的一批软件专家在2008年成立的，约有800名雇员，该公司在2010年的收入达到1.08亿美元。① 美军DARPA正在持续推荐的X计划就是由原著名的黑客与防务合同商Daniel Roelker。他雇佣了战争模拟领域的老牌公司，构想未来网络作战装备的基本样式，召集来自硅谷的最知名的设计公司、游戏开发商、特效工作室，FROG DESIGN公司则为其提供了基于大尺寸、多人交互操控触控桌面的地图沙盘式设计，用来综合展示网络空间地图、可视化网络态势。X计划的最新发展表明，网络作战基础平台则借鉴苹果公司App-Store设计，单兵作战态势接口展示可能采取Oculus Rift虚拟现实头盔。正如很多专家预测的那样，私营公司的创意主导了美军网络作战装备未来发展，美军网络作战军民界限更加模糊。

四、网络安全公司的“利益驱动”可能导致网络战失控，网络军控面临重大挑战

目前，由私营公司主导的网络战武器市场成型。② 私营公司已经公开在网上兜售ZDE，NSS实验室2013年12月4日的研究报告认为，在过去三年之中，高资金用户每天都在使用购买而来的至少60个ZDE渗透到微软、苹果、奥多比、Oracle等公司的系统中。每年，网络武器开发者利用100个左右的漏洞制作间谍软件和程序代码。这些ZDE的生存时间平均在151天，几乎每天都有85个ZDE被利用。美国《商业周刊》报道，某些windows操作系统的漏洞可以买到25万美元。因为缺乏法律框架，一般采用分期付款的方式，只有攻击产生效果以

---

① 车莉、赖滇、贾剑：“外军网络武器的发展情况”，《外军网络空间战》，2012年第2期。

② http://www.defenseone.com/technology/2013/12/cyber-arms-dealers-peedle-85-worms-day/74966/? oref=d-channelrive。

后，才完全付款。但在此期间，漏洞提供者往往会同时向多家售卖同一漏洞资源。美国网络武器承办商、美国合同商 Endgame 系统公司报告称，每年他向客户提供 25 个漏洞，获利 250 万。美国的 Netragard、Exodus Intelligence 公司，马耳他的 ReVuln 公司，法国 Vupen 公司甚至公开做广告。[①] 虽然有些公司会限定他们的客户群体，但整个过程很难管控。Nextgov 网站认为，“国家已经不再是网络武器最新技术的单一拥有者了”。

奥巴马总统于 2013 年 12 月签署公布 2014 年国防授权法，[②] 其中一条就是在 270 天之内，构建跨部门机构，为控制网络武器技术扩散制定基于“单边或者协作式司法行动、财政手段、外交干预等”任何总统认可方式的政策框架，鼓励工业与私营部门参与整个政策制定过程。目标包括找到合适的政策工具，限制“可能适用于网络犯罪、恐怖主义和军事行动网络工具“的贸易，同时保障政府和私营部门保有相关网络能力。明确网络武器扩散的基本原则声明，争取国际社会的认可，以凝聚国际社会的共同努力。这是美方首次提出网络军控相关进程的基本表态。

但重要的是，网络武器经走出国家“实验室”，可能会以地下产业化的面貌出现。美国“火眼”网络安全公司与曼迪昂特公司合作，[③] 通过反向工程与二进制代码“网络基因”技术，发现了近几年以来近 11 起重大网络攻击的数字基因之间的关系。报告认为，虽然这 11 起网络攻击不可能是同一团队所为，但这 11 起攻击所在用恶意代码却有着共同的武器供应链。火眼公司将这些网络武器的供应量归结于中国。但今年 1 月份卡巴斯基公布的针对外交和政府部门的“红色十月”网络攻击的网络基因特征来看，[④] 大部分是讲俄语人员开发而成，但其中几个重要组件也有使用中文的痕迹，甚至还有西班牙语。仅从代码中使用语言就来判断攻击者的身份是极不负责任的态度。这只能说明，

---

① http：//www. nytimes. com/2013/07/14/world/europe/nations buying as hackers-sell-computer-flaws. html。

② Armedservices. house. gov/index. cfm/files/serve? file_ id = 215ac26c-a0e7 - 4b02 - a63c-dd9d800af2db。

③ http：//www. fireeye. com/resources/pdfs/fireeye-malware-supply-chain. pdf。

④ http：//www. securelist. com/en/blog/785/the_ red_ october_ campaign_ an_ advanced _ cyber_ espionage_ network_ targeting-diplomatic_ and_ goverment_ agencies。

地下黑客市场具有超乎政治家眼界的流动性。网络黑客产业在国际层面上的互动甚至超过传统实物贸易。

与之对应的是，西方政府在维也纳举行的会议正试图修订“武器出口控制——瓦森纳安排”,[①] 将复杂的监测、黑客软件和有关密码技术纳入到该体系中，意图防止网络战技术扩散，其中最为敏感的就是“深度包监测技术”。西方国家的情报部门害怕相关技术落入敌人手中。但最大的问题是，这些网络安全技术都起源于商业部门。而国家是对网络安全产业限制真正实施起来非常困难。

---

① http：//www. ft. com/intl/cms/s/0/2903d504 －5c18 －11e3 －931e －00122feabdc0. html #axzz2oyex60jz。

《信息时代战争：军事网络复合体的崛起》译序

1961 年即将卸任的美国总统艾森豪威尔曾告诫美国人民，要防止政府和工业组成的联盟“获得不当的影响力”。艾森豪威尔最早提出“军事工业复合体”的概念。50 多年过去了，作者哈里斯在本书中认为，在全球进入信息时代之后，美国军事工业复合体的变体——军事网络复合体出现，并深刻地影响着美国。

应该说，哈里斯撰写本书的主旨是在告诫美国人民注意新兴军事网络复合体对美国政治、经济、社会、军事的全面影响。本书分成两大部分：第一部分讲军事网络复合体崛起的过程；第二大部分讲该复合体所做所为对美国的影响。以国家安全局为牵头的军事网络复合体，从 ISR 情报领域起家，随着反恐战争逐步强大，并逐步发展出强大的军事网络作战力量。但在这个过程中，国家安全局的主导性力量过于强大：在政治领域，它以让人捉摸不定的网络黑客威胁要挟美国政府各个机构，逐渐架空了美国国土安全部在国家民事网络安全领域的领导地位；在经济领域，它逐步形成机制完整的旋转门机制，绑架了信息与网络安全产业界，让他们逐步成为网络雇佣兵，丧失了自身的主体地位；在军事领域，它从美军军网的防御入手，逐步渗透到美国国防部军事网络作战所有领域，并逐步控制军事网络作战力量的发展；在社会领域，它以国家安全为名用隐秘黑客手段大规模采集元数据，公然违反宪法和法律赋予元数据的社会地位，侵犯民众隐私。

哈里斯将网络战分成两个不同层次的概念：一是民间经济产业界的网络安全问题；二是国家安全领域的军事问题。他的基本观点包括：国家安全局以网络情报需要保密为借口，不断向不同领域的拓展做法是不对的。经济与产业界的网络防御问题完全可以由自身力量发展来实现，其中有很多商机，甚至可以促进产生新型产业。国家安全局隐秘的网络空间作战行动不透明，具有相当的欺骗性，不能够赢取国内外民众的信任。国家安全局隐秘的间谍行动对网络空间的控制与影响力过于强大，对美国民众隐私、产业界全球市场拓展造成深刻的影响。

有必要对国家安全局的网络作战行动采取必要的限制措施。

但本文对于中国读者的更大价值不是作者哈里斯关注的这些问题。相反，经过长期信息积累，通过与不同人物的采访、交谈，哈里斯以故事形式，从一个美国学者的角度讲述了美国网络空间 17 年以来发展的历史，是美国网络空间发展的重大事件回顾，内容涵盖了这 17 年以来几乎所有重大问题。这包括：伊拉克、阿富汗战争中美军如何以网络空间情报作战对付叛乱分子；美国如何应对日益猖獗的黑客行动，美国国家关键基础设施防护的基本状况；美军高层领导对网络空间军事化的基本决策过程与内幕；国家安全局、FBI、CIA、国防部、国土安全部在网络空间中的相互合作与博弈；原情报总监迈克·麦康奈尔、国家安全局主任/网络司令部司令基斯·亚历山大、前国防部长罗伯特·盖茨和莱昂·帕内塔、布什总统、奥巴马总统等人在重大战略决策中的地位与作用。本书甚至还引用了斯诺登所揭露出来的很多内容，侧面对这些网络作战武器装备系统的作用和地位做了阐述，印证了美国劫持全球网络空间的现实实力。

这本书以作者独有视角，全面、系统地还原了美国网络空间作战的发展进程与历史逻辑，填补了我们对美国在这个问题上的认知空白，是研究美军网络空间问题不可多得的写实材料。

谈中美打击网络犯罪联合对话机制的地位与作用

11 月 13 日，由美国国土安全部常务副部长马约尔卡斯率领的美国网络安全执法跨部门代表团来华，揭开两国打击网络犯罪及其相关事项高级别联合对话机制第一次会议序幕。这是落实中美两国元首达成网络犯罪执法合作协议的重要举措，中方严肃认真对待。但美方某些代表在对话中颐指气使，虚与委蛇，好像还没搞清楚三件事，看样子需要再好好谈谈.

一、不要错判中方打击网络犯罪的战略决心和诚意

中美元首达成关于合作执法打击网络犯罪的协议后，美方专家和媒体高呼胜利。对该战略性协议的达成做出两个错误判断：一是认为中方怕了。美方个别民间企业和政府唱双簧，从曼迪昂特“高级持续性威胁”报告，到美司法部公开起诉我 5 名公民，再到索尼影业被攻击后以经济制裁要挟朝鲜，认为中方慑于美国高压才在中美元首会谈中做出妥协。二是认为中方在做交易。认定中方试图以网络空间合作换取美方在其所谓关键性核心利益上做出让步，比如南海问题。认为中美双方在此时达成协议是中方在网络空间战略与政策的重大转变。中美之间存在战略误判，在网络事务上更是严重。

事实恰恰相反，中方战略与态度从未改变。中方战略性举措来自于对国内和国际两个基本形势的判断：一是中方将国内网络犯罪视作是对国家经济与社会发展的重大障碍；二是国际网络犯罪对国际地缘战略关系稳定造成重大威胁。从中方国内民众饱受困扰的、日益猖獗的电信诈骗，再到最近发生的 XCode 被污染事件，中方有着巨大的打击网络犯罪国际合作执法需求。最近几年，应美国、韩国、东南亚、台湾等国家和地区的要求，我们也大力协助有关国家打击网络犯罪。同时，我们将网络犯罪上升到影响国际关系稳定的战略高度，严肃看待国际网络犯罪问题。乌克兰危机期间，美方媒体大肆炒作摩根大通等金融企业受到网络攻击，认为俄罗斯政府参与其中，是对美国干预

乌克兰的反击。该事件加大了当事双方的战略紧张。但随着美方对该案件侦办的持续，事实不断浮现。该事件只不过是普通金融诈骗在网络空间的高级反映而已。国际合作打击国际网络犯罪将有助于国际地缘战略的和平稳定。这是中方做出中美合作打击网络犯罪的两个重大战略驱动。为此，中方已经逐步展开并将持续在中欧、中英、中韩、金砖五国等重大双边与多边体制机制下展开合作。与美方的合作只是我方战略举措中的一环。美方代表团一到中国，就从战略上怀疑中方的战略决心和诚意，无非是以小人之心度君子之腹。

二、不要低估中美共同打击网络犯罪问题的复杂度

中美两国打击网络犯罪及其相关事项高级别联合对话机制是解决中美网络犯罪执法问题中存在的大问题、大矛盾的重大政策性安排，不是讨论某几个具体案例的场合。美方以几个具体案例施压中方，是低估了国际网络犯罪与执法合作问题的复杂程度。这一点，是连美方专家也不得不承认的事实。现在看，中美合作打击网络犯罪至少尚有“司法侦办、法律接轨、执法程序”等三大障碍需要在该对话机制中逐步解决：

一是双方必须要联合司法。美方不能简单以几个网络犯罪线索就要求中方必须遵照查办。法律是讲究证据的。美方也承认，当前拿出的聊聊几个数据，只是线索不是证据。这尚需要双方深入的、持续的、严肃的联合调查。美方在线索数据上搪塞支吾、半掩半盖、不愿多说，无非是想掩饰其以非法手段获得网络犯罪线索的事实，保护其情报单位攻击性网络作战能力。要合作，必须有诚意，不然我方无法向法律交代，也无法展开深入司法协查。

二是双方必须要修订法律、逐步接轨。双方在涉及网络犯罪司法认定、量刑裁定等等法律体系上有着巨大的差别。中方相关法律有其不完善的一面，美方法律也存在巨大不合理性。这是双方合作执法的最大障碍。高层对话机制可以为双方互相理解和了解对方法律体系，互相修法为执法合作破除障碍等提供重大平台保障。美方无权、也不能期待以现行单方面国内法生硬的套到中国。

三是双方执法合作缺乏有效渠道。当前，中美双方没有引渡条约。这也是中方一直在努力与美方达成一致的协议。造成这种障碍的责任

主要在美方，美方一直以各种法律理由拒绝消除该障碍。在当前的情况下，即使认定某个案，中方也无法展开有效执法合作。美方不能指望像最近几起美欧、美以、美印（尼）合作打击网络犯罪那样，从中国直接拿人。

当然，美方提出的几个案例可以用来作为解决相关法律障碍的研究性案例。分析双方法律体系的异同点，逐步明确、扩大双方司法合作的交集。这些才是中美高级别对话机制的根本任务。

三、不要唱高调、讲道义，简单粗暴无助于解决问题

美方以“差异性应对”为策略，只揪住他们关心的几个可能在中国境内发生的商业间谍案例不放，认定中国政府参与其中，占据道义高地，简单粗暴地指责中国“盗窃”美国知识产权。这无益于解决中美网络犯罪执法合作。打击网络犯罪、维护知识产权，为中国对外开发、引进外资构建良性竞争环境，是中国既定经济战略的重要支撑。但看美方架势，不老调重弹、同样“以差异化应对”策略回应美方几个案例，无以回复美方。

斯诺登解秘文件显示，美方以大规模网络情报间谍行动全面截取中国华为公司高层之间的通信，侵入华为企业产品，借助华为产品和服务对伊朗、阿富汗、巴基斯坦、肯尼亚、古巴等实施间谍行动，直接影响了华为公司的企业信誉。2015 年 5 月，进一步曝光文件显示，从 2009 年开始，美方直接以国家情报力量对包括中国私营安天实验室在内的，来自韩国、法国、罗马尼亚、俄罗斯、印度等几乎全球所有重要网络安全产业企业做全面监控。但其中却不包含美方网络安全企业。这直接打击了国际社会对相关网络安全企业的信任，造成网络安全产业的不公平竞争。更有甚者，去年以来多家网络安全公司持续曝光“雷金”“方程式”等案例显示，美方情报单位主动制造或者直接利用世界著名硬盘、网卡、显卡等厂商的产品漏洞，侵犯相关商业企业知识产权的完整性、有效性，实施高水平的网络间谍情报行动，严重影响了全球数字产业的良性发展。美国人美其名曰，以国家安全的名义。难道以国家安全名义就要牺牲商业企业利益？单方面满足美国国家安全需求就可以侵犯全球商业企业知识产权？美方所公开宣称的“保护知识产权”道义高地到哪里去了？

作为网络空间大国，中美双方拥有维护全球网络空间战略稳定大局的共同责任。中方完全尊重、赞同美方提出的一系列国际网络空间行动准则。但这样的准则需要双方、多方、全球共同遵守。两国元首一致同意为构建国际网络行为准则共同努力，需要双方同道而行。中方与世界各国一道，在联合国政府专家组框架下，正在倡导“禁止国家主动对ICT产品植入后门”、“加快界定国家网络主权内涵与外延”、“推动因特网域名管理机构全球化”等举措，就是要为全球商业企业松绑，塑造健康的国际网络安全与信息化产业生态环境，这一点，希望美方能够立意高远，以诚意共同合作。

中美双方政府和专家，一致认同中美元首在网络犯罪执法合作达成协议的重要战略性意义。该协议本身对稳定国际网络空间总体战略态势具有非凡意义，广受国际社会欢迎。这种局面来之不易，需要中美双方共同呵护。签订协议只是第一步，美方代表团行为表现说明美方太过急切。这一点我们充分理解，这也是美方直率性格的真实反映。但培育网络空间战略稳定最需要的是时间和空间，需要特定章法逐步解决困扰双方合作的多重重大障碍。希望美方也要理解中方的真实想法，避免误判。

2015 年中国网络外交三大领域国际合作：成果与困难并存

一、中俄合作在联合国框架下达成国际网络行为准则重大成果

2015 年联合国第四次组建政府专家组 GGE,[①] 在国际网络行为规范上达成重大成果。[②] 有关报告全文公布后，东西方各国都认为自己主张的行为准则被报告吸收。美方专家认为，三个美方提出的重要的规范被采纳：一是国际法基本原则——人道原则、必要性原则、成比例原则、区别对待原则适用于网络空间；[③] 二是国家在协助他国关键基础设施应急反应上拥有义务；三是各国应该支持计算机应急反应分队（CERT）在应对跨国网络威胁所做的努力。这次俄方在国际网络行为准则上采取了灵活态度，也认为这是俄方胜利，展示了俄罗斯网络空间负责任大国的形象。俄方专家则认为,[④] 该报告更多地使用俄罗斯一直倡导的“信息安全”而不是“网络安全”提法，是对俄罗斯强调综合运用军事、政治、法律、行政等手段应对信息安全威胁做法的国际认可。没有应美方提出的“单列出联合国宪章第 51 款适用于网络空间”、而是确认“全部联合国宪章基本适用网络空间的原则”，则被俄方解读为是全球的胜利。俄方其他几个原则性成果建议则直指美方。这包括，国家必须确保针对他国的网络行动指控的确凿性——这直指索尼影业被攻击后美方不负责任的做法；国家应该确保 ICT 产品供应链安全——这主要针对斯诺登揭秘事件揭露出美方对国际软硬件供应链的知识产权侵犯；和平时期不应该攻击对方的关键基础设施——这

---

① The UN GGE on Cybersecurity：What IS the UN’s role?，by Guest Blogger，http：//blogs. cfr. org/cyber/2015/04/15/the-un-gge-on-cybersecurity-what-IS-the-uns-role/。

② http：//www. un. org/ga/search/view_ doc. asp? symbol = A/70/174。

③ The 2015 GGE Report：Breaking New Ground，Ever So Slowly，http：//blogs. cfr. org/cyber/2015/09/08/the - 2015 - gge-report-breaking-new-ground-ever-so-slowly/。

④ http：//www. kommersant. ru/doc/2790234。

主要针对美方违反国际法攻击伊朗的震网攻击。

从各国对待该报告的态度来看，网络行为准则的基本原则门槛尚比较低，更多是各方在网络空间利益在道义上的宣示。其实，早在2013—2014年的GGE报告就明确支出，网络空间有国家主权。但各方对网络空间主权的界定存在巨大差异。美军网络司令部司令罗杰斯在2015年9月参议院听证会上公开宣称，"中国认为（跨国）访问（它国）通信和数据侵犯国家主权，我们拒绝这样的概念"。[①] 对网络空间治理的多行为体模型的理解上，各国对国家在其中应该扮演什么样的角色问题还有很多不同意见。欧美国家认为中国等国家管的多了，新兴市场国家则认为欧美国国家通过大规模国际监控计划控制全球，才在控制网络空间的问题上走得更远。巴西、印度、中国、俄罗斯等国家认为，ICANN的因特网域名服务，是欧美网络空间军事作战基础设施的重要组成部分，其管理授权能否全球化，是检验欧美、特别是美国能够兑现确保国际网络空间稳定政治承诺的重要标准。总之，国际网络行为准则在网络主权的界定、国家在多行为体治理模型的角色、ICANN国际化等三个具体问题上急待达成实质性进展，以巩固联合GGE专家组的成果。

二、中美网络犯罪合作机制推动双方战略互信，但美方战略不信任仍然限制该进程作用

12月1—3日，国务委员郭声琨赴美。参加第一次会议。双方达成构建联合高层机制、建立热线。但美方某些代表在对话中颐指气使，好像还没搞清楚三件事：

1. 错判中方打击网络犯罪的战略决心和诚意。美方对中美战略性协议的达成做出两个错误判断：一是认为中方怕了。认为中方慑于美国高压才会在中美元首会谈中做出妥协。二是认为中方在做交易。认定中方试图以网络空间合作换取美方在其所谓关键性核心利益上做出让步，比如南海问题。认为中美双方在此时达成协议是中方在网络空

---

① "They（china）believe that access to communications and data IS a sovereign right. We reject that notion."，NSA Director：continuing cyber threats unlikely to diminISh despite agreement with China，https：//www. centerforsecuritypolicy. org/2015/09/28/nsa-director-continuing-cyber-threats-unlikely-to-diminISh-despite-agreement-with-china/。

间战略与政策的重大转变。事实恰恰相反，中方战略与态度从未改变。中方战略性举措来自于对国内和国际两个基本形势的判断：一是中方将国内网络犯罪视作是对国家经济与社会发展的重大障碍；二是国际网络犯罪对国际地缘战略关系稳定造成重大威胁。① 为此，中方已经逐步展开并将持续在中欧、中英、中韩、金砖五国等重大双边与多边体制机制下展开合作。与美方的合作只是我方战略举措中的一环。

2. 低估中美共同打击网络犯罪问题的复杂度。中美两国打击网络犯罪及其相关事项高级别联合对话机制是解决中美网络犯罪执法问题中存在的大问题、大矛盾的重大政策性安排，不是讨论某几个具体案例的场合。美方以几个具体案例施压中方，是低估了国际网络犯罪与执法合作问题的复杂程度。现在看，中美合作打击网络犯罪至少尚有“司法侦办、法律接轨、执法程序”等三大障碍需要在该对话机制中逐步解决：一是双方必须要联合司法。美方不能简单以几个网络犯罪线索就要求中方必须遵照查办。二是双方必须要修订法律、逐步接轨。双方在涉及网络犯罪司法认定、量刑裁定等等法律体系上有着巨大的差别。这是双方合作执法的最大障碍。三是双方执法合作缺乏有效渠道。当前，中美双方没有引渡条约。美方不能指望像最近几起美欧、美以、美印（尼）合作打击网络犯罪那样，从中国直接拿人。

3. 唱高调，讲道义，简单粗暴无助于解决问题。美方以“差异性应对”为策略，只揪住他们关心的几个可能在中国境内发生的商业间谍案例不放，认定中国政府参与其中，占据道义高地，简单粗暴的指责中国“盗窃”美国知识产权。斯诺登解秘文件显示，美方以大规模网络情报间谍行动全面截取中国华为公司高层之间的通信，侵入华为企业产品，借助华为产品和服务对伊朗、阿富汗、巴基斯坦、肯尼亚、古巴等实施间谍行动，直接影响了华为公司的企业信誉。2015 年 5 月，进一步曝光文件显示，从 2009 年开始，美方直接以国家情报力量对包括中国私营安天实验室在内的来自韩国、法国、罗马尼亚、俄罗斯、印度等几乎全球所有重要网络安全产业企业做全面监控。但其中

---

① 乌克兰危机期间，美方媒体大肆炒作摩根大通等金融企业受到网络攻击，认为俄罗斯政府参与其中，是对美国干预乌克兰的反击。该事件加大了当事双方的战略紧张。但随着美方对该案件侦办的持续，事实不断浮现。该事件只不过是普通金融诈骗在网络空间的高级反映而已。

却不包含美方网络安全企业。这直接打击了国际社会对相关网络安全企业的信任，造成网络安全产业的不公平竞争。更有甚者，去年以来多家网络安全公司持续曝光“雷金”“方程式”等案例显示，美方情报单位主动制造或者直接利用世界著名硬盘、网卡、显卡等厂商的产品漏洞，侵犯相关商业企业知识产权的完整性、有效性，实施高水平的网络间谍情报行动，严重影响了全球数字产业的良性发展。

其实，即使中美仅仅达成网络犯罪执法合作的政治承诺，美方就已经得到了美方想要的：借助中国为跳板攻击美方的行动将大幅减少；中国将更多地独自承受来自国际社会的网络犯罪威胁。同时，我们判断，随着中美在网络犯罪问题上合作效果逐步显现，中方将面临更大的来自美方国家安全间谍针对我军工集团、关键基础设施、国有企业攻击性网络作战的更大压力。公安和情报部门必须高度重视这种潜在威胁。

三、中欧网络空间合作展现和平对等的战略新态势，但双边合作议题有待进一步深化

11 月 10—19 日，由中方智库现代院组织的中欧、中英二轨网络对话在京举行。中欧网络对话气氛良好，双方共同话题广泛，坦诚而务实，基本特征表现为：1. 对话氛围体现出中欧双边关系政治平等这一基本大地缘战略背景；2. 对话主要话题逐步深入，但未来双边合作缺乏现实驱动；3. 以推动网络空间意识形态相互谅解塑造战略环境，推动双方实质性网络安全合作。

三大议题是中英、中欧双方网络对话的核心内容。一是数字经济议题。这是中英双方同时最关注的问题，但这一问题因为英方已经做出开放的战略决策，认定华为中兴等不威胁国家安全，所以该议题不是双方主要障碍。二是网络犯罪协查。双方在国际刑警组织和双边执法机构之间的直接合作也非常有效，中方没有加入布达佩斯条约并没有影响中欧网络执法合作。跨中欧双方网络犯罪案例少也是重要原因。该议题也不是主要障碍。三是网络反恐。这个议题在早期对话中曾遭欧方排斥，但现在欧洲反恐形势严峻，其需求也是有的。但现实是，能够威胁欧洲的恐怖分子并不来自中方。所以，该议题也只是原则性讨论。

现在面临中欧合作能否深入的瓶颈。欧洲恐怖主义威胁直接打击了其最为珍视的网络自由和公民隐私防护两大核心价值观。如果包括英国在内的欧洲国家能借此危机事件强化反思，彻底放下架子，中英、中欧网络安全合作将会出现重大理论与现实基础。借重欧洲，打破美国网络霸权，是中方对话的重要任务。借助中国，制约美方网络影响也是欧洲国家的重大现实需求。但需要在议题设置等重大问题上不断深入。我们认为，有必要借助该平台，在网络空间核心价值观等深层次问题上做出探索性研究，直面双边合作最后障碍，才能真正有助于双边更深度合作，塑造和平稳定的网络安全总体态势。

奥巴马应该放弃网络威慑战略

在历经长期讨论之后，白宫首次提交国会审议《网络威慑战略》报告。奥巴马提交该报告的核心目的是为其继续发展攻击性网络力量找借口，同时，通过战略透明赢取其盟友在斯诺登事件之后对美国的谅解。但“网络威慑战略”源于美国心中的恐惧，而不是为了国际正义，并不能像奥巴马在其2016国情咨文所阐述的那样，确保美国的政治反映美国“善”的一面。

自2008年奥巴马上台以后，其所奉行的网络威慑战略饱受来自国内、国际的争论与质疑。所以，美国政府一直没有公开的、全面的阐述网络威慑战略的本质和内涵，没有公开具体政策。该报告为掩盖焦点，将网络威慑战略扩大为四大支柱：透明、反应、弹性和拒止。但这其中最受国际社会关注的还是由防御性拒止网络威胁所衍生的攻击性能力。

按照该报告所述，拒止网络攻击能力可以概括为：为网络威胁所采取的威慑能力（包括核武器、传统武器威慑或者经济制裁）；在网络空间中的威慑能力（包括网络弹性能力，网络防御能力，网络溯源能力）；通过网络空间报复的能力，也就是运用攻击性网络作战能力阻止、报复网络攻击的能力。焦点就是指攻击性网络力量报复的能力。

事实上，奥巴马政府在战略上，视攻击性网络作战能力为实现美国国家、政治、经济与军事利益的核心工具。就像监听德国总理默克尔手机以摸清德国在希腊债务危机的决策过程，监听日本财长手机以提前预测日本金融政策走向，监听墨西哥、巴西总统邮件以验证他们在反毒品犯罪合作过程中的忠诚度一样，攻击性网络手段能够为美国获得巨大的单方面战略优势，但这只会导致网络空间军事化。

一、从长远角度看，美国发展攻击性网络力量只会导致更不稳定的全球网络生态

攻击性网络报复与攻击性核报复之间有着明显的不同。攻击性网络力量更像是信息时代的传统武器，而非像核武器那样是机械化时代

的战略武器。因为与攻击性核报复相比，攻击性网络力量天生的隐秘性和低可视度，导致其运用政策门槛非常低。某国在该能力上的投入，只会导致其他国家的战略恐慌，并发展自身的攻击性网络力量、强化自身的国家安全保障能力，并逐步全球蔓延。这一点，与冷战时代的核威慑完全相反。

包括英国、德国、法国、意大利等欧洲国家，为了保证自身国家利益，很有可能在网络国防上更加独立，其网络政策也将趋向威慑，而不是像冷战时代传统安全领域那样依赖美国；巴西、印度、俄罗斯、中国、日本、韩国等国家，都渴望、也很有潜力成为地区性或者全球性网络大国；对于以色列、伊朗、朝鲜等国家来说，攻击性网络武器已经成为他们为生存而战的、天然的战略性武器。与美国务院网络协调官佩因特所期望的恰好相反，美国的网络威慑战略绝不可能让全球网络生态更加稳定。

二、从眼前看，即使美国投入再大的攻击性网络力量也不能确保美国的国家安全

根据斯诺登解密文件，美国已经在一系列攻击性网络作战项目上持续投资，以塑造单方面有利于美国的网络空间。但本次报告仍然不得不承认，“实时性的、高可信的网络溯源非常困难”。三个最新的重要案例能够解释美国网络能力的局限：

2013—2014 年 JP 摩根等系列金融行业公司被黑案件，最终被 FBI 确认为经典的网络经济犯罪，而不是最初美方所认定的俄罗斯报复美国介入乌克兰危机所为；直到现在，美方仍然没有 100% 的溯源证据表明，朝鲜在 2014 年底索尼影业被黑事件中扮演了核心角色；在经过中美两国联合调查之后，攻击美国 OPM 的事件被最终证明只是普通的网络黑客事件。

随着云计算、物联网、量子计算等的断代性 ICT 技术演进，试图通过攻击性网络力量控制网络空间的意图只会更加渺茫。仅仅是更多国家能够像巴西—葡萄牙那样，投资建设两国之间直通海底光缆，就可以有效绕开北美大陆的通信链路，美国就会失去便捷的监控全球网络的战略优势。

三、从现实来看，鲁莽地发展攻击性网络力量会对全球数字经济产生严重的威胁

奥巴马必须明白，当前的网络威慑战略对由美国创造并推动的全球数字经济已经产生致命影响。

一方面，全球数字经济没有国界，但数字经济产业公司有国籍。国际ICT公司一直都在受所在国法律与政策的困扰，不得不为所在国单方面国家利益服务。这一点，“震网”、“棱镜”等网络作战项目，或者最近苹果公司与FBI之间的官司，就是明证。

另一方面，国家层面的攻击性网络作战力量基本起源于国际黑客市场，但目前仍然对国际黑客市场的繁荣起着重要的推动作用。ICT公司的产品和服务，已经成为国际黑客市场的主要攻击对象。

这两大因素导致数字经济产业面临巨大困境，不得不在所在国国家安全与全球市场份额之间艰难选择。数字经济产业注定成为国际网络空间博弈的替罪羊。可以说，其社会价值已经陷入由美国鲁莽的网络威慑战略引发的漩涡。

奥巴马政府出台该报告，不仅是要以模糊焦点的方式赢取盟国的信任，更是要为其坚定的发展攻击性网络力量赢取缓冲机遇期。但网络空间非对称的战略本质没有改变，这就决定了没有哪一个网络强国能够全面控制网络空间。事实已经证明并必将再次证明，全球化与信息化时代，集体而不是单方面的国家安全观才更具有积极意义。作为负责的网络大国，美国应该在发展网络威慑战略上持更加谨慎的姿态，应该在发展与运用攻击性网络作战能力上保持克制。

美国意图操控2016年GGE主导联合国网络空间治理政策制定

2015年习主席访美期间，中美双方达成共识，一致同意在2015年联合国网络安全政府专家组（UN GGE）报告达成的原则框架基础上，共同推动国际网络空间治理。2015年年底，联合国大会再次通过决议，组建2016年网络安全政府专家组，从目前国际网络外交行动新动态来看，美方意图操控2016年GGE、主导联合国框架下国际网络空间治理进程。

一、GGE成为美国塑造国际网络安全政策环境的重要平台

斯诺登解秘事件之后，美欧网络同盟关系破裂是美国当前网络外交领域的重大挫折。美国急需利用各种可能网络外交行动重新塑造国际网络安全政策环境。经过两年反思，美国对其国内与国际网络空间战略与政策做出重大调整，坚持以强大网络实力为基础塑造服务于美国国家安全的国际网络空间政策成为美国在GGE平台是上的核心使命。

1. 调整后“威慑”与“合作”并重的网络空间政策为指导美国GGE外交行动做好了准备。2009年奥巴马政府开始坚定奉行网络威慑战略，突出强调国内网络力量的整合，以“公私合作”推动网络态势感知，以“云计算+大数据”推动网络防御，以“美军133支战术网络作战分队”推动网络进攻三大能力建设。2013年斯诺登解密事件打乱了这一战略节奏，在中俄及美国传统网络盟友的压力下，美国在联合国信息安全政府专家组（UN GGE）上作出重大妥协，以两次专家组的工作报告为标志的国际网络外交于2013年和2015年取得实质性进展，ICANN国际化的问题也很可能在2016年出现实质性进展。到2015年年底，美国防部发布《网络空间新战略》，将2009年以来的“网络威慑战略”调整为“威慑与合作”并重。

2. 双多边国际合作难以实质进展情况下，联合国框架下GGE成为美国网络外交重点。美国一直视联合国GGE工作组为其控制全球网络

空间的政策工具。从美国务院最近公布的《网络空间政策战略》文件来看，美国确立三大网络政策支柱：一是以“公私合作、信息共享”继续推动网络整合；二是遏制或者限制对手网络能力；三是发展应急反应能力。美国借助 GGE 平台，推动和平时期负责任国家政策，将其变成支撑美第二条网络政策支柱的重要工具。为此，美国分别提出强化与欧洲、中东、东北亚、东南亚和中国的五位一体全球合作战略。尽管盟国各方在网络反恐、网络犯罪协查等问题上有共同需求，但这种合作因为国家安全利益并未完全重合而鲜有实质性效力。为此，在联合国框架下推动建立“和平时期”的“负责任”国家行为准则，成为美国重要网络外交策略，就是要不谈美国具有绝对能力优势的战争时期行为准则前提下，通过和平时期规则限制他国能力发展。

3. 美国以网络实力支撑的 GGE 网络外交诉求仍然还有很多结构性矛盾无法解决。2016 年 UN GGE 的核心工作是如何落实 2013 年和 2015 年既定政治性国际网络治理原则。但即使是美国，在落实网络外交诉求上仍存在巨大障碍：一是单纯强调现有国际法适用于网络空间的必要性，承认网络主权原则。但回避现有国际法适用网络空间的充分性不足问题。避免推动可能限制其网络能力的新网络条约。二是聚焦自身关注的“特定网络安全议题”，比如网络犯罪协查、网络反恐情报合作、关键基础设施防护等问题，但坚持发展谋求满足自身国家安全需求攻击性网络作战力量。不仅引发俄、中、印、巴西等国战略猜疑，而且导致英、加、德、法、澳大利亚、日本、韩国等继续戒备。三是借助“布达佩斯网络犯罪公约”、“恶意网络工具防扩散的瓦森那安排”等多边机制，有步骤的威慑、限制其他国家网络能力。但美国仍然不能从根本上解决网络恐怖主义、网络犯罪等非国家行为体对美国的网络威胁，其奉行的网络威慑战略反而造成网络安全市场体系的分裂，影响产业界发展壮大。

二、我国应高度重视在联合国 GGE 平台下的对美网络博弈

联合国网络安全政府专家组（UN GGE）平台，是联合国大会组建、向联合国秘书长报告、受联合国成员国授权的核心国际多边网络外交平台。自 1998 年以来，该平台先后成立 5 次，其中 2009—2010 年、2012—2013 年、2014—2015 年三次达成具体成果报告。其发布的

报告代表了国际网络治理的顶层战略设计。GGE 平台与我国倡导的联合国框架下的国际安全治理体系理念一致，是国际网络空间战略与政策层面上顶层设计平台，很多中美双边网络安全议题可以借助 GGE 平台谋求达成一致，需要我高度重视借助该平台与美博弈。

1. GGE 平台是我“国际网络外交统一战线”网络外交的展示舞台。尽管国际网络空间稳定面临来自美国网络霸权的主要威胁，但当前网络空间战略态势的主基调仍然是“发展”、“稳定”与“合作”。对这一战略态势的基本判断，决定了我在联合国框架下构建“网络外交统一战线”具有重大战略价值和战略可操作性。习主席“构建国际网络命运共同体”、“发展与安全是一体两翼、驱动之双轮”等等网络空间战略倡议与战略治理理念，就是我“构建网络外交统一战线”的基本战略指导思想。从而在政治上领导“国际网络外交统一战线”，共同应对非国家行为体对网络空间的威胁。而联合国 GGE 平台正是当前甚至可能未来一段时间内国际多边网络外交领域的唯一平台。

2. GGE 平台是我们联俄抗美的重要网络外交合作的平台。自 1998 年以来 GGE 平台一直由俄罗斯倡导推动。但俄罗斯网络外交战略的核心延伸自“核”“战略导弹”等传统国家安全领域的思维方式。俄罗斯网络外交的核心战略是要在网络空间塑造一个类似“核大国俱乐部”一样的“网络俱乐部”。这些思维方式，可以在普京总统信息安全特别代表安德鲁在 2016 年联合国网络军控大会上的讲话中明显的体现出来。但俄罗斯网络实力远未能达到与美匹敌水平，甚至远落后于中、欧等国。其外交战略的核心目标是联手中国，“制定网络军控新条约”，新条约至少会从道义上或多或少限制欧美国家网络实力发展计划。6 月 26 日中俄首脑签订包括网络空间在内的一系列稳定国际稳定的国际法倡议。就是俄罗斯这种战略思维的具体体现。但我们认为，俄罗斯战略上这种积极的态度，正好是我方当前网络外交所需要的。借重俄罗斯在 GGE 平台上与美博弈，既有助于促进中美地缘战略稳定，又可以实现我方网络空间战略利益最大化。

3. GGE 平台可能会催生对我国影响深远的联合国网络空间重大机制创新。当前，国际专家就构建类似“网络原子能机构”或者“网络维和部队”的呼声日益高涨。其核心是要将联合国网络安全职能实体化。从中远期来看，影响联合国网络安全新机制安排能否成型有两大因素：一是国家安全利益的多元化，对权威网络安全机制安排需求不足；二是国际网络威胁的多元化，又确实需要中立第三方网络安全机制的保障。就当前国际传统安全与非传统安全的基本态势来看，网络恐怖主义、跨国网络犯罪、关键基础设施安全防护等非传统国家安全威胁对各国国家安全利益的影响正在上升，该联合国框架下创新机制安排具有重大政治意义和实践价值。我们评估，中美俄在这个议题上迟早会合作。这样影响深远的国际安全机制创新必须有我方考虑，必须要有我方参与设计。

三、对我方2016年GGE平台对美博弈的具体建议

近期内，建议2016年我方在UN GGE平台上深入讨论以下几个核心议题：

一是认清网络空间军事化已经是不可避免的现实。在上合组织、G20、金砖五国框架下，与俄罗斯、印度、巴西、德国、法国、英国等国合作的基础上，推动落实6月26日中俄达成的网络安全倡议，努力争取构建针对美国军事网络力量的新网络条约。至少这件事应该在GGE平台上深入讨论。这件事虽然短期内很难让美方接受，但俄罗斯很积极，对我也有利，我们应旗帜鲜明的支持。

二是主动接受并逐步推动欧洲最早倡导的《网络犯罪布达佩斯公约》在全球范围内的适用。布达佩斯条约条款确实不能完全满足我方现实，但我们应该正面的、积极的看待布达佩斯条约。在中英、中德、中欧已有双边网络犯罪协查机制的基础上，继续抵制布达佩斯条约已经没有意义。在GGE平台上讨论其全球试用问题，可以争取对该条约进行适当修订，满足我方现实要求，同时能够赢得欧洲国家的赞同，是中欧网络合作的实质性举措，这有助于进一步瓦解美欧网络同盟，缓解美方对我在网络犯罪领域的长久压力。

三是以推动对美战略透明为方向，明确我新军改中“战略支援部队”的国家网络威慑职能定位。目前我国防部外办正在积极制定新军改后我国网络国防力量的对外表态口径问题。一旦有最终结果，我们应该在GGE平台上主动宣布。如果可能，仿照德国、巴西模式，适时制定能够公开的网络空间国防战略（军事战略）。在此基础上，推动中美军事外交领域中网络力量的逐步接触，向美方传递正面信息，缓解

中美军事力量之间的战略紧张关系。

四是以跨国网络犯罪协查、网络反恐情报保障为牵引，推动中国东盟框架下网络情报共享机制。在 GGE 平台上强调中国—东盟网络安全合作对于稳定南海局势等具有重大地缘战略意义。以合作打击网络经济犯罪为牵引，仿照欧洲国家正在推动建设的“欧洲情报与安全局（EISA）”模式，建设中国—东盟网络安全信息共享机制，并逐步将该机制实体化，切实推动东南亚方向网络空间跨国力量整合，有助于打破重返亚太背景下美方正在推动的对东盟地区网络空间战略部署。

网络军事化发展趋势及网络军控走向

网电既是国家战略新高地，网电军事化就是不可避免的趋势，网络军控就是避不开的重大军事现实问题。就整个国际社会来说，尽管网络安全问题已经引发各国战略上高度关注，但各国军事网络力量发展不平衡，军事网络力量制衡格局尚未成熟，学术界对网电军事化内涵的理解上存在重大偏差，军事职能部门对网络军控的政策也非常模糊，这导致国际和国内对网络军事化发展趋势及网络军控走向的判断的研究缺乏共识。运用传统军控的视角，运用传统军控的思维方式，以高标准、高门槛研究网络军事化及网络军控，是当前较为紧迫的课题。

一、网络军事化现状及发展趋势

网络军事化需要从传统联合作战体系角度审视网电。这包括网络战的内涵，军事网络力量建设、网络作战战场、网络作战装备、网络作战样式等等角度。目前看，尽管各国在战略与政策上都避免谈论网络军事化问题，而且军事网络力量建设与运用的实践水平和能力还有很大差距，但网络军事化，无论是从网电军事化还是从网络武器化角度看，都已经是既定事实。

（一）军事网络战争已经打响，军事网络作战战场效用逐步显现

从海湾战争开始，军事网络力量走向战场已经有 30 多年的历史。但军事网络力量最早大部分存在于军事情报领域。到 2009 年美军率先组建网络司令部之初，其 85% 的力量也只是聚焦于防御型网络作战，即使攻击性网络作战，也大部分服务于军事情报获取。有专家将早期俄罗斯西伯利亚水坝事故或土耳其输油管道事故视作是网络攻击，也有专家将俄罗斯与爱沙尼亚、格鲁吉亚之间对民事网络攻击的冲突算作网络战，还有专家将美国中央情报局针对伊朗核基础设施“震网”的帽子戴到美军头上。以严格标准来看，他们或者根本不是或者至少没有明确证据是网络攻击，有些网络攻击没有军事意图，是网络攻击的也不是军事主体组织实施的。真正具备实质性军事网络行动的应该

是2014年乌克兰电网事件，2016年美军在中东对ISIS公开宣战事件。但更具有代表意义的是2015年以来，美俄两军在叙利亚争夺制网电权的军事行动。包括美军2014年来在我东海、南海方向上伴随阻挠东海防空识别区、南海自由航行行动中伴随的网电行动。这种军事力量、在战场上、伴随军事行动、有明确军事作战目标的网电作战的军事效用已经显现，未来必定改变整个战争形态，是最需要军事力量高度关注、研究的战略问题。

（二）军事网络力量从战略走向战术，网络作战正规化成为重要方向

军事网络力量必须走向战场、走向战术作战，才能真正成为战争主角。从全球范围来看，公开宣称有军事网络力量的国家（地区）包括：美国、俄罗斯、英国、德国、法国、印度、巴西、以色列、伊朗、韩国、日本、台湾地区、朝鲜，这样区分的主要原因在于他们有明确的军事网络战略与政策，有明确的军事网络指挥体制，建有独立的军事网络作战力量，至少都在试图谋求网络作战的正规化，谋求将网络作战纳入到联合作战体系之下。这种正规化包含战略威慑层面和战役战术作战层面。而区分军事网络力量实力强弱的恰恰不是战略层网络实力。因为长久以来，专家高估了战略层网络作战力量现实威慑效果。实质上从战争，或者联合作战角度来看，至少在可预见的未来，软杀上必须伴随硬杀伤才能实现彻底的控制，但目前看硬杀伤还没有能够跟上网电空间的虚拟硬杀伤的速度。如果你能远程关闭一个电厂，但大概只能关闭2—4个小时，2—4个小时以后呢？这种纯粹的虚拟网电攻击实质上的战略威慑效果非常有限。军事网络作战的现实意义在于战术网络作战，是支援联合作战军事行动。从这个角度看，只有美、俄两军正在这个防线摸索。美俄两国在战场网电作战上互有优长，但美军更为彻底，发展的方向更具潜在革命性军事价值。

（三）网电融合成为战场网络作战基本特征，网电融合装备形态各异

网电作战装备形态即是个军事理论问题，也是极具军事实践探索意义的现实问题。当前，网（赛博）电（电子、电磁）融合成为趋势，网电融合式的网电作战装备已经出现在战场之中。在网电作战装备发展领域，美军走在了世界的前列，开发出体系化的软硬结合的网电作战装备。从斯诺登揭秘、维基解密，到美国国家安全局失密事件涉及的马丁·三世、冯义黄、影子经纪人等人，再到美空军关于六类防御性网络作战系统、美军网军曝光的部分攻击性网络作战，包括DARPA研发的网络靶场、Plan X，包括诺斯罗普·格鲁曼、洛克希德·马丁等军火集团对传统新一代无人自主作战系统、新一代隐身作战飞机、下一代电子战装备、下一代智能打击武器等等的美军装备发展计划来看，美军眼中的网电空间是指与传统模拟信号相对应的数字空间，它既包括传统的IT技术领域，也包括非传统IT的嵌入式数字处理终端。在这其中，嵌入式处理器一方面内嵌入传统战机、军舰、导弹、火炮、数据链、雷达、ISR传感器、C^2系统等等现实武器装备之中，一方面将传统模拟电子信号转换为数字信号，实现与传统IT设备的信息交换，实现了装备层面的互联互通互操作，在完成了网电融合的同时，也为网电作战装备发展打开了突破口。目前，美军绝大多数在研的或者规划中的新型武器装备，都拥有网电作战功能。以F-22或者F-35为例，从其综合网电态势感知、空中突防作战任务、网电打击任务、未来挂在的新型网电对抗机理的空空导弹等等来看，F-22已经成为事实上典型的网电作战装备。更为重要的是，这些类似网电作战装备通过传统IT网络技术联通到一起，形成具备战场预置、态势感知、网电防御、网电进攻等四大能力为一体的一个大的、完整的网电作战平台。如果非要给美军这种有代表性的网电作战装备形态做个描述，他应该只是软硬件结合、网电融合、将所有传统与非传统作战装备联通到一体、将核与常规武器组合到一起、跨越陆海空天网电等所有领域、前沿部署与后方作战中心紧密结合的、统一的、单一的平台体系。只有站在这样的角度认识网电作战装备，只有站在这样的高度把握未来的网电作战装备形态，才能更好的设计、发展未来的网电作战装备。目前，美网军借着与NSA分家的机会，正在推动这种体系化网电作战装备的发展（网军称其为MCOP，军事网络作战平台），并将其形象的比喻为"网络航母"，洛克希德马丁公司所推动的Henosis体系化平台就是其一部分。

（四）创新CAR3RC网电作战样式，网电作战成为联合作战核心内容

网电作战源于情报作战，网电作战装备受启发于情报装备，网电作战样式也基本来自于情报作战中的定点情报采集。借助强大的电子情报能力，美军事情报机构国家全局（NSA）在其负责跟踪核心重点战略目标的时候，发展出定制介入办公室。该部门所属军事情报远征分队，通过派送这些情报特工人员物理接近（Close Access）目标情报源，利用专有设备，一方面对情报源设备近距离电磁（Radio）频谱分析，配合预置到目标源内部的软硬件设备，召唤（Recall）特定漏洞；另一方面，同时利用专有设备，通过卫星或无线移动通信模块与本土远程作战中心的网电作战基础设施互联（ReachBack），打通对物理隔离网内 IT 设备。在远程作战中心的遥控（Romote Control）下，隐秘采集情报。这个过程为典型的军事情报样式，美军网络司令部成立后，将 CA + R^3 + RA 模式运用到军事网电作战领域，创新发展出独特的网电作战样式。只不过在战场上，派出的不是特工，而是潜艇、隐身飞机、X37B、无人机、潜航器等等。关于这种创新网电作战样式，全面拜托了传统黑客那种小作坊式网络攻击样式，充分发挥了美军遍布全球情报作战基础设施的优势，奠定了网电（电子战）融合，天网融合，网空（航空）融合作战的基础。目前，美陆军在中东与阿富汗地区的反路边炸弹防护性网电（电子战）融合作战装备，美海军在东北亚日本海针对朝鲜弹道导弹的 Left of Launch 实验性网电作战项目，美空军针对无人机的 Black Dart 项目，包括美军在太空对抗领域的 X37B 天网融合作战实验平台，都是 CAR^3RC 网电作战样式的翻版。尽管俄罗斯依靠优势电子战能力发展出以区域电磁频谱拒止为特征的网电作战样式，而且在战场是确实发挥了一定的作用。但本质上仍属于电子战领域。可以预测，美军在联合作战体制中创新出的全新网电作战样式，将逐步成为其众多作战样式中的主角。

（五）军事力量向民事领域拓展，关键基础设施是当前网络作战主战场

尽管站在传统军事作战角度看，野战场的制网权对于军事行动来说至关重要，但对于网络弱国来说，对手的国家关键基础设施仍是主要可借用威慑的软肋，对于网络强国来说，自身的国家关键基础设施仍因为缺乏足够资金实现及时升级换代而漏洞密布。当前与未来一段时间内，国家关键基础设施必将是军事网络作战的主战场，而且，在这个战场上，尚没有赢家。防护国家民事关键基础设施也必定是军事网络力量的天职。鉴于国家法律、国际信息服务产业与市场争夺、公民隐私等问题的限制，军事网络力量一直在遮遮掩掩，不愿公开宣称军事力量已经介入对国家关键基础设施的防护，但这丝毫不能掩盖也不会影响军事力量的介入。目前的主要焦点是，军事力量如何为自己介入国家民事关键基础设施的防护提供合适的法律依据，提供合适的介入机制和介入能力。目前，美军在该问题上做的最好。随着特朗普政府上台，美军军事力量介入国家民事关键信息基础设施的防护问题上采取了系列措施，强化军事网络能力建设经验向民事网络的拓展，研究探索主动网络防御架构，探索全新的技术性威胁信息共享机制，强化国土安全部民事网络防御统筹机构的独立性。总的看，他们在军事力量向民事国家关键基础设施这一主战场拓展方面会走的越来越远，越来越实。

二、当前国际社会关于网络规则制定的竞争

当前，国际社会关于网络规则制定成为重要的、时尚的话题。学者、智库、官方研究机构，甚至包括企业界，出于各自目的，都在加大相关理论探索。官方职能部门之间也有试探性接触，也做出了重大政治性成果，但大多因为共同点太少缺乏具体、实质性成果。国际社会关于网络规则制定的现状，反映出网络空间战略力量格局尚在激烈演化之中，相较于核，甚至包括航天领域，制衡性格局发展远未成熟。但从另外一个侧面看，确实有大批量的低门槛的网络规则制定机制、具体成果得以出现，需要做出总结：

（一）国际社会就国家网络行为准则达成政治性承诺，但军事行动规则空缺

当前，国际社会就国家网络行为准则最重要的成果当属联合国网络空间跨政府专家组（UN GGE）平台上形成重要政治承诺。该平台直接向联合国秘书长报告，最早起于1999年，先后六次组建，三次形成重大政治成果文件。其中，尤以2015年第五次报告最为重要。在该报告中明确确认，网络空间有主权，这成为国家网络行为准则中的准则，也被中、美、俄、英、德、巴西、印度等国家所广泛接受。但目前来看，该报告还存在很多遗留问题：一是人权是否高于主权；二是主权如何界定；三是现有规则的法律地位问题；四是联合国需要什么样的

机制推动规则落地；五是也是最重要的，该报告基本覆盖的民事网络安全问题，覆盖的是和平时期网络安全问题，覆盖的是合作性网络安全集体响应问题。未来最可能起到作用的领域是网络犯罪问题，尚没有触及国家网络间谍、网络恐怖主义、网络战等等重大问题，基本没有谈及网络空间军事化问题，对各国发展军事网络力量、研发军事网络作战装备、发动军事网络攻击行动等等问题都没有任何约束。

（二）多国专家通过《塔林手册》探索军事网络国际法，但对官方约束力甚微

直接触及军事网络行动国际准则的最重要成果时塔林手册。但对人们对《塔林手册》的认识还处在初级阶段：1.《塔林手册》的制定者名曰“北约网络合作防御精英中心”，是北约国家资助的外围组织，不是北约机构。1.0 和 2.0 两版手册绝不必然代表北约或其成员国观点，更不是国际法。制定者全部只是国际法专家，不是政府部门。他们的出发点仅是为各国法律顾问和政策制定者努力就网络空间规则达成国际共识提供参考。2.《塔林手册》分为 1.0 和 2.0 两个版本。1.0 探索规范诉诸武力的法律（发生战争行为的先决条件）和适用于武装冲突中（战时）的法律。2.0 则分析了战争门槛之下的网络行动规则，既未达到《联合国宪章》第二条第四项规定的使用武力的程度、也不构成国际人道法下的武装冲突的网络行动。两个版本不是替代关系，也不是补充关系。3. 客观看，一方面，《塔林手册》占尽道德与法律高地，所有国家、相关国际组织必须高度重视、全面深入研究借鉴。另一方面，可用它来打嘴仗、维护国家利益，但不可束缚自身发展网络实力的手脚。

（三）美军修订战争法及军事交战规则，为其军事网络力量运用开绿灯

在军事网络行动与法律规范领域探索、实践最成熟的仍属美军。在国际战争法制下，制约或者保护美军网络行动规范的有两个：一是战争法手册；二是军事交战规则。其中，战争法手册是国际战争法的美国国内承接版，因为国际战争法的法律对象或实体是国家。而美军战争法手册则是用来约束、指导美军具体行动的规范，它由国防部制定，有公开版。而军事交战规则是军事指挥官上级对下级的指导行动法规，它即承接战争法，又要承接美军军事法，它由参联会制定，并有保密等级。未来适应网电作战行动，美军先后对战争法手册和军事交战规则做出修订，其中，战争法手册中专门加了一整章网电作战的全新内容。从美军法律专家在制定相关规范时的政策讨论过程及公开的文本来看，美军网电作战行动准则与规范中的焦点问题在于，一是突出强调先发制人，美军认为，“不可能徒手抓住已经离弦的箭，必须先发制人打击射手”，网电空间资源、技术的分布式造就了战略非对称型，在此基础上，进一步成就光速化的网电行动更加强调先发制人，因为人的决策速度跟不上网电行动的速度。二是对借助网络获取情报和网电攻击行动的界定方式。美军认为，无法从技术上区分网络情报行动还是网络攻击行动。所以，在将两者界定的问题上以技术上的网络行动造成的物理现实空间的影响或后果，或者说网络行动的目的为基准区分两者。比如，漏洞植入，他认为不一定是网络攻击，利用该漏洞获取情报也不是网络攻击行动，而利用该漏洞造成民航系统的瘫痪或操控民航系统造成财产损失或人员伤亡就算是网络攻击了。但美国确实也认为，2016 年美国大选年的舆情操控也是网络攻击。美军对自身网络行动规范的设计，反映出美军当前拥有网络能力重大优势，以该优势设置高门槛的攻击行为准则，本质上是给美军展开攻击性网络行动开绿灯。

（四）双边或多边的网络准则谈判与接触非常活跃，但突破性成果非常有限

总的来看，联合国框架下的、统一的、广泛意义的国际网络规则非常困难。但依据多边或双边现实共同利益需求，制定网络准则、便于网络合作，出现了一大批成果：一是上海合作组织框架下的网络准则框架，在中俄等国外交部门的联合支持下，先后出台了两版，主要是政治层面上的准则，也被印度、巴西等国家所广泛接受，逐步在向金砖五国框架推广。二是北约框架下的北约章程第五款集体防御原则拓展到网电空间，尽管英法德等国在最开始有担心美俄网络冲突波及自身，但乌克兰危机等案例，促使北约框架下该原则得以确立。2017 年年底，北约甚至已经统一组建网络作战司令部。三是东盟、20 国集团框架下，也非常关注网络犯罪执法合作问题。目前，这种合作已推广到网络反恐等领域，包括研究探讨网络情报交换方式与规范。四是在类似美英、美法德、美日韩等类似小多边或者双边框架下，鉴于共同的合作需求，都在展开网络情报交换合作规范。五是中美之间也有合作，在涉及伊朗网络攻击、朝鲜网络攻击、网络犯罪案例等方面有先例，但大部分都是逐案对待。美方提出了网络情报交换标准，我们基本上也是默认。六是中俄之间有非常好的网络合作政治关系，2015年，双方领导人承诺不攻击对方。七是中美俄军方的网络规则接触。应该说，在专家层面上三国之间不缺乏二轨沟通渠道。美俄之间利用东西方研究所和莫斯科大学之间的关系，中美之间利用双方智库之间的关系，都有军事专家层面沟通。但中美两国网军之间尚没有直接的对话与交流平台。原定克林顿总统期间坚持的“战略与经济对话”框架下曾经设立网络工作组，但因美司法部起诉我五名军官，首次接触后就终止。后来在中美外交与安全对话机制性，双方一轨对话得以恢复，但仍然没有恢复两军在网络领域的对话。当前，中美在中美科学家军控小组平台上，利用核军控框架正在探索网络军事问题，目前已经举办了四次对话。从实际先过来看，双方还处于摸底对方的过程，鲜有实际成果。

（五）大型跨国网信产业企业界比较活跃，积极倡导的数字日内瓦公约

谈及网络行动规则则必须谈到网信产业界。网信产业界最早制定的规则属于网信安全技术框架及相关规则，这是他们的本行，凭实力制定规则并没有不妥当。当最近几年网信安全政策层面规则也成为网信产业热衷推动的领域。应该说，国际网络安全态势恶化的最大受害者是网信产业。但网信产业界虽感觉很冤枉，但必须服从和服务于国家安全总体战略。但国际社会间国家安全需求的多样化、对抗性导致网信产业被置于夹缝之中。所以他们更加愿意制定具有普遍意义的国际规则，而且愿意主动遵守这样的规则，只要能够获得相应的市场。这种涉及网信产业制定规则的案例有四个：一是2015—16年微软和美国政府打官司，关于是否有权直接获取位于爱尔兰数据中心的数据问题。二是2016—2017年苹果公司与FBI打官司，关于是否向解锁犯罪分子苹果手机提供技术支持。三是Google公私关于只提供SSL加密连接、保证接入链路隐私的举措会阻碍司法调查问题。四是英国和部分欧盟国家要求即时通信软件公司在端到端通信过程中预留后门等问题。这四个案例本质上还是技术规范问题，但涉及国内法律规范，而且还涉及侵犯他国网络主权、置他国国家安全与风险之中、触动国际法问题。目前世界各国普遍开始制定法律、规则，发展本国网信产业，限制跨境数据流。这虽然给中小网信产业公私提供了新的发展机遇，但更多的是极大地限制了大型跨国网信产业公司。这种局面对内很难改变，谷歌、微软已经认清形势，中兴、华为也认清了形势。从去年开始微软公司开始资助推动联合国框架下的“数字日内瓦公约”，意图以产业力量推动国际准则，倡议很好，微软为推动此事也接触了很多国家，但很难说会有任何结果，更多的只能算作是微软的公关行为。

三、国际社会关于网络军控的讨论

总的来看，相比较核、反导、太空、网络四大战略领域来看，核军控最为成熟，但目前受到反导能力取得突破的冲击，有些新变化。太空军控问题已经起步多年，但还没有实质性成果。高门槛网络军控则还没有能上升到国际议事日程。但各国确实高度关注网络军控问题，有关专家也非常活跃，特别是在网络军控理论、网络军控实践、网络军控平台与机制创建等方面有了一些探索，提出了从“控能力、控行为、控意图”三个角度展开网络军控的研究。

（一）专家借鉴传统军控与安全机制和理念，在联合国框架下探索网络军控思路

当前学术界就在联合国框架下，借鉴核、航天军控，或者传统安全机制发展网络军控的思路有五种：一是 Cyber Interpol，即网络国际刑警组织模式。该机制有相对成熟的国际刑警组织模式仿效，而且有欧洲力主的网络犯罪布达佩斯公约为法律依据，针对跨国网络犯罪展开跨国国际执法合作，曾受欧洲专家极力推荐。该但其运作模式只是协调机构，没有独立的实体力量，执法合作力度与机制完全依赖参与的合作国，且要求参与国拥有保持 3 个月网络日志的能力，而且有侵犯它国网络主权的嫌疑。二是 Cyber IAEA，即网络国际原子能机构模式。该机制比国际刑警组织模式更进一步，受相关国家资助，有独立的实体性力量，可以展开跨国、独立的调查。该机制最早由印度专家建议，它基于国家网络合作的政治承诺，需要特定的合作条约或者法规支撑，一定程度上可以增进国家间信任，但也可以被大国操控，可以被小国拿来做挡箭牌。既可以被用来调查类似朝鲜网络攻击事件，

也可以被用来调查针对伊朗的震网攻击事件，美国没有同意。三是 Cyber CTBTO，即网络全面禁止核试验组织模式。鉴于该组织目前最大的成果是建成了一个对核试验或核泄漏事件的全球监测网络。有些人就此提出构建类似的使用网络追踪溯源的情报交换机构。该想法最开始由美国专家提出，但有些理想化，美国国家安全局是不会同意将其截获的全球网络情报免费共享给它国的。四是 Cyber OutSpace，即网络外太空模式。目前，联合国有外空委员会，主导外空军控，但实际成果非常有限。该提议由俄罗斯人主导，意图通过联合国框架下的该模式避免网络空间军事化。但俄罗斯人自己都说，这机构最多只能从政治占据道德高地，恶心一下美国。五是 Cyber IMF，即网络国际货币基金组织模式。该提议是美国专家所倡议，试图通过对网络空间的“技术贡献份额”的影响力或者网络权力来组建全新的国际网络空间国际治理相关政策制定主导权，本质上是要服务于美国网络实力的拓张。目前，这五种机制都没有直接提及网络军控的问题，但都试图向网络军控方向发展，至少都是在联合国框架下的理论探索。目前看，即使是倡导者自身都没有想清楚这些机制到底能在军控领域发挥多大作用。但我们需要跟进研究，认清这些机制的本质特征，到底哪些机制在未来时机成熟时可以被加以利用。

（二）瓦森纳安排成为西方主导的网络防扩散的主要军控进程，但运行起来现实问题仍较多

瓦森纳安排框架下的网络军控议题主要目的是要防民用网络技术扩散，该框架也可以说是国际社会在传统防扩散框架下向网络空间的基本延伸，是当前最具标准意义上的军控议题。瓦森纳安排来自于原冷战时期的“巴黎统筹委员会”。1991 年苏联解体后，由美国一手操控，于 1994 年在维也纳组建，每年召开年会，主要通过军用品和军民两用品进出口清单信息共享制实现对敏感技术的管控。该框架有 42 个成员国（截止 2017 年 12 月，俄罗斯、印度、日本是成员国，但中国不是），主要成员来自原 17 个巴统成员国，具有明显的集团性质：因为俄罗斯、乌克兰、波兰、罗马尼亚等国的加入，从原来的针对社会主义国家转变为针对发展中国家的性质；由于印度等国的最新加入，由原来普遍针对发展中国家转为重点盯防穆斯林国家。对于我国来说，该框架有两个问题：第一是该框架与我国的现状关系。因为美国并没有允许我们加入该机制，至少在通信与网络安全技术领域我们仍然是受控对象。第二该框架目前运行情况。对于网络军控来说，西方主要的网络安全产业公司受该框架限制无法拓展市场。这包括提供基本网络安全服务或者涉及网络调查取证服务的产品。所以，该机制并不受欧美网络安全产业公司的欢迎。时有私营公司私自向发展中国家出售相关受限产品的事件发生，在网络安全技术上，对我国有限制，但我网络安全产业基本已经完整受限也比较少。总之，对于美国来说，该机制非常重要，但对于我国来说，可欲不可求，但对网络军控来说影响也不大。

四、对网络军控未来可能走向的几点判断

当前，将高门槛网络军控提升到战略层面上考虑的时机还不成熟，对高门槛网络军控具体议题做出准确判断，也很难有明确的政策与对策建议。但总的看，就军控走向来说，还是应该有些判断，明确一些基本原则，即可指导对网络军控的研究，亦可帮助看清当前网络军控中存在的战略性问题，为相关战略与政策制定者提供思路。

（一）虽然国际军事网络力量格局尚未成熟，但其“扩大化的航天俱乐部”格局已经逐步显现，这是网络军控需要认清的首要问题

对国际军事网络力量格局的评估与判断，是网络军控的第一要务。就当前绝对实力来说，网络空间是单极世界。但就未来和相对实力来说，网络空间是“扩大化的航天俱乐部”格局。也就是说，相比较核与航天领域来说，能够上得了网络军控台面的国家，比核军控成员要多，比航天军控成员来说也要多。现在看，现实与潜在的网络军控成员可能包括：美、俄、中、英、法、德、意、以、印、韩、日、澳大利亚、加拿大、荷兰、新加坡、印度尼西亚、越南、菲律宾、巴西、墨西哥、埃及、埃塞俄比亚、尼日利亚、南（非）、哈萨克斯坦、爱沙尼亚、波兰、罗马尼亚、巴基斯坦、伊（朗）、朝（鲜）等等国家。尽管他们的网络实力不在同一层次，但他们在军事网络力量发展上非常积极，并热衷国际网络规则、网络军控研究讨论，有实力在多个层面上推动相关议题不断深入。

对这些国家，我们需要区分五个层次来对待：一是美国；二是欧洲国家；三是中东、非洲与南美洲国家；四是东南亚国家；五是周边

国家。在军控议题上，美国是我们的对手，欧洲国家是我们可借重、可合作的国家，中东、非洲与南美洲国家是我们可利用的国家，东南亚是我们可以争取的国家，周边国家是我们需要高度关注的国家。单独紧盯美国，在网络军控问题上是没有解的。只有看清当前“扩大化的航天俱乐部”国际格局特征，综合利用俱乐部内外不同层次国家之间的复杂关系，发现他们或者他们之间国家利益诉求的差异，发现他们与我政策的相同点，才能找到网络军控国际合作与斗争切入点，形成具体的政策思路。

（二）网络威慑成为国际社会共同的战略选择，强调进攻性网络作战力量建设是当前世界各国主流选择，网络军控需要新思路

自2009年奥巴马总统上台，美国即逐步推动将威慑战略拓展到网络空间，形成网络威慑战略及相关政策。美军是美国网络威慑战略的主要倡导者，也是相关政策制定的主要参与者，近十年以来相关对网络威慑战略与政策的研究、谈论、对策建议不断，但今仍未完成清晰、明确的网络威慑战略文件及官方政策表述。这种高调宣布困境来自于三点原因：一是他们在担心，高调宣称奉行网络威慑会让美国这样高度信息化大国树大招风。二是网络威慑政策好出台，但政策红线非常模糊，能力发展跟不上的话，威慑几乎笃定失败。三是网络威慑确实与核威慑有很大却别，很长一段时间，美国自己也不知道要怎么执行。

但无论如何，美军一直不间断的在网络威慑战略中强调、重视“攻击性网络作战力量建设”。因为总的看，攻击性网络作战有两大效应：一是战略威慑效应。危机期间你别有“大动作”，有大动作干扰我、对我产生重大人员和财产损失，形成战略影响，你会遭受不可承受的惩罚。二是有现实威慑效果。和平你也别有“小动作’，有小动作我也能感知到，能采取经济、法律等手段惩罚你。进攻性网络作战力量并不像核力量那样，在平时也能用，而且比单纯的静态防御投资从成本要低、效率要高。而且，随着美军对攻击性网络作战能力建设的大规模投入，网络实力大幅提升，在形成网络实力的“代差”之后，美军的动作幅度越来越大，越来越倾向于制定更为公开的、明确的网络威慑政策。这也是英、德、俄等国家也纷纷仿效的原因。目前看，网络威慑战略已经成为国际社会在网络空间的共同战略选择。习主席在2017年4·19座谈会上的讲话中，也明确提到，将网络威慑理念嵌入到建设“网络强国”大战略框架之下，大力发展网络威慑能力，实际上是在强调进攻性网络作战力量的发展。这为网络军控议题带来重大任务，对于我们来说，推动网络军控的目标该选择哪个方向？控意图、控能力，还是控行为？何种条件下网络军控的时机算是成熟？如何才能在积极发展攻击性网络作战力量的前提下推动网络军控进程？在扩大化的航天军控俱乐部内部推动网络行为准则、控制网络行为可能是较为长远的方向。

（三）三大网络危机管控规则可能成为大国网络军控核心议题，但危机期间网络行为准则还是需要在危机实践中产生

高门槛的军事网络危机管控，一般是指带地缘冲突背景的网络危机事件，涉事双方或多方如何管控网络行动，防止军事危机升级，是当前网络军控最需要关注的问题。这是当前美军与我接触时，试图谈及首要的网络议题。2018 年 1 月，美国智库在与俄罗斯关系高度紧张的态势下，仍然建议美方与俄罗斯恢复网络安全关系对话机制，特别建议美方，要与俄罗斯达成关于网络危机管控的相关协议。网络危机管控成为大国网络军控核心议题，主要原因在于军事网络危机管控太难。太难的原因有三个：一是地缘冲突背景下网络手段的介入，导致传统地缘冲突的节奏被加快，影响范围被扩大，危机知情范围难以控制，普通民众与国家领导层都容易被舆论裹挟。二是地缘冲突背景下，网络手段的介入难以快速、准确、直接的表达决策者的战略决策意图。该影响因素与双方网络实力大小和对各自网络实力的控制力，或者说网络实力的成熟度大小有关。一方攻击性网络行动不一定能被对手感知，可能被判定为第三方行动，也可能造成级联效应、影响扩散，被解读为战略性举措，很可能导致对手在现实物理空间采取预防性反击措施。

目前，具有网络危机管控性质的基本规则表现为三个焦点问题：一是关于危机期间对卫星实施网络攻击的规则。美军官方也多角度传递或者突出强调一种现实政策：如果对美军高轨道同步卫星的网络攻击，必招致美军战略手段打击，因为高轨同步卫星承担着核武指挥控制的职责。二是关于战略核力量跨域威慑的问题。2018 年美国《核态势评估》中强调所谓的“核手段的跨域威慑”政策，即如果美军网络资产受到攻击、造成重大战略影响，美军将使用核手段回击。三是关于和平或危机期间不首先使用规则问题。在专家层面上，美智库国际和平基金会专家也在努力推动先在中美之间、再在中美俄之间，达成“不首先攻击核指挥控制系统的建议”。上述美方正在推动的三个网络危机管控的焦点问题，对我军也有非常现实的需求，很需要我们高度关注。但鉴于军事网络危机的复杂性、危险性，真正的战役、战术层面网络危机管控规则还需要在军事网络危机管控事件中产生。美军已经在东海、南海方向在网电空间对我采取了军事网络行动试验，美军在 2017 年多次军舰撞船事件中，也引发美军高层高度关注，认定很可能是中国对美舰采取了以 GPS 欺骗为基础的网电攻击行动。专家层面曾有一种政策倾向，认为网络大国之间不适合谈论军事网络危机管控的问题。美方专家甚至也表示同意。但军事现实是，大家都在发展军事网络力量，这些力量迟早会在军事危机实践中所被才难。所以说，军事网络危机管控非常重大，需要我们高度关注。

网络安全事件案例分析

震网档案

这个大部头的分析完成以后，我们发现，Stuxnet 是一个让人难以置信的大规模复杂的威胁。本报告的作者们希望在最新的信息被披露或者公开后不久，就对该报告进行修订。该报告是 SYMANTEC 安全反应分队的众多参与者历时 3 个月合作的结晶，这些参与者远远不止本文援引的三位。没有他们的协助，本报告几乎不可能完成。

一、介绍

最近，W32. Stuxnet（震网）已经引起研究人员和媒体的广泛注意。因为震网是我们至今为止，我们所有全面分析过的网络威胁中最复杂者之一。本报告深入分析震网，剖析它的各个组成部分，并重点关注震网的最终目标，也就是它攻击目标可重新编程工业控制系统。震网是一个大规模的、复杂的恶意软件，拥有不同的组成部分和功能。在我们博客①讨论的相关主题中，我们已经涉及到了它的部分组成和功能。本报告囊括了博客中的这些讨论，并全面深入地对该威胁作全面的检视。

震网是一类主要被编写用来攻击工业控制系统或者类似其他系统的网络威胁。工业控制系统（ICS）② 一般用在燃气管道、发电厂等自动控制系统中。震网针对的就是这些可重新编程 ICS。实质上看，震网的这种攻击是指通过修改 ICS 里面嵌入的可编程逻辑控制器（PLCs）③中的代码，以使得这些控制器以攻击者意图的模式工作，并向 PLC 控制的工业控制系统设备的操控者隐藏该意图。为了达成这一根本性的目标，震网的制作者们聚集编辑了大量的组成部分，以期增加其成功的机会。这包括 Zero-day 漏洞的利用，windows rootkit 技术，有史以来的第一个 PLC rootkit 技术，防病毒逃避技术，复杂的进程感染和 HOOKING 代码技术，网络感染例程技术，P2P 更新，以及 C^2（指挥控

① http：//www. symantec. com/connect/blog-tags/w32stuxnet。

② industrial control systems（ICS）。

③ programmable logic controllers（PLCs）。

制）接口。我们将对震网的不同组成部分进行详尽剖析，以理解该威胁的细致工作原理。同时，我们需要谨记，该威胁的最终目标是最有意思、也是最需要关注的问题。

二、总括

震网是定向攻击伊朗特定工业控制系统的威胁，这可能包括燃气管道和电力工厂。震网的最终目标是通过对可编程逻辑控制器的再编程，使得它按照攻击者的意图来运行（一般，这种运行可能会超过特定的运行限制①），以此来破坏相关设施。

震网于2010年7月份被发现，但可以肯定的是，它至少于此前的一年就存在，或者更早的时间就存在。这次受感染的计算机大部分于伊朗被发现。震网包括如下的特征：

（1）利用可移动驱动器的允许自动执行漏洞实现自我复制：

Microsoft Windows Shortcut‘LNK/PIF’Files Automatic File Execution Vulnerability（BID 41732）.

（2）通过 windows 的打印后台程序的漏洞，在局域网中传播：

Microsoft Windows Print Spooler Service Remote Code Execution Vulnerability（BID 43073）.

（3）利用微软 windows server 服务 RPC 处理远程代码执行的漏洞，通过 SMB②传播：

Microsoft Windows Server Service RPC Handling Remote Code Execution Vulnerability（BID 31874）.

（4）通过网络共享来拷贝和执行自己。

（5）在运行 WinCC 数据库服务器的远程计算机上拷贝和执行自己。

---

① 此次伊朗有相关报道，他们核设施的离心机过热。媒体推测，是离心机的工业控制系统的 PLC 的监控程序发生改变所致，如果离心机长期工作在此边界环境下，而并不报警，可能会导致离心机核心部件永久的物理损坏。

② Server message block，是协议名，它能被用于 Warp 连接和客户端与服务器之间的信息沟通。用于在计算机间共享文件、打印机、串口等。它可以用在因特网的 TCP/IP 协议上，也可以用在网络协议上，比如 IPX 和 NetBEUI 之上。它属于一种客户机/服务器、请求/响应协议。通过 SMB 客户端应用程序可以在各种网络环境下读写服务器上的文件，对服务器程序提出服务请求，也可以访问远程服务器端的文件、以及打印机、邮件曹、命名管道等等资源。

（6）将自己拷贝到 Step 7 项目[①]中，以这种方式它能够在 Step 7 项目加载时自动执行。

（7）在局域网中，通过 P2P 机制实现自身的更新。

（8）利用四个未打补丁的微软漏洞，其中的两个是先前提到的自我复制漏洞，另外两个是目前尚未公开的权限提升漏洞。

（9）与 C2 中心服务器建立联系，允许黑客下载并执行代码，包括版本更新。

（10）包括了 Windows rootkit 工具，以此掩盖自己的代码。

（11）对特定的 ICS 进行指纹识别，修改 Siemens 的 PLC 代码，潜在的破坏系统。

（12）基本上通过 PLC 的 Rootkit 工具隐藏修改的代码。

三、攻击想定

下面是震网的可能攻击想定。这些是根据震网的技术特征做的推测

ICS 是在特定组装[②]的 PLC 的控制下运行的。PLC 需要经常用 windows 操作系统的计算机上进行编程或者升级，这些 windows 计算机一般是不与因特网相连的，甚至不与内部网络互联。此外，ICS 系统自己也不可能连接到因特网上。

首先，攻击者需要进行侦察。因为每个 PLC 都已特定的方式配置程序，攻击者需要首先了解 ICS 的示意图。这些设计文档可能被内部人员甚至被 Stuxnet 的早期版本或者其他恶意代码检索到。一旦供给制这些设计文档，或者说了解到这这些设施的潜在计算环境，他们就开始开发震网的最新版本。震网的每一个特征都是为了某个特定的原因设计的，其最终目标都是潜在地破坏 ICS。

攻击者需要搭建一个攻击目标的镜像环境，这包括必要的 ICS 硬件，比如 PLC，各种模块，各种周边设备，目的就是模拟测试他们的代码。攻击者还需要从某些人那里获得一些数字认证，这些攻击者可能有物理的进入到两个公司的前提并盗取数字认证：因为从目前的数据看，这两个数字认证来自的公司在物理位置上非常靠近。

---

① Siemens 的工业控制设计软件。

② 一般式嵌入式。

美军网络威慑战略案例——攻击性网络力量威慑作战伊朗核设施遭受“震网”网络武器攻击的反演分析

——火焰、震网、杜蚯网络攻击武器作战运用回顾①

到2012年下半年，随着各类公开报道的逐步深入，发生于2009—2010年间的震网攻击性网络作战行动过程逐步清晰。“震网”攻击性网络作战是人类首次通过虚拟世界对现实世界造成破坏，具有划时代的意义，是美军在网络威慑战略的指导下展示攻击性网络力量的经典案例。本文综合各类公开信息资源，对震网、杜蚯和火焰攻击等事件进行回顾，重构震网攻击的网络作战过程。本分析突出该攻击性网络作战的作战筹划、情报分析、路径选择、攻击实施、作战评估等环节，可看作是从作战角度对“震网”攻击事件这一网络作战行动进行的重构和反演。

一、从现有资料分析可得出的关键结论

综合迈克菲公司的震网技术档案、卡巴斯基的火焰与迷你火焰病毒系列技术分析、各类专家对杜蚯的综合分析、多家西方媒体关于火焰（包括迷你火焰）、震网、杜蚯病毒的系列报道，可得出如下结论：他们是一次完整攻击性作战行动的不同组成部分，美国和以色列是震网攻击的幕后操控者。虽然发现顺序是震网 - 杜蚯 - 火焰，但部署与使用顺序是火焰 - 杜蚯 - 震网，行动代号“奥林匹克运动”。

（一）三者在技术上的相同点与差异

三者技术上的相同点：一是三者均具有受控指挥控制中心②，都属于定向网络攻击武器；二是采用高度模块化方式开发，以配置文件进行组合，附带加密的负载数据，实现了“攻击方式规划、攻击目标选择、传播路径设置、攻击行动控制”；三是综合运用了“黑市购买零日漏洞、盗取合法数字证书、高级数据加密、首创注入式工业控制系统

① 火焰，Flame；震网，Stuxnet；杜蚯，Duqu。

② 所谓的 C^2 指挥控制中心就是一个网站，病毒可以向它上载数据，也可以下载指令。

攻击”等多种高级技术手段；四是采用同一种语言编写，但不是C++系列编程语言。很可能其编写者使用了一种内部架构，最终生成了C++代码，或者使用了一种完全不同的编程语言。[①] 三者技术上的差异主要体现在技术架构上。震网与杜蚯属于同一技术架构，火焰属于另外一种技术架构。

（二）三者的功能定位与任务区分

火焰病毒是一种情报搜集系统。在整个攻击过程中扮演着搜集伊朗核设施控制系统技术来源、业务依赖关系等情报的重要角色。所获情报是制定震网攻击计划的依据。它还演化出一个专门用来追寻高技术公司、搜集伊朗核工业控制软件开发者的迷你火焰版本。火焰具有自我销毁能力，能够在指挥控制中心的控制下自我销毁。

杜蚯是震网的早期技术演示验证版本。两者基本构架相同，都能够通过访问指挥控制中心，上传被感染计算机的识别码、感染路径，下载数据实现自我更新，接受指挥控制中心的指令，完成不同作战任务。杜蚯的指挥控制中心设在印度，震网的两个中心则分别设在丹麦和马来西亚。但从病毒样本分析，杜蚯没有加载攻击负载，属于震网的原型系统，目的是技术演示验证，兼具网络情报搜集功能。

（三）震网攻击的机理与关键点

震网攻击行动的机理。早在2006年，公共互联网上出现带有指挥控制中心、能定向攻击的蠕虫病毒，这成为此次定向网络攻击的基础技术框架。几名研究人员发现，由德国西门子公司提供的主流工业控制软件开发环境（Win CC + Step7）存在重大漏洞，受注入式感染后，开发出的控制软件可能导致离心机因超负荷运转、机芯过热而毁坏。这是造成离心机物理损坏的机理，成为此次网络攻击负载的核心。几家脱胎于传统军火公司的小型私营公司综合这些新思路，提出具有指挥控制中心的网络武器设计方案，利用两种不常见的技术平台，以高度模块化的方式，完成了相关网络武器的原型开发。

整个攻击过程的关键点是情报。而情报的核心是“伊朗核计划工业控制软件的开发者是谁”。该情报的准确程度关乎两个重要问题：一

---

① 卡巴斯基认为，其采用了巴西20世纪90年代原生发展的一种面向对象的程序语言LUA，其特点是跨平台性能强，热门网络游戏“愤怒的小鸟”就是用这种语言编写。

是关乎能否避免不必要的级联效应。必须保证最终攻击的是伊朗的核设施，不是盟国，不是第三方，更不能是美以两国的核设施。二是关乎整个作战行动的成败。因为准确的情报能缩小攻击影响范围，提升定向攻击的速度，更好地骗过各类杀毒软件的围剿，达成攻击作战的隐蔽性，提升攻击作战的成功率。美国人的分析逻辑是：俄罗斯核工业专家利用他国西门子公司的开发软件为伊朗设计核工业控制系统软件，其核心是俄罗斯专家。以色列人的逻辑是伊朗在核工业控制软件上提需求、拿资金，交给马来西亚高技术公司总体设计，最终外包给印度信息技术公司具体实现，[①] 其核心是马来西亚高科技公司。应该说这两种分析与判断都需要人力情报与技术手段的紧密结合。

二、震网攻击筹划与实施的想定式反演

（一）构想、筹划与技术准备阶段

国家高层综合筹划，总统定下战略决心。美国情报界早于 2008 年提出利用这种新型定向网络武器打击伊朗核能力的设想。但同年布什发布总统令规定，非战争状态下网络攻击的决定权在总统。正是因为该新型攻击性网络武器的可控性，2009 年上台后的奥巴马总统定下战略决心，允许情报部门组织由技术人员和情报专家组成的作战分队，秘密展开攻击性网络攻击的实践探索，行动代号“奥林匹克运动”。奥巴马作出最高指示：一是行动必须在可控状态下进行，避免级联效应伤及自身；二是不能暴露行踪，引发不必要的国际争端。

技术演示验证，确认可行性。美国情报界与多家私营公司一道，完成以火焰、迷你火焰为代表的网络情报搜集武器和以杜蚯、震网为代表的网络攻击武器技术开发任务。他们在国家网络靶场虚拟环境、因特网真实环境上多次展开试探性实验，明确了作战的关键是找到伊朗核工业控制软件的开发者。该关键需求导致美国情报界求助以色列情报部门，双方合力重组作战分队，将技侦与情侦相结合，综合运用网络技术与社会工程，以线上攻击与线下专家辅助决策相配合，促进网络攻击的隐秘、高效。

---

① 作者不认为马来西亚和印度在知情的情况下参与了伊朗的核项目，相反，它们也是受害者。

（二）美国人主导的攻击阶段（第一阶段：2009 年上半年至 2010 年 3 月份）

第一阶段情报搜集作战。美国人主导的作战分队利用火焰病毒搜集情报，突破伊朗等中东国家的政府部门高级用户的计算机终端，尝试了解和掌握伊朗核工业控制能力的技术来源。美国情报专家综合分析认为，伊朗核工业控制软件的开发者是俄罗斯专家。

第一阶段攻击作战。从 2009 年下半年开始，由美国人主导，在丹麦设置指挥控制中心网站，依照“俄罗斯核工业专家利用德国西门子公司的工业控制开发软件帮助伊朗设计开发核工业控制系统”的逻辑思路，展开震网第一阶段攻击。为了避免网络攻击的大范围扩散，逃避各类杀毒软件的追杀，美国人在控制策略上非常谨慎，只限定小范围传播，这使得攻击速度非常缓慢。直至 2010 年 3 月，美国人只是摸到了到伊朗核工业设施的边缘，尚未能够实施有效的网络攻击。

（三）以色列人主导的攻击阶段（第二阶段：2010 年 4 月到 6 月）

随着伊朗核进程持续取得进展，以色列人决心换一种攻击路径单独行动。这就是震网攻击的第二阶段。

情报搜集作战。以色列人首先以简化版的迷你火焰病毒专门针对高技术公司展开情报收集。通过该行动，以色列人情报专家摸清了伊朗核工业控制软件的开发过程：凭借与马来西亚同是伊斯兰国家、语言相通、并保有良好经贸关系，伊朗将核工业控制软件的制作交给不知情的、具有综合集成能力的马来西亚高技术公司。但该公司将具体的软件代码外包给了印度公司，由印度具体编写了全部或部分程序。

攻击行动。2010 年 4—6 月间，以色列人抛开美国人单打独斗，通过震网病毒的自我升级功能，在马来西亚另建指挥控制中心，对整个攻击过程进行控制。通过受控的、大范围内的病毒传播，以色列人确定了伊朗核工业控制软件的最终开发者——印度高技术公司，并向其释放攻击负载。马来西亚将印度公司编制的、夹带攻击负载的离心机控制软件交给伊朗人使用。经过一段时间的运行，伊朗人发现大量离心机因过热出现了永久物理损伤，不得不暂停浓缩铀进程。

（四）作战行动结束与暴露

作战行动分队在 2010 年 6 月确认作战目的达成后，就通过各个控制中心向各类病毒下达自毁指令，掩盖作战行踪。但整个探索性作战行动中制作的病毒版本太多，部分物理隔离网络用户中的病毒，或者因为种种原因与控制中心失去联络的病毒，没能及时收到指令，滞留在相关用户的终端。虽然震网系列病毒在设计之初就设定2012年6月24日为终止作战日期，但在此之前的2011—2012年上半年，相关滞留病毒样本陆续被迈克菲、卡巴斯基等安全软件公司截获，最终导致行动暴露。

（五）影响分析

整个作战过程全部在奥巴马总统的授意与关注下进行。在以色列人越俎代庖过程中，情报人员认为整个攻击行动已经不受美国人控制，甚至会导致行动暴露、攻击失败，曾建议总统停止作战行动。但奥巴马决心继续作战，直至达成战略目标。作战行动暴露是整个作战过程的战略败笔，直接导致包括欧盟、广大新兴国家在内的国际社会幡然惊醒，网络军备竞赛失去控制，网络军控态势急剧恶化。

三、震网攻击性网络作战反思

（一）美军攻击性网络作战已拥有可控定向攻击能力，必将在未来可能的冲突中直接威胁我国

攻击性网络能力发展可以分别为三个阶段：一是干扰破坏；二是网络情报；三是受控攻击。这种受控包括作战目标受控、作战进程受控、作战影响受控，在网络空间达成“精确打击”式的效果。攻击性网络作战可控，是其实战化的基本指标，标志着美军网络威慑能力质的跃升，使得网络威慑战略真实、可信、可怕。

（二）美军攻击性网络作战以职能型支援作战为定位，必将提升美军未来空海一体战中的反拒止能力

2012年6月，美国防部长帕内塔按照特种作战模式构建美军网络作战指挥框架。这一指挥框架将网络作战与航天作战、特种作战、运输作战并列到一起，作为职能型作战支援能力内嵌到联合作战框架中，进一步强化了联合作战的集成性。2012年9月，美参联会公布《联合作战顶层概念：联合部队2020》，该构想的核心理念也是全球性集成作战。通过这些动作，美军明确攻击性网络作战的战略性定位。

未来，按照美军最新构想，第一阶段为战略突击阶段。美军在网络空间以战场网络战瘫痪我军关键信息基础设施，为传统动能武器赢得4小时的打击窗口，摧毁我军军事反介入能力；空海一体战的第二阶段为全面封锁阶段，美军将会把所有网络作战样式全面、系统地应用到联合作战过程中，作战对象覆盖军事关键信息基础设施、国家关键信息基础设施。作战的目标也不仅仅是破坏，而是更多强调对网络空间行为的控制，打击我军战略高层作战决心。

（三）美军攻击性网络作战以关键信息基础设施为战场，必将促动我军作战职能的转变

震网首开以国家关键信息基础设施为战场的先河。然而，国家关键信息基础设施更多地涉及工业控制系统，其技术比较专业、覆盖面相对窄，系统运维管理比较封闭，直接面向的对象多为服务性企业，一般用户直接接触的机会相对较少。这些因素都给国家关键信息基础设施的安全防护带来挑战。随着国家关键基础设施被更为自动化的计算机网络控制，这些控制网络又逐步与互联网沟通，国家关键信息基础设施受恐怖主义、有组织犯罪、极端恶意行为者的威胁越来越大。

关键信息基础设施安全是非传统安全的重要领域，保护信息基础设施安全是我军义不容辞的责任，理应成为我军作战职能的一个重要领域。2012年11月，奥巴马总统已经签署第20号总统令，其中一项重要内容就是赋予美军保护国家关键信息基础设施的职能。帕内塔于2013年1月份宣布，将网络司令部人员扩充到4900人，建设网络作战国家任务部队、作战任务部队和网络防御部队，核心也是要加强对国家关键信息基础设施的防护。

（四）美军攻击性网络作战以精准网络情报战为先导，必将对我保护重点目标提出更高要求

美军从震网攻击实践中发现的最大问题是网络情报的匮乏。精准的网络情报能够加速攻击性网络作战进程，减少作战行动暴露的风险，提升作战行动效益，精准控制作战效果。美军最近几年发展的多个网络武器项目，包括国家网络靶场、X计划、网络城市，其核心都包括网络地图，实质就是网络空间情报与分析。而网络空间情报针对的就是国家重点领域、关键部门、核心人物。

网络安全国际态势年度评估

2011年国际网络空间战略态势评估

网络空间已经成为一个新的国家安全核心领域。与其他领域不同，网络空间的威胁更加多样化，实施起来也更加简便和隐蔽，而造成的影响可能也并不亚于传统军事威胁。因此，将国际网络空间的战略态势纳入国家安全的整体战略评估之中非常重要。总的来看，目前国际网络空间的多级格局基本形成，各国网络空间的管理模式逐渐明晰，网络空间的国际互信与合作全面展开，网络空间的军事化成为全球安全的重大威胁。同时，中国也已经具备了推动国际网络空间健康发展的基本能力。

一、国际网络空间力量呈现多极格局

与国际政治格局多极化尚待形成的现状相比，国际网络空间力量多极格局基本形成。这种多极格局：一是表现在网络空间行为主体多元化。个人、非正式组织、正式组织、国际组织与国家一样，都是网络空间的行为主体，国家只是网络空间管理行为的主体。二是表现在各国在全球网络空间的影响力日趋多元化，这一点与传统大国主导国际政治、经济和军事空间的情形形成鲜明对比。本文将主要对国家在网络空间的影响力进行分析。

国家对网络空间影响力可以用四个要素来衡量：社会信息化发展成熟度、软硬件产业发展能力、网络服务水平、网络安全应急事件反应能力[①]。综合起来看，全球有关国家网络空间影响力可以概括如下：

国别	社会信息化成熟度	软硬件发展能力	网络服务能力	网络安全反应能力	总分
美国	9	9	8	9	35

① 社会信息化发展成熟度包括国家对网络的依赖度和网络脆弱性两个关键指标；软硬件产业发展能力是国家在软硬件产业的市场份额、发展模式、所处产业链位置等指标，表中所标硬件或者软件代表该国对应能力上更突出；网络服务水平包括国家网络服务技术水平、每百人上网用户数、网络接入速度等指标；网络安全应急事件反应能力包括国家组织、相关机制、政策与法律、应急反应时间等指标。

续表

国别	社会信息化成熟度	软硬件发展能力	网络服务能力	网络安全反应能力	总分
英国	8	7	7	8	30
德国	8	9（硬件）	7	6	30
日本	8	8（硬件）	8	6	30
法国	8	6	8	7	29
韩国	8	7（硬件）	8	6	29
加拿大	8	7	7	6	28
意大利	7	6	6	7	26
俄罗斯	6	7	6	7	26
以色列	6	7	6	7	26
澳大利亚	7	6	6	7	26
爱尔兰	7	8（软件）	6	5	26
新西兰	8	6	6	6	26
印度	6	8（软件）	6	6	26
中国	7	7（硬件）	7	5	26
罗马尼亚	6	8	6	6	26
新加坡	8	5	7	6	26
墨西哥	6	8（软件）	5	6	25
挪威	7	6	6	6	25
芬兰	6	6	6	5	23
波兰	6	5	6	5	22
埃及	5	5	6	5	21
巴西	5	5（软件）	5	4	19
沙特阿拉伯	5	4	6	4	19
南非	5	5	5	4	19
阿根廷	5	4	5	4	18
越南	5	5	4	3	17
菲律宾	4	5（软件）	4	4	17
土耳其	4	5	4	4	17
印度尼西亚	4	5（软件）	3	3	15
伊朗	4	3	5	3	15

续表

国别	社会信息化成熟度	软硬件发展能力	网络服务能力	网络安全反应能力	总分
泰国	4	4	4	3	15
古巴	3	4	4	3	14
朝鲜	3	4	3	3	13
其他国家	≦3	≦3	≦3	≦3	

数据来源：由国防大学战略研究所网络空间安全课题组在综合大量资料后评估赋值所得。赋值的含义为：9，超强；8，很强；7，强；6，很大；5，大；4，尚大；3，差；2，较差；1 很差。

按照这四个指标，可以将世界各国在网络空间的影响力大体分成三个层次：第一层，社会信息化成熟度程度高，国家信息基础设施完善，软硬件产业实力强，国家的应急反应机制健全。比如，美国、英国、德国、法国、日本、加拿大、意大利等国。同时，这些国家所承受的网络空间安全风险，也因为社会信息化程度高、对网络空间的依赖多而较大。第二层是社会信息化正在高速发展，国家信息基础设施较为完整，在软硬件产业领域有一定影响力，建立了一定的国家网络空间应急反应机制，但社会信息化的整体成熟度不高。这样的国家对社会信息化的投入非常重视，但因为网络空间的自主能力相对有限，网络空间的安全风险最大。这包括俄罗斯、以色列、印度、中国、墨西哥、澳大利亚、韩国、罗马尼亚、新西兰、爱尔兰、波兰、埃及、巴西等国家。第三层是其他广大的发展中国家。其对信息化建设的投入乏力，主要信息基础设施依赖于外国，对网络空间缺乏自主影响力。比如津巴布韦、利比亚等国。

对上述各国影响力的大体描述，是分析网络空间安全战略态势的逻辑起点。从国家层面上看，美国在网络空间的影响力最大，但与第一层次中的其他国家相比，并不占绝对优势。同时，前两个层次的国家之间差距也不明显，并且国家在不同指标上是各有优势。另外，虽然各国间存在相互竞争关系，但相互依赖的程度更高。这是国际网络空间力量多级格局的基本特征。

需要指出的是，这种影响力并不是国家对网络空间的控制力。控制力是影响力在网络空间的产生的实际效果，是一个动态博弈过程，不可用简单静态指标衡量。网络空间的现实控制力是典型的复杂系统问题，具有非线性、涌现性、不稳定性、不确定性，多重级联效应特征明显。国家可以对网络空间发挥重要的影响作用，但不可能完全控制网络空间。这种网络空间的不可控制性，也决定了国际网络空间力量多级格局这一必然结果。

二、当前国际网络空间基本战略态势

受传统国际政治与国家安全思维的影响，并在国家利益的驱动之下，各国开始在网络空间这一全新的国家安全空间，展开规划、建设、竞争与合作。

（一）加紧对网络空间这一新核心安全领域的战略规划

美国是最早制定网络空间安全战略的国家。克林顿政府时期是美国对网络安全的认知、政策制定和体制确立的开创时期。网络空间安全政策的重点是健全关键基础设施。小布什政府制定了首部国家网络空间安全战略，其关注的重点是关键基础设施的防护和网络“反恐”。奥巴马政府2010年公布的《国家安全战略》则正式将网络空间确定为国家安全的核心战略领域之一。2011年5月16日发布的《网络空间国际战略》则确立了建立开放互通、安全可靠网络空间的国际战略目标，并确立了技术创新、推动网络安全标准、惩办网络犯罪、建立有效性与包容性的互联网管制结构、强化国际合作、在军事上实施全面网络空间慑阻等战略框架，明确了合作与震慑的两手政策，表现出了利用网络空间控制全球的根本意图。7月14日，美国国防部公布了《国防部网络空间作战战略》，正式将网络空间确定为作战域，加强对相关力量的组织、训练和装备，以提高国防部全面利用网络空间的潜力[①]。12月12日，国土安全部公布题为《确保未来网络安全的蓝图》[②]的网络安全战略报告，将关键基础设施防护、构建未来网络空间生态环境作为国内网络安全的重点。目前，美国已经在国家关键信息基础设施与国防信息基础设施的防御上获得了优势地位，并正在积极发展网络攻击能力。这些战略文件表明，美国在网络空间这一新的国家安

① 《国防部网络空间作战战略》，http：//www. defense. gov/news/d20110714cyber. pdf。

② 美国国土安全部网站，http：//www. dhs. gov/files/publications/blueprint-for-a-secure-cyber-future. shtm。

全核心领域，率先走过了从理论研究到建立国家机制，再到制定完整战略与政策的过程。

英国、德国、法国、韩国、日本、印度、澳大利亚、新西兰、捷克、荷兰、爱沙尼亚等国家，紧随美国制订了本国的网络空间安全战略。土耳其、巴西等国也加快了在这方面的步伐。与美国不同，这些国家战略的出台是在其国家网络空间安全机制尚未完全成形的条件下制订的，主要关注的是本国的网络空间安全，因此，其侧重于完善网络空间国家管理机制，加强本国关键信息基础设施防护和知识产权保护，打击网络犯罪，并对网络空间安全力量建设做出积极规划。

（二）建立和加强网络空间管理的国家体制与力量

健全政府网络空间管理职能。奥巴马政府上台后，美国即设立国家网络安全办公室，其主任为总统网络事务协调员，直接参与国家安全会议。英国也随后成立了网络安全办公室（Office of Cyber Security）和网络安全行动中心（Cyber Security Operations Centre）。前者负责协调政府各部门网络安全计划，后者负责协调政府和民间机构主要计算机系统安全保护工作，两者成为制定和执行国家安全新战略的核心部门。德国国家网络事务由联邦内政部统管，在宏观层面上制定国家安全战略，协调各部门制定网络事务政策。欧盟今年6月宣布成立“计算机应急情况反应小组”，负责保障包括欧盟委员会、欧洲议会、地区委员会、经济和社会委员会等欧盟主要机构在内的计算机网络安全。日本在信息技术战略本部设置信息安全政策委员会，负责战略决策咨询与长期计划制定。2011年4月，印度出台的《国家网络安全政策 National Cyber Security Policy》（草案）由12个关键政府部门共同完成。

将网络空间安全纳入政府业务部门的日常职能。美国国土安全部对国内网络安全事务负总则，包括网络恐怖主义、关键基础设施防护、组织国家网络安全演习；联邦调查局、司法部负责打击网络犯罪；商务部负责网络空间的知识产权保护；交通部、能源部、财政部参与相关关键基础设施的防护；国家安全局负责国外网络空间情报侦察，并在国防部领导下，与军方一起负责美军军用网络安全防护及对他国网络的攻击。印度信息技术部（DIT，Department of Information Technology）是印度《国家网络安全政策》的主要执行机构，国家信息委员会（NIB，National Information Board）、国家危机管理委员会（NCMC，

National Crisis Management Committee）、国家安全委员会秘书处（NSCS, National Security Council Secretariat）、内政部、国防部和电信部等都有广泛参与。德国国家网络防御中心由联邦信息技术安全局负责，国防部、联邦宪法保卫局和联邦民众保护和灾害救援局等机构的专家参与其中。日本内阁秘书处设立的国家信息安全中心（National Information Security Center），是内阁在信息安全领域的执行部门。

加快网络空间立法与执法。2011 年 3 月，在遭受大规模网络攻击之后，韩国政府拟要求国内所有电脑用户购买“反僵尸软件”；马来西亚修订《印刷及出版法令》，计划将网络媒体纳入网络管制范围；印度 4 月出台的《国家网络安全政策（草案）》强调发展本土信息技术产品是国家信息安全措施的重要组成部分；日本 6 月正式通过了《刑法》修正案，对不正当编写、散布、获取、持有计算机病毒以及通过电子邮件大量发送猥亵图片等行为做出了刑事制裁规定。澳大利亚 6 月公布了《反网络犯罪法案》，以应对全球黑客攻击和网络犯罪威胁。英国 7 月成立了国际网络安全保护联盟（ICSPA），与欧洲刑警组织合作，建立战略伙伴关系，提升各国对网络犯罪行为的反应能力。

依托军队和情报机构组建网络空间攻防力量。美国的网络空间攻防力量主要来自美军战略司令部下属的网络司令部。英国网络安全办公室工作人员来自军情五处（MI5）、军情六处（MI6）和其他政府机构，其相关安全部门正在发展对敌方发动攻击的能力。德国、法国等国家网络安全力量都有国防部门的积极参与。澳大利亚 2010 年在国防部框架下新建国家网络安全行动中心。2011 年初，伊朗成立了网络警察部门，主要是打击利用互联网从事间谍及破坏活动；3 月中旬宣布建立“网络部队”，承担反击来自别国的网络攻击并摧毁“敌网”的任务。4 月，韩国国防部宣布将网络司令部提升为直属机构，并将该机构人数增加一倍，以便在应对黑客攻击的同时实施网络攻击作战。5 月，日本宣布建立一支专门的网络空间防卫队，负责收集和分析研究最新的病毒信息，并进行反黑客攻击训练；8 月，日本政府批准了年度《防卫白皮书》，强调自卫队应对网络攻击的必要性，提出有必要提高自卫队情报系统和通信网络的防护能力。

（三）重点发展网络空间态势感知能力

网络空间态势感知是网络空间行为监控、网络犯罪取证、网络情报刺探、网络入侵检测甚至是网络攻防作战的基础，是当前所有网络空间安全问题的关键。对此，多数国家主要从技术和管理上强化这一方面的能力。

在技术上实施重大关键基础设施防护项目。2011 年 2 月，美国国土安全部宣布加快部署“爱因斯坦Ⅲ”系统，强化网络空间安全态势感知能力。3 月，美国国防部再次增加 10 亿美元用于网络安全，包括国防部网络犯罪中心、网络司令部和科技网络工具等方面的投资。6 月，国家安全局推出了一项名为“网络试点”的项目，计划与大型网络运营商合作，过滤网络流量，防止针对国防工业基础、关键基础设施的网络攻击。2 月，英国宣布斥资 3000 万英镑开展网络监控，预防网络犯罪。

在管理上出台规范网络空间行为的政策和措施。美国在《国防部网络空间作战战略》中首次提出网络卫生的概念，规定所有用户必须安装安全软件，保持操作系统的实时更新，督促一般用户和管理员采用有效的配置管理。2011 年 1 月 7 日，美国商务部宣布成立网络安全执行办公室，并于 4 月份出台了《网络空间可信任身份标识国家战略》，计划实现美国网络空间身份的可信管理，谋求构建全新的网络空间生态环境。8 月，德国一些政治人物针对挪威“天堂杀手”嫌犯布雷维克在互联网上散布极端言论和袭击计划，呼吁实行网络实名制，以加强互联网监管。9 月，美国政府授权美国联邦通讯委员会拥有监管互联网服务提供商的权力。

（四）围绕网络空间国际行为准则展开合作与竞争

在网络空间这一新的国际领域制定行为准则，是当前所有国家关心的主要问题。围绕这一问题，各国的合作与竞争，为网络空间国际行为准则的形成进行着实践与理论上的积累。

美国与俄罗斯的共同理论探讨，强调国家的主体地位。2011 年 4 月 27 日，俄罗斯罗蒙诺索夫莫斯科国立大学信息安全学院与美国东西方研究所安全专家首次就 20 个关键网络安全术语达成了统一定义①。但总的来看，这些过于强调国家主体的理论研究，与网络空间的多元主体现实相比，显得有些狭隘。

---

① 美国东西方研究所网站，www. eui. info/cybersecurity-terminology-foundations。

各国在网络空间的国家属性问题上存在分歧。2011 年 9 月 22 日，美俄的情报与强力部门在叶卡捷琳堡集会。俄罗斯向与会者提交了《保障国际信息安全》的公约草案[①]。该公约禁止将互联网用于军事目的，禁止利用互联网推翻其他国家政权，同时各国政府可以在本国网络中自由行动。而美国则不承认各国有属于自己的网络空间，不认为破坏他国网络空间的新闻检查是干涉别国内政，并将网络自由看做是人权的一部分。由于网络在 2011 年的西亚北非国家动荡、欧洲主权债务危机引发的社会动荡等重大事件中发挥了重要作用，各国存在着对网络空间国家属性问题的激烈争论。

网络空间国际行为准则在双边或多边框架下正在逐步构建。2011 年 5 月，法国在正式召开八国集团（G8）峰会之前，第一次组织了 G8 电子论坛，商讨国际互联网问题，极力推动国际互联网监管，提出建立国际互联网法规。7 月 20 日，美国和印度签署网络安全谅解备忘录，确定两国政府将交流共享重要的网络安全信息和经验。9 月 12 日，中国、俄罗斯、塔吉克斯坦、乌兹别克斯坦联合向 66 届联合国提交《信息安全国际行为准则》[②]。9 月，美澳两国首次将“网络战”列入两国共同防御条约，明确“二者之一受到网络攻击，两国都将共同采取行动予以防御和反击”。这是国际社会中首次把网络战列为双边防御条约的一部分[③]。11 月 1—2 日召开的伦敦网络大会，是 2011 年网络空间领域国际合作的核心大事。该大会议题开放，参与主体广泛，成为广受各国认同的交流平台。但会议在推动国际合作的同时，也出现一些不和谐的言行，比如英国在网络黑客问题上公开指责俄罗斯与中国，有关国家也试图控制会议议程。

三、网络空间发展对国家安全的影响

全球网络空间的发展对国际政治与国家安全影响的深远程度将超出目前人们的想象。依据现有的事实，这里仅提出以下几个方面的趋势。

---

① 《俄罗斯指出保障互联网安全的办法》，叶莲娜·契尔年科，俄罗斯《生意人报》9 月 23 日。

② 外交部网站，http：//www. fmprc. gov. cn/chn/pds/wjb/zzjg/jks/fywj/t858317. htm。

③ 美澳共同防御条约相关报道，http：//www. chinanews. com/gj/2011/09 - 15/3330011. shtml。

（一）推升国际政治日益复杂化

全球网络空间可以划分几大区块：（1）欧美国家和澳洲地区；（2）东欧俄罗斯等斯拉夫语系地区；（3）东亚、东南亚大中华圈地区；（3）中亚、南亚、西亚与中东地区；（4）中南美洲地区；（5）非洲地区①。在网络空间，区块内部联系紧密，各层次主体互动频繁；区块之间存在有结构性矛盾，危机冲突不断。网络空间这种区块划分一方面依据区域内思想、文化和价值观的相似性，另一方面依据区块内、外现实利益的联系与冲突，总体上呈现出与地缘政治重合的特征。网络空间区块内外的斗争与现实的政治、军事甚至经济领域冲突相互交织，使得网络空间成为国际政治斗争的重要手段和领域，致使国家间战略关系脆弱，现实国际政治问题更趋复杂。

随着网络空间深度介入国际政治问题，当危机事件发生时，参与主体多元化，参与方的主体层次扩大化，危机触发因素增多，危机门槛下降，危机发生的时间点不可预测，危机影响不可控。同时，国家决策者面对的决策环境恶化，公众舆论对决策的影响力增强，领导人与公众决策压力上升，客观上要求提升决策速度，但决策行为的战略短视性趋于明显，国家战略决策水平下降，反过来进一步强化国际政治问题复杂性。面对这种局面，危机各方必须放弃传统的政治思维定式，充分的尊重地区内自主解决政治问题的愿望和能力，给予危机一定生存与发展的空间。面对诸如南海问题这样类似的复杂局势，相关国家应该站在多极化世界的视角下审视国家利益，认真思考国家政治选择。

（二）促使国家发展模式共生竞争成为一种国家安全选择

美国经济危机，欧洲主权债务危机，实际上是有关国家发展模式的危机；西亚、北非的社会动荡本质上是对国家发展模式的选择；新兴市场国家实际上开创了一种全新的国家发展模式。而网络空间为全球国家生存与发展、开创多元化国家发展模式创造了可能。多级化的世界应该是全球多种国家发展模式并存、互相竞争的世界。传统的欧美模式并不完美，新兴国家发展模式并不完善。多种国家发展模式共存才能促进相互之间的兼容并蓄，协同进步。全球网络空间是国家发

① 非洲地区的网络空间对外有很强的依赖性。

展模式多元化、共生竞争的前提。这种多元发展模式共生竞争的结果就是互利共赢，是全球所有国家的共同安全。

当前，人类社会所面临的问题都是世界性的问题。能源枯竭、粮食短缺、环境保护必须借助于网络空间提供的解决方案。社会信息化、经济全球化时代，国家传统与非传统安全的所有领域，包括核武器削减、大规模杀伤性武器扩散、恐怖主义、经济均衡发展、金融创新改革等等问题在内，都需要全世界人民的共同努力。值得充分肯定的是，美国已经意识到在网络空间凭借自己的力量无法达成国家安全的总体目标，在《网络空间国际战略》展示出广泛合作意向，是向着正确方向迈出的重要一步，是谋求全球安全的一个范例。作为世界的领导者，发达国家有责任在国家安全领域创新战略思维模式，放弃谋求单方面或者同盟国家集体安全的战略选择，充分尊重并借鉴他国国家发展模式的优点，利用网络空间的巨大潜力与影响力，促进全球社会共同进步、共同安全。

（三）网络空间安全事件对社会安全稳定的影响深入拓展

国家关键信息基础设施、公共互联网是网络空间影响国家安全的核心“介质”。随着信息技术及其应用范围的持续扩大，国家社会生活对网络空间的依赖度正在呈指数增长，导致网络空间的安全对社会稳定影响范围更广。2011 年 1 月，日本高轨铁路中央控制室电脑黑屏导致客流高峰时刻 8 万人无法按时乘车；3 月 RSA 公司被钓鱼邮件攻击后，因其客户包括全球大型军事机构、政府、各大银行等等领域，在业界产生的极大的恐慌；4 月份 SONY 公司 7000 万用户信息泄露，攻击损失近 1.7 亿；Comodo、DigiNotar 和 GlobalSign 等数字认证提供商纷纷发生数据泄露事件，导致知名数字安全认证公司 DigiNotar 破产；DroidDream 恶意软件导致目前全球移动应用最广的安卓系统遭受最大打击；国际货币基金组织、花旗银行、美国证券交易所也接连受到网络攻击；震网（Stuxnet）及其姊妹病毒杜蚯（Duqu）针对工业系统的入侵导致水、电、交通和能源国家等关键基础设施网络受到巨大风险。

这些事件暴露出社会生活中人们的日常公共秩序、工农业生产组织、经济金融活动等领域对网络空间的进一步依赖，而这种趋势还将持续发展下去。任何网络空间安全事件都会产生巨大的现实影响。这种依赖度和脆弱性是网络空间的一个悖论，并将成为网络空间安全威胁的永远主题。

（四）国家对网络空间管理成为国际政治斗争的重要领域

国家对网络空间的管理应该从技术管理、应用管理和行为管理三个方面入手。而国家管理的重点应该是对网络空间主体的行为管理，现行的国内法律和国际法应该基本适用。目前，国际社会对网络空间行为管理问题有两种不同的态度：一种认为网络空间应该完全自由、开放；另一种认为网络空间应该适度管理。

西方国家对以中、俄、印为代表的国家提出的网络空间行为管理有误解。网络空间当然是自由的、开放的，所有现实世界主体都应该如《世界人权宣言》那样，享有充分的权利。但无限度的自由开放对国家、企业和民众的利益在极端情况下是有危害的。对网络空间行为管理的关键是把握一个标准尺度。这种管理应该是动态的，由国家、企业与民众多方参与的，有国家、企业和民众利益现实需求的。英国、俄罗斯、印度、澳大利亚、韩国、日本等国都在探索网络空间构建监管机制，英国在伦敦动乱中适度的网络空间行为管理都是合理的，也是合法的。不能把放松对网络空间行为管理作为一种干涉别国内政的手段，不能把对网络空间行为管理标准的问题演变成一个国际政治问题。

（五）国家对网络空间军事化危害认识不足

国家网络空间对抗与网络空间军事化的问题日趋紧张。各国情报部门在网络空间的军事情报活动是公开的事实。美英两国在国家层面上的网络空间安全力量主体也是相关情报与军事部门。他们受法律约束较少，易于越过网络防御这个基本底线，试探性地展开网络攻击行为。发达国家军队与情报部门的网络空间攻击行为应该受到国家更加严格的监管。避免成为个人或者集团谋取私利、阴谋破坏的工具，避免引起不必要的国际争端，破坏相互间的战略互信。

尽管震网病毒攻击被称为定向网络攻击，尽管 2011 年其衍生病毒杜蚯的攻击倾向尚不明确①，但他们攻击行为所带来的级联效应是全球性的。有关国家对此高度警觉，西门子公司也在这此事件中遭受巨大

① Macfee 关于杜蚯的分析档案：http：//www. securityvibes. com/servlet/JiveServlet/previewBody/1427 - 102 - 1 - 1442/w32_ duqu_ the_ precursor_ to_ the_ next_ stuxnet. pdf。

的信任危机。对此类行动的担忧，是各国展开网络空间军备竞赛的根本原因。网络空间的军事化问题已经摆到有关国家的桌面上，但网络军控基本处于理论探讨阶段。几乎所有国家在筹建国家网络安全力量时，都或多或少在发展自己的网络攻击力量。这种态势持续发展下去是对全球网络空间安全态势的最大威胁。

四、对中国网络空间战略问题的几点建议

（一）制定更加积极的网络空间安全国家战略

当前，几个障碍威胁着国际网络空间安全态势稳定发展：一是以美国为代表的国家试图将网络空间视作谋求国家利益的新领域，在该领域大搞单边主义，奉行事实上的网络霸权主义；二是对网络攻击现实影响不确定性的顾虑，导致各个国家在网络攻击能力建设过程中，战略选择上采取谨慎的态度，但策略上普遍积极；三是几乎所有国家都在积极的发展网络攻击力量，建设网络攻击能力。这些问题对网络空间安全态势形成巨大挑战。

这其中的根本原因是国家对网络空间存在战略认知缺失：一是国际组织、国家、大型企业、非政府组织和广泛的全球民众都是网络空间的主体。各类主体在网络空间的利益是多元的，相互间的博弈是广泛的。国家对网络空间的这种复杂性远远超过国家现实想象能力。二是国家尚未充分认清自身在网络空间能力的有限性。国家是网络空间的主体管理者，但不是网络空间的主体行为者。网络空间的安全影响是全球性的，任何单独某个国家甚至是某几个国际没有办法独善其身。单靠技术不能解决所有问题，国际间有效的合作是其健康发展的重要保证。

网络空间不应该成为国家谋取私利的领地，国家在网络空间的单边主义是注定会失败的。中国在制定网络安全国家战略过程中，需要将国家利益置于全球和谐、可持续发展这一战略高度之上，推崇网络空间全球共享的核心价值观，以实际的行动，谋求全球网络空间的健康发展。

（二）推动国际社会构建全面、广泛的战略互信机制

网络空间国际合作是网络空间战略态势健康发展的基本保障。但目前的网络空间国际战略互信存在这明显的危机：

第一，受国家传统安全战略思维的限制，东西方世界之间在网络空间战略互信领域存在巨大隔阂。美国一直将俄罗斯、中国视作最大的威胁，而中、俄两国尚无能力拿出证据，证明西方国家的怀疑；第二，网络空间国际合作比较片面，西方国家对网络犯罪、黑客行为、知识产权防护的关注不应该是国家网络空间安全合作的唯一导向，排除网络间谍、网络恐怖主义、网络战争领域的战略互信是片面的；第三，大型跨国企业与黑客组织被排斥在网络空间互信主体之外。国际战略互信的一个重要任务是创建一个包括个人、企业、国家和国际组织共同参与的、全面的大框架；第四，战略互信框架的讨论不应该只由发达国家主导，G20 成员国、广泛的第三世界国家应该享有充分的话语权。

鉴于国际网络空间战略互信的基本趋势，中国应该积极搭建更加广泛的国际平台，定期召开国际会议、组织有关学术活动，立法研究网络空间经济间谍行为防控，加大网络知识产权保护的投入，与跨国信息服务公司缓和关系，增强全民的网络安全意识教育，以切实行动推动战略互信的深入发展。

（三）督促确立网络空间国家主权管理的基本国际行为准则

网络空间国家主权管理原则与网络空间开放自由原则并不矛盾：网络空间是现实世界的映射，现实的国际法、国内法、相关政策规定都基本适用于网络空间中的行为主体；网络空间是虚拟的，但网络空间的责任主体是现实的；网络空间是自由开放的，但国家的政策、法律是最必不可少的；网络空间的安全实现在很大程度上取决于技术的不断发展进步，但当前网络空间的国家管理是保障该过程健康、稳定发展的关键。

美国是不承认网络空间国家属性的主要国家。但现实是，美国在采用各种技术和管理手段防护自身网络空间安全的同时，要求世界上所有其他国家开放网络空间。明目张胆地与 Google 公司合作，开展网络空间军事、经济情报活动。积极发展网络空间威慑理论，将网络空间攻击视作对现实世界的攻击，宣称可以采用物理手段反击有关国家。美国的网络霸权主义应该对当前网络空间军事化倾向负责，对当前网络空间国际合作的复杂局势负责。任何国家都不应该谋求网络空间的国家主导优势，而应该是发挥自身优势，寻求网络空间国际合作，影响并促进国际网络空间的共同发展。

（四）为国际网络空间安全战略态势健康发展做出自己的贡献

中国在网络空间的影响力是全方位的：

一是中国在网络空间具有独特国家管理模式。这种模式的关键是对网络空间管理标准的把握。任何国家都不能指望以纯技术手段解决网络空间安全问题。在网络空间的安全管理上，中国也不可能走自我封闭的极端。在这方面中国的经验可以为世界所有国家提供借鉴。

二是中国在网络空间技术的发展创新上积极作为。中国已经在下一代互联网、下一代移动通讯、量子通信、云计算等等方面有了相当的技术进展。发展这些技术是更好推动信息化社会的健康发展，为全球网络空间的安全提供最为可靠的保障。

三是中国在网络空间技术的全球供应链上扮演着重要而积极的角色。中国在相关技术领域是生产商，也是最终客户。中国在这个问题上抱有积极的态度，认定网络空间的全球性，认定全球所有国家共享同一个网络空间。

四是中国在全球网络空间国际合作问题上持有认真的、开放的、负责任的态度。中国承认欧美国家在网络空间的标杆性作用，强调网络空间国际合作的多元性。在与世界上所有国家合作的过程中不会掺杂政治目的。强调与国家、企业、乃至个人全方位的合作是网络空间战略态势发展的基本前提。

可以预见，通过与包括欧美国家在内的所有国家广泛合作，中国作为负责任的大国，在网络空间的影响力将逐步增强，也必将能够持续推动网络空间战略态势的健康发展。

2012 年国际网络安全形势评估

网络空间的发展为人类社会带来巨大的好处，也带来了新的问题。2012 年，网络安全作为正在发展的国际战略博弈新领域，正迅速扩大，与原有安全问题深度交织、融合，成为国际战略安全的重点议题。

一、2012 年国际网络安全基本特点

（一）网络空间安全问题更加突出、紧迫、复杂和不确定，国际网络安全合作也在加强

随着网络的普及扩展，带来网络安全威胁挑战多元化，网络攻击多发，源头难溯。[①] 非国家行为体和主权国家的网络行为交织，身份难辨，加大了威胁判断困难。由于网络空间边疆模糊，造成许多网络安全挑战兼有国内和国际问题属性。

2012 年，一些国际黑客组织活动频繁，对许多国家网络安全构成威胁。他们攻击行动的目的往往不确定。据称是匿名者附属组织的鬼壳小队从 10 月份开始展开系列行动，首先是针对世界顶级名校的个人用户数据，只涉及个人隐私，然后又公开俄罗斯政府用户数据，甚至宣称要对俄罗斯发动网络战。到 12 月，该组织转而又暴露了美国国家安全局、联邦调查局的用户账号数据。[②] 9 月，著名网络安全企业赛门铁克诺顿公司发布全球报称截至 7 月的一年内全球遭受网络犯罪侵害的成人高达 5.56 亿，个人用户直接损失 110 亿美元。[③] 有的则体现了攻击者的网络自由理念，如国际黑客组织“匿名者”（Anonymous）反对任何网络监管努力，曾为此对美国、中国和澳大利亚等多国政府网站及 GoDaddy 等域名及网络主机供应商发动网络攻击，使数百万网站受到影响。[④] 还有一些黑客攻击则带有明显国际政治背景。8 月，以色

---

① 虽然各网络大国都在努力改进网络攻击溯源技术，但仅靠技术手段并不能解决问题。

② http://www.msnbc.msn.com/id/50177887/ns/technology_and_science-tech_and_gadgets/t/hackers-steal-data-pentagon-nasa-federal-reserve/。

③ “国际信息安全动态（2012 年 9 月）”，《中国信息安全》2012 年第 10 期，第 22 页。

④ “国际信息安全动态（2012 年 9 月）”，《中国信息安全》2012 年第 10 期，第 23 页。

列的国防部网站遭到有阿拉伯背景的“纪念伊迈德”国际黑客组织攻击。[①] 在此背景下，主权国家之间的网络安全关系也更加复杂微妙。

网络安全问题频发的部分原因来自各国内部。网络系统本身不健全，相关机构和人员在制度、政策、能力、文化、思维方面不适应、跟不上网络的迅速发展，也造成当今网络安全问题日益突出、紧迫。2012 年，包括美国在内，各国和国际组织不断发生敏感数据遭泄露事件。如国际原子能机构（IAEA）的服务器就曾被黑客攻陷，造成数据失窃。[②] 网络空间作为现实世界的全息映射，后者存在的各种问题都会在虚拟世界有所表现。也正因为此，网络安全的改善却绝非一朝一夕之事。

2012 年，国际网络安全合作也呈现上升势头。各种网络安全国际会议不断举行。3 月，东盟地区论坛召开了网络安全研讨会。[③] 10 月，在布达佩斯举行了“网络空间国际会议”。[④] 5 月，中国国际战略学会组织了“网络空间安全：中国与世界”国际研讨会。8 月，在中国成都举行了 RSA 国际信息安全大会。[⑤] 这些会议既体现了国际社会应对网络安全威胁和挑战的努力，也反映出在相关问题上的利益分歧。各主要网络用户国家之间，也围绕网络安全问题开展了大量政策或学术性研讨交流活动。成为各国首脑磋商对话和重要国际战略智库研讨会的重要议题。但是从总体上看，国际网络安全合作仍欠深入，而网络空间的内在规律也尚未得到充分揭示。在这方面，人类的未知仍远大于已知。

（二）各国加强网络安全建设，争夺网络空间伙伴和盟友的斗争已经开始

面对更加严重的网络安全威胁和挑战，2012 年，各国纷纷加大网络安全投入，组建专业力量，加强技术研发，完善政策法规，扩大财

---

① http：//articles. jerusalemprayerteam. org/israel-is-under-cyber-attack/。

② http：//in. reuters. com/article/2012/11/27/nuclear-iaea-hacking-idINDEE8AQ0DG20121127。

③ http：//www. siis. org. cn/News_ Show. aspx? id = 1993。

④ http：//world. people. com. cn/n/2012/1009/c1002 - 19205665. html。

⑤ RSA 信息安全大会为世界顶级密码与信息安全年度专业会议，由美国 RSA 密码实验室主办。RSA2012 大会的主题是“大密码：强于剑”（Great Cipher：Mightier than Sword），参看 http：//en. wikipedia. org/wiki/RSA_ Conference。

政投入，以及举行网络安全演习等多种方式改善自身网络安全环境。3月29日，美国政府颁布《国家大数据研发倡议》①，其战略意义堪比克林顿政府提出的“国家信息高速公路”构想，将对美国国家竞争力产生重大影响。12月，据媒体报道，为了改善网络安全环境，印度国防研究与发展组织正开发本国自己的操作系统。为此，印度调集了150名工程师，预计三年交付使用。② 以德国为代表的欧洲国家则通过修订《联邦数据保护法》《行业自律准则》及加强技术研究等措施，保护公民和社会的数据安全。特别是直接对谷歌和亚马逊等网络巨头搜集和分析用户信息的做法提出挑战。③ 9月，欧盟宣布，将一年前成立的临时性计算机应急响应小组（CERT－EU）正式升格为永久性常设机构。④ 10月，欧盟举行了“网络欧洲2012”大型网络安全演习，来自欧洲25个国家的400多位各行各业网络安全专家参与了演习。演习旨在就应对黑客攻击，促进欧盟各国加强网络安全合作。⑤

各国都在努力采取措施，加强网络安全建设，而努力的结果则进一步加大了国际社会在网络力量对比方面差距。鉴于网络对国家安全与发展的重要性日益凸显，网络大国在世界战略力量对比天平上的分量将更重。在信息化建设和加强网络安全方面，发展中国家与发达国家的差距更加明显。一些发展中国家也在大力加强网络建设，以期加速其现代化进程。如孟加拉提出了“数字孟加拉”计划，⑥ 并于8月建立与外界互联网连接的陆地光缆。⑦ 一些西方国家则力图通过提供系统设备，技术支持、人员培训等方式，向发展中国家传播自己的网络安全理念，扩大自己的国际网络安全影响力。大国在网络空间争夺盟友

① 参看 http：//www. whitehouse. gov/sites/default/files/microsites/ostp/big_ data_ press_ release_ final_ 2. pdf。

② http：//www. pimagazine-asia. com/news/smart-energy/india-developing-its-own-os-to-boost-cybersecurity/。

③ http：//www. huntonprivacyblog. com/2012/06/articles/german-government-proposes- a-mendments-to-act-on-access-to-digital-geographical-data/。

④ http：//www. enisa. europa. eu/activities/cert/background/inv/cert-eu。

⑤ 参看 http：//www. enisa. europa. eu/activities/Resilience-and-CIIP/cyber-crisis-cooperation/cyber-europe/cyber-europe－2012。

⑥ 2012年5月29日，孟加拉代表在“网络空间安全：中国与世界”会上的谈话。

⑦ 参看“国际信息安全动态（2012年8月）”，《中国信息安全》2012年第9期，第23页。

和伙伴的斗争已经悄然开始。

（三）大国在网络安全上既合作又争夺

网络的生命在于联通，联通越广，作用和价值越大。各国在保持和维护网络空间的安全、稳定和有序运作方面有巨大的共同利益。2012年，世界主要大国，也同时都是网络大国，在推动双边和全球网络安全合作以应对网络安全威胁上付出了大量的努力。中美之间，从最高层级的战略决策者之间的“战略与经济对话”，到政府职能部门之间的互访，以及学术研究机构之间研讨，围绕着网络安全的交往互动频繁，内容越来越深入。美俄之间的网络安全对话开始更早，并在基本概念研讨上取得了成果。

但是另一方面，大国在网络安全上的利益分歧和矛盾也很深刻。突出表现在对网络安全威胁的判断上。美国实际上将网络安全主要威胁判定为主要网络大国，尤其是中国和俄罗斯，为其网络军事准备矛头所向。① 美国在与中俄发展网络安全合作的同时，又片面鼓吹网络自由，攻击中俄两国的网络监管措施，并发展各种网络翻墙手段，渗透中国和俄罗斯，散布各种不实信息，破坏两国政治稳定。特别值得注意的是，美国一方面通过网络大肆获取中俄两国政治、经济、军事情报，另一方面，又大肆渲染所谓“网络经济间谍”问题，向中俄两国施压，中国首当其冲。② 这就形成了美国与中俄等大国在网络安全上不能不合作，又无法深度合作的局面。各方在合作的同时，也不得不为日后可能的网络军事对抗做准备。网络大国的安全互信赤字，严重影响着国际社会共同应对网络安全威胁的努力。

美国力图将现实世界的军事联盟延伸到网络空间，以此强化战略主导地位，国际网络安全合作出现了联盟化倾向，这预示着上世纪后半期的冷战的复活，是值得警惕的消极倾向。与现实世界一样，网络空间的安全与稳定，在很大程度上取决于大国之间的网络安全关系。

---

① 在美国大量军事战略研究文献中，这一点非常明显，参看 Harry J. Kazianis，“A Plea for an Alliance-Based ‘AirSeaCyber’ Joint Operational Concept”，PacNet#41 A Monday，July 16，2012，http：//csis. org/publication/pacnet - 41a-plea-for-an-alliance-based-airseacyber-joint-operational-concept。

② 参看美联社报道：“Chinese cyberspies stealing key data，U. S. analysts say”，Dec 12，2011，http：//www. cbc. ca/news/world/story/2011/12/12/china-hackers-us. html。

（四）网络空间三大基本矛盾决定全球网络安全形势走向

2012年，网络空间各种矛盾此起彼伏，错综复杂，但基本矛盾逐渐显现、清晰。“自由与监管”“战争与和平”“霸权与公平”已经成为当今世界网络空间三大基本矛盾。①

“自由与监管”矛盾的实质是网络空间国家主权之争。美国和西方国家强调网络空间是“国际公域”，鼓吹“自由、开放、共享”是网络空间“普世价值观”，攻击其他国家的网络监管措施。与此同时，越来越多的发展中国家认识到，美国和西方力推所谓网络“普世价值观”，意在通过网络打破他国关防，用精心设计的信息扰乱他国政治经济和社会进程，甚至颠覆他国政府。针对西方的网络渗透，7月，俄罗斯国会通过《网络黑名单法》，加强网络安全监管。②

其实包括美国在内的西方网络大国也面临着信息开放带来的挑战，也在加强网络监管。根据2011年颁布的新的国家网络安全战略，英国在2012年将以行政性网络监管措施打击网络犯罪和网络恐怖主义，维护网络安全，但英国企业与政府合作的意愿却不高。③ 8月2日，美参议员乔·利伯曼提出的“2012年网络安全法案”在参议院受阻。④ 主要原因就是美国企业的抵触，凸显美国网络监管上的内在矛盾。应该说，网络监管是实现网络安全不可或缺的重要环节。7月，美国防部长帕内塔下令监控媒体，以防政府秘密被泄露。⑤ 8月，印度政府下令封杀了310个传播谣言煽动宗教仇恨，引发民众恐慌的网页。⑥ 12月，美国发布《国家信息共享与保障战略》，意在加强网络信息控制。⑦ 可以预见，今后的网络空间，一方面更加开放，另一方面监管将更加严格。问题是：对谁更开放，对谁更严格？

网络空间有没有主权？答案是肯定的、又是模糊的。国家在网络

---

① 当今网络空间三大矛盾的概括来自中国外交部军控司的李杨先生和王磊先生。

② http：//www. bbc. co. uk/news/technology - 20096274。

③ http：//opinion. people. com. cn/n/2012/0905/c1003 - 18921397. html。

④ http：//en. wikipedia. org/wiki/Protests against SOPA_ and_ PIPA。

⑤ http：//www. reuters. com/article/2012/07/20/us-usa-security-leaks-idUSBRE86J04O2012720。

⑥ “国际信息安全动态（2012年8月）”，《中国信息安全》2012年第9期，第23页。

⑦ The White House，Washington，*National strategy for Information Sharing and Safeguarding*，December 2012。

空间有主权，但主权范围却欠清晰。美国并非忽略网络空间的主权，并将所有美国领土上的网络基础设施均视为美国主权。9 月，美国微软公司与中国“3322. org 法律诉讼案例”从一个侧面映射出网络空间的国家主权问题。① 美国的地方法院何以竟能判决将中国公司的网络权利划归美国公司？最终双方达成和解，但此类问题依旧存在。严酷的事实是：在网络空间，国家的主权边疆实际上是能力边疆，能力所及即边疆所在。国家网络能力弱，主权就会被打折扣。要有效维护自己的网络空间主权，国家必须发展自己的网络能力。

“战争与和平”矛盾正阻碍着国际网络安全合作。更加和平还是走向战争？这是 2012 年国际网络安全的突出问题。美国竭力推动将现行武装冲突法简单套用到网络空间，以求获得就网络安全争端使用武力的合法性。9 月，美国务院美国国务院首席法律顾问高洪柱强调，现有国际法体系中的武装冲突法应该完全适用于网络空间，无须再为另行制定新的网络战规则。② 其主张的关键不仅在于否定网络空间的特殊性，更在于为其在网络空间使用武力开绿灯。而中国和俄罗斯等国则继续推动将国际法一般原则与网络空间特殊性相结合，有针对性地制定网络空间行为准则，反对将网络空间变成战场。③ 那些一门心思要为网络战敞开大门的人应当想一想：这样做对网络空间将意味着什么？

“霸权与公平”矛盾是国际网络安全主要矛盾。美国发明了由网络构成的虚拟空间，对人类社会作出了重大贡献。正在加速与现实世界融合的网络空间，已成为人类社会公共财产。网络空间究竟是世界的还是美国的？尽管常把“国际公域”挂在嘴边，但美国内心却仍将网络空间看作自己的“私产”，认为这里该由美国说了算。与此同时，发展中国家在网络空间问题上也开始觉醒，积极参与相关国际规则的制定。12 月，在迪拜举行的国际电信联盟（ITU）大会上，发展中国家与西方国家就网络监管和提高国家互联网主权展开了激烈斗争。最后，发展中国家国家在网络监管问题上向美国做了最大程度让步，但美国

① 参看 Angela Moscaritolo, Microsoft discovers Pas pre-loaded with malware, Sept. 17, 2012, http: //www. itproportal. com/2012/09/17/microsoft-discovers-pcs-pre-loaded-with-malware/。

② 参看 http: //www. liebercode. org/2012/09/harold-koh-on-cyber-attacks_ 19. html。

③ 参看中俄等国 2011 年 9 月 14 日提出的《信息安全国际行为准则》草案，http: //www. fmprc. gov. cn/chn/pds/ziliao/tytj/zcwj/t858317. htm。

仍拒绝签署国际电信规则修订草案。① 这背后正是美国霸权心态在作祟：不愿由此开启让国际社会来决定网络空间国际规则的先例。俄罗斯则干脆直截了当对美国网络霸权提出挑战：要求美国将互联网控制权交由联合国机构来管理。② 这无异于要在网络空间“打土豪，分田地”了。在网络实力对比未有重大变化的情况下，国际网络空间“土改”努力恐难有实质性进展。

上述三大矛盾的叠加，凸显出美国在网络空间与整个世界的对立。斗争发展决定着网络空间安全的基本态势。这些矛盾将长期存在，不会很快消失或缓解。

二、网络空间军事化加速发展

2012 年，国际网络空间军事化的步伐明显加快，这一趋势的主要推动者和引领者正是当今世界唯一超级大国，也是网络实力最强的国家——美国。

（一）在美国引领下，多国大力建设网络军事力量

美国是网络军事力量建设动手最早，发展最充分、最完备的国家。2012 年，美国网络军事力量建设不断深入，全面加强网络战准备。这表现在几个方面。一是加紧军用信息网络系统技术更新。7 月，雷神公司签约为美国陆军开发限制敌方侦察的网络资产转换技术（MORPHINATOR）。③ 10 月，美国洛克希德·马丁公司开始接管美国防部全球信息栅格网的改造。④ 二是进一步调整、强化网络战领导体制。美国防部提出修改军事交战规则，扩大美军在紧急情况下的网络行动权限。⑤ 美还拟将网络司令部升格为一级司令部。⑥ 三是加强网络人才建

① http：//news. xinhuanet. com/yzyd/tech/20121211/c_ 113977066. htm。

② http：//www. reuters. com/article/2012/12/09/us-telecom-treaty-internet-idUSBRE8B800Q20121209。

③ http：//raytheon. mediaroom. com/index. php？ s = 43&item = 2136。

④ http：//defensesystems. com/articles/2012/06/15/disa-lockheed-global-grid-services-contract. aspx。

⑤ http：//defensesystems. com/articles/2009/02/09/rules-of-engagement. aspx？ sc_ lang = en。

⑥ 参看 Aliya Sternstein，“Cyber Command struggles to define its place on a shifting battlefield”，August 16，2012，http：//www. nextgov. com/cybersecurity/2012/08/hacker-wars/57438/。

设。美军强调，网络战最后打的是人才。① 为此，美军加大延揽招募网络战士的力度。美国家安全局局长兼美军网络司令部司令基斯·亚历山大将军亲自出席 7 月的国际黑客大会。② 美国还计划在全球范围内招募黑客。③ 四是加速推进美军网络战理论和条令法规建设，8 月，美国陆军发布新的网络安全指导文件，推动建立一体化标准化网络体系。11 月 19 日陆军公布新版“陆军最高概念”。10 月中旬，奥巴马签署了“第 20 号总统政策指令”，进一步明确了网络攻防相关政策问题，“允许先发制人网络攻击”。④ 五是频繁举行网络战演习，以此训练网络军事力量，检验相关项目。美军第二次网旗（CyberFlag）演习到 11 月才结束。

在美国的影响下，其他国家纷纷加强网络战准备。综合国际主流媒体报道，当今世界有 40 多个国家展开了网络战研究，其中有近 20 个国家拥有网络攻防能力。2012 年，越来越多的国家开始加强其网络国防力量建设。1 月 1 日，据《读卖新闻》报道，日本拟用 3 年时间斥资 1.79 亿日元（约 230 万美元）研发“可对网络攻击溯源并瘫痪其程序”的网络武器。⑤ 9 月，据日本《产经新闻》报道，日本将在 2013 财年组建初期规模约 100 人的“网络空间防卫队”，⑥ 为此将充分利用拥有高度专业技能的黑客。⑦ 以色列也在 2012 年 1 月宣布，将其年度网络防御开支增加一半，从原来的 2 亿谢克尔增加到 3 亿。⑧ 专家认为，网络手段已经成为配合以色列军事行动的战略工具。9 月，据印度《经济时报》披露，印度军队也将成立网络司令部。

---

① 参看 Greg Slabodkin, “In cyber defense, it's still about people”, Jul. 24, 2012, http://defensesystems.com/Articles/2012/07/24/cyber-defense-army-cyber.aspx? Page = 1。

② http://www.networkworld.com/news/2012/072812 - nsa-chief-asks-hackers-at - 261241.html。

③ 参看 http://news.xinhuanet.com/world/2012 - 07/18/c_ 123429503.htm。

④ 参看 Aliya Sternstein, “Obama directive would allow preemptive cyber strikes”, November 14, 2012, http://www.nextgov.com/defense/2012/11/obama-directive-would-allow-preemptive-cyber-strikes/59522/? oref = ng-channelriver。

⑤ 参看 Japan developing cyber weapon: report, January 1, 2012, http://www.channelnewsasia.com/stories/afp_ asiapacific/view/1174305/1/.html。

⑥ 该财政年度将从 2013 年 4 月开始。

⑦ 参看 http://www.hackbase.com/news/2012 - 10 - 08/114138.html

⑧ 参看 Barbara Opall-rome, “Notebook: Israel Takes on Cyber Defense”, Jan. 23. 2012, http://www.defensenews.com/apps/pbcs.dll/article? AID = 2012301230012。

（二）网络武器加速发展，走向体系化

2010 年发现的“震网”病毒可以视为世界网络武器发展的标志性事件。与此前的恶意软件相比，它们具有新的重要特征：国家资助、高度复杂、目标确定、精确攻击，也被称为“高级持续性威胁”。2011 年又发现了“杜蚯”。2012 年，带有网络武器特征网络病毒不断被发现：5 月发现“火焰”（Flame），[①] 7 月发现“危机”（Crisis），[②] 8 月和 9 月又先后发现“迷你火焰”（Mini Flame）、“高斯”（Gauss）和“沙蒙”（Shamoon）等一系列新恶意软件。[③]

谁是网络武器研发、使用的始作俑者？应该说是美国。西方媒体一致认为，是美国和以色列联合发动了以“震网”病毒对伊朗纳坦兹核电站实施网络攻击“奥运会”行动。[④] 对此，美国政府既不承认也不否认，实际上默认了。2012 年，美国在一些非正式场合明确承认其拥有网络武器。美国加大了网络武器研发力度，新的网络武器装备研发计划项目不断出台，8 月，美国空军发表公告，要求承包商在 2012 年底前就“网络空间作战”武器系统提交详细技术论证。[⑤] 9 月，美国国防高级研究计划局（DARPA）推出“X 计划”（Plan X），[⑥] 此后美国防部又进一步推出集武器研发、演习和训练于一体的“网络城市”（CyberCity）计划。[⑦] 其意义在于它们标志着美国的网络武器研发进入

---

① 参看 Resource 207：Kaspaersky Lab Research Proves that Stuxnet and Flame Developers are Connected，Jun. 11，2012，http：//www. kaspersky. com/about/news/virus/2012/Resource_ 207_ Kaspersky_ Lab_ Research_ Proves_ that_ Stuxnet_ and_ Flame_ Developers_ are_ Connected。

② http：//www. symantec. com/security_ response/writeup. jsp？ docid = 2012 – 081606 – 2200 – 99。

③ “国际信息安全动态（2012 年 8 月）”，《中国信息安全》2012 年第 9 期，第 23 页。

④ 参看 David E. Sanger，“Obama Order Sped Up Wave of Cyberattacs Against Iran”，June 1，2012，http：//www. nytimes. com/2012/06/01/world/middleeast/obama-ordered-wave-of-cyberattacks-against-iran. html？ _ r = 3&hp；Mike Lennon，“Obama Ordered Use of Stuxnet，Acceleration of Cyber Attacks Against Iran”，June 1，2012，http：//www. securityweek. com/obama-ordered-use-stuxnet-acceleration-cyber-attacks-against-iran。

⑤ https：//www. fbo. gov/utils/view？ id = 48a4eeb344432c3c87df0594068dc0ce。

⑥ 参看 Dawn Lin，“Pentagon to bolster networks and cyberattack capabilities with ‘Plan X’”，August，21，2012，http：//www. nextgov. com/defense/2012/08/pentagon-bolster-networks-and-cyberattack-capabilities-plan-x/57546/？ oref = ng-HPriver。

⑦ 参看 *The Washington Post*：“CyberCity allows government hackers to train for attacks”，Nov. 27，2012，http：//www. washingtonpost. com/investigations/cybercity-allows-government-hackers-to-train-for-attacks/2012/11/26/588f4dae – 1244 – 11e2 – be82 – c3411b7680a9_ story. html。

了一个新阶段。

网络武器的作用主要有三：对目标网络的破坏、获情和控制。[1] 综合现有信息分析，网络武器发展大致可分为三个阶段。第一阶段是前武器阶段，或称替代武器阶段。此时的网络攻击手段，如分布式拒绝服务攻击（DDoS）技术含量较低，与一般黑客的攻击手段差别不大，还不能算严格意义上的网络武器。其作用主要在破坏和获情上，控制功能相对较差。第二阶段是零散武器阶段。以震网、火焰等恶意软件为代表，开始具有上述网络武器基本特征。但由于整个网络战武器装备体系还不完整，零散网络武器使用耗时费力，后果控制难，附带损伤大，攻击效果欠佳。第三阶段则是网络武器系统阶段。网络武器被置于更大、更完整的网络装备体系下展开各种攻击行动，从而更好地控制毁伤范围和后果，使网络攻击更精确、更有效。目前，美国的网络武器研发正在进入第三阶段。而其他国家，除个别美国的盟国外，即便已经组建网络部队，也大多处在上述第二或第一阶段。

（三）国际网络空间军事斗争悄然开展，中东成为重灾区

当前国际网络军事斗争尚未充分展开，基本处在暗中较量状态，主要表现在网络情报获取和试探性暗中有限网络攻击。作为现实世界国际矛盾典型反映，2012 年，网络冲突在中东地区表现尤为激烈。上述一些新武器级恶意软件，如“高斯”病毒，就是在黎巴嫩首先被发现的。8 月以来，随着叙利亚内战加剧，冲突双方通过虚假博客和微博在网络空间展开对抗。

虽然美国、以色列和伊朗之间在现实世界的军事较量还处在相互示威和战争准备阶段，但它们之间的网络空间冲突已经开始。继 2010 年遭“震网”病毒袭击后，2012 年 5 月，伊朗石油部门又遭受“火焰”病毒攻击。[2] 8 月，伊朗政府宣布，为应对西方网络威胁，正着手创建一个内联网，使关键部门和政府机构脱离互联网，预计在 18 个月内完成。[3]而西方也指责伊朗是 2012 年美国、欧洲和以色列所遭受的一

---

① 所谓“网络威慑”即便存在，也只是网络武器使用带来的附加效应，算不上网络武器的基本功能。

② http：//www. foxnews. com/tech/2012/05/29/world-most-sophisticated-cyber-weapon-burns-computers-in-middle-east/。

③ http：//english. cri. cn/6909/2012/08/17/53s717605. htm。

些网络攻击的源头。西方媒体认为，4 月，世界最大的石油公司沙特阿美公司（Aramco）遭到类似火焰的病毒攻击，[①] 9 月对美国银行的 DDoS 攻击，以及对国际原子能机构的网络攻击，均系伊朗所为。[②]

（四）网络战制约因素也逐渐显现和增长

就在美国等网络战的“领导者”大力发展网络战武器装备体系的同时，它们也不可避免地面临着一些既难解又绕不开的难题。

首先，网络威胁判定问题并没有很好解决。“若你关闭我的电网，我也许会向你烟囱里扔枚导弹。”[③] 这是 2011 年 5 月一位美国军事官员的名言。但若攻击源来自某个国际黑客组织，美国向谁家烟囱扔导弹？2012 年 6 月，英国军情五处负责人警告说，来自罪犯和敌对国家的网络攻击已是全球性威胁。[④] 在这里，他显然把不同性质的威胁“ 锅煮”了。

其次，美国要对他国发动网络战，那么将主要攻击对方的军用网络，还是攻击民用网络？无论美国如何自我标榜其军事行动遵从“人道标准”，可以肯定地说，它不会放弃攻击民用网络目标的选择。[⑤] 实事上，从近年来网络武器的发展和使用情况看，无论是 2010 年发现的“震网”病毒，还是 2012 年发现的“火焰”病毒，其所攻击的主要是目标国家的工业控制系统。换言之，打的都是对方的网络基础设施。但另一方面，美国又非常害怕自己的基础设施遭到攻击。9 月，美国务院法律顾问称，如果他人对美国实施网络攻击，美国有权采取自卫行动。他特别指出对核电站控制系统、水坝系统或空中交通管制系统

---

① http：//www. ameinfo. com/saudi-government-aramco-cyber-attack-meant-halt – 321983。

② 参看 http：//www. nytimes. com/2012/10/24/business/global/cyberattack-on-saudi-oil-firm-disquiets-us. html。

③ http：//online. wsj. com/article/SB10001424052702304563104576355623135782718. html。

④ 参看 Tom Whitehead，Cyber crime a global threat，MI5 head warns，26 Jun 2012，http：//www. telegraph. co. uk/news/uknews/terrorism-in-the-uk/9354373/Cyber-crime-a-global-threat-MI5 – head-warns. html。

⑤ 美国国防大学信息学院的 Daniel Kuehl 教授说：从朝鲜、越南、塞尔维亚到伊拉克，在以往战争中，美国空军从来都是炸弹追着对方电力走。与炸毁电网相比，现在的网络武器更人道了。参看 Jack Blood，PARPA's Plan X – Will seek out computers and networks for offensive Cyber Attacks，May 31，2012，http：//deadlinelive. info/2012/05/31/darpas-plan-x-will-seek-out-computers-and-netowrks-for-offensive-cyber-attacks/。

的攻击。[1] 但是，2010 年美国和以色列对伊朗发动的“震网”病毒攻击，打的不正是这类目标么？

第三，网络空间的军事冲突能不能控制？网络战将打到哪一步为止？美国的网络战准备，主要是瞄着网络大国展开的。但若大国之间真的爆发大规模网络战，很难想象冲突会仅局限在网络空间而不“溢出”到现实世界。无论什么样的网络冲突，都与现实世界有密切的关联。4 月，朝鲜宣布将对韩国实施“特别行动”，其后韩国称其 GPS 受到干扰。[2] 这正是朝鲜半岛长期持续的冷战对抗在信息网络领域里的新表现。大国之间若真陷入网络战争，不仅很容易导致现实军事冲突，也很可能导致网络空间的撕裂、停滞、逆转，甚至终结。正因为此，美国不能不与各网络大国就网络安全开展合作，[3] 也很难做到无所顾忌地放手大打网络战。如果说美国网络战准备有什么短处的话，那就是对网络战负面效应的认识还远不到位。

最后，美国大力开发和使用网络武器带来的负效应正在显现。12 月，网络安全企业 Venafi 发布报告称，2013 年将有大批私营企业遭受这类恶意软件的威胁。[4] 俄罗斯著名国际网络安全供应商卡巴斯基的首席专家预测，2013 年“网络武器”级病毒将增加一倍。[5] 在“高级持续性威胁”的刺激和示范作用下，国际黑客组织的能力可能得到迅速提高，也许人们不久就会发现，黑客们的网络攻击手段也在“鸟枪换炮”。对于网络空间安全来说，这绝非福音。“安全投入越多，越感到不安全”——现实世界的“安全回旋镖现象”也存在于网络空间，而且可能来得更快。

---

① http：//www. liebercode. org/2012/09/harold-koh-on-cyber-attacks_ 19. html。

② 参看 Shaun Waterman，“North Korean jamming of GPS shows system’s weakness”，August 23，2012，http://www. washingtontimes. com/news/2012/aug/23/north-korean-jamming-gps-shows-systems-weakness/。

③ 8 月，美国国际安全顾问委员会（ISAB）向美国务院递交一份研究报告，建议中美开通热线或签署协定，以避免偶发性网络冲突。参看 Office of the Spokesperson，International Security Advisory Board Report on Mutual Assured Stability，Media Note，Washington，DC，August 21，2012，http：//www. state. gov/r/pa/ps/2012/08/196754. htm。

④ http：//investing. businessweek. com/research/stocks/private/snapshot. asp? privcapId = 20703557。

⑤ http：//www. reuters. com/article/2012/06/06/net-us-cyberwar-flame-kaspersky-idUSBRE8550HM20120606。

三、国际网络空间法规、制度、准则和行为规范斗争激烈

网络自诞生后发展迅速，现已覆盖到世界各个角落，深深介入人类社会的方方面面。但与此同时，相应的网络空间安全法规建设却未能跟上。

（一）国际网络空间法规、准则和行为规范存在大量空白，今后数年将是网络空间制度法规框架形成期

网络空间不能放任无序，需要法规、准则和行为规范，这已经成为当今国际共识。2012 年，国际网络安全斗争与合作的中心问题之一就是如何建立网络空间的国际法规、准则和行为规范。从布达佩斯峰会到 12 月的迪拜的国际电联大会，大量的网络安全国际会议正是为此而开。由于网络空间安全的问题和矛盾已经积聚到一个转折关头，已经到了不确立法规、准则和行为规范，网络空间就难以正常运稳定行的地步。可以预见，今后数年，将是网络空间国际法规制度总体框架形成的关键时期。这期间，网络空间国际关系将非常活跃。谁能争取到更多的盟友和伙伴，谁就能更好地维护自己的网络空间权益，争取更有利的发展条件。无论是网络大国还是新兴发展中国家，都不会忽视这个重要的转折期。

但是也应该看到，由于网络空间的行为体众多，各方利益有重合有分歧，而网络空间与现实世界加速融合，也使得相关矛盾更加错综复杂。当前国际社会在网络法规、准则和行为规范制定上面临着一系列重大困惑和问题。一是网络空间行为体众多，如何全部纳入以实现有效管理；二是由于各方能力和认识差异，制定依据不一致，适用范围不统一；三是缺乏必要保障力量，执行难。这一切决定了网络空间建立法规准则与行为规范的进程不会一帆风顺，很可能将是一个长期的渐进过程，其间将充满争吵、停滞、妥协和反复。换言之，国际网络空间法规、准则和行为准则的空白不会很快被填补上。

（二）围绕网络安全行为准则，国际社会初步形成两大阵营

尽管有共识且呼声高，但网络空间究竟需要什么样的法规、准则和行为规范？国际社会对此远未达成共识。从 2012 年的情况看，国际社会就此大致形成了两个基本阵营。一个阵营主要以中国和俄罗斯为核心，成员既有新兴发展中国家，也有一些信息化建设相对滞后的国

家。它们认为，在国际网络事务中，应遵守和贯彻《联合国宪章》和公认的国际关系基本准则。其主张集中体现在中、俄、哈、吉等国于2011年9月向联大一委提出《信息安全行为准则》中，包括和平利用网络空间，促进人类共同繁荣，反对利用网络手段实施敌对行动、侵略行径和威胁国际和平与安全；强调尊重各国在网络空间的权利和自由，在符合各国法律的前提下维护各方获取和传播信息的权利和自由；要求建立多边、透明和民主的互联网国际管理机制，确保网络资源的公平分配和互联网的稳定安全运行；应帮助发展中国家提升网络安全和信息化建设水平，弥合数字鸿沟。在10月的布达佩斯“网络空间国际会议”、12月的迪拜国际电联大会上，这一阵营的力量得到初步显现。

另一个阵营则以美国为核心，成员主要有欧盟、日本、加拿大和澳大利亚等西方国家，也包括美国的一些发展中国家盟友和伙伴。它们要在网络空间维护美国和西方的优势和主导权，以反对限制“网络自由”为名，剥夺发展中国家的网络监管权，积极研发网络武器，准备以先发制人的战争方式处理网络空间国际矛盾。[①] 6月21日，欧美日共同提出《政府网络安全推荐准则》，[②] 反映了这一阵营的联合行动。

虽然前一阵营国家数量较多，但就网络实力而言，后一阵营无疑占据着主导地位。由于各国在网络安全上有很大共同利益，上述两大阵营划分并非截然分明，也不意味着国际社会因网络安全分歧已重新陷入冷战。

（三）国际网络军控议程尚未开启，但实际斗争已很激烈

关于国际网络安全规则的讨论中，最敏感的问题当属网络空间军备控制问题。关于网络军备控制问题是否有必要，目前仍有不同看法。一种观点认为，网络军备尚未出现，负责裁军与国际安全事务的联合

---

① 参看 Tom Whitehead，Security Editor，*The Daily Telegraph*，“Attack cyber enemies before they attack us，says public”，26 Dec. 2012. www. telegraph. co. uk/news/uknews/law-and-order/9750614/Attack-cyber-enemies-before-they-attack-us-says-public. html。

② http：//digitaleurope. org/Portals/0/Documents/Trade% 20Policy% 20Group/Cyber% 20 Security/DE% 20ITI% 20JEITA% 20joint% 20cybersecurity% 20policy% 20statement. pdf。

国大会第一委员会也未将网络军控纳入议程，故网络军备控制无从谈起。[①] 但持另一种看法的人则指出，网络武器已经出现，网络空间军事化也已是不争事实。在国际媒体和安全研究界，关于“网络武器”和“网络军备竞赛”的报道、分析和讨论已很热烈。[②]

由于网络空间技术的特殊性，网络武器、网络军事力量和网络军事斗争的表现形式将与此前的传统军事领域既有很大不同，也必然会有很多相互贯通之处。只要认真考察当今世界网络空间军事化势头，应不难发现，网络空间的国际军备竞争也已存在。[③] 可以预言：用不了多久，网络空间军备控制问题也将正式提上联合国大会第一委员会议事日程。就内容而言，国际军备控制努力主要包括两大类，一是控军事能力，二是控军事行为。[④] 在网络空间，由于行为体身份模糊、军民界限模糊、主权界限模糊等特点，网络军备控制的重点将更多聚焦于限制网络军事行为，以及网络大国之间建立军事互信问题。从这个意义上讲，今天已经开始的关于网络空间安全行为准则和武装冲突法在网络空间的适用问题，就已经属于网络军控的内容了。换言之，网络空间国际军备控制，“实”已经走到“名”前面了。

四、信息产业成为国际网络安全斗争重要前沿

信息技术产业是网络空间得以存在的重要基础，也是国家网络实力的基础。2012 年，国际网络安全斗争在信息产业领域也表现的尤为突出。这主要体现在网络安全产业的兴起，信息产业巨头与网络安全企业的融合，以及对围绕信息产业市场的竞争上。

（一）网络安全产业兴起，对全球网络安全形势影响深远

伴随着网络安全问题的日趋严重和突出，网络安全产业在迅速兴起。2011 年底，英国 Visiongain 公司发表《网络战市场：2012—2022》报告称，随着世界各国政府不断向网络安全上投资，2012 年全球网络

① 近两年，作者在国内军控研讨会上一再听到这样的主张。

② 如国际军控专业杂志《今日军控》就有许多相关讨论。参看 John Steinbruner，“Prospects for Global Restraints on Cyberattack”，*Arms Control Today*，December 2011.

③ 现在说国际网络军备竞赛也许有些言过其实。国际军备竞争和国际军备竞赛是相互有关联的两个概念，后者是前者走向极端的结果。但两者不能划等号。

④ 参看潘振强主编：《国际裁军与军备控制》，国防大学出版社，1996 年版，第 4 页。

战市场的价值将达159亿美元。① 今年该公司同名新报告提出，2013年全球网络安全市场价值将窜升到683亿美元。② 另一家著名研究机构Gartner则预测2012年全球信息安全指出将达600亿美元。对全球网络安全市场贡献最大的是安全服务，其次是安全软件。③ 且不说安全意义，仅就经济价值而言，网络安全产业就已经不容忽视。当前世界网络安全产业中，主要有四类公司：一是传统的网络安全设备制造商。二是传统信息技术巨头转型发展网络安全服务。三是凭借新型网络攻防理念在网络对抗领域崭露头角的各种新型网络安全公司，它们正成为网络军事力量主要依靠。④ 四是正在关键基础设施网络安全领域展开投入的大型传统产业公司。

众多企业在网络安全上的觉醒使得大量资本流入该产业，对这一产业的成熟起到巨大推动作用。而网络安全企业的发展，特别是上述第三类新型网络安全公司的发展，不仅可能对全球网络安全形势走向直接产生重要影响，还可能进一步导致世界各国的网络力量对比，及其相关国家经济竞争力的改变。

（二）信息产业巨头与网络安全企业兼并融合趋势明显

2012年，各信息产业巨头对网络安全都表现出极大的敏感性。在企业生存与发展的内在推动下，它们在网络安全上投入剧增，突出表现为各信息产业领军企业大力收购和兼并网络安全企业。

2012年8月，英特尔公司收购以色列的Idesia公司，以增强芯片安全，又与麦卡菲公司专门研发针对汽车的网络安全措施。⑤ 7月，思科（Sisco）宣布收购安全软件商Virtuata，以获得云计算、数据中心基础设施相关新工具。⑥ 同月，苹果公司与AuthenTec公司达成收购意向。而后者正是三星公司操作系统的安全合作伙伴。8月，通用动力公司宣布收购在线安全工具制造商Fieldis Security Systems Inc，以获得

---

① http：//www. visiongain. com/Report/725/The-Cyberwarfare-Market－2012－2022。

② http：//www. visiongain. com/Report/951/Global-Cyber-Security-Market－2013－2023。

③ “国际信息安全动态（2012年9月）”，《中国信息安全》2012年第10期，第22页。

④ http：//www. visiongain. com/Report/951/Global-Cyber-Security-Market － 2013 － 2023，文中列举很多诸如KEYW inc一类的小型、新型网络安全公司。

⑤ http：//www. networkworld. com/news/2012/070212 － intel-confirms-acquisition-of-heart-beat－260633. html。

⑥ http：//www. cisco. com/web/about/ac49/ac0/ac1/ac259/virtuata. html。

更具创新性的网络安全解决方案。9月，谷歌公司收购了网络安全创业公司“病毒汇”（VirusTotal），以加强其对互联网服务的保护。[①] 10月，微软公司收购了身份验证服务商PhoneFactor，以加强其网络安全实力。[②] 上述信息产业巨头多为美国公司，这正是美国网络实力的反映。

这一趋势的发展将改变信息网络产业力量对比，使现有国际信息产业巨头强者更强，也将影响到全球网络安全的市场分布。从全球范围看，信息产业的市场竞争将突出表现为网络安全企业市场扩张和竞争。近年来，卡巴斯基所以能在发现武器级网络病毒上取得成功，一是因为它有技术实力，二是因为它在中东地区占领了市场。现在可以说，能否做大做强自己的网络安全产业，能否在竞争激烈的国际网络安全市场中占有一席之地，也已成为衡量一个国家是否网络大国的重要标志之一。如果没有一批过得硬的网络安全企业，没有足够大的国际网络安全市场，一个国家的网络用户再多，网络应用再普遍，其网络大国地位也是不稳定的，更难以发展成网络强国。

（三）国际信息产业市场争夺激烈，中美在市场准入问题上正面交锋

拓展国际信息产业市场，发展网络盟友，也是西方大国谋求网络安全的战略措施之一。现在西方国家正通过提供网络设备，培养网络人才，灌输网络应用和安全理念，积极向发展中国家拓展市场。可以预见，如果相关发展中国家网络建设从设备，软件，组织管理和运维模式、人才，到理念，都是西方的模式，那么这些国家从网络市场到网络安全，从此将很难摆脱西方掌控。

发展中国家的网络市场在很大程度上毕竟还是有待发展的潜在市场，西方大国与新兴发展中国家之间的网络市场争夺在2012年已接近白热化。这在中美之间表现尤为明显。面对中国加速发展云计算和相关产业，美国非常担心自己会被逐渐挤出中国市场，因此加大了向中国施压力度，甚至以WTO规则为名要求中国对美开放政府采购项目。

① 参看http：//www.forbes.com/sites/ericsavits/2012/09/07goole-buys-virustotal/。

② 参看http：//www.microsoft.com/en-us/news/Press/2012/Oct12/10－04MFAPR.aspx。

7月，中国政府公布了《信息安全技术政府部门云计算服务提供商安全基本要求》[①] 美国信息产业公司和相关协会迅速做出反应，要求中国放宽其中一些限制。

但与此同时，美国又对中国信息产业设限，竭力阻止它们进入美国市场。这突出表现在美国国会对华为和中兴公司的安全审查上。[②] 经过一年半多的调查，2012年10月8日，美国众议院情报委员会发布了题为《由中国电信企业华为和中兴引发的对美安全威胁》的初步报告，[③] 对上述两家中国进入美国市场的努力造成严重负面影响。

美国对中兴、华为的调查和报告不仅阻碍了两公司进入美国市场，也对中国信息产业开拓国际市场产生了严重消极影响。但此事也给中国信息企业上了很好的一课：信息产业市场不仅涉及技术或商业，背后还有国家安全。可以肯定的是，今后较长时间内，中国信息企业仍将顶着西方的偏见和打压开拓国际市场。另一方面，中国今后也应向美国学习，为保护自身网络安全，对进入中国信息市场的外国企业进行必要的安全审查。

五、中国积极加强网络安全建设，任重道远

中国网络建设发展迅速，截至2012年6月底，已经拥有5.38亿网民，互联网普及率为39.9%，上半年电子商务交易规模达3.3万亿元人民币，[④] 可以算作网络大国。但中国还远称不上网络强国。在网络经济发展和网络安全建设上，中国还有很长的路要走。

（一）面对日趋严峻、紧迫的网络安全威胁和挑战，中国坚持网络安全合作，维护网络空间的和平与稳定

2012年网络安全的形势严峻在中国表现尤为凸显。8月，国际上最大的CDN服务商Akamai公司统计，中国遭遇的网络攻击数量全球

① 参看 http://tc260.org.cn/。

② 多年来，华为公司进入美国市场的努力一再受阻。如2007年华为拟与贝恩资本联合收购3Com网络公司，以及2010年华为收购美硬件技术集成公司3Leaf的交易，均因美国情报部门或国会以安全为由进行干预而受挫。

③ http://www.fas.org/irp/congress/2012_rpt/huawei.pdf。

④ 数据引自《第30次中国互联网发展状况调查统计报告》，2012年7月，http://tech.163.com/12/0719/13/86PG88DF00094MS8.html；参看《中国信息安全》2012年第12期，第39页。

第一，占16%。[①] 9月，赛门铁克诺顿公司发布报告，中国被列为受网络攻击最严重的国家之一，估计有2.57亿人成为受害者。换言之，就在西方大肆渲染“中国网络经济间谍”活动的同时，却有大量中国机构和一半以上中国网民正遭受着网络攻击。其中多数来自日本和美国的IP地址。[②] 由于技术和工业基础不强，政策体制相对滞后，当前中国网络态势感知能力还比较弱，一些受到攻击的中国机构、企业和人员对此往往不能及时觉察，还被蒙在鼓里。2012年，中国深圳连续发生区域大面积停电、地铁故障等公共基础设施异常事件。[③] 虽然目前尚不能下定论，专家认为不排除这背后有外来网络攻击的可能性。

2012年，中国在维护网络安全方面付出了大量的努力。在国内，政府和相关企业、研究机构加强合作，下大力打击各种网络犯罪行为，改善网络安全环境。在国际上，中国坚持高举网络空间和平旗帜，积极参加国际网络安全合作，反对把网络空间变成战场，并为此付出了大量实际努力。

（二）网络安全取得进展，加强体制、机制和法制建设是当务之急

网络的发展对中国的发展产生了全方位促进作用，但同时也带来深刻的挑战。2012年，中国的网络应用在加速，也在加大网络安全环境治理力度，清理网络有害信息，关闭了6600多个非法公关网站，[④] 特别是努力加强国际合作，与泰、韩等国警方联手，打击跨国网络犯罪，取得一批成果，为中国也为国际网络安全作出了贡献。[⑤] 由于网络的跨域、跨行业、跨部门特点，网络安全研究要走出纯技术的视角，动员各方面的力量，更全面地、更深入地认识和掌握网络空间的客观规律。这已经成功各界共识。面对日益加重的网络安全威胁和挑战，

---

① 数据转引自《中国信息安全》2012年第9期，第12页。

② 据国家网络信息安全技术研究所提供的数据，2011年在控制中国大陆境内计算机或服务器的境外IP地址中，日本占22.8%，美国占20.4%，韩国占7.1%。

③ 2012年4月12日，深圳发生大面积停电事故，http://www.cpnn.com.cn/yljc/201204/t20120412405575html。7月10日，深圳一路口交通信号灯故障导致严重交通事故，同类事故今年已发生27起，http://news.sina.com.cn/c/2012-07-16/051924780332.shtml；9月5日，深圳地铁龙华线断电6小时”，http://gb.cri.cn/27824/2012/09/06/3365s3840512.htm；11月1日，深圳地铁信号系统受不明信号干扰，部分列车停运，http://news.sina.com.cn/c/2012-11-02/021925491409.shtml

④ 参看《中国信息安全》2012年第9期，第16页。

⑤ 参看《中国信息安全》2012年第12期，第12页。

中国在领导和管理体制，各方面工作机制，以及相关法制建设方面还有许多不适应，跟不上的问题。① 为此，首先需要提高各级政府领导对网络发展和网络安全的认识，② 同时需要从更宏观的角度来谋划和计划网络安全体制、机制和法制的建设、调整和完善。

（三）加强网络安全产业基础建设任重道远

网络安全的技术基础是信息产业，信息产业受制于人，就无法摆脱网络安全方面的被动局面。2012 年，中国信息产业，特别是网络安全产业在国内外激烈竞争中加大了产品研发力度，不断有新的软硬件产品出现，③ 这使人看到希望，但要赶上世界先进水平，前面的道路还很长。

结语：网络空间向何处去？

网络空间三大矛盾贯穿着 2012 年的网络空间安全斗争，带来一个方向性问题：网络空间向何处去？更加安全、开放、公平、有序，还是相反？美国作为网络空间唯一超级大国，责任重大。目前，无论是美国，新兴网络大国，还是海量的个体行为者，都正在各种网络安全威胁、挑战、困惑和矛盾中纠结、撕扯和奋争。网络空间三大矛盾是普遍性和持久性矛盾，将继续贯穿 2013 年的网络安全斗争，推动网络空间的发展。对网络空间的未来，人们既不应过分乐观，也不应该过分悲观。

---

① 中国铁路网络订票系统开通后，在运行过程中一再遇到宕机问题，就是这一问题的典型反映。

② 2012 年 3 月，美国布鲁金斯学会专家观察到网络安全上的年龄矛盾现象：当今懂网络的主要是 40 岁以下的人，但关于网络决策者又大多在 40 岁以上。

③ 参看《中国信息安全》2012 年各期“网业创新”栏目。

2013年网络安全战略形势评估

低强度网络对抗是本年度网络空间军事形势基本特征。斯诺登揭密事件震惊了世界，凸显美国巨大的网络空间军事优势。网络空间军事斗争规律仍在发展之中，各国结合自身特点，探索网络军事力量建设的有效路径。通过网络对抗演习发现自身弱点，培养人才，探索网络空间军事规律，是各国的共同做法。在网络武器装备发展上，美国进展最快，正建立一个全球性网络战监视攻击平台体系，对世界各国构成了巨大威胁。在网络空间国际法规建设上，各国既斗争又合作，西方通过编撰《塔林手册》，已占一定先机。中国网络安全形势严峻，网络国防建设任重道远。

一、国际网络空间低强度冲突此起彼伏，制约网络战因素也有所发展

2013年，网络空间的军事化倾向较上年更加明显，全球范围内的低强度网络冲突持续发生，数量多，分布广。但这些网络攻击强度和效果大多有限，算不算网络战还有争议。

（一）低强度网络冲突频发，网络空间武器化加速

2013年，几乎所有的现实军事热点都有网络对抗相伴随。换言之，迄今所看到的所有网络空间对抗都有现实地缘政治对立的背景。

中东是2013年国际网络对抗热点。在叙利亚内战中，网络对抗与现实冲突紧密相随。美国和西方利用其舆论优势，对叙利亚政府发动大规模舆论围剿。作为反击，叙利亚电子军（SEA）也对美国发动了网络攻击：劫持美联社官方账号，发布“白宫爆炸、总统受伤”虚假报道，引发美国股市震荡；[①] 攻破美国《纽约时报》网站和美海军陆

① 参看 David Jackson，“AP Twitter feed hacked; no attack at White House”，April 23，2013，http：//www.usatoday.com/story/theoval/2013/04/23/obama-carney-associated-press-hack-white-house/2106757。

战队征兵网站，贴上反战图像与口号。① 美国也有网络专家主张网络战是军事打击叙利亚的最佳方式，② 应以叙利亚为网络武器试验场。③ 以色列和伊朗的网络对抗也在加剧。10 月，伊朗网络司令部指挥官穆吉他巴·阿赫麦迪被发现意外死亡。④ 西方媒体称以色列情报机构“摩萨德”是幕后黑手。⑤ 12 月底，“伊斯兰网络抵抗组织”（Islamic Cyber Resistance，ICR），攻破以色列国防军和沙特军队的服务器，盗走沙特的保密文件，还将两国数千高级军官个人信息在互联网上公布。

在朝鲜半岛，南北网络军事对抗日趋升温。韩国社会信息化水平已居世界前列，但因其对信息网络依赖度高，在博弈中未占上风。3 月，韩国多个电视台和金融机构因遭受网络攻击而暂时瘫痪，朝鲜则谴责美韩网络攻击导致其互联网入口遭严重封堵。⑥ 9、10 月间，韩国国防部等政府网站频遭攻击，造成多起失密事件。⑦ 上述网络攻击对韩国造成损害不大，但表明韩国总体网络防御能力水平不高。

上述网络对抗虽可能有国家和军队幕后参与，但多以个人或小组

---

① 参看 http://blog.foreignpolicy.com/posts/2013/08/27/syrian_hacker_collective_knocks_out_new_york_times?wpisrc=fp；http://www.c4isrnet.com/article/20130910/C4ISRNET07/309100023/Marines-reinforce-cyber-defense-after-Syrian-hac。

② 参看 Franz-Stefan Gady，‘Syria：Preparing for the Cyber Threat’，*National Interests*，September 5th 2013，http://nationalinterests.org/commentary/syria-preparing-the-cyber-threat-8997。

③ 参看 http://www.csmonitor.com/USA/Military/2013/0906/In-any-US-Syria-conflict-cyberweapons-could-fly-in-both-directions-video；Jason Healey，“Why the U.S. Should Use Cyber Weapons Against Syria”，August，30，2013，www.defenseone.com/technology/2013/08/why-us-should-use-cyber-weapons-against-syria/69776/。

④ 参看 Michael Purcell，“Iran：Was shot cyber warrior assassination target?” October 4，2013，http://www.scotsman.com/news/world/iran-was-shot-cyber-warrior-ssassination-target-1-3125518。

⑤ 参看 http://www.c4isrnet.com/article/20131004/C4ISRNET07/310040011/Top-Iranian-cyber-commander-found-murdered-woods-outside-Tehran。

⑥ 参看 Associate Press，“North Korea accuses US，South Korea of cyber attacks”，March 15，2013，http://www.foxnews.com/world/2013/03/15/north-korea-accuses-us-south-korea-causing-internet-outage-in-cyber-attack/。

⑦ 参看“N. Korea training thousands of ‘cyber warriors’ to battle against S. Korea”，25 Mar. 2013，http://www.whatsonsanya.com/news-26381-n-korea-training-thousands-of-cyber-warriors-to-battle-against-s-korea.html；Max Fisher，‘North Korea may have secretly engineered computer games to launch mass cyber attack’，October 23，2013，http://www.washingtonpost.com/blogs/worldviews/wp/2013/10/23/north-korea-may-have-secretly-engineered-popular-computor-games-to-launch-mass-cyber-attack/。

黑客攻击方式展开，主要攻击目标多为媒体网站和金融系统等关键基础设施，攻击及后果持续时间也都较短。这种低强度网络冲突虽算不上严格意义网络战，却可能是今后网络空间军事斗争基本样式之一。

网络病毒武器化和网络漏洞市场化进程加快。1月，俄罗斯卡巴斯基公司捕捉到了主要用于窃取各种加密外交文件和电子信函的“红十月”计算机病毒。① 11月，新研究结果称攻击伊朗核设施的“震网”病毒有两种。② 更加令人不安的是，2013年各种网络系统漏洞，特别是“零日漏洞”（ZDE）的黑市交易泛滥与繁盛。西方大型军工集团也在转型研发网络武器装备。7月，《纽约时报》报道，已有多家私营公司甚至黑客个人开始在网上兜售零日漏洞。12月，美国网络安全分析公司NSS Labs发表分析报告《知所不知》（*The Known Unknowns*），称过去3年来，每年都约100个漏洞被网络武器开发者用来制作间谍软件和程序代码。网络公司与政府之间的网络武器交易已达日交易85项漏洞的程度。③ 由于缺乏相关法律规范，网络漏洞多采用分期付款方式交易，漏洞提供者往往会同时向多家出售同一漏洞资源，网络罪犯和恐怖分子也有可能获得这些网络武器。政府很难全面管控漏洞交易，结果是漏洞作为网络武器被扩散。④ “网络武器最新技术的拥有者已经不再仅仅是国家了”。⑤ 这一趋势对国际社会绝非吉兆。

（二）国际社会在网络战判定问题上表现谨慎，网络战制约因素开始显现

尽管网络空间低强度对抗频发，但迄今没有一国政府公开正式宣

---

① 参看 http://www.spiegel.de/international/spiegel/how-russian-virus-hunters-tracked-down-a-global-espionage-network-a-879467.html。

② 参看 Ralph Langner, “Stuxnet's Secret Twin”, November 19, 2013, http://www.foreignpolicy.com/articles/2013/11/19/stuxnets_secret_twin_iran_nukes_cyber_attack。

③ 参看 Stefan Frei, “The Known Unknowns”, December 5, 2013, http://www.nsslabs.com/system/files/public-report/files/the%20Known%20unknowns_0.pdf。

④ 参看 Nicole Perlroth and David E. Sanger, “Nations Buying as Hackers Sell Flaws in Computer Code”, http://www.nytimes.com/2013/07/14/world/europe/nations-buying-as-hackers-sell-computer-flaws.html; Joseph Menn, “Special Report: U.S. cyberwar strategy stokes fear of blow back”, May 10, 2013, http://www.reuters.com/article/2013/05/10/us—usa-cyberweapons-specialreport-idUSBRE9490EL20130510。

⑤ 参看 Aliya Stemstein, “Cyber Arms Dealers Peddle 85 Worms a Day”, December 5, 2013, http://defenseone.com/technology/2013/12/cyber-arms-dealers-peddle-85-worms-day/74966/? oref = d-chnnelriver。

布与他国展开网络战。“网络战”一词多为官员、专家学者非正式讨论和表态。媒体相关报道虽多，但主观臆测、捕风捉影和刻意诬陷不少。当今世界，美国的网络空间进攻性军事行动规模最大，数量最多，频率最高，走得也最远，却始终以“只做不说”的方式隐秘进行。面对斯诺登的曝光，美国硬着头皮一概不承认。[①]

什么是网络战？它有哪些基本特征？网络战的门槛和终点在哪里？学术界讨论热烈，但各国政府和军方并未无共识，[②]只是都倾向于对网络战门槛不能定得太低。[③]这不仅有技术和法律学术问题，更有政治和能力需求。对西方网络大国来说，明确网络战政治和法律标准，有利于其传统军事力量和网络力量的一体化运用，但却不利于其法规空白与模糊中充分发挥其网络军事优势。[④]其他国家过多强调网络战，则更凸显自己的弱势，实非明智之举。从根本上说，有关网络战的规律尚未充分显现，各国在此问题上保持谨慎也符合客观实际。

2013 年，虽然美国为首的西方网络大国正加紧网络战准备，也有一些西方学者开始质疑网络战的可能性。英国伦敦大学国王学院战争系高级讲师托马斯·里德（Thomas Rid）有关“网络战不会发生”的观点引发热烈讨论。[⑤]美国大西洋理事会的贾森·希利（Jason Healey）认为，网络战尚未发生不等于不会发生。待各国网络发展完全覆盖工业控制系统，网络战将难以避免。二人都强烈批评对伊朗核设施的

---

① 参看 Joseph Menn，“Special Report：U. S. cyberwar strategy stokes fear of blowback”，May 10，2013，http：//www. reuters. com/article/2013/05/10/us—usa-cyberweapons-specialreport-idUSBRE9490EL20130510；美国务院负责网络事务的协调官员在北京甚至失口否认某些重要文件如 PPD－20 的存在。

② 参看 Joel Hruska，“US Cyber Command Admits Offensive Cyberwarfare Capabilities，Fundamental Shift In US Doctrine”，March 13，2013，http：//hothardware. com/News/US-Cyber-Command-Admits-Offesive-Cyberwarfare-Capabilities-Fundamental-Shift-In-US-Doctrine/。

③ 依据作者参会笔记。

④ 参看 Jason Healey，“How Emperor Alexander Militarized American Cyberspace”，November 6，2013，http：//www. foreignpolicy. com/articles/2013/11/06/how_ emperor_ alexander_ militarized_ american_ cyberspace。

⑤ 参看 Thomas Rid，“Think Again：Cyberwar”，February 27，2012，http：//www. forgeinpolicy. com/articles/2012/02/27/cyberwar。

“震网”病毒攻击，认为此举开了一个恶例。[①] 这一争论折射出西方在网络战问题上的内在矛盾：一方面，美国和其他西方网络大国希望通过信息技术扩大军事优势，打赢网络战争；另一方面，随着信息技术日益融入现代社会，越是先进国家对网络的依赖度越高，也越来越禁不起网络战。

（三）西方网络大国开始推动控制网络武器扩散

面对网络空间武器化趋势，以美国为首的西方大国开始推动防止网络武器扩散。2013 年 12 月，美国国会通过的《2014 财年国防授权法案》第 940 条规定政府要建立跨部门机制，制定防止网络武器扩散的基本原则和政策工具，限制“网络武器及相关技术”交易，保证美国网络能力领先，并推动国际社会认可。[②] 其控制对象不仅包括作为网络武器的软件，还包括可用于“合法拦截和突入检验”（dual-use, lawful intercept, and penetration testing）的两用技术。[③] 这是美国首次将网络军控问题提上日程。与之相应，西方国家开始加强防止网络武器扩散的国际机制，12 月初，在英国推动下，西方国家签署协议，将有关网络武器的硬件和软件产品列入“瓦森纳安排”（Warssenaar Arrangement）出口控制物项清单。[④]

西方推动防止网络武器扩散，是当今世界网络军事发展的标志性事件。这表明美国及其西方盟友网络武器装备体系正逐渐形成相对完整的体系。西方国家认为网络军备竞赛已经开始，重新祭起冷战时期

---

① 参看 Jason Healey，“How Emperor Alexander Militarized American Cyberspace”，November 6，2013，http：//www. foreignpolicy. com/articles/2013/11/06/how_ emperor_ alexander_ militarized_ american_ cyberspace。

② 参看 H. R. 3304：National Defense Authorization Act for Fiscal Year 2014，http：//www. govtrack. us/congress/bill/113/hr3304/text。

③ 这里所说的主要是深度包检测（Deep Packet Inspection，DPI）和深度包注入（Deep Packet Injection）技术。美国要防止这些重要技术为潜在对手掌握。参看 Cliff Burns，“Just What We Needed：More Export Controls”，July 2，2013，http：//www. exprtlawblog. com/archives/category/cyber-weapons。

④ “瓦森纳安排”始于 1996 年，是西方国家在“巴统”之后为限制先进军事装备和技术流入苏联、中国等社会主义国家而制定的国际出口控制机制。冷战后，特别是“9·11”事件后，“瓦森纳安排”限制的重点转向伊拉克和伊朗等国，着力防止恐怖组织获得先进军事装备和技术。从根本上说，这一机制属于冷战遗产。参看“Cold War to cyber war，here's how weapon exports are controlled”，Dec. 8，2013，http：//theconversation. com/cold-war-to-cyber-war-heres-how-weapon-exports-are-controlled－21173。

出口控手法，凸显网络军控本质也是“控制对手，发展自己”。美国及其西方盟国的网络军控既针对中俄等潜在对手，也确有防止网络武器，特别是ZDE落入反美反西方黑客和网络恐怖组织手中的考虑，但问题的根源却在它们自己。[①]

二、斯诺登揭密事件震惊世界，揭示美国对其他国家的压制性网络军事优势

2013年世界网络安全风云人物当首推美国青年埃德华·斯诺登。这位曾为美国国家安全局（NSA）工作的网络管理员，因不满美国NSA通过网络手段大规模监控和搜集各国政府、公司和公民私人信息的做法，从6月开始，先后在中国香港和俄罗斯等地，不断通过国际媒体将其所获得的大量美国文件公诸于世，震动了整个世界。斯诺登揭密事件犹如一面镜子，不仅使世人看清了美国在网络军事建设和网络军事行动方面做了什么，走了多远，也照出了各国与美国网络军事能力差距有多大，网络安全最大威胁来自何处。

（一）美国网络作战指挥体制、政策框架和作战理论已基本成型

斯诺登文件表明，美军的网络军事战略、网络攻防作战理论、政策和作战条令建设已成体系。2013年，美军重申“正规化网络作战”发展方向。5月，美参联会颁布了JP3－12《网络空间作战》，进一步明确美军网络作战条令。7月，英国《卫报》披露了美国第20号总统令（PPD－20）《美国网络作战政策》全文。其中尤其引人注目的是，文件强调“进攻性网络效果作战”（OCEO），要求为此制定海外潜在攻击目标清单。[②] 这些表明美国不仅在网络战硬件准备上走在他国前面，也从战略指导、政策框架、条令程序、指挥体系，特别是目标清单等软件建设方面基本完成对他国发动网络战的准备。

---

① 参看Brandon Valeriano，“Cyber Arms Proliferation and Arms Race”，Dec. 6，2013，http：//www. whiteoliphaunt. com/duckofminerva/2013/12/cyber-arms-proliferation-and-arms-race. html。

② 参看Glenn Greenwald and Ewen MacAskill，“Obama orders US to draw up overseas target list for cyber-attacks”，7 June 2013，http：//www. theguardian. com/world/2013/jun/07/obama-china-targets-cyber-overseashttp：//www. theguardian. com/world/2013/jun/07/obama-china-targets-cyber-overseas。

（二）美军网络战能力建设遥遥领先，有能力对世界各国开展进攻性网络战

11月，荷兰 *NRC Handelsblad* 网站报道，14年来，美NSA在全球范围内展开网络空间“定制接入作战”（Tailored Access Operation，TAO），在全球至少5万个局域网中植入了恶意软件，大肆收集各国敏感信息。[①] 12月初，媒体又披露NSA在世界各地设立了数亿个情报收集点，日监听手机电话记录高达50亿个。[②] 美国的全球规模网络情报收集行动有三大特征：一是“拖网式”采集方式严重践踏各国网络空间主权；二是体系化部署间谍软件，推动网络空间武器化、战场化；三是在“反恐”招牌下什么都干。斯诺登说：“这些项目绝非为了反恐，是经济间谍，社会控制和外交操纵，本质就是权力”。[③] 按美国标准，NSA的行为无疑属于网络攻击。若说网络战已经开始，那只能说：美国早已突破各国网络防御，悄然将其网络力量部署到全球，对世界各主要国家发动了大规模网络进攻。[④]

（三）近期未来国际网络军事斗争仍将主要围绕情报获取展开

从斯诺登所披露的情况看，情报获取仍是当前美国网络军事行动重点所在。破坏、瘫痪目标网络或工业控制系统尚未成为美军网络作战重点。迄今所知唯一例外是美国和以色列对伊朗纳坦兹核设施的“震网”病毒攻击。从技术上讲，对世界各国的大规模网络监控和信息获取，意味着NSA和美军网络司令部完全可以破坏、瘫痪甚至控制目标网络。美国没有这样做，并非没想到或发善心，而是有以下几重因素相互作用的结果：其一，当今各大国经济相互依存不断加深，这样

① 参看 Will Conloy，“NSA hackers compromised at least 50，000 networks in 14 years”，Nov. 25，2013，http：//www. slashgear. com/nsa-hackers-compromised-at-least – 50000 – networks-in – 14 – years – 25306784/。

② 参看 Barton Gellman and Ashkan Soltani，“NSA tracking cellphone locations worldwide，Snowden documents show”，http：//www. washingtonpost. com/world/national-security/nsa-tracking-cellphone-locations-worldwide-snowden-documents-show/2013/12/04/5492873a – 5cf2 – 11e3 – bc56 – c6ca94801fac_ story. html。

③ 参看 Elias Groll，“Will the U. S. Strong-Arm Brazil to Keep Snowden Out?”Dec. 17，2013，http：//blog. foreignpolicy. com/posts/2013/12/17/will_ the_ us_ strongarm_ brazil_ to_ keep_ snowden_ out。

④ 参看 Bruce Schneier，“Has U. S. started an Internet War?”June 18，2013，http：//edition. cnn. com/2013/06/18/opinion/schneier-cyberwar-policy/index. html。

做必将殃及美国自身；[①] 其二，在国际社会矛盾尚未严重激化时，这样做很可能引发大国军事冲突；其三，面对网络空间海量非国家行为体，美国无法使一切尽在掌控，这样做必将殃及无辜，激起国际社会公愤，并引发强烈报复；最后，目前美国对世界各国享有巨大网络优势，这样做将大大压缩美国利用网络空间的混沌状态发挥其技术优势的作用范围。目前看来，部分由于对网络战的打法和网络武器的用法，美军还在尝试和摸索，部分为了发挥自己的优势，美军宁愿继续维持这种秘而不宣的，情报为主破坏为辅的低强度网络战。[②] 如世界形势不发生重大逆转，国际网络空间军事斗争仍将继续以情报获取为中心。大国相互之间走入公开的大规模网络战的可能性并不高。12 月，在斯诺登事件引发的强烈冲击和巨大压力下，美国政府决定，继续维持一人兼任 NSA 局长和美军网络司令部司令的“双帽”领导体制，[③] 也从一个侧面表明，美军网络力量建设仍以情报作战为中心。倘若哪天两者分家，有可能意味着破坏性进攻网络作战取代情报获取成为美军网络部队的首要任务。

（四）冲击美国的盟国关系，也凸显网络空间军事联盟化趋势

根据斯诺登所披露的文件，美国全球性网络 TAO 得到了英国、加拿大、澳大利亚、新西兰四个国家的协助，结成了所谓“五只眼”。[④] 上述四国帮助美国将网络态势感知和网络攻击的眼睛和手段部署到世界各地，对美网络攻击他国则“睁一只眼，闭一只眼”。这不仅意味着它们已将自己绑定在美国的网络战车之上，也从一个侧面说明美国的

---

① 参看 Ritchie King，“Half of all computer malware is written in Chinese，but the most dangerous is written in Russian”，November 11，2013，http：//qz. com/146099/half-of-all-computer-malware-is-written-in-chinese-but-the-most-dangerous-is-written-in-russian/。

② 参看 Stephanie Gaskell，“Pentagon’s Syria Response Reveals Limits of Prized Cyber，Drone Arsenal”，August 28，2013，http：//www. defenseone. com/ideas/2013/08/pentagons-syria-respons-reveals-limits-prized-cyber-drone-arsenal/69515/。

③ 参看 Nicole Black Johnson，“NSA，Cyber Command leadership to remain dual-hatted role”，Dec. 13，2013，http：//www. federaltimes. com/article/20131213/AGENCY04/312130007/NSA-Cyber-Command-leadership-remain-dual-hatted-role。

④ 参看 Margaret Warner，“An exclusive club：The five countries that don’t spy on each other”，October 25，2013，http：//www. pbs. org/newshour/rundown/2013/10/an-exclusive-club-the-five-countries-that-dont-spy-on-each-other. html；Nikolas Kozloff，“Geopolitics of Racism：The NSA and the ‘five eyes’ Network”，11/02/2013，http：//www. huffingtonpost. com/nikolas-kozloff/geopolitics-of-racism-nsa_ b_ 4206263. html。

全球网络态势感知能力不仅凭借其技术优势，也需要联盟关系来支撑。

德国和法国都是西方国家，也算美国的盟友，但其网络安全处境却迥然不同。其政府网络遭美入侵，甚至德国总理默克尔的手机也被监听。[①] 这自然引起法德两国的强烈反弹。法德两国对美国网络入侵和监控的反应很复杂。它们一方面对美国的网络入侵与监控极为反感，下决心提高自身网络系统安全水平，呼吁以“法德轴心”对抗“英美霸权”。[②] 另一方面，斯诺登事件也使之清楚地看到，无论如何努力，今后相当长时间内，其网络军事能力都不可能赶上美国。无论欧洲国家是否愿意，由欧美网络力量对比的巨大差距所决定，在可预见的未来，它们在网络安全上将不得不继续跟随在美国身后。

三、各国推动网络军事力量建设，道路仍在探索

2013 年，各国网络军事力量建设又有很大发展，不仅已经普遍化，并呈现出一些值得关注的路径选择特点。总体上看，各国网络军事力量建设仍处在“摸着石头过河”阶段。美国的网络军事力量建设虽然大幅领先于其他国家，但也只是相对成熟。

（一）网络军事力量建设已成国际普遍趋势

2013 年，两个以“网络指数”为题的报告，勾勒出当今各国网络安全和军事力量建设情况的大致轮廓。3 月，联合国裁军研究所发布《网络指数——国际安全趋势与现实》报告，称 193 个联合国成员中有 114 个国家确立了网络安全项目。47 个国家强调军队在网络安全中的作用，几乎包括所有全球和地区大国，以及热点地区国家。其中近 30 个国家以军事战略或国防战略等文件，规定了军队的网络防御任务职责。全球国防预算排名靠前的 15 个国家都在发展攻击性网络作战能力。[③] 7 月，美国布兹·艾伦·汉密尔顿咨询公司发布新版《网络大国指数》报告，强调信息技术既带来力量也带来风险的两面性，并通过

---

① 参看 Geir Moulson and John-Thor Dahlburg, “Angela Merkel's Cell Phone Tapped By NSA? U. S. Accused Of Spying On German Chancellor”, 10/23/2013, http://www.huffingtonpost.com/2013/10/23/merkel-phone-tapped_n_4150812.html。

② 参看 Greg Guma, “America's spying apparatus, Echelon, NSA eavesdropping and outsourcing”, 2013.10.29, http://www.jjvanka.net/echel.html。

③ 参看 http://www.unidir.prg/files/publications/pdfs/cyber-index-2013-en-463.pdf。

案例对比分析，鼓吹英美“发展与安全并重”的均衡建设模式，批评韩国重应用轻安全，忽视网络军事力量建设。[①] 从这两个报告看，以军事力量为国家网络安全主力，已成国际大势。

（二）多国网络军事力量建设面临相似挑战，但处境不同，选择各异

2013 年，美国网络军事力量建设轮廓更加清晰、完整。3 月，美军网络司令部司令亚历山大上将宣布将用三年时间组建“国家任务、战斗任务和网络防护”三类网络战部队。[②] 它们由 133 支营级分队组成，其中 21 支“国家任务部队”负责国家关键信息基础设施防护，44 支“战斗任务部队”将配属到战区，作为美军联合作战要素对敌发动进攻性网络战，68 支“网络防护部队”的任务是抵御敌方对美军用网络的攻击，[③] 维护其正常运作。上述力量结构兼顾国家和军队需求，体现了攻防均衡，也从一个侧面表明当前美军网络力量建设仍以保卫军网和国家关键信息基础设施为重点。可以预见，当美军转以网络进攻为重点时，力量结构可能进一步向“战斗任务部队”倾斜。

2013 年，很多国家在网络军事力量建设中都面临相似挑战：根据实际，调整机构，整合资源。2 月，俄罗斯国防部长绍伊古下令启动俄军“网络空间司令部”组建计划，将于 2014 年初成形。当前突出问题是，如何综合集成现分属俄联邦议会的信息安全总局、联邦政府对外情报总局、军队的国防部情报总局等多个部门和单位的电子战、网络战和信息战力量。未来的俄军网络力量建设途径可能有三：一是直属俄国防部或总参，相当一个总局；二是整合各相关力量要素，组建独立兵种；三是不另起炉灶，以现有电子战部队为基础，组建电子—信息战部队。三种的区别在于集成程度和规模不同。

---

① 参看 http://www.boozallen.com/media/files/cyber_power_index_findings_and_methodology.pdf。

② 参看 Joel Hruska，“US Cyber Command Admits Offensive Cyberwarfare Capabilities, Fundamental Shift In US Doctrine”，March 13，2013，http://hothardware.com/News/US-Cyber-Command-Admits-Offesive-Cyberwarfare-Capabilities-Fundamental-Shift-In-US-Doctrine/。

③ 美军用网络原称“全球信息栅格”（Global Information Grid，GIG），现为“国防部信息网”（Department of Defense Information Network，DoDIN）所取代。参看 Nicole Blake Johnson，“In a shift in how network services are managed，DISN is now DoD IN”，November 26，2013，http://c4isrnet.com/。

5 月，印军宣布将新组建包括网络司令部在内的三个作战司令部。[①] 印前政府高官要求网络司令部既灵活又有韧性，可满足应对网络犯罪、网络战和保护关键信息基础设施等多重需要。辛格总理则强调印军网络司令部要具备对抗网络大国“全球监视行动”的能力。

以色列走了一条“技术优先，精干高效，先攻后防”发展道路，力求通过充分发挥自身技术优势，在情报部门领导下，以灵活的组织体制，发展网络力量。其网络防御司令部到 2011 年才成立，力量规模不大。

日本拟效法美国，在国家安全会议机制下，自卫队与政府并肩推进网络空间军事力量建设。[②] 4 月，日本防卫省宣布将于 2014 年 3 月前完成网络防御分队组建。7 月，日本防卫省的《中期防卫计划大纲》修改报告将“应对网络攻击”纳入自卫队主要作战任务，并提出要“密切与美国等友好国家的民间企业的合作，明确政府各部门的职责，形成军地一体，官民并举，合力应对网络攻击的总体格局”。[③]

继英、德、法等国之后，2013 年，荷兰、西班牙和捷克等国也加快了独立网络军事力量建设的步伐。荷兰情报局于年初组建了联合情报网络分队（JSCU）。[④] 7 月，欧盟高级代表首次提出并通过了将《欧盟通用安全与防务政策》，将网络能力建设提上日程，拟在 2014 年发展“与北约兼容”的“欧盟网络防御政策框架”，提升军民网络安全合作，强化训练、演习与作战，确保欧盟网络安全。

（三）西方国家尝试以预备役部队编成内组建网络战力量

2013 年，一些国家趋向于将网络战部队编入预备役。美国将主要承担基础设施防御的“国家任务部队”编入其国民警卫队。[⑤] 9 月，英

① 参看 http：//www. defensenow. com/news/979/indias-forces-to-seek-three-new-commands-from-pm. html。

② 参看 http：//www. defensenews. com/article/20130709/defreg03/307090007。

③ 参看 http：//www. news. securemymind. com/4271. html。

④ 参看 http：//www. nrc. nl/nieuws/2013/11/23/nsa-infected – 50000 – computer-networks-with-malicious-software。

⑤ 参看 Bo Joyner，“AF Reserve activaties cyberspace operations group”，3/1/2013；Sgt. 1stJon Soucy，“News：National guard uniquely positioned to boost cyber defense”，June 4，2013，http：//www. divdshup. net/news/108172/national-guard-uniquely-positioned-boost-cyber-defense #. UuCjT3 – 1 – SM；Philip Ewing，“National Guard is eager to expand cyber capabilities”，11/20/2013，http：//www. politico. com/story/2013/11/national-guard-cyber-security-capability-technology-defense – 100076. html。

国防长哈蒙德宣布，将招募数百名计算机专家，作为“网络预备役人员”编入“联合网络战部队”，与现役人员共同保卫英国数据和网络系统安全。① 以色列也试图建立一种“战士＋书呆子”的特殊模式，培养可适应未来网络空间军事斗争需要的网络战士。②

以“亦军亦民”的国防预备役模式组建防御性网络军事力量，既可适应网络空间军民界限模糊的特点，缓解社会网络人才与现役部队管理方式的矛盾，又可适应相关法律框架，便于在国内使用网络军事力量，同时也保留了海外部署的灵活性，不失为一条值得探索的路径。

（四）美以等国注重发挥企业的力量构建网络防御，但军与民、攻与防之间的关系依然纠结

2013 年，一些国家注重发挥自身的企业力量资源，来组织军用网络系统的运维保障与防御。美军力推军用网络运维保障企业化战略，拟建立三个战区级企业运维中心（Enterprise Operation Center，EOC）。8 月，第一个在德国斯图加特启动。③ 以色列则由企业出面组织网络战学校。10 月，以色列国家电力公司设立“网络健身房”，以网络对抗环境强化网络力量训练。受训者来自企业，政府、军队、政府和高校。④

军队参与国家关键信息基础设施保护理所当然，也面临用兵界限、批准程序和操作规范等法律和政策难题。西方国家关键信息基础设施多为私营公司所拥有。围绕着国家关键信息基础设施保护，军队和私营公司，既有共同利益，也有矛盾分歧。私营公司以赢利为主要目的，不愿政府过多监管，也担心军队介入会把自己变成敌方网络攻击的合法目标。军队和政府也有矛盾。为保持网络攻击能力，军队要对手中的网络漏洞保密。美国土安全部则抱怨美军网络司令部大量挖掘和购

① 参看 http：//www. gov. uk/government/news/reserves-head-up-new-cyber-unit。

② 参看 Hadrien Gosset-Bernheim，“Inside Israel's Quest For Cyberwar Supremacy”，November 7，2013，http：//www. realclearworld. com/. . . es/2013/11/07/inside_ israels_ quest_ for_ cyberwar_ supremacy. html? utm_ source = newsletter&utm_ medium = email&utm_ campaign = rcw-today-newsletter。

③ 参看 Cory Bennett，“JIR's first support center opens in Germany”，August 05，2013，http：//fedscoop. com/jies-first-support-center-opens-in-germany/。

④ 参看 newsdesk，“Israel's Cyber Warriors are Getting into Shape”，October 31，2013，http：//i-his. com/2013/10/israels-cyber-warriors-are-getting-into-shape/。

买零日漏洞，但拒绝对外分享，对国家关键信息基础设施安全贡献不大。[①] 矛盾的焦点，是漏洞应谁来掌控，如何使用。

（五）人才是网络军事力量建设的核心，资金不足是突出困难

网络军事斗争说到底还是人的较量。高素质人才是网络军事力量的核心，“赢在下一代”则成为2013年各国网络安全战略的共同选择。美军各军种现有网络战士共约5.3—5.8万人，仍感其中顶尖技术人才不足。[②] 1月提出“国防部网络空间人力资源倡议”，力求建立完整的网络人力资源体系。为解决人才荒，英国拟将有犯罪记录的黑客纳入网络预备役。[③] 俄罗斯不缺顶尖黑客，但因法律和政策不到位，难以将其纳入网络部队。[④]

尽管面临强制减支，美军仍力保网络战投入。因资金投入仅8亿美元，英国联合网络战部队计划被批评为政治秀。[⑤] 德国政治家要求扩建欧洲网络基础设施，抵御美情报机构肆意妄为，但苦于资金不足。

四、各国普遍重视通过组织网络对抗演习，探索网络军事斗争规律，加强网络安全建设

2013年，各国普遍重视网络对抗演习，通过模拟可能发生的网络对抗，发现问题，检验装备，培养人才。美国、以色列、英国和北约组织分别举行了代号为“微旗”“网旗14”“下一次中东战争”“锁定盾牌2013”“网络联盟2013”“坚定爵士”“电网演习II”（GridEx II）和“量子黎明2”（Quantum Dawn 2）等一系列以网络军事演习或以网

---

① 参看 Rachael King，“DHS Scales Back Cybersecurity Programs for Critical Infrastructure”，July 20，2013，http：//blogs. wsj. com/cio/2013/07/20/dhs-scales-back-cybersecurity-programs-for-critical-infrastructure/。

② 参看 John Reed，“How many cyber troops does the U. S. have?” March 7，2013，http：//complex. foreignpolicy. com/posts/2013/03/07/how_ many_ cyber_ troops_ does_ the_ military_ have。

③ 参看“New cyber reserve unit created”，Sept. 29，2013，http：//www. gov. uk/government/news/reserves-head-up-new-cyber-unit。

④ 参看 Ritchie King，“Half of all computer malware is written in Chinese，but the most dangerous is written in Russian”，November 11，2013，http：//qz. com/146099/half-of-all-computer-malware-is-written-in-chinese-but-the-most-dangerous-is-written-in-russian。

⑤ 参看 Leo Mirani，“Britain's new cyber strike capabilities may just be political posturing”，September 30，2013，http：//qz. com/129592/britains-new-cyberwar-strike-capabilities-may-just-be-political-posturing/#/。

络对抗为重点内容的综合安全演习。这些演习反映出一些值得关注的重要动向。

（一）演习想定基于国际安全现实，安排多角色对抗，尽可能体现网络安全的复杂性

11 月，以色列特组织了“下一场中东战争”综合性战略对抗演习，参演角色不仅有叙利亚政府和反政府力量，还有黎巴嫩真主党、伊朗和“基地”组织，美国、欧盟、俄罗斯和中国在其中。在演习中，以色列和美国都遭到网络攻击，美国东部地区关键基础设施因此瘫痪，两次坠机事件造成重大人员伤亡。美国判定伊朗是网络攻击源，伊朗则声称其服务器被以色列劫持。演习复盘情况表明，最初对以色列发动网络攻击的并非真主党而是“基地组织”，意在借以色列之手削弱前者；而伊朗则劫持以色列服务器对美发动网络攻击，旨在激化美以矛盾。[①] 从演习情况看，劫持和利用第三国服务器对目标国发动攻击，通过网络手段打击对手又嫁祸他人，可能是未来网络空间军事斗争普遍现象和基本特征。

（二）网络对抗的基本国际阵营已经显现

现实军事联盟正日益渗入网络空间。西方国家组织的网络对抗演习，如以欧洲为背景，则“红方”威胁主要是俄罗斯、乌克兰及其“爱国黑客”。如 11 月，北约在波兰和波罗的海国家举行了“坚定爵士”军事演习，有“爱沙尼亚国防部、爱沙尼亚铁路公司、拉脱维亚国防部、北约协作网络防御示范中心、乌克兰匿名者爱国黑客、格鲁吉亚高加索在线服务供商、俄罗斯安全局支持的新闻媒体”参与网络对抗，[②] 几乎是 2007 年俄罗斯黑客与爱沙尼亚网络冲突的再现。如以中东为背景，“红方”主要是伊朗、叙利亚政府及相关的真主党、哈马斯以及“基地”组织。当冲突背景在东亚时，则“红方”不是中国便是朝鲜，或者还加上俄罗斯。

北约“锁定盾牌 2013”和“网络联盟 2013”等多场网络演习，加强了北约成员的网络军事合作，也凸显了美国与其欧洲盟国在网络安全

---

① 参看 Barbara Opall-Rome，“Israeli Cyber Game Drags US，Russia to Brink of Mideast War”，Nov. 14，2013，www. c4isrnet. com/article/m5/20131115/c4isrnet07/3111500200/israel-cyber-game-drags-us-russia-brink-mideast-war。

② 参看 http：//blog. icds. ee/article/232/the-odds-and-defacement-attcaks-of-anonymous-ukraine-and-ccd-coe-interactions-between-patriotic-hackers-media-and-political-leadership-in-cyberspace。

上的严重分歧。[①] 美国担心北约欧洲盟国系统脆弱导致数据泄露，力推将《北大西洋公约》第五条“集体防御原则”引入网络空间，但欧洲盟国却态度谨慎，怕自己成为美国信息系统支点并因此承担额外风险。

（三）突出网络安全决策复杂性，着重演练关键信息基础设施保护

2013 年多场综合性网络演习，不仅体现和检验政府、军队的决策过程，还大多有相关企业、新闻媒体和信息服务公司和黑客组织或个人参与，凸显各国在网络安全上的复杂利益关系。保护关键信息基础设施则是这类演习的重点。7 月，美国“量子黎明 2”演习设想华尔街各大银行普遍遭受分布式拒绝服务（DDoS）攻击，检验美金融系统应对网络攻击的能力措施，约 50 家美国金融机构参加演习。[②] 11 月，伦敦也组织了金融系统网络战演习。[③] 11 月，美国组织了“电网演习 II”（GridEx II），模拟国家电网遭受恐怖袭击或网络袭击，引发类大面积停电。数千名工人、企业负责人、国民警卫队军官、联邦调查局反恐怖专家，以及美国、加拿大和墨西哥政府部门官员参加演习。演习旨在检验电力部门危机反应能力，查找潜在物理和网络漏洞，探寻应对重大电网故障的政策和程序。[④] 演习表明，西方网络大国非常担心其关键信息基础设施的脆弱性。

（四）设定专门主题，检验网络军事力量建设成果

2013 年，美军网络演习主题明确，重点不断变化，不仅表明其网络演习已例行化，更反映出美军网络军事建设进度。7 月至 9 月，美国防信息系统局（DISA）举行了多次“微旗”演习，探索联合信息环境下（JIE）美军各级军事指挥关系，战术、技术与程序，明确指挥控制

---

① 参看“NATO holds annual cyber defence exercise”，26 Nov. 2013，http://www.nato.int/cps/en/antolive/news_ 105205. htm。

② 参看 Vitoria Knowles，“Comprehensive Cyber Attack Drill for US Financial Institutions”，19/07/2013/，http://www.security-technologynews.com/news/comprehensive-cyber-attack-drill-for-us-financial-institutions.html。

③ 参看“Cyber attack ‘war game’ to test London banks prior to big US power grid drill”，November 12，2013，http://www.legitgov.org/Cyber-attack-war-game-test-London-banks-prior-big-US-power-grid-drill。

④ 参看“GridEx II：November 13 – 14，2013 Fact Sheet”，http://www.signup4.net/Upload/BOOZ21A/GridEx % 20II% 20Fact% 20Sheet% 202013. pdf；Huge Electric Grid Failure Drill Scheduled for 13 – 14 November 2013’，http://www.legitgov.org/Huge-Electric-Failure-Drill-Scheduled – 13 – 14 – November – 2013。

链各要素之间的信息流、作用和责任。11 月，美军网络司令部还在组织了为期 11 天的“网旗 14”演习，通过设定实际对抗条件，检验在德国斯图加特刚成立的欧洲战区军用网络 EOC 的实际效能，看 JIE 是否在战区一级形成初始作战能力。[①] 美军目前正致力于将网络攻防作战能力与其他军事能力融为一体。

五、网络武器装备不断发展，美军全球化网络监视的十平台体系值得关注

2013 年，网络空间武器化进程加速，主要推手和领头羊当属美国。但美国防部和白宫 3 月的报告却批评美国网络安全脆弱，美军网络战准备欠佳。[②] 11 月，美《防务新闻》调查结果称，“网络战是当今美国面临的头号威胁”。[③] 若说当今世界确有网络空间军备竞赛，那也是美国在与自己竞赛。

（一）美军网络战武器装备发展迅速

2013 年，美军在网络战略装备建设方面继续走在世界各国前列。这不仅表现在美军继续加紧推进 X 计划，特别是其中网络空间态势图的研发，也表现在 NSA 和美军网络司令部加紧收集、购买和掌控网络漏洞，为全面掌控未来网络战场优势做准备。诸如 Endgame 这样的公司已成为美军网络武器供应商，而“骨锯”（Bonesaw）作为网络作战目标图，也是网络武器系统一部分。[④] 4 月，美空军六类网络武器装备形成初始作战能力，[⑤] 反映出美空军网络武器装备的进展和走向。

---

① 参看 http：//www. disa. mil/news/stories/2013/cyber-flag-exercise；GCN Staff，“Cyber Flag exercises sharpen DOD cyber operations and defense”，http：//gcn. com/Articles/2013/12/09/Cyber-Flag. aspx？ admgarea = TC_ SecCybersSec&m = 2&Page = 1。

② 参看 J. NicholasHhoover，“U. S. Cybersecurity Status Weak，Report Charge”，Mar. 6，2013，http：//www. informationweek. com/security/risk-management/us-cybersecurity-status-weak-report-charged/d/d-id/1108960？。

③ 参看 Zachary Fryer-Biggs，“Poll：Cyberwarfare Is Top Threat Facing US”，Jan 5，2014，http：//www. defensenew. com/article/20140105/DEFREG02/301050011。

④ 参看 Bruce Schneier，“Has U. S. started an Internet War？” June 18，2013，http：//edition. cnn. com/2013/06/18/opinion/schneier-cyberwar-policy/index. html。

⑤ 参看“Air Force Details 6 Cyber Capabilities That Are Now Weapons Systems”，April 18，2013，http：//fortunascorner. com/2013/04/18/air-force-details - 6 - cyber-capabilities-that-are-now-weapon-systems。

这六类网络武器装备系统分别是：网络空间防御（ACD）武器系统、网络空间防御分析（CDA）武器系统、网络空间漏洞评估与猎取（CVAH）武器系统、网络空间指挥控制与任务（C3MS）系统武器系统、网络安全与控制系统（CSCS）武器系统，以及空军内联网控制（AFINC）武器系统。它们都有标准化、可持续特点，可像传统作战能力一样为联合作战司令部提供作战支援，[①] 并大致勾勒出美国空军在战略—战役层级的指挥、控制、进攻、防御和内部管理武器装备体系基本轮廓。

（二）目标网络进入能力重要性日益凸显，成为各国网络战武器装备发展一个重点方向

网络空间“门槛”虽低，[②] 但随着网络军事斗争发展，要进入目标网络已越来越难。通过诱惑、欺骗等社会工程学手段进入目标网络，即所谓“高级持续性攻击”（APT），已成为网络攻击的普遍手法。韩国和西方媒体称，朝鲜网络攻击已从2009年的DDoS攻击发展到通过开发网络游戏等更巧妙，更有欺骗性的方式进入韩国网络。[③] 叙利亚SEA也是通过钓鱼等手段攻击以色列和美国的网站。

美国及其西方盟国大肆渲染朝鲜、伊朗和中国的APT网络威胁，但就目标网络进入能力而言，谁也比不上美国。上述美国空军六类网络武器装备中的“网络漏洞评估与猎取系统”，就是美用以突破他国网络系统的利器之一。该系统具有目标网络的漏洞发现、修复、跟踪、定位、交战与评估等功能。[④] 显然，美军进入目标网络的手段比一般APT更先进、更专业、更隐蔽。

（三）利用现有商用技术和平台支持联合作战，构建战场互联网，是美军网络武器装备发展的突出特点

一般来说，先进技术总是先用于军事。但信息时代商用技术设备的发展更新速度有时超过军用技术。2013年，美军非常注重利用各种

---

① 参看 http：//www. afspc. af. mil/library/factsheets/。

② 这一点与外层空间的“高门槛”形成了鲜明对比。

③ 参看 Mark Clayton，“In cyberarms race，North Korea emerging as a power，not a push-over”，October 19，2013，http：//www. csmonitor. com/World/Security-Watch/2013/1019/In-cy-berarms-race-North-Korea-emerging-as-a-power-not-a-pushover。

④ 参看 Fact sheets：Cyberspace Vulnerability Assessment/Hunter Weapon System，July 1，2013，http：//www. afspc. af. mil/library/factsheets/factsheet. asp？ id = 20874。

商用和民用移动通信手段，构建战场互联网，实现基层分队作战人员，特别是在其徒步作战环境下的战场数据、语音和图像的实时信息传递与共享，提高作战效能。美陆军基于商用设备，[①] 推出可实时处理大量传感器数据，为一线美军提供"战术云"的"飞行服务器"（Flying server）。[②] 美海军基于 Wi-Fi 技术构建舰载一体化网络服务系统，已试验成功，到 2021 年，将在 190 多艘军用舰船和作战中心安装该系统。[③] 美空军开发了可使飞行员与地面分队共享信息，让士兵在作战中用智能手机呼叫空袭支援的应用程序 ATAK，已交由美军特种部队在海外战场测试。[④]

（四）美国全球性网络战监测攻击平台体系值得高度关注

2013 年，世界网络武器装备发展最值得关注的，是美军全球性网络战监测攻击平台体系。总结归纳斯诺登文件，可看出过去 10 多年来，美 NSA 和网络司令部研究制定和实施了一个非常全面的宏大计划，正构建一个全球性网络战监测攻击平台体系。它包括从网络接入，信息采集、存储、分析，网络态势感知、指挥、控制，到网络攻击和防御等方方面面。美军在网络空间的所有环节都设计了专用网络入侵工具手段，有的是软件，有的已硬化在设备里。[⑤] 此前已公开或还没公开的各种网络武器装备发展计划与项目，如"网络靶场""X 计划"、美空军的六套武器装备系统……都与这一平台体系有内在关联，可以说都是其组成部分。

美国这一全球网络战体系仍在建设过程中，目前主要表现为全球

---

① 参看 Nicole Blake Johnson，"Pentagon preps for Large-scale mobile rollout"，December 11，2013， http：//www. federaltimes. com/article/20131211/DAPARTMENTS/312090012/Pentagon-preps-large-scale-mobile-rollout。

② 参看 Michael Peck，"'Flying server' offers military a tactical cloud"，Oct. 7，2013，http：//www. c4isrnet. com/article/M5/20131004/C4ISRNET14/310040019/。

③ 参看"US Navy Leaning on CANES to Integrate Shipboard Networks"，Nov. 26，2013，http：//www. defeseindustrydaily. com/US-Navy-to-Lean-on-CANES-to-Integrate-Shipboard-Networks －06221/。

④ 参看 Stephen Losey，App could allow troops to call airstrikes，http：//www. airforce-times. com/article/20131016/NEWS04/310160005/App-could-allow-troops-call-airstrikes。

⑤ 参看"NSA's Secret Toolbox：Unit Offer Spy Gadgets for Every Need"，December 30，2013， http：//www. spiegel. de/international/world/nsa-secret-toobox-ant-unit-offers-spy-gadgets-for-every-need-a－941006. html。

性网络监测平台，形势一旦变化，其攻击性就将充分展示。目前，美国遇到了很多问题，资金不足，认识不统一，外界批评大……最大的问题是：美国如此意欲何为？把整个网络空间都变成美国网络作战的战场，最终能给美国带来什么好处？尽管取得了进展，但这条路能走通么？也许要不了多久，美国就会有更多人认为：答案是否定的。

六、围绕网络空间主权和武装冲突法适用问题，国际社会在网络空间国际法规领域既斗争，又合作

2013 年，围绕着网络空间国际法规，特别是关于主权国家在网络空间的主权和武装冲突法在网络空间的适用问题，国际社会展开了激烈斗争。联合国政府间专家组就相关问题的建议，表明各方就此达成了初步共识，但具体问题仍有待深入研究，各方分歧仍很严重。

（一）联合国政府间专家组达成初步共识，世界各国在网络空间主权和军事法规问题上，既有严重分歧，又有共同利益

随着网络空间迅速融入现代社会，但相关国际法律规范却未能及时发展，已经成为国际社会紧迫问题。在此背景下，联合国成立了“从安全角度看信息和电信技术领域发展政府专家组”，就网络空间国际法律法规的基本原则问题进行讨论。15 国专家的分歧主要在两个问题上：[①] 第一，国家在网络空间有无主权？中俄等国就此持肯定立场，西方国家则认为强调主权将限制网络空间自由。第二，现行特别是武装冲突法是否适用于网络空间？西方国家对此持肯定立场，中俄等国则态度谨慎。这两个问题相互关联，若要使武装冲突法适用于网络空间，首先必须接受联合国宪章的基本精神和原则适用于网络空间，即承认国家在网络空间有主权；同样，要确立网络空间的国家主权，国家的网络空间行为就要符合国际法，即要承认包括武装冲突法在内的现行国际法体系基本原则适用于网络空间。鉴于网络空间的特殊性，现行武装冲突法条款不可简单套用，必须有所调整与创新。美国对此刻意回避，显然别有用心。

2013 年 6 月，上述 15 国专家组经过反复激烈争论，终于就国际信

---

① 这 15 个国家是：阿根廷、澳大利亚、白俄罗斯、加拿大、中国、埃及、爱沙尼亚、法国、德国、印度、印度尼西亚、日本、俄罗斯、英国和美国。

息网络安全问题达成初步共识，向第68届联合国大会提交了报告及相关文件。[①] 专家组一致同意，网络空间有联合国宪章的基本精神和原则适用于网络空间，“由国家主权产生的国际准则和原则适用于国家开展与信息和通信技术有关的活动；各国必须就归咎于它们的国际不法行为履行国际义务。”该报告是妥协的结果，对相关问题的表述较原则，各方都可接受，也都可按自己的意图来解释。这也表明各国在网络空间安全上不仅有重大矛盾对立，也有一定共同利益与合作空间。可以预见，今后有关国家在网络空间主权和武装冲突法适用问题上，还将继续在争吵中合作。

（二）北约西方专家以非正式文件方式抛出《塔林手册》，企图在网络战交战规则制定上抢得先机

3月，北约网络防御合作示范中心推出了新版《塔林手册：关于适用网络战的国际法》，[②] 是2013年网络空间军事法规建设的一件大事。该文件所要回答的中心问题是两个：第一，什么是网络战？其门槛在哪里？第二，倘若发生了网络战，各国政府怎样做才符合国际法？换言之，网络空间如爆发武力冲突，应奉行什么样的交战规则。[③]

《塔林手册》出台后，美国和北约官方都立即表态不接受它。北约副秘书长强调它非北约官方文件，北约也没有将它纳入官方文件的打算。《塔林手册》只是一个学术性文件，对各国政府及其他国际行为体并无约束力。但该文件已经开始在一定范围内产生影响。这正是其编撰者的意图所在：走迂回道路，先从学术和舆论上做准备，以“软法”方式为日后正式的法规制定打基础，下先手棋。[④] 其他国家，无论态度如何，客观上都有一个如何面对它的问题。从根本上说，《塔林手册》有为网络空间军事行为建规立范的考虑，也是在为未来的网络战做准备。除此之外，国际社会在网络空间国际法规和行为规范方面还有大

① 参看《从国际安全角度来看信息和电信领域发展的政府专家组的报告》，24 June 2013，http：//daccess-dds-ny. un. org/doc/UNDOC/GEN/N13/371/65PDF/N1337165. pdf? OpenElement。

② 参看“Tallinn Manual on the International law applicable to cyberwarfare”，http：//issuu. com/nato_ ccd_ coe/docs/tallinnmanual。

③ 参看 Bernhard Warner，“NATO's New Rules for Cyberwar”，March 20，2013，http：//www. businessweek. com/articles/2013 - 03 - 23 = 0/natos-new-rules-for-cyberwar。

④ 此前，西方曾在1994年6月编撰了《适用于海上武装冲突的国际法》即《圣雷莫还战法手册》。已有24个国家参加，接受该手册条款的约束。

量的努力和尝试，相关文件和主张已很多。相比之下，包括中国在内，发展中国家在这方面已明显落后。

（三）警惕美国推私营企业上前台搞“主动网络防御”

当前网络空间主权范围不清晰，一些国内法规也涉及网络空间国家主权和行为规范。企业是否可采取“主动防御”行动，以黑客手段对“网络威胁”？2013年，美国内围绕着“网络安全情报共享与保护法案”（CISPA）展开讨论。2月，美国智库“新美国安全中心”发布《主动网络防御——政策制定者的框架》报告，鼓吹将“主动网络防御”（active cyber defense）政策作为美国政府和企业的理念：主张企业可在一定范围内“适度”开展先发制人网络防御行动。[①] 而“民主和技术中心”的Greg Nojeim则主张企业只要管好自己的网络。允许“主动网络防御”将导致企业黑客行为泛滥，造成网络空间大乱。[②] 虽然法案未在参议院通过，[③] 但这一动向仍值得关注。在国家关系未公开恶化情况下，美国网络军事力量不会轻易走上前台。今后，网络空间军事冲突可能会以这种“似军非军、似官非官、似民非民”的方式进行。在“主动网络防御”的旗帜下，美国企业有可能在未来的低强度网络冲突中打前锋，而政府和军队则藏在幕后，保持政策主动和对外关系调整转圜余地。

---

① 参看 Irving Lachow，“Active Cyber Defense：A Framework for Policymakers”，Feb. 2013 http：//www. cnas. org/sites/default/files/publications-pdf/CNAS_ ActiveCyberDefense_ Lachow_ 0. pdf。

② 参看 John Reed，“House intel committee says CISPA will not allow business to go on cyber offensives”，April 3，2013，http：//complex. foreignpolicy. com/postss/2013/04/03/house_ intel _ comittee_ says_ cispa_ will_ not_ allow_ businesses_ to_ go_ on_ cyber_ offensives。

③ 参看“Cyber Intelligence Sharing and Protection Act”，From Wikipedia，the free encyclopedia，last modified on 20 December 2013，http：//en. wikipedia. org/wiki/Cyber_ Intelligence_ Sharing_ and_ Protection_ Act。

2014 年网络安全战略形势评估

2014 年国际网络空间战略态势深度演化。这种深度演化表现为两个方面：一是国家逐步主导网络空间对抗。中东、乌克兰、南海三大危机事件中，不仅国家实体主导了伴随的网络冲突，而且网络对抗成为其中最被关注的冲突样式。二是国际网络空间多极化政治格局进一步分化。在美国独霸网络空间的总体态势下，欧洲、西太地区网络力量格局不断演化。导致这种深度演化的核心要素也有两个：一是在国家安全需求驱动下，各国持续投资网络力量建设，网络能力门槛得到提升。这导致网络恐怖主义很难有作为，民众隐私权被刻意忽略，网络安全产业被绑架到国家安全框架之下，国际黑客灰色市场成为国家附庸。二是斯诺登揭秘事件暴露出的美国国家网络实力，让国际社会彻底认清美国网络空间军事化对网络空间的威胁。尽管美国试图以网络空间战略与政策的部分公开、透明，赢取世界各国的战略信任，但各国网络空间政策从关注国际反恐与网络犯罪合作，转向国家自身安全需求和关键基础设施防护。攻击性网络作战政策成为今年各国网络空间战略关键词。当然，尽管美军深入推进网络空间军事化进程，网络力量走向联合作战、走向常态化，甚至可能成为美军当前正在倡导的“第三次抵消战略”的核心。但网络空间非对称性的战略本质尚未发生根本改变，国际社会谋求网络空间和平与发展的战略渴望，促使各国在发展非对称力量的同时，积极推动网络外交、网络军控。网络空间和平与发展总体态势恶化的趋势尚处于可控之中。2014 年度国际网络空间战略态势基本表现如下：

一、重大危机与冲突中网络对抗升级，国家主体逐步成为网络对抗主角

2014 年网络空间冲突的主要特征是对抗主体发生变化、冲突规模和样式升级。随着伊朗新政府上台伊朗核危机走向政治谈判，由伊核问题引发的美伊网络空间对抗有所缓解。但以叙利亚危机、“伊斯兰国”崛起，乌克兰危机，南海、东海方向对抗辗转反复，国家力量主

导的网络空间对抗成为国际社会关注焦点。

(一) 后叙利亚危机“伊斯兰国”崛起超过国际预想，美军利用强大网络情报优势迅速控制局势

后叙利亚危机“伊斯兰国”的崛起超过国际预想，也是美国所始料不及。双方最早开始在社交媒体展开政治宣传战。“伊斯兰国”公布多起“斩首”照片，宣传自身极端宗教理念，招募西方世界极端民众。西方媒体则针对性地公开凶手个人信息，在舆论上孤立恐怖组织，心理上威慑恐怖分子。匿名者黑客组织甚至都宣布参与反“伊斯兰国”作战，协助追踪极端网络“伊斯兰国”成员。[①]“伊斯兰国”发展势头超出预期后，美国采取措施，三管齐下，迅速控制局势：一是美方公开“伊斯兰国”、呼罗珊等反抗组织成员关系网络，公开这些组织头领、主要成员、运转机制、政治与宗教倾向等情报。二是在以传统军事行动支援伊拉克政府、控制军事发展态势进一步恶化的同时，美中央战区陆军军事情报旅借助因特网、手机移动通信网络、无线通信侦察等战术性网络情报的支持，以定点斩首行动直捣恐怖分子大本营。呼罗珊和“伊斯兰国”等组织主要头目先后被定点清除。三是以网络情报为支持，全面分析“伊斯兰国”资金来源，将法国、德国、中东、东南亚等国列为“伊斯兰国”资金的主要提供者。[②] 试图切断“伊斯兰国”的财政供应链。这一招釜底抽薪非常关键。

为对抗美国网络情报优势，“伊斯兰国”中的来自英国的黑客组织成员试图通过加密技术，利用叙利亚、伊拉克、土耳其等国的互联网现有服务构架，构建虚拟的“网络哈里发”，为发起针对西方世界的网络攻击构建隐秘的通信链路。[③]“伊斯兰国”极端组织成员甚至在社交媒体上发布白宫近照，引发美国民众对“伊斯兰国”无处不在的深度不安。但美国也意识到，“伊斯兰国”的根本原因是整个穆斯林政教合一的宗教传统。美军借助网络空间优势能力能够防止其进一步恶化，但从根本上解决该问题为时尚早。奥巴马甚至不惜冒险，决定出资武

① http：//i-hls. com/2014/09/anonymous-criticized-declaring-full-scale-cyber-war-isis/。

② http：//www. nbcnews. com/storyline/isis-terro/whos-funding-isisi-wealthy-gulf-angel-investors-officials-say-n208006。

③ http：//i-hls. com/2014/09/digital-jihad-isis-al-qaeda-seek-cyber-caliphate-launch-attacks-us/。

装与“基地”组织有牵连的叙利亚温和反对派，[①] 借此打击极端势力。但无论未来如何应对，以精准网络情报的支援，对“伊斯兰国”的发展进行控制，可能是美国的主要手段。

（二）乌克兰危机战场上只伴随低烈度网络攻防作战，但俄美网络空间战略层次较量更加激烈

俄乌冲突过程中，世界都在关注俄罗斯可能发动的网络攻击。总体来看，俄乌冲突并没有第三方大规模介入，双方冲突样式基本属于传统地面作战。除个别发生过的“克里米亚与乌克兰通信网络物理中断”、俄罗斯黑客组织短时宣布控制乌克兰移动通信系统外，西方媒体所担忧的针对乌克兰政府甚至西方国家的、类似2008年俄格冲突中那样的大规模DDOS网络攻击，并没有发生。美军驻德的无人侦察机远程奔袭到乌克兰，也因低烈度的通信和导航电子对抗无功而返。曾有俄罗斯之声报道“俄罗斯苏-24M电子战攻击机以‘希比内’电子战系统瘫痪美唐纳德·库克驱逐舰宙斯盾系统”，[②][③] 但并不能被证实。[④] 10月份西方还曝光了俄罗斯针对北约的APT28攻击事件也不能完全说是俄罗斯所为。[⑤] 很多专家认为，这种低烈度战场网络冲突，是因为俄罗斯纳什青年运动衰落，[⑥] 发动网络攻击的主体力量已不存在。而俄军网络作战力量也未成形，武力在战场上使用网络手段。伴随军事冲突的网络对抗超乎想象的低，让很多专家学者和新闻媒体感到困惑。

其实，俄美在俄乌冲突过程中的网络空间冲突更多表现在战略层面上：一是俄利用乌东部居民的因特网不发达、居民主要信息渠道是俄罗斯传统广播电视节目的优势，发动大规模心理宣传。克里米亚民众绝大多数支持独立的公投等种种迹象表明，基于因特网的新媒体舆论战并没有机会能够渗透到冲突地区内部，[⑦] 俄罗斯占据冲突地区居民

---

① http：//www. reuters. com/articles/2014/06/26/us-syria-crisis-usa-oabama-iduskbn0f12ih20140626。

② http：//www. De. ria. ru/option/20140421/268324381. html。

③ http：//www. Thedoplomt. com/2014/04/Russian-su - 24 - makes-pass-at-us-warship-in-the-black-sea/。

④ http：//www. Balkanblog. org/2014/04/22/russische-su - 24 - legt-modernsten-amerikanischen-us-zerstoerer-lahm-vor-der-krim/。

⑤ http：//www. strategypage. com/htmw/htiw/articles/20141110. aspx。

⑥ http：//www. Imrussia. org/en/politics/420 - the-fate-of-the-nashi-movement-where-will-the-kremlins-youth-go。

⑦ http：//www. Mashable. com/2014/04/14/Russia-ukraine-cyber-warfare/。

"人心支持"优势。当然，俄罗斯在网络攻击上也有动作。BBC 新闻报道，针对 JP 摩根等主要五个银行的网络攻击，直接威胁了美国的财政系统。[①] 而美方调查结果认定是俄罗斯所为。二是美国在网络情报支援下，美国在运用网络战与经济战的配合上天衣无缝。美国首先发动针对俄罗斯上层精英人士个人的"定点"经济制裁，[②③] 对俄精英层构成实质性威慑，也对俄罗斯金融市场产生级联效应。伴随着下半年美国发动的"石油"战，[④] 执行浮动汇率政策的俄罗斯经融市场出现重大危机，在美欧携手经济制裁下，经济陷入重大困境。总之，在战略层面上，网络作战在俄乌冲突中表现的淋漓尽致。

二、网络空间力量国际格局深刻转变，国家战略意识独立性进一步增强

美欧网络空间共同体、中俄为代表的大部分新兴市场国家、其他广大发展中国家曾经是构成网络空间力量格局的三极构架。原有构架基本以政治力量主导，以东西方对抗为基本矛盾。2014 年这种构架进一步演化，谋求自身国家安全成为推动这种演化的重要因素，"国际政治优先"被各国"自身国家安全需求"所取代，网络空间国际格局进一步多极化。谋求非对称力量、更加强调战略上的进攻、推动网络军控成为年度热点。

（一）发展网络空间全谱优势非常困难，谋求非对称优势是各国的策略性选择

限制各国网络力量发展的因素很多。战略需求、国家政策、外部压力、军事理论、技术能力、资金投入名列这些因素的首位。而其中最重要的、也是硬指标，就是资金投入规模。根据美国的经验，[⑤] 利用

---

① http：//www. bbc. com/news/technology－28965878。

② http：//www. state. gov/e/eb/tfs/spi/ukrainerussia/。

③ http：//www. En. wikipedia. org/wiki/list_ of_ individuals_ sanctioned_ during_ the_ 2014_ pro-rissian_ unrest_ in_ ukraine。

④ 作者更倾向于相信"石油美元战"，以降低国际石油市场价格打击高度依赖石油经济的反美国家，诸如俄罗斯、伊朗、委内瑞拉等等国家的想法早就存在，这一点可以从好莱坞电影"一触即发"中所有表现。

⑤ 参见 2013 年美国防科学技术文委员会出台的"网络安全与弹性军事系统"报告，http：//www. acq. osd. mil/dsb/reports/resilientmulitarysystems. cyberthreat. pdf。

已知漏洞发动网络攻击，只需要十几美元。挖掘未知漏洞发动攻击，需要几百万美元。而制造漏洞、实施全谱攻击则需要每年几十亿美元的投入。目前正在发展攻击性网络作战力量的国家，包括英、德、法、意、俄、印、日、韩、巴西等国，尽管都在发展攻击性网络作战力量，但相比较而言投入都非常有限。英国国防部长菲利浦·哈蒙德2013年11月宣布构建网络空间对抗能力，未来打算投入不超过8亿英镑。[1] 2014年法国国防部决定将网络安全视作国防力量建设的重要领域，但计划2014—2019年为网络力量建设的投入也只有10亿欧元。斯诺登文件显示，美国在信号情报、网络作战方向每年投入至少500亿美元。美军2014年在攻击性网络作战方面的预算就达到51亿美元。[2] 以硬实力拉大国家间网络能力的差距也是美国网络空间能力发展的重要策略。这种硬实力的差距决定，各国在网络空间必须谋求非对称优势。

所谓非对称优势，是指有侧重的发展某个领域的网络能力。网络空间能力可以分为网络空间战场预置、[3] 网络空间态势感知、网络空间防御和网络空间进攻四大方向。这四种能力的任何一方面有缺失，都会导致整体能力不足。而且从资金投入来看，任一能力都需要大规模投入。在国际竞争与对抗的环境下，这些能力还是此消彼长的关系。任何他国在某个领域能力的提升，都会导致自身能力的下降。这就给各国发展非对称网络能力提供了战略空间。各国用有限的资金发展哪个方向的能力并没有统一标准，可能需要根据自身的现有优势，在上述四个领域中的某一领域做出选择。

（二）欧洲国家网络空间战略觉醒，但成为网络空间第三极时间尚早

斯诺登事件在2014年持续发酵，其重大政治意义在于打破了网络空间国际格局。长久以来欧洲国家的网络空间国家安全战略利益需求

---

① http：//www. Qz. com/129592/britains-new-cyberwar-strike-capabilities-may-just-be-political-posturing/#/。

② http：//www. fiercegovernmantit. com/story/dod-requests - 51 - billion-cybersapce-operations/2014 - 03 - 04。

③ 美国人称其为网络战场塑造或作战环境准备，美国防大学出版社，http：//www. ndupress. ndu. edu/news/newsarticleview/tabid/7894/article/8461/jfp - 73 - the-joint-force-commanders-guide-to-cyberspace-operations. aspx。

被掩盖。欧洲国家与美国一直在“美欧网络空间共同体”框架下，执行几乎相同的战略、政策，并一致与对外协调行动。两件大事促使欧洲开始转向。一是2009年曝光的美以联合打击伊朗纳坦兹铀浓缩核基础设施的“震网”行动。美国在网络武器开发过程中利用了德国西门子工业控制系统软件的漏洞，导致德国工业信息化产业的可信度遭受重创。也就是在此之后，德国、法国、英国，包括东欧很多国家，都开始独立制定网络空间国家战略。二就是2013—2014年持续曝光的斯诺登揭秘事件。美国对外监控只区分“是否美国人”，而不关心“是否盟友”的网络情报政策，导致欧洲国家猛然觉醒。随着斯诺登事件的持续发酵，德美网络与情报关系持续恶化。在连续逮捕美在德安插的间谍后，7月，德国宣布驱逐美国中央情报局驻德情报站站长，降低与美情报合作水平。[①] 欧洲政治家感叹，“只有永远的利益，没有永远的盟友”。美欧“网络空间共同体”出现巨大裂隙。欧洲国家作为独立的第三极出现在网络空间。

欧洲国家有成为网络空间重要战略性力量的天然优势，但也有很多限制因素。欧洲社会信息化成熟度高，信息技术发展全面，社会应用相对广泛。欧洲的国际治理理念较为平和，向全球推广网络空间治理模式的政治可信度高。欧洲国家在网络空间基本上奉行“弹性（反应性）战略”,[②] 政策上的攻击性更弱。欧洲国家最早倡导的“网络犯罪布达佩斯条约”广受世界欢迎,[③] 是迄今为止影响最大的网络空间行为准则。欧洲国家不谋求全球性的网络空间控制，网络攻防力量建设更趋发展非对称优势，力量运用更趋谋求后发制人。但总体来说，由于长久依赖、跟随美国，自身在网络力量建设过程中的投入不足，即使奋起直追，欧洲也很难在短期内打破被美国控制的局面。这也是2014年在英国举行的北约峰会上，各国一致同意将北约章程第五款—

① 参看“Officials admit US had recruited German spy”, July 08, 2014, http://rt.com/usa/171104 - us-admits-recruiting-german-spy/;“Keeping Spies Out: Germany Steps Up Counterintelligence Response To U.S. Spying”, July 22, 2014, http://fortunascorner.com/2014/07/22/keeping-spies-out-germany-steps-up-counterintelligence-response-to-u-s-spying/。

② Resilient Strategy，弹性战略，或者反应性。

③ http://Conventions.coe.int/treaty/commun/cherchesig.asp? nt = 185&cm = &df = &cl = eng。

集体防御原则—适用于网络空间的基本原因。①

（三）俄、日、韩、朝加快网络空间力量整合，西太地区网络安全态势错综复杂②

俄罗斯2014年开始真正落实网络空间战略，大力推动网络空间力量发展。其实，俄罗斯不乏网络安全能力，③ 但俄罗斯网络空间面临的双重压力导致俄罗斯网络空间战略发展长期扭曲：一方面，俄罗斯要抵制“颜色革命”，这导致俄战略关注点是“信息安全”，网络安全战略需求被长期压制。另一方面，发展网络安全力量需要强大持续的投资，过去十年俄经济扩展重点尚在传统经济领域、保障人民生活水平。而现有网络空间技术又被美国把控，很难让俄罗斯放心利用现有技术成果。更何况俄军长久以来以官僚体制推进的军事变革出现反复，军事网络力量发展被停滞。自2010年美军网络司令部形成战斗力以后，俄军自2013—2014年才开始真正推动网络空间力量发展。2013年2月俄国防部开始筹建网络司令部。2014年2月俄罗斯议会开始讨论制定网络空间安全战略。虽然就战略概念上是“信息安全”还是“网络安全”尚存争议，④ 但并没有影响俄军发展网络作战力量。2014年11月，俄罗斯大手笔拿出5亿美元启动网络力量建设。⑤ 俄罗斯少将尤里·库茨涅佐夫（Yuri Kuznetsov）称，俄军网络防御部队将在2017年前形成作战能力，并首次将“保卫关键基础设施、抵御计算机攻击”作为核心任务。⑥ 8月18日，独联体集体安全条约组织快速反应部队在哈萨克斯坦卡拉干达州的斯帕斯克靶场举行名为“协作—2014”联合军事演习。其中实战演习部分模拟了网络战争发生时如何应对敌方

① 2014年9月4日，北约峰会在英国威尔士纽波特举行。会上各国首脑确认，北约章程第五款“集体防御条款”适用于网络空间。http：//www.theregister.co.uk/2014/09/03/nato_ article_ v_ mutual_ defence_ principle_ applies_ to_ cyberspace/。

② 关于亚洲国家网络安全力量对比，澳大利亚战略与政策研究所ASPI做了很好的分析，详见cyber maturity in the Asia-Pacific region 2014，http：//www.aspi.org.au/publications/cyber-maturity-in-the-asia-pacific-region－2014/aspi_ cyber_ maturity.pdf，本文更关注中国周边，视角不同。

③ http：//www.jewishpolicycenter/4924/russian-cyber-capabilities。

④ http：//www.Sputniknews.com/voiceofrussia/news/2013 _ 07 _ 22/Russia-to-adopt-new-security-concept－0022/。

⑤ http：//www.scmagazineuk.com/500－million-for-new-russian-cyber-army/article/381720。

⑥ 同注2。

发动的网络攻击和心理战，确保自身网络安全并攻击敌方网络目标。[①]

2014 年，日本安倍晋三领导下的内阁在所谓“正常化国家”“灰色地带冲突”等战略指导下，以中国为潜在目标的网络空间力量得以在国家安全框架下全面整合。安倍晋三在推动落实这些战略上重点强调三大落脚点：一是组建国家安全保障会议，设立国家安全保障局。二是整合日本情报力量，大力发展网络、航天情报力量。三是发展网络攻防能力。更为重要的是，日本仿照美国国家安全体制，将三者在国家安全保障会议体制下作了整合。网络安全又是这三者之中的核心内容。同时，日美达成协定，在美军已经派出驻日本自卫队作战联络官的基础上，日本海上自卫队军官将常驻美海军作战部，而网络空间军事合作将是其中重要内容之一。[②] 此前美日在网络防御领域的合作只限于交流信息。为此，双方在 2014 年 2 月首次举行网络防卫合作工作组会议，为 2015 年正式启动这一项目做准备。[③] 自卫队 3 月在联合参谋本部之下，成立由 90 人组成的“网络防卫队”，全天不间断地对自卫队军用网络状况实施监视，并对病毒等情况进行分析。10 月，美日防卫合作指针公布，航天和网络成为修订版防卫指针的核心措施。[④] 同时，日美之间积极展开国防工业领域的网络合作。[⑤] 可以预测，日本网将在美日同盟体制下，对西太地区网络空间产生重大影响。这其中最受国际社会关注的重点是，日本能在多大程度上发展攻击性情报、航天与网络能力。或者说，美国在战略上只是要求整合、借助日本情报、航天、网络能力来实现自身安全，还是能够放手日本发展自身的攻击性力量。11 月底，美方国防部在日本集体自卫权解禁问题上的重要推手哈格尔部长下台，日本网络安全力量发展的空间有待未来观察。

韩国早在 2010 年就在韩国国防部框架下组建了网络司令部，主要任务针对朝鲜威胁的网络防御。2014 年 10 月，韩国防部宣布对韩国网络空间安全政策对出调整，[⑥] 放弃之前所秉持的防御性网络作战政

---

① 新华社阿拉木图 8 月 18 日电（记者周良）。

② 参看参考消息网，2014－07－10，http：//mil. cankaoxiaoxi. com/2014/0710/419683. shtml。

③ http：//www. shield. ne. jp/ssrc/topics/ssrc-er－13－051－en. html。

④ http：//www. defense. gov/pubs/20141003_ interim_ report. pdf。

⑤ Thediplomat. com/2014/10/u-s-japan-defense-industry-cyber-cooperation。

⑥ Thediplomat. com/2014/10/south-korea-seeks-offensive-cyber-capabilites/。

策，将逐步转向发展进攻性网络作战，以应对朝鲜不断提升的网络作战能力。今年 11 月，韩国宣布，在联合参谋本部之下，重新组建网络防御司令部，发展类似美以“震网”那样的网络武器，针对朝鲜核及导弹武器设施。① 与此同时，按照计划韩军还将为国防部网络司令部再增加 400 名网络作战人员，达到 1000 人左右的编制。同时，驻韩美军陆军则进一步强化半岛战区内网络防御力量集成，将驻韩战区网络运维与安全中心和驻韩战区计算机应急反应分队合并，组建韩国第六战区网络中心，为整个朝鲜半岛提供军事网络服务。②

朝鲜确实将网络视作是“核、导弹”以外的第三个战略手段。但朝鲜网络空间作战战略与政策一直不被外界所全面了解。而 2014 年关于朝鲜网络战略、力量的报告非常多，这表明美国及其盟友日本、韩国都在加大对朝情报侦察和分析。③相关分析认为，朝鲜网络能力大致分成“侦察采集”和“网络破坏”两大类。按照以往韩朝双方网络对抗交战历史事件来看，朝鲜有能力以 DDOS 攻击韩国银行、财政等系统，有能力以干扰器干扰通信卫星和 GPS 导航卫星，而且能够对韩国甚至美日产生确实影响。朝鲜对网络空间能力建设、人员培训、作战训练等领域的投资比较早。而攻击性网络作战能达成战略性效应、发展网络手段又比较廉价等因素，更促使朝鲜以“发展导弹、核武器及其相关技术”那样的热情发展网络力量。情报显示，朝鲜已经制定了长期的隐秘数据采集任务，并发展针对敏感目标的渗透能力。外界对其评估认为，朝鲜已经在总参侦查局领导下，在朝鲜驻外军事和外交情报的支持下，发展出体系化的多支网络作战力量。并且朝鲜充分借助国际黑客市场采办相关技术，并可能将有关代码隐秘的外包到其他任何国家。而当前针对朝鲜核与导弹相关物资的禁运政策，并不能有效运用到网络空间。虽然以往朝鲜针对韩国的网络攻击尚属低烈度，但美国日本也普遍存在朝鲜针对自身军事作战系统攻击的担心。而且相关国家也确实担心朝鲜不成熟的网络作战武器可能“外溢”，影响第

---

① http：//www. Thediplomat. com/2014/02/s-korea-seeks-cyber-weapons-to-target-north-kore-as-nukes/。

② http：//www. army. mil/article/122921/regional_ cyber_ center_ korea_ secures_ de-fends_ army_ networks/。

③ http：//www. 38north. org/2014/09/emurauskaite091214。

三方网络空间安全，甚至导致网络空间战略误判。

（四）各国强化攻击性网络战略与力量，网络外交与军控进程逐步升温

网络军控的前提是各国网络力量逐步成熟。2014 年以前就存在网络军控的议题，但网络军控进程很难落实。2014 年很多国家都在继续推动攻击性网络力量建设。除之前提到的英国、法国、德国、俄罗斯、韩国、日本以外，巴西国防部命令武装部队参谋部，组建网络防御司令部。[①] 荷兰国防部宣布组建网络司令部，将网络视作重要国防领域，该司令部隶属于陆军，但成员来自各军种。[②] 北约则强调将网络防御集成到联盟作战任务计划之中，将网络作战视作是联合作战的重要内容。

与此同时，双边多边网络外交如火如荼。8 月，印尼与澳大利亚签署协议，旨在重建因斯诺登揭秘所涉及的监听丑闻而被破坏的双边关系，为全面恢复两国在国防等领域的合作铺平道路。10 月份，中日韩在北京举办网络安全会议。[③] 主要在网络空间政策、网络空间国际行为准则等等问题相互交流。这种交流是在中日韩三边峰会停滞状态下的互动，虽然其形式大于内容，但也体现出相关国家对网络军控的重视。同月。日本外务省与欧盟召开首轮协商网络空间对策的“日欧网络对话”，双方主要做了政治表态，计划推进双方及多方的信息交换，增进互信。11 月，欧盟贸易主任更新双用途商品、软件和技术列表，这次更新在考虑了最新商业与技术发展的同时，特别关注了网络侦察技术的工具的问题。[④] 该列表增加了全新的 IT 入侵间谍软件和通信与因特网侦察装备这一新的控制大类，要求相关企业必须要有出口资质和授权。这是去年开始的“瓦森纳安排”框架下在网络军控方向上的一次重要举措，甚至早于美国在 2014 年度军费预算计划推动的网络军控政策出台之前。显示出欧洲国家对网络军控的重视。

三、美军网络空间军事化进程提速，网络空间战略与政策坚定不变

发展美军网络力量是美国国家网络安全的核心。尽管美国在政治

① http：//www. janes. com/article/45374/brazil-to-stand-up-cyber-defence-command。

② http：//www. infosecisland. com。

③ https：//www. english. kyodonews. jp/news/2014/10/317473. html。

④ http：//www. Trade. europa. eu/doclib/press/index. cfm？ id = 1166。

上不愿承认美军推动网络空间军事化的事实，但美军“自卫”之名，不断推动进攻性网络作战力量建设，发展支援联合作战的军事网络力量，投资建设劫持全球网络空间、获取网络空间战略情报的网络作战装备，行的就是网络空间军事化之实。

（一）美军网络空间军事化路线图清晰，当前主要目的是成熟网络作战力量

2014 年美军在网络空间动作频频，包括强调进攻能力的 133 支战术性网络任务部队的扩编，联合作战指挥体制的调整，作战条令的颁布，作战装备的采办，重大作战的实践等等。这引发国际社会对美网络空间军事化进程的困惑：美军当前在网络空间军事化进程上属于什么阶段、未来将走向何方？其实，就网络空间这个第五空间的军事化总体进程来说，美军走在世界各国的最前列。而且美军高层有着清醒的战略性发展路线图。

1998 年以来，美军就开始大规模推动网络作战实践。[①] 但当时与 1920 年前后杜黑所开创的“航空军事化”时代非常类似，尚处于黑暗中摸索的阶段。与航空军事化初始阶段不一样的是，美军当时就已经在实践中不断探索推动网络作战。1990 年代海湾战争中的航天卫星通信保障、战场情报监视侦察（ISR）保障；2003 年伊拉克战争中搜索大规模杀伤性武器的网络情报保障，“9·11”以后反恐战争中与恐怖主义反抗组织的网络情报作战，2007 年美以两军联合、使用以“数字化干扰”为特征的舒特网络武器发动针对叙利亚疑似核设施的电子战与网络作战融合作战，2010 年被曝光的针对伊朗国家关键基础设施——铀浓缩设施——的“奥运会”作战行动，2011 年猎杀本·拉登行动中网络作战与特种作战、无人机作战的融合，都属于美军在网络空间不同领域重大实践探索。在这些实践的基础上，美军对网络战场、网络装备、网络作战的地位与作用，网络作战与情报作战的关系等等重大战略性问题有了切实的体会。并逐步认清网络作战横跨并涵盖“通信、航天、电子战、情报作战、信息保障、指挥控制”等等不同领域。这种战略层面对网络空间的领会，对美军网络作战军事理论的成

---

① 美国官方认定，美国网络空间作战起于 1998 年，标志是当年克林顿政府出台《新世纪国家安全战略》，第 63 号总统决策令《保护美国关键基础设施 PDD－63》。美军颁布第一版联合信息作战条令。

熟起到至关重要的作用。但总体来看，虽然这些作战实践有着重大的战略影响，但就军事作战角度来看，基本尚处于战术层面。

自2009年网络司令部组建到2014年，美军“网络空间军事化”开始转向联合作战。此阶段，美军逐步成熟网络作战军事理论、修订联合作战交战规则为先发制人式网络打击开绿灯、[①] 在联合作战框架下不断调整网络作战指挥控制框架、[②③] 大规模投资开发网络作战军事装备、建设133支战术性网络任务部队。[④] 同时，美军通过网络风暴、网旗、网络卫士等系列演习不断提升战备能力。到2016年前后，美军网络作战部队将基本齐装满员。作战岗位设置、人员配备、素质标准与职业规划得以军事条令等不同形式明确。以“X计划”为代表的主被动网络作战装备体系基本成型。[⑤] 在“联合信息环境”项目的统筹之下，以云计算、大数据为支撑，以强调网络弹性为特征的军用网络战场建设初见成效。按照特种作战指挥模式，集“保障与支援联合作战一体、保障与支援国家任务一体、进攻与防御作战一体”、平时与战时紧密结合的指挥控制模式基本成熟。总的来看，美军网络作战联合作战理论已经出现，保障与支援联合作战的网络作战发展方向已经明确。美军网络作战将步入常态化发展阶段。

与此同时，美军高层已经在为网络空间军事化路线图下一步发展做理论准备。当前美军网络空间军事化的众多举措，使得美军网络作战力量逐步在四大军种结构下走向成熟，网络兵种开始出现。但美军高层认为这仍然属于过渡性质。[⑥] 美军专家认为，网络军种才应该是美

---

① 国防部发展网络空间交战规则，http://www.defense.gov/news/newsarticle.aspx?id=119470。

② 联合参谋部过渡性网络空间作战指挥控制作战概念，http://www.defensenews.com/article/20120606/defreg02/306060010/panetta-green-lights-first-cyber-operations-plan。

③ 空军指令：《网络空间指挥控制》，http://www.fas.org/irp/doddir/usaf/afi10-1701.pdf。

④ 参看 Joel Hruska，“US Cyber Command Admits Offensive Cyberwarfare Capabilities, Fundamental Shift In US Doctrine”，March 13，2013，http://hothardware.com/News/US-Cyber-Command-Admits-Offesive-Cyberwarfare-Capabilities-Fundamental-Shift-In-US-Doctrine/。

⑤ http://www.wired.com/dangerroom/2012/08/plan-x/。

⑥ 联合参谋部过渡性网络空间作战指挥控制作战概念，http://www.defensenews.com/article/20120606/defreg02/306060010/panetta-green-lights-first-cyber-operations-plan。

军网络空间军事化的最终状态。① 可见，美军当前网络空间军事化已经走出摸着石头过河的阶段，开始走向自主发展的更高阶段。

（二）全球跟踪斯诺登揭秘事件，美军网络作战能力得以全面曝光

从 2013 年 6 月斯诺登出逃美国以来，斯诺登所曝光的系列文件，引发全球各种层面专家、学者、开源情报分析员，甚至是黑客组织的关注。除英国《卫报》、德国《镜报》、Firstlook 网站、《华盛顿邮报》网站不定期公布相关资料外，包括《大西洋》杂志著名政论博客写手、白宫记者马克·艾姆宾德团队所做分析，Propublica 网站、黑客组织网站，都在对美军网络作战能力进行分析。这种能力的曝光，对美国来说是最大的实质性损失。综合来看，可以从几个方面总结美军的网络作战能力：

一是美军网络情报作战覆盖全球。美军信号情报作战总体思路是“Collect It All”，以“全球全网”、“网电一体”方式，从网络通信设施、用户计算机终端采集和因特网服务商服务器三大方向上采集情报数据。专家将其形象地总结为“拖网式采集”。数据采集采取“元”数据采集 + 按需内容“原”数据采集的基本方式。依据六度分离理论作支撑，以行为相关性为基本模型做情报数据分析。总体技术路线是数字化和商业化。文件显示，到 2013 年，美国每天能截获 500 亿条数据。已经具备全球范围内的三跳情报分析能力。中国社交网络微信、新浪微博，电子商务领头羊阿里巴巴，即时通信工具 QQ 都在其监控范围之内。

二是美国全球网络情报作战拥有规模庞大的基础设施。其中，高速光纤节点在全球有 20 个，亚洲在韩国。亚太卫星监听节点分别在日本、菲律宾、泰国。针对全球因特网服务公司的刺探节点覆盖 5 万多个。这套网络基础设施也就是保密等级高于美军军用网络的情报网，它构建于因特网之上，覆盖因特网，德国人将其称为情报作战“第二套因特网”。这套基础设施与当前 ICANN 主导的全球域名解析系统一起，支撑了美军网络作战基础平台。

三是美军拥有体系化的大型网络作战装备项目。其中，战场预置领域包括：预置后门、塑造因特网的“信号使能”（SIGINT EN-

① http：//www. usni. org/magazines/proceedings/2014 －01/time-us-cyber-force。

ABLING）项目，破解加密通信网络的“奔牛”（BULLRUN）项目；网络空间态势感知领域包括：近实时映射全球网络空间的“藏宝图”（Treasure Map）项目，目标截获识别工具“关键得分”（XKS）项目；网络防御领域包括：基于“量子任务”（Quantum Task）技术的军用网络防御项目“湍流”（TURBULENCE）、国家网络自动反击项目“怪兽大脑”（Monster Mind）和全球网络攻击项目 QFIRE；[①] 军用网络战场进攻项目包括：战场军用网络攻击项目舒特和军用大型网络攻防作战基础平台 X-plan。这些网络作战装备项目都有专项经费保障，多年累积下来，耗费动辄几亿甚至几十亿美元。目前，美国防部正在调整国防采办战略，在国防财政紧缩的条件下推进“第三次抵消战略”。该战略实质是美军未来装备发展战略，其主要影响的是美军未来的军事技术装备体系。网络技术仍是所有关键技术的核心，[②] 网络作战必将仍是美军发展的重点领域。

（三）威慑战略与作战条令得以公开，不代表美军攻击性网络政策转向

斯诺登揭秘事件以后，美军网络作战组织构架、武器装备、作战行动等问题全面曝光。美国发展网络空间军事化的战略意图受全球质疑。为赢取全球各国压力，缓解来自欧洲盟国的压力，美国公开一系列战略性网络空间安全政策。4 月份美国防部长哈格尔访华，以官方文件形式向中国公布一些网络作战细节，以推动网络空间双边互信与合作。[③] 6 月，美国部分的原文公开小布什总统时期机密的“第 54 号国家安全总统令”。[④] 该总统令与克林顿时期的 63 号国家总统令、奥巴马总统 20 号总统政策令在网络空间战略文件上的地位相当。就是该总统令确立了“拓展因特网监控范围和发展进攻性网络作战能力”两人攻击性政策。10 月，美国著名网络安全专家 James A. Lewis 在《国家利益》杂志发表的文章，为中美网络空间战略对抗正名，认为中美之

① 这些都属于主动防御性质的装备，同时也用来网络进攻。

② http：//breakingdefense. com/2014/11/hagel-launches-offset-stratrgy-list-key-technologies. 哈格尔所说这些创新技术包括：机器人、自动化系统、小型化、大数据、高级制造技术。

③ http：//www. washingtontimes. com/news/2014/apr/9/inside-the-ring-hagel-release-cyber-warfare-plans/？ page = all。

④ http：//epic. org/private/cybersecutrity/epic-foia-nspd54. pdf。

间网络安全问题是经济问题，不是军事领域的网络战问题。[①] 到10月17日，美军甚至部分公开了原来绝密的《网络空间作战条令：JP3-12（R）》。[②]

这种战略上的公开属于被动的外交宣传。美军在相关能力被曝光后，没有必要"因为必须隐藏已经曝光的能力"而在战略上遮遮掩掩。学者们认为战略与政策的公开，有助于美国赢取国际信任，有助于公众对网络空间战略与政策问题的理解、信任和研究。但有一点也是非常明确的，这种战略与政策的公开不代表美国网络空间战略与政策的转变。关于这一点，美国负责国土防御和全球安全的助理国防部长艾瑞克·罗森巴赫说的很清楚：[③] 美国网络威慑战略一直就是四个支柱：一是提升应对网络攻击应急反应能力；二是对网络攻击采取"先发制人"式网络打击；三是即使对手网络攻击成功，美国网络有能力迅速恢复正常运作；四是假使攻击产生经济损失和人员伤亡的话，不排除使用传统物理手段反击。针对每一个关键支柱，美国都有明确的配套政策。针对第一个支柱，美国2013年立法推进网络空间信息共享，奥巴马总统以第12636号总统令过渡，2014年商务部配合总统令颁布《提升关键基础设施网络安全框架》。[④] 针对第三个支柱，2013年美军就在推动构建"弹性军事系统"。[⑤] 第四项支柱是2011年曾经广受外交关注的、也是到目前为止唯一公开的网络威慑战略的内容。如果按照网络威慑战略这四项内容来理解，美国之所以原先在网络威慑战略上支支吾吾，主要是其中的第三点。核心内容就是美军将以"先发制人式"攻击性网络作战手段对付网络攻击。这项政策也代表了美国在网络作战政策上对攻击性网络作战的强调。实质上推翻了美国国防部表面上所秉持的"防御性网络作战政策"，[⑥] 代表了美军网络作战战略

---

① http：//www. Nationalinterest. org/blog/the-buzz/explained-why-us-china-cold-war-cyber-space-not-happening－11655。

② http：//www. dtic. mil/doctrine/new_ pubs/jp3－12r. pdf，R代表编校版。

③ http：//www. federalnewsradio. com/394/3714846/dod-to-be-more-transparent-about-strate-gy-to- deter-cyber-attacks。

④ http：//www. nist. gov/cyberframework/upload/cybersecurity-framework－021214－final. pdf。

⑤ http：//www. acq. osd. mil/dsb/reports/resilientmulitarysystems. cyberthreat. pdf。

⑥ http：//www. defense. gov/home/features/2011/0411_ cyberstrategy/docs/ndaa% 20sect-ion% 20934% 20webpage. pdf。

由防御转向进攻。这项战略在2010年时是无法公开说出口的，而斯诺登揭秘事件发生后，也就没有再隐瞒下去的必要了。

美军攻击性网络作战政策已经导致诸多负面效应。国际社会普遍紧跟美国公开攻击性网络作战战略，不断发展能够维护自身国家安全的攻击性网络力量，造成网络空间的割裂。更为严重的是，美军大力发展攻击性网络作战能力带动了美军国防承包商在“攻击性网络作战技术与能力”的全面发展，网络空间“雇佣军”开始强大起来。① 虽然美国在法律上只让他们提供技术，限制这些承包商私自展开作战行动，但各类私营公司私下里聘请、雇佣这些雇佣军，以攻击性网络作战获取商业利益，造成网络空间军控态势急剧恶化。硅谷网络安全公司“火眼”12月就揭露，相关技术和能力被网络犯罪组织所利用，针对100多家上市公司发动钓鱼攻击，他们窃取的信息足可以引发全球金融市场动荡。而这些发起者并不是美国一直所宣传的所谓中国黑客，而是来自美欧国家。②

四、网络空间内政与外交深度融合，反网络空间军事化势力逐步成型

应该说，美军网络空间军事化的进程已经成为全球网络空间安全的公敌。但总体来看，发展全球网络空间的战略需求仍然大于借用网络空间攻防作战的战略需求。维持网络空间开发、共享、和平、稳定，仍是当前国际社会的共同选择，是各国网络空间内政与外交的重点。

（一）国际社会深化网络空间和平与主权原则，各国网络力量发展有了依据

2014年7月，联合国第四次成立信息安全政府专家组。该政府专家组向联合国大会负责，进一步研究网络安全领域现实和潜在的威胁，探讨负责任国家行为规范，建立信任措施及国际法等相关问题。③ 联合

① Shane harris war：the the rise of the Military Internet complex，第六章：我们中的敌人；第七章雇佣军。

② http：//www. computerworld. com/aricle/2853687/fireeys-suspects-fin4 – hacker-are-ameri-cams-after-info-to-game-stock-market. html。

③ http：//www. chinanews. com/gj/2014/07 –25/6424753. shtml。

国2004—2005年、2009—2010年、2012—2013年曾三次成立该专家组。在该专家组内部主要分成以美国为代表的一派和以中国为代表的一派。其实两派在互联网基本治理理念上并没有根本性冲突：两派都承认网络空间是国际公域，但网络空间存有国家主权，两者之间不存在矛盾；两派都认为网络空间治理必须秉承多行为体模型、以公私合作为基本理念，但国家应该是所有治理行为体中的关键行为体，这两种倾向之间也不应该对立。现在的问题是，美方将网络空间国际治理问题上升到政治层面，将对这些原则性、理论性问题的争论，变成国际网络外交斗争的焦点。双方政治上互疑与隔阂，导致联合国政府专家组在这些基本问题上的争议不断。2012—2013年，该专家组在和平利用网络空间、网络空间存有国家主权等重要原则达成共识，并写入第67届联合国大会报告。今年的主要任务是在以往成果的基础上，深化“和平”“主权”原则内涵。中国政府专家、外交部网络事务协调官傅聪在2014年大会上指出：关于网络和平原则是讨论信息安全问题的根本出发点，任何国家不得利用信息通信技术实施正对他国的敌对行动、侵略行径和制造对国际和平与安全的威胁，防止网络空间军事化和网络军备竞赛，坚持通过和平方式解决涉及网络的争端。关于网络空间国家主权原则，其内涵至少应该包括，各国对其领土内的信息通信基础设施和信息通信活动拥有管辖权，各国政府有权制定符合本国国情的互联网公共政策，以对本国互联网事务进行管理，任何国家不得利用网络干涉他国内政或损害他国利益。

网络空间和平原则和国家主权原则的确立，为各国谋求自身网络安全确立了法理依据。虽然国际社会就网络空间国家主权的内涵和外延尚存争议，但这一重要原则的确立扫清了网络空间国际治理的政治障碍。以此为基础，各国积极推动发布国家网络空间发展战略和安全战略。逐步将网络安全纳入到国家安全战略框架下，探索发展网络空间国家安全体制和机制。将军队作为网络空间安全的重要基石，网络国防概念逐步成型。这种战略上的态势有助于推动各国网络安全力量的发展与成熟，有助于以现实能力打破美国利用信息网络技术控制全球的战略野心，有助于推动网络空间军控的有序发展，有助于国际网络行为规范的确立，有助于推动国际反恐合作和网络空间公平治理等重大公共议题。

（二）国家关键基础设施成为网络战主战场，可能成为阻止网络战爆发的主因

国家关键信息基础设施是国家安全的重要基石。但以2009年曝光的伊朗遭受针对其核关键基础设施的“震网”网络攻击事件为分界，国家关键信息基础设施在网络空间的战略地位有了重大转变。

2009年之前各国主要强调关键信息基础设施防护。2013年美国甚至将重要的私营公司提供的、影响国计民生的基础服务因特网电子商务、公共信息服务等，全部纳入国家基础设施范畴。[①] 但长久以来，关键基础设施采用工业控制系统专用技术，受技术能力门槛的限制，有能力对其产生重大影响的事件不多，导致其主要关注点是安全防护，是应急反应。但国家对关键信息基础设施的这种安全防护非常重视。世界上主要发达国家、信息化发展高度发达国家几乎全部将关键信息基础设施安全视作是国家安全的核心领域。国家网络安全领导体制在2009年以前就纳入到国家安全领导体制之下，最早的原因就是国家关键信息基础设施防护。

但2009年“震网”网络攻击让世界幡然醒悟，原来国家关键信息基础设施可以作为战场。2014年美国将国家电网、金融系统列为最可能遭受网络攻击的两大领域。对待这个问题，国际社会几乎所有国家都陷入矛盾的战略心理：美国把这视作是双刃剑。发展针对关键基础设施的进攻能力费效比高，可以控制、瘫痪、胁迫他国，[②] 但他国也可以效仿跟进，反过来利用美国更加高度依赖网络空间的基本事实攻击美国。况且美国人非常清楚，彻底提升美国国家关键基础设施的安全水平需要大笔资金投入，对美国来说是不可能完成的任务。[③] 英国、德国、法国等传统工业化国家也高度担忧。因为他们是工业控制信息化领域传统强国，他们的工业控制信息化产品与市场遍布全球。关键基础设施成为战场，最伤害他们的利益。他们一边制定国家网络空间安全战略，一面试图通过推动网络空间行为规范，来保护民用关键基础

---

① http：//www. dhs. gov/what-critical-infrastructure。

② 美军主导关键基础设施攻击力量和攻击资源，他们不愿将这些资源共享给工业控制部门。因为一旦像“工业控制系统漏洞”这样的攻击资源公开，其作战能力就会大打折扣。

③ Blogs. wsj. com/cio/2013/07/20/dhs-scales-back-cybersecurity-programs-for-critical-infrastructure/。

设施，避免其成为战争攻击目标。战略智库东西方研究所提出的网络空间避难所概念，广受欧洲国家支持，就是对这种担忧的反应。但美国、俄罗斯尚没有积极响应这种倡议。新兴市场国家、社会信息化后起之秀在战略上同样矛盾重重。“云计算、物联网、移动网络、大数据、智慧城市”的迅猛发展，成为这些国家赶超先进国家、进一步发展国家实力的重要领域。但美国在国家关键信息基础设施上的战略高压导致自己不敢放开手脚推动这些新技术在国家关键基础设施中的应用。

国家关键信息基础设施成为战场是当前变化之中的国际政治经济格局在网络空间的体现。当前各国对该问题的矛盾心态，说明了该领域总体格局尚未明了，政治与战略格局尚未成熟，处于不稳定的、发展中的总体态势。就国家关键基础设施而言，网络空间应该是技术与市场在全球各国均匀分布，至少应该处于战略均势。通过有序竞争，国家在网络空间与现实世界中的相互依赖可以足够强大，任何破坏该相互依赖的成本必须足够高，从而能够有效慑阻有关国家的肆意妄为与冒险行动。从这一点来说，国家关键信息基础设施成为战场具有重要的国际战略研究价值，是如何终结美国网络空间霸权的重要研究内容。

（三）信息与网络安全产业难以逾越政治鸿沟，但产业界不会甘于受制

国际信息与网络安全产业与国际政治生态之间是一种矛盾悖论关系。国家对网络安全的高度重视，导致国家网络安全需求急剧跃升。这致使信息与网络安全产业市场规模扩大，信息与网络安全产业作为产业实体逐渐独立。但在这个过程中，信息与网络安全产业又反过来被政治绑架，沦为个别国家谋取国家私利的工具。典型的例子就是美网络司令部与雇员之间的“旋转门”机制——美国国家安全局/美军网络司令部人员退役后发展攻击性网络作战技术服务，反过来成为美军重要的网络安全技术服务商。[①] 信息与网络安全产业界与政治的紧密关系一旦曝光，直接导致国际社会其他国家对相关产业企业的战略不信

---

① Shane harris war：the the rise of the Military Internet complex，第六章：我们中的敌人；第七章雇佣军。

任，各国纷纷在政策框架下，出台限制他国网络安全产业企业进入本国市场的策略。从而在很大程度上限制了产业企业的发展。国家间政治鸿沟成为产业企业发展难以逾越的障碍。

美国以国家安全名义排斥华为产品与服务进入美国市场。[①] 欧洲国家提出“欧洲内联网战略”，[②] 开始大幅度采用本地网络安全产品。法国、德国要求谷歌等公司必须启用位于本国内的数据中心。俄罗斯的卡巴斯基、美国的迈克菲杀毒软件公司的国际市场份额也因地缘政治原因出现大幅度调整。市值已经超过实体零售商沃尔玛的电子零售商领头羊阿里巴巴在美国上市，引发中国国内是否要限制优质产业流失国外的担心。[③] 这种封闭在短期内为中国、印度这样具有大容量市场国家提供了自主发展网络技术的战略机遇期。但长期来看，这种产业发展战略环境非常不利于全球社会共同进步。国际社会有必要反思网络空间国家战略、网络空间国家安全战略，为产业健康发展提供政策保障。

谷歌、微软、思科、华为等企业就处在这样的困境之中。但各个公司的反应与策略不尽相同。谷歌与美国政府关系非常紧密，在与美国网络情报合作方面态度一直暧昧。2014 年 9 月，欧洲国家对谷歌在德法等国家的搜索业务作出司法干预。[④] 11 月，欧盟进一步就谷歌在欧洲的垄断地位作出投票，支持防止诸如谷歌这样的公司主导搜索引擎业务市场。[⑤] 下一步就要看谷歌公司该怎样作出抉择。脸书公司是美国棱镜项目最后的参与者，而且脸书公司一直就对“与美国政府合作展开情报采集的棱镜项目”存有抵触。10 月，脸书公司已经开始重视中国，正在努力拓展中国市场。微软于 4 月份起诉美国政府，就美国政府要求微软交出位于爱尔兰数据中心的数据作出司法抗争。在美国

① “美国宣称华为、中兴威胁国家安全”，《纽约时报》，http：//www. nytimes. com/2012/10/09/us/us-panel-calls-huawei-and-zte-national-security-threat. html? pagewanted = all。

② “默克尔讨论建设欧洲通信网，避开美国”，路透社，http：//www. reuter. com/article/2014/02/15/us-germany-france-inusbrea1 e0ig20140215。

③ “中国国内出现阿里巴巴美国上市涉嫌违法论调”，Forum. home. news. cn/thread/131532398. html。

④ online. wsj. com/articles/google-must-improve-search-settlement-of-face-charges-eus-almunia-says – 1411462097。

⑤ http：//www. dw. de/eu-paliament-votes-for-break-up-of-google/a – 18092163。

法院依据当前法律，裁定微软必须交出数据，微软仍然拒绝执行。① 总部设在美国的网络安全企业迈克菲公司，本着基本的企业精神，于11月份公开曝光美欧国家网络作战项目“雷金”。② 该网络恶意软件从结构上类似当年的震网，针对的是沙特、俄罗斯、墨西哥等国家，涉及能源、通信基础设施、高科技产业等不同领域。对该作战行动的曝光，就非常有助于美国迈克菲公司赢取国际社会的认同。总之，网络安全产业企业在这个问题上必须觉醒，不应该被政治绑架，必须以实际行动反抗政治势力介入。如何摆正自身的定位，在未来网络空间治理框架下发挥重要作用，是信息与网络安全产业界的重大公共课题。

---

① www. zdnet. com/article/microsoft-refuses-to-comply-after-judge-revives-oversea-data-search-warrant。

② www. bbc. . com/news/technology－30145265。

2015 年网络安全战略形势评估

2015 年，国际网络空间战略博弈深度演化，四对核心矛盾逐步凸显，分别是：国家网络空间战略需求与网络空间国际责任之间的矛盾、美国推进网络空间军事化与国际网络空间和平稳定之间的矛盾、国际网络空间合作与大国地缘政治博弈之间的矛盾、国家网络行为准则与国际网络治理框架之间的矛盾。从全年来看，国际网络空间战略形势的重要发展包括：恐怖袭击对欧洲网络空间战略构成挑战；美军深入推动网络空间军事化；国际社会在联合国框架下制定国际网络空间行为准则方面取得重大进展；中美网络空间合作为稳定国际网络空间局势起到重要作用。这些最新动态实际上是国际网络空间四对核心矛盾的具体表现。

一、一系列重大事件考验主要国家网络空间战略是否负责

2015 年，世界主要国家网络空间战略遭受了多方面考验，其负责与否得到体现。负责任的国家网络空间战略须符合三个条件：一是有助于维护网络空间和平稳定；二是避免单方面谋求自身安全、威胁他国安全；三是推动国际网络空间深度合作。

（一）巴黎恐怖袭击事件使欧洲网络空间弹性战略面临挑战

长久以来，欧洲奉行网络空间弹性战略，[①] 即努力发展危机发生后的即时反应能力，谨慎建设事前的网络情报预警能力。其主要原因是欧洲国家安全状况长期稳定，对网络安全力量投入不足，并高度重视保护民众隐私。2015 年欧洲最高法院暂停美欧数字“安全港”协议，[②] 也是以侵犯民众隐私为理由。这客观上反映了欧洲国家负责任的态度。但 2015 年 11 月巴黎恐怖袭击事件之后，欧洲主要国家在网络空间战略与政策方面出现不同声音。尤其是网络情报预警能力的缺失，让欧

① 网络空间弹性战略（Resilient Strategy），以强调事后反应而不是事前干预为主的战略，与美国的网络空间威慑战略有本质不同。

② CIAB，“EU Safe Harbor Struck Down”，https：//cyber. ciab. com/2015/10/08/eu-safe-harbor-struck-down/. 2015 年 11 月 8 日访问。

洲国家的安全部门处于尴尬境地。美国也借此敲打欧洲，认为欧洲国家过于强调网络自由和隐私保护，缺乏攻击性网络监控手段，进而使国家失去先发制人的反恐情报保障能力。① 因此，欧洲网络空间弹性战略面临是否转向的选择，即网络情报保障力量建设是否需要从“防御型”转变为“进攻型”。比如，英国在巴黎恐怖袭击事件发生后，努力提升国家网络力量建设，② 计划未来5年投资19亿英镑，组建国家网络中心，部署国家网络力量，以预防和应对恐怖主义网络攻击。

（二）网络空间技术在“伊斯兰国”恐怖活动及国际打击“伊斯兰国”行动中均发挥重要作用

互联网不仅是“伊斯兰国”的宣传平台，而且是其实施恐怖袭击的指挥控制平台。他们深谙逃避监管的手段，因而能够通过互联网暗地联络，并在叙利亚战场上通过卫星通信、无线电通信等方式指挥作战。另一方面，世界主要国家政府和一些民间黑客也相互协作，通过互联网追踪恐怖分子。比如，有人利用熟悉阿拉伯语的优势，在“伊斯兰国”成员聚集的网站采集情报，为政府提供具有重要价值的信息。在叙利亚战场上，俄军使用“克拉苏哈－4”电子战系统，构建覆盖战区的电磁拒止空间，有效打击了“伊斯兰国”的指挥控制链路，削弱了其作战能力。但该系统严重影响了美军预警机、无人机和电子通信系统的工作。因此，美俄外长紧急沟通，之后两国建立了战场通报机制，③ 有效解决了这一问题。这也反映了各国在打击“伊斯兰国”问题上存在共同利益。④ 从这个意义上讲，国际网络空间有望保持稳定。

---

① 尽管实现“先发制人式”的反恐情报保障有很多方式，但攻击性网络作战情报保障确实更高效，Time，Read the CIA Director's Thoughts on the Paris Attacks，http：//time. com/4114870/paris-attacks-cia-john-brennan/. 访问时间：2016年1月10日。

② Yahoo，Britain to build cyber attack forces to tackle IS，hackers：http：//news. yahoo. com/uk-double-cyber-spending-prevent-militant-attacks-via－001715972. html. 访问时间：2016年1月10日。

③ RT，“Russia，US work on agreement to coordinate air operations in Syria”，https：//www. rt. com/news/317827－syria-russia-us-ISIS-airstrikes/. 访问时间：2016年1月10日。

④ 美国对“伊斯兰国”奉行遏制战略，确保“伊斯兰国”不扩散到美国，并认为，“伊斯兰国”的存在有助于控制伊朗、叙利亚甚至欧洲。俄罗斯打击“伊斯兰国”的目的之一是换取欧洲在乌克兰事件上对俄和解，解除对俄经济制裁。沙特、土耳其两国国内则出现分裂倾向，有支持“伊斯兰国”、实现伊斯兰建国的呼声，也有遏制“伊斯兰国”、避免影响自身国家安全的主张。欧洲在反“伊斯兰国”的问题上缺乏主见。

比如，2015 年 11 月俄战机被土军击落之后，网络空间依然保持相对平静。这也充分说明，大国奉行负责任的国际战略对维持网络空间稳定具有重要意义。

（三）多起国家网络间谍事件表明西方国家侵犯知识产权

美国一直以来高举保护知识产权的道义大旗，攻击他国所谓的网络商业间谍行为，将自己扮演成网络空间卫道士。但 2015 年曝光的多起网络间谍案，却向我们揭示了西方世界的另一面。从窃听维也纳伊朗核问题谈判的以色列网络情报间谍组织的 DUQU2.0，[①] 到英国情报机构 GCHQ（政府通讯总部）的 REGIN，[②] 再到美国国家安全局的 EQUATION GROUP，[③] 甚至俄罗斯的 TURLA，[④] 都属于顶级国家网络间谍行动。这些行动严重侵犯了商业企业的知识产权，彻底揭开了美国等西方国家所谓"保护知识产权"的面具。

这些案例证说明了三个问题：首先，西方国家政府默许甚至支持网络间谍行动。它们以满足自身国家安全需求为名，肆无忌惮地破坏商业企业软硬件产品的知识产权，以获取政治、经济与军事优势，从而对网络空间和平稳定造成巨大隐患。国家网络间谍行动才是最需要国际行为准则约束的核心领域。其次，这些网络间谍技术来自国际黑客市场。同时，由于国家力量的介入，其技术能力又全面超越了普通国际黑客，因而反过来又提升了国际黑客市场的总体水平，并很可能扩散到恐怖主义分子手中，[⑤] 成为网络安全稳定的现实威胁。这是当前网络军控的首要问题。第三，曝光这些案例的诸如俄罗斯卡巴斯基、

① Jordan Times，"Cyberattack targeted Iran nuclear talks venues — Kaspersky Lab"，http：//www. jordantimes. com/news/region/cyberattack-targeted-iran-nuclear-talks-venues-% E2% 80% 94 - kaspersky-lab. 访问时间：2016 年 1 月 10 日。

② Kaspersky，"What We Know About 'Regin,' the Powerful Malware That Could Be the Work of NSA-Mashable"，http：//usa. kaspersky. com/about-us/press-center/in-the-news/what-we-know-about-regin-powerful-malware-could-be-work-nsa-mashab. 访问时间：2016 年 1 月 10 日。

③ Kaspersky，"Equation Group：The Crown Creator of Cyber-Espionage"，http：//www. kaspersky. com/about/news/virus/2015/Equation-Group-The-Crown-Creator-of-Cyber-Espionage/. 访问时间：2016 年 1 月 10 日。

④ Hackread，"Kaspersky Claims Russian Government Hacking Groups Hacked Satellites"，https：//www. hackread. com/russian-hacked-satellites-kaspersky/. 访问时间：2016 年 1 月 10 日。

⑤ Darkermatters，" The Ottoman Hackers? Middle Eastern and Eastern European Exploit Exchange Program "，http：//darkmatters. norsecorp. com/2015/10/14/ottoman-hackers-middle-eastern-eastern-european-exploit-exchange-program/. 访问时间：2016 年 1 月 10 日。

美国迈克菲、中国安天实验室这样的网络安全公司，从维护网络安全稳定的角度挖掘自身存在价值，成为网络安全的卫道士和保持网络和平稳定的重要力量。

（四）跨国网络犯罪案件被地缘政治博弈绑架

网络犯罪问题成为一些大国实现地缘政治目的的借口。索尼影业公司遭网络攻击事件就是网络犯罪被地缘政治绑架的典型案例。2015年1月，尽管朝鲜宣布原意协助调查，且美国没能拿出国际社会认可的证据，美国仍然单方面宣布对朝鲜进行制裁。① 4月份，奥巴马总统公布了总统行政令，② 制定对所谓黑客支持者进行经济制裁的政策。现在来看，以经济制裁应对国际黑客行为这项政策本身才是美方真正想要的。美国利用索尼影业遭网络攻击事件引导国际舆论，从而实现政策突破。美方认为经济制裁是万能的，完全可以用来对付网络犯罪行为。③

另两个案例进一步说明美国网络政策的狭隘。在2015年公开的美联邦雇员管理办公室（OPM）遭黑客攻击事件中，美国借助媒体指责中国，威胁启动总统制裁令，目的是胁迫中国配合调查。④ 美方甚至还试图诉诸“网络反击”等反制措施。⑤ 至于2014年乌克兰危机期间发生的摩根大通等金融系统遭黑客攻击事件，美方曾咬定是俄罗斯为反

① 到目前为止，美国仍未能拿出朝鲜支持攻击索尼影业的切实证据。CNN，“U. S. slaps new sanctions on North Korea after Sony hack”，http：//edition. cnn. com/2015/01/02/politics/new-sanctions-for-north-korea-after-sony-hack/index. html. 访问时间：2016年1月10日。

② White House，“Executive Order — ’ Blocking the Property of Certain Persons Engaging in Significant Malicious Cyber-Enabled Activities’”，访问时间：2016年1月10日，https：//www. whitehouse. gov/the-press-office/2015/04/01/executive-order-blocking-property-certain-persons-engaging-significant-m. 访问时间：2016年1月10日。

③ 制裁能否有效地影响国家行为体并不确定，更不用说影响国际黑客行为了，Fortune，“Sanctions：America's best new weapon against cyber crime”，http：//fortune. com/2015/04/02/us-cyber-crime-sanctions/. 访问时间：2016年1月10日。

④ 事实上，中美双方联合调查的结果表明，美国联邦雇员管理办公室遭黑客攻击只是一般的黑客个体行为。Washington Post，https：//www. washingtonpost. com/world/national-security/chinese-government-has-arrested-hackers-suspected-of-breaching-opm-database/2015/12/02/0295b918 –990c –11e5 –8917 –653b65c809eb_ story. html. 访问时间：2016年1月10日。

⑤ Business Insider，“The US may have to go after the ‘Great Firewall’ to stop China's cyber-attacks”，http：//www. businessinsider. com/the-us-may-have-to-go-after-the-great-firewall-to-stop-chinas-cyber-attacks –2015 –8？IR = T. 访问时间：2016年1月10日。

击美国介入乌克兰问题而采取的国家行为。但 2015 年其真相逐步浮出——那只不过是一起网络经济犯罪事件。[①] 需要指出的是，网络空间是有主权的，网络空间的负责任大国不应该单方面对他国进行威胁或制裁，或借机挑起地缘政治冲突。如果要进行反制行动，就必须事先提供遭跨国网络攻击的确切证据。

二、美国大力推进网络空间军事化

美国已经在理论与实践上开启网络空间军事化进程。但国际社会尚未充分认识其危害。

（一）美军以网络空间军事化推进新军事变革

美军自 2009 年组建网络司令部以来，一直在推动网络空间正规化。[②] 这种提法核心是以“正规化”替代“军事化”，目的是避免国际舆论压力，逃避国际法指责。截至 2015 年，美军已基本形成三个集团军、规模 13 万人左右的独立网络作战兵种，[③] 2015 年度重点任务已进入“人员招募、训练标准化、装备体系化”阶段。人们有理由相信，美军网络司令部即将升格为一级联合作战司令部。[④] 但世界军事理论研究界尚未认清美军网络空间军事化的实质，没有将其与本世纪初美军提出的新军事变革结合起来考虑。

表面上看，时任美军参联会副主席欧文斯上将 1997 年提出的“新军事变革”被“9·11”事件打断，前美国国防部长拉姆斯菲尔德提出的国防部转型计划被当时保守的军事官僚机构所迟滞，美军自上而下的军事变革之路没能行得通；更深层次的原因则是美军在实践中没

---

① Nasdaq, “Charges Announced in J. P. Morgan Hacking Case—3rd Update”, http://www. nasdaq. com/article/charges-announced-in-jp-morgan-hacking-case—3rd-update - 20151110 - 00962. 访问时间：2016 年 1 月 10 日。

② Normalize Cyberspace，是指美军将网络情报作战能力运用到联合作战框架下战场军事作战行动中，像正规化的陆海空部队一样打赢网络战。

③ 空军 2015 年 3 月成立网络安全特遣部队，与 2014 年海军成立的网络觉醒特遣部队、陆军成立的网络精英中心的目的一样，都是推动网络作战兵种的实体化，http://www. af. mil/News/ArticleDISplay/tabid/223/Article/582062/air-force-stands-up-task-force-cyber-secure. aspx. 访问时间：2016 年 1 月 10 日。

④ Phillip Swarts and Staff writer,” Cyber Command’ must focus on the joint fight, general says”, http://www. airforcetimes. com/story/military/2015/12/01/cyber-command-must-focus-joint-fight-general-says/76615102/. 访问时间：2016 年 1 月 10 日。

有找到变革的支撑点。但十年反恐让美军自下而上彻底脱胎换骨，情报作战、无人系统作战、特种作战、航天作战、全球打击，特别是包括网络作战在内的一系列新型作战样式的地位逐步上升到主导地位，并被美军逐步以作战条令的形式固化。[①] 2015 年年初，美军正式将“空海一体战”概念更名为“全球公域联合介入与机动”，[②] 正式向盟友公布“第三次抵消战略”。[③] 这些作战条令、理论和战略性设计，突出强调了网络空间战略新高地的军事地位。美军经过自上而下的理论准备，再通过十年反恐自下而上的军事实践，现在真正开启了新军事变革。

（二）美国奉行“胡萝卜＋大棒”式网络新战略

美国网络政策透明化始于斯诺登揭秘事件之后。这种被动透明化的目的在于维持国际社会对美国领导地位的信心。长久以来，美国国内在网络空间战略与政策上一直存在两种力量。一种是以军方、军工集团、情报界为代表的力量。他们以国家安全现实需求为着眼点，以涉及国家安全、可能损害美国网络力量发展为名，以秘密或小圈子的形式，主导着美国国家网络战略。另一种是以国务院、国土安全部、商务部及一些企业为代表的力量。他们从网络空间国家战略、国家安全战略的长远视角，公开讨论国家政策，但处于受支配地位。这种情况在 2015 年发生了一些变化，战略与国际问题研究中心、大西洋理事会、兰德公司、东西方研究所、新美国安全、[④] 外交关系学会（CFR）、FCW、[⑤] 贝尔弗尔科学与国际事务研究中心等各类智库和政府决策咨询机构，在讨论美国国家网络战略与政策的时候，受限更小、更加公开，

---

① 美军 2015 年版的作战条令体系与十年前的完全不一样，http：//dtic. mil/doctrine/。

② 目的在海空合作的基础上拉入陆军，但统筹三军联合的变成了网络空间，Defense News，“Joint Access and Maneuver-Global Commons，New US Concept Melds Air，Sea and Land” http：//www. defensenews. com/story/defense/policy-budget/warfare/2015/01/24/air-sea-battle-china-army-navy/22229023/. 访问时间：2016 年 1 月 10 日。

③ “第三次抵消战略”本质上直指未来新军事革命，U. S. Department of Defense，“The Third U. S. Offset Strategy and its Implications for Partners and Allies” http：//www. defense. gov/News/Speeches/Speech-View/Article/606641. 访问时间：2016 年 1 月 10 日。

④ New America Security，cyber，http：//www. cnas. org/search/site/cyber. 访问时间：2016 年 1 月 10 日。

⑤ FCW，cybersecurity，https：//fcw. com/Forms/Search-Results. aspx? query = cyber&collection = FCW_ Web. 访问时间：2016 年 1 月 10 日。

相关观点也更加多元化。

2015 年美国国防部网络新战略奉行“胡萝卜 + 大棒”政策。[①] 它首先强调网络威慑战略，大力发展攻击性网络战术分队，在此基础上提出强化与欧洲、中东、东亚和中国的四位一体全球合作战略。但这种合作是不对等的，主要着眼于加强美方网络能力。其实，无论是国防部网络新战略，中央情报局大规模改组、[②] 国家情报系统设立网络威胁情报集成中心，[③] 还是最近几年一直在推动的联邦调查局向网络空间转型，美国国家机器都是在追求“网络赋能（Enabled）的政治、经济、军事优势”。美国将网络力量视作国家硬实力的战略意图进一步明确。

（二）美军基本确立“两阶段/三环节”网络作战样式

当前，美军依托三类装备与三类作战人员紧密配合，已经基本确立覆盖现实军事冲突开始前后两个阶段和以“网络战场预置（Cyber OPE）+网络电磁行动抵近召唤 + 远程接入操控”三环节为中心的网络作战基本样式：[④]

一是网络战场预置。主要由国家安全局情报人员以事前情报作战行动完成。具体而言，以 BULLRUN、TREASUREMAP、PACKAGED-GOODS、MORECOWBELL 等项目为装备，[⑤] 通过战前的网络战场情报采集分析、软硬件供应链污染、人力情报手动后门预留、远程物理隔离网漏洞植入等方式，累积网络战场漏洞知识库，预先开发针对性网

---

① U. S. Department of Defense，“DoD cyber Strategy”，http：//www. defense. gov/Portals/1/features/2015/0415_ cyber-strategy/Final_ 2015_ DoD_ CYBER_ STRATEGY_ for_ web. pdf. 访问时间：2016 年 1 月 10 日。

② CBS News，“CIA director announces major reorganization of spy agency”，http：//www. cbsnews. com/news/cia-director-announces-major-reorganization-of-spy-agency/。

③ White House，“FACT SHEET：Cyber Threat Intelligence Integration Center”，https：//www. whitehouse. gov/the-press-office/2015/02/25/fact-sheet-cyber-threat-intelligence-integration-center. 访问时间：2016 年 1 月 10 日。

④ OPE，Operational Preparation of Environment，详见美军网络作战条令，JP3 - 12（r），http：//www. dtic. mil/doctrine/new_ pubs/jp3_ 12R. pdf. 访问时间：2016 年 1 月 10 日；网络电磁行动抵近召唤，Cyber-EW ActivityClose Accessand Radio Recall &Reach Back，是美军提出的 Cyber-EW Activity 的核心能力，以无线方式唤醒战场预置、呼叫后方支援，实现双向召唤；远程接入操控，Remote Access and Operation。

⑤ Theintercept，“Treasure Map Presentation”，https：//theintercept. com/document/2014/09/14/treasure-map-presentation/. 访问时间：2016 年 1 月 10 日。

络武器，保障后续军事战场网络作战。

二是网络电磁行动抵近召唤。在战场预置基础上，在军事作战行动期间，以诸如X47B无人机、濒海战斗舰、潜艇、X37B航天器，以及诸如舒特（Suter）这样的战场网络作战管理系统，[①] 在物理上抵近攻击目标，以电磁手段搭建网桥、打通物理隔离限制，并借助“无线电地图”（RadioMap）装备实施目标识别、效果评估，[②] 执行网络—电磁作战行动。[③]

三是远程接入操控。网络战术作战分队在远程作战中心，通过抵近作战分队构建的联通网络，使用“X计划”这样的网络作战平台，[④] 实施远程网络作战操控。其中，抵近网络—电磁行动要素与远程操控战术分队之间形成类似“特种作战 + 传统火力召唤”式的配合关系。[⑤] 美军在网络作战样式上的探索，开启了网络空间军事化的大幕，具有非凡的军事实践意义。

（四）美国发展攻击性网络力量的负面影响未被国际社会认清

美国大力发展攻击性网络力量及政策，主要出于以下几点考虑：首先，美军认为网络空间被动防御几乎不可能，必须发展攻击性作战力量，采取先发制人的主动防御策略。其次，攻击性网络作战力量相比防御性网络作战力量更廉价。美方认为，改造、升级现有国家和国防信息系统，纯粹从防御角度彻底改善国家网络安全态势需要海量投资。而以攻击性作战行动执行溯源攻击，削减威胁源头，投入则要相对小得多。第三，只有进行先发制人式后门植入，才能使网络攻击行动更高效。美方坚持“网络战场预置”策略，塑造有利于美方攻击性作战行动的网络空间，并认为后门植入尚未造成实质性物理影响，因

---

① Globalsecurity，美军国防预算部分文件，http：//www. globalsecurity. org/military/library/budget/fy2014/usaf-peds/0305221f_ 7_ pb_ 2014. pdf. 访问时间：2016年1月10日。

② DARPA，“DARPA's RadioMap Program Enters Third Phase”，http：//www. darpa. mil/news-events/2015 - 11 - 06. 访问时间：2016年1月10日。

③ “陆军网络—电磁行动（Cyber - EW Activity），陆军作战条令FM3 - 38”，http：//www. fas. org/irp/doddir/army/fm3 - 38. pdf. 访问时间：2016年1月10日。

④ 美陆军网站，“New Army cyber officers hack improvements into DARPA's ‘Plan X’”，http：//www. army. mil/article/152979/New_ Army_ cyber_ officers_ hack_ improvements_ into_ DARPA_ s_ _ Plan_ X_ /. 访问时间：2016年1月10日。

⑤ 网络—电磁行动要素（Cyber - EW Element），是指在作战编组上加上电磁和网络作战人员、装备等作战要素，让其在战术作战行动中发挥作用。

而不是违法攻击行动。

然而，“Hack-Back”能力虽然能在战略上威慑潜在的敌对国家，但对网络犯罪、商业间谍、网络恐怖主义等潜在对手是无效的，而且没有考虑到威慑战略本身会造成严重的国家间互疑，对国际网络空间合作造成重大冲击。

更为危险的是，国际社会对美国发展攻击性网络力量基本采取了默认态度，并倾向于认为网络空间军事化不可避免，几乎所有国家出于国家安全考虑都在这样做，甚至回避讨论限制国家网络间谍行为的行为准则。

对于国际社会而言，攻击性网络力量发展将造成三大危害：一是侵犯网络主权的。国家关键信息基础设施是网络主权的首要体现。而网络攻击必然侵犯关键信息基础设施的物理安全性、虚拟数据的完整性和应用服务的可信性，是对网络主权的严重侵犯。美国大力发展攻击型网络力量将推动网络大国走向相互间的战略对抗，成为国际网络安全稳定的最大威胁。二是严重冲击数字经济产业。国家行为的网络攻击行动将以数字经济产品与服务的可靠性、安全性为代价，直接导致各国数字产业被国际政治绑架，发展遭到抑制。三是繁荣黑客市场，威胁国家安全。国家攻击性网络力量发展将在客观上创造、繁荣国际黑客市场。尽管当前尚没有国际黑客市场被恐怖主义利用的案例，但很多专家都认为，这种结合迟早会发生。

三、地缘政治和意识形态因素对网络空间国际合作产生重大影响

网络空间战略格局与世界地缘战略格局、国际意识形态密不可分。突破意识形态因素对网络空间国际合作的阻碍，并以网络空间战略合作推动地缘战略关系稳定，可以成为全球网络合作的重要方式。

（一）美国以应对所谓第三方威胁推进网络空间国际合作

美国国防部新版网络空间战略中提出的四位一体国际合作框架，具有明显的地缘政治考量。美国所推动的对欧合作，主要目标是俄罗斯。这种合作正在从德国向东欧波兰、北欧芬兰等国拓展。对中东合作，主要包括沙特、阿联酋等海湾国家，主要目标是伊朗。与东亚的合作包括东北亚和东南亚。在东北亚的主要目标是中国和朝鲜；在东

南亚的主要目标是在东南亚活动的“伊斯兰国”。

以地缘政治威胁绑架网络空间国际合作是美方的长远战略设计。这就决定了这种合作是有限度的、片面的，甚至是单方面的、胁迫性的。美国进行网络空间国际合作尚存在明显障碍：

美国对欧网络空间合作广受欧洲各国质疑，不仅由于斯诺登揭秘事件，而且因为这种合作更多满足了美国国家安全需求，却在很大程度上实现了对欧洲网络的监控，危害了欧洲各国的国家安全。虽然短期内欧洲在反恐等问题上尚无法脱离美国的支援，[①] 但美国全球网络监控政策短期内不会改变，美欧深度网络合作缺乏政治基础。

美国对日网络空间合作也具有片面性。虽然在日美防卫合作框架下，网络空间已经成为航天、情报、反导之后另一个主要军事合作领域，甚至也有类似“核保护伞”那样的“网络保护伞”提法，[②] 但在共同遏制中国这一目标之外，双方合作更多的是“美方抑制日本发展攻击性网络作战力量”与“日方谋求政治上与美平等”之间的交换。

美国与海湾国家网络空间合作以应对伊朗威胁为名。但 2015 年伊朗核问题取得重大进展之后，伊朗网络行动暂时受到伊高层约束，这方面的合作变成美国控制海湾的重要手段。

美国对韩网络空间合作则比较狭隘。2015 年韩国总统访美期间，双方达成美韩网络合作的重大意向。但这种合作主要针对朝鲜网络威胁。[③]

美国推动与东南亚国家的网络空间合作，是美国主动、东南亚国家被动的合作。双方缺乏共同网络威胁。相反，网络空间穆斯林文化被歧视等问题，让东南亚国家不愿合作。但美国软硬兼施，甚至借助火眼公司发布 APT30 报告，渲染来自中国的网络威胁，[④] 以推进同东

---

① Whitehouse, “FACT SHEET: U. S. -United Kingdom Cybersecurity Cooperation”, https: //www. whitehouse. gov/the-press-office/2015/01/16/fact-sheet-us-united-kingdom-cybersecurity-cooperation. 访问时间：2016 年 1 月 10 日。

② Yahoo, “U. S. to bring Japan under its cyber defense umbrella”, https: //www. yahoo. com/tech/s/u-bring-japan-under-cyber-defense-umbrella – 110113584—finance. html? nf = 1. 访问时间：2016 年 1 月 10 日。

③ The Hill, “US vows tighter cyber cooperation with South Korea”, http: //thehill. com/policy/cybersecurity/242369 – us-vows-tighter-cyber-cooperation-with-south-korea。

④ Fireeye Company, “APT30: The Mechanics Behind a Decade Long Cyber Espionage Operation”, https: //www2. fireeye. com/rs/fireye/images/rpt-apt30. pdf. 访问时间：2016 年 1 月 10 日。

南亚国家之间的合作。

（二）通过树立共同安全理念推动网络空间国际合作具有重要现实意义

通过树立网络空间共同安全的全新理念推动网络空间国际合作，具有三点现实意义：

一是有助于世界地缘政治稳定。乌克兰危机中，美欧与俄激烈博弈；有关国家在应对“伊斯兰国”崛起问题上各怀心思，缺乏战略协调；美国试图构建将中国排除在外的地区安全架构。相关国家在上述三大热点问题之外的网络问题上展开合作，有助于增进战略互信。在网络空间威胁日益凸显的情况下，国际网络合作具有巨大的发展空间，有望“以合作促互信”。如何以网络合作来促进地缘政治局势的稳定，是当前摆在各主要国家面前的重大课题。

二是有助于世界经济尽早走出衰退。导致2008年世界经济危机的一个重要因素是全球网络数字经济不成熟。要解决这一问题，就需要深化全球网络数字经济合作，促进全球经济一体化。但当前一些国家选择的复苏路径刚好相反，试图通过政策上的封闭性、小集团化，实现单方面复苏。比如，美国奥巴马政府推动“跨太平洋伙伴关系协定”谈判，将中国排除在外。而中国推动东亚经济一体化、建设“一带一路”、建立亚洲基础设施投资银行等旨在促进全球经济增长的努力，[①]却被一些国家视为对现有经济体制的破坏。如此下去，全球经济将面临走向封闭的危险。因此，为使世界经济尽早走出衰退，有关国家应借助数字经济合作推动开放式的全球经济一体化，实现共同发展。

三是有助于应对共同的潜在网络威胁，包括国际网络犯罪对全球政治经济的影响、网络恐怖主义对国际秩序的破坏、网络黑客市场对国家关键信息基础设施的威胁等。这些潜在威胁有待于各国携起手来，树立网络空间共同安全的战略理念共同应对。

（三）意识形态是阻碍国际网络空间合作的重要因素

意识形态因素一直是制约网络空间国际合作的深层次原因。2013年斯诺登揭秘事件对美欧网络联盟造成冲击；2015年欧洲恐怖袭击事

---

① 中国新闻网，“习近平出席APEC领导人非正式会议记者会并讲话”，http：//www.chinanews.com/gn/2014/11-11/6766963.shtml 访问时间：2016年1月10日。

件频发则促使西方对其意识形态进行反思。这种反思应该包括两个方面：

一是反思自由与国家安全孰重孰轻。美国今年通过总统行政令、[①]国家安全局战略文件谋求使其网络情报政策更加透明，[②]来挽回民众对政府保护自由与隐私的信心。但美国仍坚持大规模监控全球网络以维护自身国家安全。欧洲向来重视因特网自由和民众隐私保护，但巴黎恐怖袭击事件发生之后，84%的法国民众认为国家安全比自由更重要。[③]由此看来，美欧长期对一些国家进行诸如互联网言论不自由、不保护民众隐私等方面的指责，表明美欧很大程度上无视这些国家的安全需求。

二是反思西方意识形态自身存在的问题。2015年美国《大西洋月刊》发表格林姆·伍德的文章，指出，[④]"伊斯兰国"不是简单的恐怖主义，而是一种以原教旨主义宗教意识形态对抗西方意识形态的抗争。民意测验表明，竟有16%的法国民众同情或支持"伊斯兰国"，[⑤]英国1/5穆斯林同情"伊斯兰国"。[⑥]"伊斯兰国"的问题可以更多地从多个角度进行反思，比如，自由需不需要底线？需要什么样的底线？有没有统一的标准？西方意识形态倡导的因特网自由是否应该用统一的价值标准去衡量？这种反思的结果将在很大程度上决定国际社会能否跨越意识形态开展网络空间的全面合作。

其实，国际社会在网络空间关于意识形态的分歧小于人们的想象。中俄在今年递交给联合国的关于建立信息安全国际行为准则的信中，

---

① White House，"Executive Order—Promoting Private Sector Cybersecurity Information Sharing"，https：//www. whitehouse. gov/the-press-office/2015/02/13/executive-order-promoting-private-sector-cybersecurity-information-shari. 访问时间：2016年1月10日。

② Office of the Director of National Intelligence，Principles of Intelligence Transparency for the Intelligence Community，http：//www. dni. gov/index. php/intelligence-community/intelligence-transparency-principles。

③ 新华网："民调：逾八成法国人认为'安全'比'自由'更重要"，http：//news. xinhuanet. com/world/2015－11/18/c_ 1117182408. htm.（2015年11月30日访问）。

④ Graeme Wood，" What ISIS Really Wants"，http：//www. theatlantic. com/magazine/archive/2015/03/what-isis-really-wants/384980/.（2015年5月15日访问）。

⑤ Newsweek，"16% of French Citizens Support ISIS，Poll Finds"，http：//www. newsweek. com/16－french-citizens-support-ISIS-poll-finds－266795. 访问时间：2016年1月10日。

⑥ Channel 4 news，"FactCheck：how many British Muslims support IS?"，http：//blogs. channel4. com/factcheck/factcheck-britISh-muslims-support/22092. 访问时间：2016年1月10日。

明确将倡导互联网自由平等作为重要内容。[①] 其实，各国都高度重视互联网自由所带来的社会价值。国际社会在互联网自由方面应该拥有同一标准。那些危害国家安全的极端言论在任何国家都是不被允许的。

四、国际社会在制定网络行为准则方面取得重要进展

实现全球治理一般遵从"国际行为准则、国际性机制安排、意识形态认同"三步走的策略。[②] 网络空间国际治理也应该有路线图。广泛遵守的国际网络行为准则是网络空间国际治理的第一步，它已经成为当前网络外交核心内容，也是当前国际社会最可能达成阶段性合作成果的领域。

（一）联合国政府专家组就国际网络行为准则达成重大共识

2015 年联合国第四次组建政府专家组（GGE），[③] 在制定国际网络行为准则上达成重大共识。[④] 有关报告公布后，各主要国家都认为自己的主张被报告吸收。美方专家认为，美方主张的三个重要原则被采纳：一是国际法基本原则（人道主义原则、必要性原则、成比例原则、区别对待原则）适用于网络空间；[⑤] 二是各国有义务在关键基础设施应急反应上协助他国；三是各国应该支持计算机应急反应分队（CERT）为应对跨国网络威胁所作的努力。俄方专家则认为，[⑥] 该报告更多地使用了俄罗斯一直倡导的"信息安全"而不是"网络安全"提法，是对俄罗斯主张的综合运用军事、政治、法律、行政等手段应对信息安全威胁的国际认可。报告没有采纳美方提出的"单纯强调联合国宪章第 51

---

① CCDCOE, "International code of conduct for information security", https://ccdcoe. org/sites/default/files/documents/UN 150113 CodeOfConduct. pdf. 访问时间：2016 年 1 月 10 日。

② "阎学通：网络竞争的重要性已超核竞争"，凤凰网智库，http://pit. ifeng. com/a/20151014/44834567_ 0. shtml 访问时间：2016 年 1 月 10 日。

③ CFR, "The UN GGE on Cybersecurity: What IS the UN's role?", by Guest Blogger, http://blogs. cfr. org/cyber/2015/04/15/the-un-gge-on-cybersecurity-what-IS-the-uns-role/. 访问时间：2016 年 1 月 10 日。

④ UN, "Official Documents System of the United Nations", http://www. un. org/ga/search/view_ doc. asp? symbol = A/70/174. 访问时间：2016 年 1 月 10 日。

⑤ CFR, "The 2015 GGE Report: Breaking New Ground, Ever So Slowly", http://blogs. cfr. org/cyber/2015/09/08/the – 2015 – gge-report-breaking-new-ground-ever-so-slowly/. 访问时间：2016 年 1 月 10 日。

⑥ "对俄罗斯 GGE 专家的采访"，俄罗斯通信社，http://www. kommersant. ru/doc/2790234. 访问时间：2016 年 1 月 10 日。

款适用于网络空间”说法，而是确认“全部联合国宪章基本适用于网络空间”的原则，则被俄方解读为国际社会的共同胜利。俄方被报告吸收的其他几个原则性建议直指美方。这包括：国家必须确保针对他国网络行动指控的确凿性——这直指索尼影业被攻击事件发生后美方不负责任的做法；国家应该确保 ICT（信息通信技术）产品供应链安全——这主要针对斯诺登事件揭露美方侵犯国际软硬件供应链的知识产权；和平时期不应该攻击对方的关键基础设施——这主要针对美方违反国际法攻击伊朗的“震网”行动。

该报告所确定的国际网络行为准则的基本原则门槛尚比较低，主要体现的是各方针对网络空间利益在道义上的宣示。其实，2013—2014 年的 GGE 报告就明确指出，网络空间有国家主权。但各方对网络空间主权的界定存在巨大差异。美军网络司令部司令罗杰斯在 2015 年 9 月参议院听证会上公开宣称，“中国认为（跨国）获取（他国）通信和数据侵犯国家主权，我们拒绝这样的概念”。[①] 此外，各国对于国家在网络空间治理中应该扮演什么样的角色还有很多不同意见。欧美国家认为在中国等国，国家管得多了；不少新兴市场国家则认为欧美国家实行大规模监控计划，其实是在控制网络空间的问题上走得更远。巴西、印度、俄罗斯等国认为，美国政府控制下的互联网域名管理组织（ICANN）所提供的互联网域名服务，[②] 是欧美网络空间作战基础设施的重要组成部分，其管理授权能否实现全球化，是检验美国能否兑现确保网络空间稳定政治承诺的重要标准。总之，国际网络行为准则在网络主权的界定、国家在网络空间治理中的角色、ICANN 全球化等三个具体问题上尚有待取得实质性进展。

（二）网络空间国际治理需要全新理念

国际网络行为准则只是各国对网络安全需求的最大公约数，是网络国际治理的基础。各国一般会根据自身国家安全需求选择性地对其

---

① “They (China) believe that access to communications and data is a sovereign right. We reject that notion. ”, NSA Director: continuing cyber threats unlikely to diminish despite agreement with China”, https://www. centerforsecuritypolicy. org/2015/09/28/nsa-director-continuing-cyber-threats-unlikely-to-diminISh-despite-agreement-with-china/. 访问时间：2016 年 1 月 10 日。

② US National Telecommunications and Information Administration, “IANA Functions and Related Root Zone Management Transition Questions and Answers”, https: //www. ntia. doc. gov/files/ntia/publications/qa_ –_ iana-for_ web_ eop. pdf。

进行解释。比如，美国国防部2015年6月公布了修订版的《战争法手册》。[1] 该手册表明，美军在将传统武装冲突法适用于网络空间的过程中，以“网络行动对物理现实世界的影响效果”来衡量网络行动，而不是按照“网络行动对网络空间本身的影响效果”来制定法律规范。美军简单套用武装冲突法，是要为网络作战行动提供法律空间。但其中最关键的法律空白就是网络战场预置的问题。美军认为，网络战场预置不影响现实物理世界，不违法、不侵犯国家主权。而事实上，这种行为已经侵犯国家网络主权。这也是几乎所有网络空间武装冲突法的焦点问题。美国一直特别强调武装冲突法的自卫权问题，实质也是为其发展战场预置能力、方便发动先发制人式攻击性网络作战行动寻找法律依据。

美国国务院网络事务协调官佩恩特（Painter）表达了美国在网络空间治理框架上的设计：[2] 一是美方认为网络空间不处于丛林时代，有各种现行法律可以直接运用到该领域。2015年GGE报告首先就国家在网络空间的一般性原则问题确立一个高标准的道德门槛；二是在该高门槛之下，坚定不移地强化美国进攻性网络能力建设。他认为发展攻击性防御能力有助于网络空间生态系统的长远稳定；三是在前两者基础之上，推动网络大国之间战略互信。美国这是在仿照核与航天领域试图以大国俱乐部模式治理网络空间。这属于典型的现实主义思维方式，对网络大国具有吸引力。但网络空间在具有核、航天领域一切战略特征的同时，也具有核与航天领域所不具备的本质特征，即任何网络治理问题的核心不仅是安全问题，还有发展问题；而且发展与安全之间的紧密程度远高于核与航天领域。在网络空间，安全问题本质上仍然是零和游戏。它的解决关键不在于安全问题本身，而在于将发展问题与安全问题一并解决。在“安全与发展协同治理”的网络治理理

① DoD，DEPARTMENT OF DEFENSE LAW OF WAR MANUAL，994页，http：//www. defense. gov/pubs/Law-of-War-Manual-June－2015. pdf. 这是指导美国武装部队实际作战行动的法规性指导原则。在此之下，美军参联会将制定更加具有操作性的标准交战规则。事实上，美军早就在推动由参联会制定的军事交战规则，之后才向外界公开美军所理解的战争法。

② CFR，“Norms，Laws，and Cybersecurity，Cyber Offense and Rules of the Road”，http：//www. cfr. org/cybersecurity/norms-laws-cybersecurity/p37193. 访问时间：2016年1月10日。

念问题上，梅丽莎·哈撒韦（Melissa E. Hathaway）给了很好的诠释，[①]战略大师约瑟夫·奈也给出具体建议—机制复合体（Regime Complex）。[②]我们认为，应该适应网络空间国际治理的需求，将联合国的改革与强化网络空间国际治理结合起来。

（三）网络安全深度合作在产业界率先展开

网络空间易攻难守的非对称本质特征，一方面源于防御方因为政治权力、经济利益、意识形态的不同而处于分裂状态；另一方面，进攻方则只需以些许经济付出交换即可获取一定能力。改变网络攻守失衡状态关键在于防御方实现大联合，也就是一般所说的企业化策略。[③]这种策略适用于国际社会，也适用于网络产业界。2015 年，国际网络产业界首先行动，微软、谷歌、苹果等大型互联网服务公司开始加大对网络安全服务的投资，通过横向兼并一些网络安全企业，获得一些新的网络安全技术。美国多年来推动的《网络安全信息共享立法》于 2015 年度最终通过，[④]其目的也在于构建产业界协同防御的更密切关系，从而提升防御方的能力。

网络产业界跨领域合作在中国也全面展开。2015 年中国互联网安全大会上，[⑤]360 公司推出“网络安全大数据共享分析平台”。这个平台通过安全企业与用户大联合，采集与网络威胁相关的情报，并以大数据分析发现网络威胁，从而成为中国产业界首个威胁情报中心。这种“大合作”理念进一步提高了 360 公司的网络安全能力。国际社会也高度认可 360 公司在该领域作的贡献，纷纷与其展开跨国合作。11

---

① Melissa E. Hathaway, Connected Choices: How the Internet IS Challenging Sovereign Decisions, http://www.belfercenter.ksg.harvard.edu/files/uafp_ a_ 969178_ hathaway.pdf。

② Joseph Nye, The Regime Complex for Managing Global Cyber Activities, http://www.belfercenter.ksg.harvard.edu/files/Global%20Cyber%20final%20web.pdf。

③ 企业化（entrepreneurial），即不同部门在统一战略下更加紧密的协调一致行动完成使命。美国政府网络在 OPM 事件之后，推动的联邦政府网络安全现代化就是这个理念，White house, “Modernizing Federal Cybersecurity”, https://www.whitehouse.gov/blog/2015/10/30/modernizing-federal-cybersecurity。

④ 该法案将最初动议的“攻击前的数据共享”，改为“攻击后的威胁情报共享”，这样不会泄露商业秘密，所以获得产业界的支持。White House, CYBERSECURITY INFORMATION SHARING LEGISLATION, https://www.whitehouse.gov/sites/default/files/omb/legISlative/letters/information-sharing-legISlation-section-by-section.pdf 访问时间：2016 年 1 月 10 日。

⑤ “2015 中国互联网安全大会”，http://www.isc.360.cn/2015/index.html. 访问时间：2016 年 1 月 10 日。

月，首届中国互联网网络安全峰会召开。[①] 中国互联网三巨头，百度、阿里、腾讯，共同推进构建互联网企业之间的安全合作机制。这预示着中国网络安全产业界将面临重大的变革。

五、中国积极推动网络空间国际合作

习近平主席最早提出构建“和平、安全、开放、合作”的国际网络空间战略理念。[②] 在2015世界互联网安全乌镇大会上，习主席进一步提出四项原则、五点主张。[③] 这些理念重视“网络安全”与“网络发展”两大领域的均衡发展，反映了中国奉行“以安全保发展，以发展促安全”的战略理念。在此理念的指导下，中国将逐步明确网络空间国家战略和治理体系，并以更加积极、自信、灵活的姿态发挥自身的作用。

（一）中国网络空间战略与治理体系逐步明确

一些国家认为中国网络空间国家战略不透明。实际上，习主席高度重视网络战略，将网络战略上升到国家战略高度。当前，中国已经形成完整的网络空间战略框架，网络空间国家治理体系也逐步明确：中央网络安全与信息化领导小组就是中国网络空间国家治理的顶层；“十三五规划”中所提到的网络强国战略[④]就是中国的网络空间国家战略。[⑤] 此外，中国正在实施“互联网+”行动计划，发展分享经济，实施国家大数据战略；[⑥] 在新一轮军事改革中也将强化网络空间国防建

① “网络安全迫在眉睫 BAT 呼吁协同机制”，凤凰网，http://www.tech.ifeng.com/a/20151104/41501099_0.shtml. 访问时间：2016年1月10日。

② “习近平在巴西国会的演讲”，新华网，http://www.news.xinhuanet.com/world/2014-07/17/c_1111665403.htm. 访问时间：2016年1月10日。

③ 四项原则：尊重网络主权、维护和平安全、促进开放合作、构建良好秩序；五项主张：加快全球网络基础设施建设，促进互联互通；打造网上文化交流共享平台，促进交流互鉴；推动网络经济创新发展，促进共同繁荣；保障网络安全，促进有序发展；构建互联网治理体系，促进公平正义。“习近平在第二届世界互联网大会开幕式上的讲话（全文）”，新华网，http://www.news.xinhuanet.com/politics/2015-12/16/c_1117481089.htm. 访问时间：2016年1月10日。

④ 网络强国战略，译为 Cyberpower Strategy。

⑤ “网络强国战略——习近平与“十三五”十四大战略”，中华网，http://www.ccln.gov.cn/hotnews/155779.shtml. 访问时间：2016年1月10日。

⑥ “十三五”五大走势引领互联网，新华网，http://www.news.xinhuanet.com/fortune/2015-11/19/c_128444643.htm. 访问时间：2016年1月10日。

设。中国网络空间发展路线图正在逐渐明确。

（二）中国将谨慎开展网络空间对美合作

中国在网络空间面临的国际压力主要来自美国。而这种压力覆盖政治、经济、军事、科技等方方面面。中国将谨慎开展中美网络空间战略合作。这一方面是由于中美之间在地缘战略上的互疑成为双方开展全面合作的主要障碍，另一方面是由于美方网络战略、政策与力量建设不够透明，无法进行客观、准确的评估。当前，网络空间的基本政治矛盾仍然是美国谋求网络霸权与大多数国家要求保持网络空间和平稳定之间的矛盾。

（三）中国积极推动网络空间全方位国际合作

中国正努力推动全方位、多角度的网络空间国际合作，合作对象遍及各大洲，包括了发达国家和发展中国家合作的领域也不仅仅是网络空间安全问题，还包括网络空间发展问题。与美合作只是中国网络外交的一个环节。习主席访美期间与美方达成重大共识，一致同意以今年联合国 GGE 所达成的网络空间国际行为准则的原则精神为基础，推动全球网络合作。同时，中美网络安全协议具有全球示范意义，充分显示了中国在网络空间的负责任态度。

2016 年网络安全战略形势评估

2016 年是国际政治经济军事动荡之年。东欧乌克兰冲突常态化成为欧美俄三方博弈焦点；中东反“伊斯兰国”战争与中东区域问题深度交织、持续外溢；朝核问题与南海问题混杂影响东北亚安全局势；全球气候问题、核安全问题出现转机，但油价战争、货币战争竞争激烈。这种复杂安全焦点问题持续影响英国脱欧、美国大选、东盟地区稳定、欧洲大陆国内政治生态与政策走向，这种复杂传统与非传统安全博弈领域，与网络黑客主义、网络犯罪、网络间谍、网络反恐、网络战等问题激荡，处处都有网络的身影，处处都有网络安全问题出现，网络空间作为重要的竞争领域与手段，总体安全态势发展急剧恶化。如何正确认识网络空间、正确评估网络空间、正确对待网络空间，如何在新的战略环境中强化联合国框架下的国际网络合作、确保网络空间总体安全稳定，中国发出明确信号。

一、网络空间成为重大地缘危机主战场，凸显网络作为国家战略工具的核心地位

网络空间由威胁来源发展到威胁手段迟早是必然趋势，网络空间冲突成为地缘战略冲突的战场也必然成为常态，但 2016 年的四大地缘冲突焦点地区中伴随的网络冲突就迅速成为国际焦点，甚至有成为主战场的趋势，确实让人印象深刻。冲突中的强者为了自身利益，将网络手段提升到战略地位，不断深化网络手段在战场上的运用，而冲突中的弱者则借助网络手段赢取自身喘息机会。网络手段作为国家战略工具的核心地位得以确立。

（一）美、欧、俄鏖战中东与反恐，网络成为国际社会关注焦点

中东与海湾地区问题与中东反恐既是两个问题，又是一个问题。前台是叙利亚、伊拉克、伊朗、沙特、土耳其，他们之间的实质是什叶派与逊尼派争夺中东海湾地区领导权的问题，后台是美、欧、俄三方，以反恐为名义争夺对该地区的控制权问题。自俄罗斯出兵叙利亚以来，中东反恐成为七方核心焦点，成为一个问题，叙利亚反对派、

“伊斯兰国”、库尔德、也门胡塞武装只是同一个问题中的棋子。目前，俄罗斯军事力量将电子战、无人机作战、网络作战手段相结合，争夺叙利亚战场上对网络空间的控制权，一方面打乱 IS 军事行动，一方面慑阻美欧军事力量的介入，统筹传统陆海空军事行动，在军事上已经在叙利亚东北部站住了脚跟。这也引发美军对俄军战场网络作战能力的重新评估。美国则领导多国联军，一方面高调宣布其军事网络力量已经开始在战场上对“伊斯兰国”的作战行动，将原先针对“伊斯兰国”的网络情报作战行动，升级为针对“伊斯兰国”利用数字通信设备、公开因特网网络服务系统指挥控制战场行动的攻击性网络作战，一方面在其国内宣布收紧其国内网络审查，争取在社交媒体上打赢反“伊斯兰国”的舆论宣传战，目前已经取得了包括摩苏尔在内的伊拉克北部地区的部分控制权。从反“伊斯兰国”的角度，军事网络手段成为高效的反游击战的核心，从美欧俄军事博弈的角度，战场制网权成为美欧俄对抗的核心，从情报角度，网络手段成为反极端宗教舆论宣传的利器。国际社会普遍关注这场战争中的网络表现，也预示着未来其他地缘危机或冲突中网络作战将成为替代海湾战争中的空战、反恐战争中阿富汗战场上的特种作战的新的作战样式。

（二）东北亚核心议题表现为核导，竞争焦点则是网络情报

2016 年东北亚地区核心议题不仅包括朝鲜核与导弹能力发展问题，也包括韩国、日本的核问题与萨德反导系统部署问题，但当前的主要关注焦点是核导问题背后的网络问题。朝鲜核与导弹能力到底发展到何种程度？是否已经具备实战能力？这成为摆在美、日、韩三方网络情报部门的核心任务。当前，美日情报共享体制已经确立，韩国则借总统朴槿惠 2016 年遭受执政危机的契机，签订韩日《军事情报保护协定》，韩日情报共享体系也得以确立，这其中就包括侦察卫星、间谍卫星、雷达站、监听站等获得的网络空间军事通信情报等最重要的军事信号情报共享。在美国的支持下，韩国智库峨山政策研究院发布报告，揭露中国丹东地区个别企业与朝鲜敏感物资交易的情报只是该情报共享体系小试牛刀，直接促成联合国安理会一致通过新的对朝制裁决议。东北亚核导问题的另一面是韩日的核导能力问题。虽然目前美方没有放弃“不首先使用核武器”的承诺，暂时缓解了韩日发展核能力的需求，但韩国和日本在 2016 年先后借朝鲜核导系列实验问题宣布将部署

萨德反导系统，这引发了中俄的高度关注。萨德反导系统在东欧和东北亚的可能部署长远的战略意义、军事意义很大，中俄必定发展战时反制手段，但在当前，萨德反导系统在和平时期的核心问题在于其 X 波段雷达的网络空间信号情报问题，这种信号情报能力严重削弱中俄战略核威慑能力，严重破坏全球战略稳定。

（三）后乌克兰危机网络对抗常态化，网络安全成为新话题

2016 年乌克兰东北地区不断失去国际社会关注焦点，战场上的冲突逐步进入常态化，但因为“黑色能源”黑客组织对乌克兰部分地区供电系统的网络攻击而引发国际关注。该网络攻击行动被视作为乌克兰切断克里米亚地区电力供应的反击，尽管俄罗斯政府坚决否认，但“你物理切断我电力供应，我网络手段报复你对等的电力系统”这样的背后逻辑自然导致该网络攻击被美欧国家视作是俄罗斯所为。网络空间关键基础设施安全同样是俄罗斯高度关注的问题，相信俄罗斯不会贸然采取行动把冲突升级到网络空间，引火烧身，但美欧国家不会相信俄罗斯的解释，因为乌克兰地缘危机冲突在欧俄引发持续发酵：2016 年 4 月，德国 Gundermmingen 核电站的计算机系统，在常规安全检查中发现恶意软件，核电站的操作人员为防不测，关闭了发电厂。2016 年 12 月，俄罗斯媒体宣布，已经发现以荷兰为基地网络攻击俄罗斯金融系统的线索，该攻击试图扰乱俄罗斯金融体系，其背后有乌克兰的身影，也有西方情报系统的参与。乌克兰地缘冲突在欧洲扩散的可能性比较低，双方都认识到这种地缘冲突的风险，但这种冲突导致的网络空间冲突可能的升级，尤其是网络空间国家关键基础设施安全问题，引发国际社会高度关注。

二、军事力量介入网络国防尚有很多结构性矛盾，但网络空间军事化已经不可逆转

网络国防是网络空间国家防御，但网络国防问题复杂而敏感。说其复杂，是因为国际社会对网络国防的认识还不统一；防啥？怎么防？谁来防？谁领导？力量形态是什么？运作机制该怎么安排？国际社会尚没有定论。说其敏感，是因为涉及军事力量介入网络国防的问题，这个问题的核心是对军事力量介入网络国防的职能定位。尽管网络国防的几个重大问题还有待国际实践回答，但各国都在积极发展攻击性

军事网络作战力量，网络空间军事化已经不可逆转。

（一）美国引领网络国防建设发展趋势，美军介入网络国防已经出现实质性进展

美国网络国防领导体制成熟于2012年，但美国一直避免谈论军事力量如何介入网络国防，美国官方政策也不断重申，美军不追求网络空间军事化，斯诺登揭秘事件揭露出的2012年奥巴马签署的“美国国家网络作战政策－PPD20”已经表明，美国在国安委领导体制之下，以国家安全部、司法部和国防部为主管领导部门，FBI、CIA、NSA、国土安全部国家网络安全局（NCSD）、美军网络司令部为支撑单位的美国网络国防领导体制已经成型，美军只是该力量体系之一，赋予美军的也是支援任务。正如6月份美国网络安全协调官迈克尔·丹尼尔在访问北京时所说，美国网络战略三大目标：网络事故应急响应能力建设；公私合作维护网络安全；遏制、限制对手的网络活动。美军介入其中的更多的是第三点。今年7月，白宫公布发布41号总统政策令，构建美国网络应急反应协调机制，该机制强调司法部、国土安全部、FBI和美军等网络力量在网络应急反应领域的合作与协调，美国也一直希望向外界传递美国网络国防是“whole of government”体制，美军只是其中力量之一。

但美军介入网络国防还不止要看其总体战略框架，还要看美军在该过程中做了什么。2016年年初，美国非正式地公开其《网络威慑战略政策报告》，该政策99%的篇幅都是在谈为了网络安全而采取的综合威慑手段。但在该报告的最后特别强调，美军会坚定地发展攻击性网络作战力量。2016年初，美国高调宣布美军已经在战场发动对“伊斯兰国”的网络战。该事件是网络空间军事化历史进程中的转折性事件。10月，美国防部宣布，其133支网络任务分队已经形成初始作战能力。其中，有39支负责支援国家网络作战，94支负责战场支援联合作战。为了打消美军介入国内网络安全防御这一敏感话题，美军自2015年开始逐步发展以国民警卫队、空中警卫队、预备役为主的网络作战分队。但这些分队的编组模式、使用的网络作战装备将向美军看齐。美军在2018年以前，将在每个州部署一支网络作战任务分队。现在美军热烈讨论两个问题：一是将美军网络司令部升格为一级作战司令部；二是是否将网络司令部与国家安全局分拆成两个单位。对于前者，美军高层已经有共识，基本没有障碍。对于后者，已经有计划，但美国尚没有一致意见。这表明美军将进一步发展军事网络作战力量，而这种力量将继续与情报领域混合在一起，军事和情报作战行动对国家的情报支援与军事网络作战行动仍然混杂在一起支援国家安全。国际黑客组织“shadow brocker”先后两次曝光美国国家安全局针对西太、东北亚、俄罗斯远东地区的网络情报行动和相关网络作战装备，大范围监视有关地区与国家关键政治、军事、经济目标，这些都表明美军网络国防体制早已取得实质性进展。

（二）欧洲正在为网络国防做准备，发展欧洲自身的网络国防力量成为年度重点工作

2016年欧洲国家重点强调网络国防力量建设，特别是2016年国际恐怖主义在欧洲的扩散，欧洲国家强烈意识到在网络国防领域最大问题在于力量不足，也包括投入不足，这让欧洲国家开始在网络国防力量建设方面下大力气，特别是军事网络力量的介入成为新选项：2016年11月，英国颁布新版国家网络安全战略，强调网络威慑战略，强调在“whole of bovernment”框架下军事力量介入网络国防的体制，先后组建以英军为主的“网络威胁作战中心”并组建新的网络情报旅，和以情报系统（GCHQ）为主的“国家网络安全中心”，未来五年投资19亿英镑，发展网络安全研究所和网络安全创新中心，着重推动、探索私营企业参与国家网络国防的方式。德国则于12月发布新版国家网络安全战略，该战略在之前组建的国家网络安全理事会、“国家网络防御中心（NCDC）”的基础上，在德国联邦国防军成立新的网络和信息空间司令部（Kdo CIR），赋予它统筹国防军网络运维和网络战的职责，它们将与内政部新组建的信息安全域中央办公室一起，在德国联邦情报局指导下，在国家安全委员会体制下支援网络国防。2016年，法国在去年发布国家网络安全战略、建设军事网络情报旅的的基础之上，继续推动法军预备役参与网络国防使命，并于11月宣布启动国家互联网安全战略，这项计划是响应英国的做法。到12月，法国国防部长伊夫．勒．古德里安宣布，成立首支网络部队，并于下月投入作战，并计划到2019年建立起拥有2600名专业人员的队伍。

与此同时，欧盟也强烈意识到网络空间合作的重要性，强烈意识到欧洲网络安全产业尚比较薄弱这个事实，在2004年组建的欧盟网络与信息安全局（ENISA）强调合作式、被动式防御网络的基础上，正在研究发展实体化的欧洲网络与情报安全局（EINSA），发展主动安全防御能力，正在研究发展行业协会性质的“欧洲网络安全组织”（EC-SO），推动网络安全与网络情报产业在欧洲的发展。欧盟对这三大组织的重视是欧盟未来网络安全力量发展的重大趋势。

欧洲谋求独立于美国的网络国防领导体制和发展国家网络安全力量并不代表欧洲将与美国决裂。斯诺登揭露美国对欧洲盟国无差别监控以后，美欧在网络安全问题上的战略盟友关系严重受挫。在2016年9月德国议会组织的针对斯诺登监控德国的听证会上，德国质询美国网络安全专家刘易斯美国的网络监控政策和全球网络间谍行动。德国在2016年组建专门的公司推动云计算中心在欧洲的落地维护数据主权。但欧洲在网络国防领域发展一直在跟随美国的做法，特别是领导体制机制，双方有极为相似的国家安全领导架构，借助这种体制优势，欧洲国家可以很快将军事力量纳入到网络国防领导体制之下，2016年英、法、德三国在网络国防领域都是在学习美国。但至少在当前，特别是在反恐问题上的一致性战略需求让美欧进一步走到一起。2015年年底巴黎恐怖袭击之后，美欧紧急加强网络情报合作。继2015年欧洲高院否决美欧已经运作15年的数据自由跨大西洋传输合作的“安全港协议”之后，2016年2月，美欧达成替代型“隐私盾”新协议，允许一定条件下美欧数据共享。这些都表明，美欧国家在网络国防问题上有差异，也有扯不断的关系。

（三）西方国家认为俄罗斯网络战更趋进攻性，但俄罗斯更加突出强调防御性网络国防统筹

2016年俄罗斯在叙利亚、乌克兰甚至是卷入美国民主党竞选总部（DNC）被黑事件都被西方解读为俄罗斯网络战更趋进攻性。俄罗斯RT新闻网几乎实时的播报叙利亚战场进程让欧美国家民众心理非常震撼，认为俄罗斯在“武器化”社交媒体，俄罗斯正在展开“混合战争”，而俄罗斯所称的网络战代名词——信息战被认为是混合战争的重要表现形式。2016年美军开始加紧研究学习俄罗斯在叙利亚和乌克兰战场上表现出的强大网络电磁制控能力，欧洲媒体正在关注俄罗斯最新展示出来的新式隐形导弹、S400防空系统、远程轰炸机和航母作战跨域打击“伊斯兰国”的作战能力，关注“2016高加索”战略演习中的 ESL 信息作战部队与传统空中打击、边防部队的联合演练，英国军事情报机构 MI5 也在将俄罗斯视作是高于“伊斯兰国”的另一个重大网络威胁。无论俄罗斯官方如何否认涉事“黑色能源”网络攻击乌克兰，即使阿桑奇借助 RT 新闻网直接澄清 DNC 被黑事件与俄罗斯政府毫无关系，西方的媒体、民众甚至精英阶层根本不相信俄罗斯，认定俄罗斯攻击性网络作战已经达到新高度。

其实，俄罗斯真实展示出的是一种理性的、防御性战略态势，在网络国防问题上也是如此。2016 年西方专家高度关注的 2015 年年底俄罗斯公布的新版国家安全战略，更加强调全面系统的俄罗斯国家安全利益，更加强调“whole of government”模式的国家力量综合运用。伴随新版俄罗斯国家安全战略文件，还应该有新版俄罗斯联邦政府网络安全战略文件，但该文件草案自 2015 年征求社会意见以来，2016 年并没有正式公布。可见，俄罗斯正在从战略上努力理顺国内网络国防体制。它不仅关注战场上的军事网络作战行动，更关注国家网络主权、网络舆情管控、关键基础设施安全、网络犯罪等等针对外来网络威胁防御型作战。从 2016 年俄罗斯联邦政府当前正在做的情报系统改革、正在鼓励非营利性的“反黑客中心”等事实来看，俄罗斯正在统筹整合国内网络国防力量。从 2016 年 11 月俄罗斯联邦安全局能够迅速对外国政府支持的、针对俄罗斯金融系统的网络攻击的反应来看，俄罗斯已经在网络国防的被动防御能力建设领域取得了初步成果。

（四）网络大国强调综合防御、中小国投资进攻性能力，成为当前国际网络国防的一个阶段性特征

在网络国防的战略态势上奉行防御态势还是进攻态势需要各国自身很好地把握。一般来讲，网络大国因为自身对网络基础设施依赖较大，首要任务是布局网络防御。而网络小国，对网络基础设施依赖小，更关注发展攻击性网络作战力量，实现短期内紧迫的国家安全利益。2016 年，网络威慑战略被世界各国普遍接受，但从战略姿态角度来讲，大国和小国各有侧重。继 2015 年国防部网络新战略中特别强调“自我约束”战略的基础上，美国 2016 年更加强调内部整合，以总统政策令的形式明确司法部、国土安全部、FBI 及军方在应急反应协调机制中的作用。英国虽然在 2016 年新版网络安全战略文本中首次强调网络威慑，但从该战略的主体内容来看，仍然强调内部整合，强调集体防御，强调攻击性网络作战力量的防御型作战运用。2016年年底俄罗斯国家安全委员会公布新版信息安全学说，相较旧版学说，该文件强调外国以军事目的发展的信息与技术对俄罗斯信息安全的影响，强调对俄罗斯联邦武装部队信息系统的现代化，它与俄罗斯联邦政府军事政策相一致，目的是要战略上保持克制，防止因使用信息技术导致的军事冲突，从本质上看，该战略也是奉行威慑。

反观网络中小国则不然。伊朗将“软战争”作为军事战略的一部分，成立网络防御司令部，自称有世界第四大的网络部队，其网络行动被国际社会认为最为活跃。在2016年贯穿伊朗、沙特在也门内战中战场军事行动，三方在网络空间也有激烈交手。2016年12月媒体报道，伊朗组建网络旅，训练学生民兵组织，参与反“伊斯兰国”的网络战，该组织将与伊朗情报系统的联合网络部队一起在线监测网上行动。2016年12月，OPEC达成石油减产协议之后，马上有媒体报道疑似来自伊朗对沙特央行的攻击行动。朝韩之间在3月份朝鲜核试验之后，网络对攻的事件进一步增多。2016年3月，乌克兰总统颁布新版网络安全战略，为应对来自俄罗斯、针对乌克兰关键基础设施的网络攻击，计划在乌克兰武装部队组建一个新的特种网络防御分队。以色列国家电网工业于2016年1月份遭到最强规模的网络攻击。哈萨克斯坦在面临国内政治虚假报道、极端主义言论等问题，于2016年8月进一步强化网上舆情监控。有媒体2016年12月报道，因为网络犯罪问题持续走高，肯尼亚政府正在遭受来自周边国家更为复杂的网络攻击。巴西军方在2016年奥运会期间，则全面参与国家网络安防；日本为了保障2020年东京奥运，发出明确指令，要各大科技公司在今后三年培养19万网络人才，官民合力打造一支强有力的网安部队。国际社会中小国家这种具有明确国家安全需求的攻击性网络力量建设，将逐步成为这些国家发展网络国防的重大战略驱动。

三、全球化发展进程进入调整期背景下，各国国内网络空间战略与政策走向值得关注

从英国脱欧、美国大选、意大利宪法公投，到菲律宾新政府、马来西亚吉兰丹州新穆斯林刑法、巴西总统弹劾、韩国总统弹劾等等国内政治生态转向，从联合国气候大会、全面禁止核试验条约等成

果反转，到TPP、TTIP的命运多舛，强势美元与各国货币普遍疲软冲击世界经济复苏，2016年国际社会走向全球化发展的调整期。网络安全、数字经济等等即是该发展趋势的促动者，也是该发展趋势的受害者，在这样的国际背景下，各国网络空间战略与政策走向值得关注。

（一）国际意识形态斗争领域态势反转，西方国内网络监控政策可能收紧

全球化进入调整期的首要表现是在意识形态领域，由此延伸到各国国内政治层面。长久以来国际意识形态领域斗争以美欧国家占据主动，中俄、穆斯林国家则一直处于被动态势，2016年这种战略态势出现反转。2016年美国大选期间DNC总部被黑、维基解密持续曝光特定候选人“邮件门”所涉及的政治决策交易、美国国内黑客主义盛行三大现象，引发美国国内政治精英层高度紧张。在二十国集团（G20）杭州峰会期间，奥巴马专门会见普京，就该事件向俄罗斯交涉。无独有偶，韩国媒体10月24日曝光“闺蜜门”事件，韩国民众借助网络“人肉搜索”揭露韩国政商勾结内幕，迅速导致韩国总统遭受弹劾。12月，德国联邦宪法保卫局（BfV）证实，被怀疑来自俄罗斯、曾卷入DNC被黑事件、代号“花式熊”的APT28攻击小组在德国的间谍活动猛增，通知国内各部门小心防范其可能通过网络攻击或虚假情报影响德国明年大选。无论这种网络手段是来自国外还是国内，是有组织的攻击行动，还是纯粹的黑客主义事件，都暴露出美西方国家一直标榜的自由民主体制的虚伪性，“很大程度上是美国中产阶级对其价值观受到知识分子阶层攻击做出的反应”，是大众与精英在美国外交事务上的观念分歧，是美国平民的起义，本质是其国内意识形态出了问题，威胁了西方国家执政阶层的合法性，对西方政治生态造成巨大冲击。

这种情况下，西方国家网络监控政策可能会收紧。大选结束后，美方专家开始讨论特朗普上台后美国国内网络政策的走向，要求结束网络监控政策摇摆不定的局面，坚定发展网络监控。白宫也于12月宣布对“邮件门”事件进行彻查。2016年俄罗斯信息安全学说出台后，美国网络专家马丁·里贝基强调，美方所讲的“Cyber”安全的概念相对狭窄，应该像俄罗斯一样讲“Information”安全，更加强调信息监管。12月8日，美参议院两党议员共同提出“反外国宣传和谣言法案”，该法案要求国务院成立一个跨部门机构协调政府各部门的反谣言工作，帮助美国及其盟国对抗来自他们所谓俄罗斯、中国和其他国家的谣言和宣传。其实，美欧以国家安全的名义，已经在收紧国内网络监控政策。2016 年美国谷歌、脸书、推特、微软公司已经开始联手应对各自平台产品上的涉恐言论，他们也与欧盟达成协议，删除欧洲用户可访问的、煽动仇恨和恐怖主义的信息。在瑞士 2016 年 9 月的《新情报法》的公投中，民众甚至支持给予情报部门更大的监控权力；英国在其新版网络安全战略中也特别强调构建国家防火墙加大反恐内容监控。在这种前提下，再以国内意识形态斗争问题为由加大国内监控，不一定能够获得西方国家内部民众的支持。

（二）全球货币战争战况惨烈，网络空间既承担新使命，也出现新机遇

2016 年全球化进入调整期的一个重要特征是以美元、欧元、日元、人民币为主体的国际主要货币与各国国内货币之间货币政策的调整与博弈。但这一轮调整与博弈因为网络空间而不同。以往，以产业政策、经济政策、财政政策、国债政策、贸易政策、货币政策、金融政策为核心的七大博弈手段产生实际效果都有一个不同周期，美元正是利用这种时间差，通过所谓的 QE 量化宽松政策，在经济衰退时期自由地利用货币政策与其他政策产生效果的时间差“剪羊毛”。但这一轮“剪羊毛”是在国际数字产业、电子商务、国际物流、金融市场借助网络高度互联互通、互相透明的前提下展开，在网络空间的支撑下，七大政策手段产生实际效果的周期趋同，或者至少对国际货币政策的“预期”趋同，这导致 2016 年全年，至少在主要国际货币美元、欧元、日元、人民币之间的货币政策博弈很难出现一边倒的趋势，美元难以迅速、高效地剪羊毛。在美国国家强大政治势力的介入下，四轮 QE 让美元超发几万亿美金，但美元却违反马克思主义基本机制规律在不断出现升值预期，正是美元这种升值预期反过来影响美联储在美元加息问题上犹豫不决。因为一旦加息美元有可能升值，美元升值导致美元外流、影响美国国内的经济与产业发展，经济与产业停滞反过来就会难以支撑美元升值，如果进入死循环，美元面临崩溃局面。正是因为网络手段的介入，让美联储货币政策透明，货币政策的灵活度降低。2016 年美总统竞选期间，特朗普就坚持放弃奥巴马政府对美金融界监管的政策，而金融监管的重要表现也是降低这种透明度，试图让美金融系统放开手脚，这是非常危险的信号。如果不能借助网络手段，借助金融监管政策限制美国货币政策优势，另一场金融危机随时可能爆发。这是网络空间对货币政策的重大使命。

其实，国际货币战争的出路在网络空间，比特币与区块链等虚拟货币技术成为今年国际货币领域的热点话题。2016 年 11 月 8 日，印度总理莫迪突然宣布，印度 500 卢比和 1000 卢比面值的钞票退出流通。因为印度国内市场 86% 是现钞交易，短时间内导致货币流通不畅，国民经济混乱，但一个月后印度财政部马上宣布新政策，通过折扣和见面刷卡手续费等手段，大力推动电子支付。无独有偶，2016 年 10 月，韩国政府也在推动限制实物货币、发展电子支付手段。与此同时，2016 年，新加坡、乌克兰、法国、芬兰等国政府在比特币、区块链等技术在央行系统的运用政策上更加趋于积极的态度，一方面有限度地放宽政策，另一方面加大对实验与研究的跟踪。目前，区块链技术已经被多家银行用来完成跨行、跨境支付、小额信贷、票据结算，瑞士信贷银行已经在测试区块链技术应用于银团贷款。2016 年 1 月，包括美国银行、花旗银行、汇丰银行在内的 40 多家重要银行组建著名的 R3 联盟已经完成覆盖 11 家银行的测试。虽然，比特币与区块链在技术上面临着网络黑客的挑战，但人们对新型虚拟货币有天生的“信心”优势，有助于减弱传统实物货币战争中强势货币与非强势货币之间固有的不对称劣势。这是网络空间在改变国际金融竞争法则的重大机遇。各国对待虚拟货币与交易系统的政策，是其网络空间政策重要领域。

（三）国际核、航天、反导、电磁等领域战略博弈出现新迹象，政策焦点进一步转向网络空间

全球化调整期是否还有能力发展战略力量，是维持现有战略稳定格局，还是继续发展战略力量谋求当前的战略优势，成为各大国重大课题。在美国方面，核、航天、反导、电磁四大战略领域的博弈与网络问题交织，出现新思路：美国核政策求稳、航天政策求新、反导政策求实、电磁空间政策求进，但都有网络的身影。2016 年，尽管国会否决了奥巴马政府试图推动的“不首先使用核武政策”“签署全面禁止核试验条约”两项重大战略性政策，但奥巴马开始寻求推动“核武现代化预算”来缓解未来20年核武库现代化项目对国防预算带来的沉重压力。在该预算中单独强调核武库指挥控制系统的升级问题。美国有关智库也正在寻求倡导不首先以网络手段攻击核指挥控制系统的倡议，是要保证核领域的战略持久、稳定、有效。2016年美战略司令部组建新的“联合跨部门合同航天作战中心”（JICSpc）正式进入初始作战能力状态，该机构的核心是将军事航天与情报航天结合，将航天部队变成战斗部队，不仅执行航天动能杀伤对抗，还要应对虚拟网络手段对航天系统的威胁，不仅执行战场军事情报行动，还要支持执行网络作战行动。航天与网络的结合，成为该战略思路的核心亮点。在2015年东欧部署萨德反导系统的基础上，2016年在美国主导推动下，在东北亚日韩部署萨德反导系统的核心战略效应也是要借助萨德反导系统的X波段雷达形成航天态势感知能力。一旦两者部署完成，美在全球范围内的航天态势感知能力将形成坚实的体系化能力。2012年12月，美军电子战执行委员会（EW EXCOM）首次提交电子战新战略，正在试图在2018年国防预算中将电子战与其他领域独立出来单独预算，其中，网电融合式的电子战装备采办成为焦点，预计未来很可能进一步将电磁空间与网络空间一样升格为独立的作战空间。

面对美国在这个四大战略领域与网络空间的融合策略，面对全球战略稳定遭受破坏的风险，中俄两国则从强调全面的、跨战略领域稳定的角度展开合作。两国元首于2016年6月25日签署了两个联合声明：一是《中俄关于加强全球战略稳定的联合声明》；二是《中俄关于协作推进信息网络空间发展的联合声明》。这两个声明明确指出，国际社会惯于将“战略稳定”视为核武器领域的纯军事概念。这不能反映当代战略问题所有具有的广度和多面性。“一些谋求获得军事优势地位的国家和联盟顽固拒绝讨论削减和现实保障其拥有决定军事优势的武器，这正是全球战略平衡与稳定遭到破坏的重要根源。”强调核与反导、全球即时打击系统、外空武器化、生化武器扩散、网络空间军事化等问题共同构成全面国际战略稳定领域。两国共同强调国际法和联合国框架下共同合作，强调将军事能力维持在保证国家安全需要的最低水平。可以看到，短期内全球战略稳定尚没有被打破的风险，但2016年全球战略态势发展的倾向，确实值得国际社会广泛关注。

（四）各国自主网络反击的能力建设将进入快车道，私营企业如何参与网络空间主动防御成为焦点

2016年介于进攻性与防御性网络作战能力之间的主动反击（Hack-Back）能力建设成为国际社会网络力量建设的焦点。主动反击就是将国家层面的网络溯源能力与网络进攻能力相结合，建设针对网络威胁源头的进攻性网络作战能力体系。该能力被重视得益于两个原因：一是网络主动反击能力是当前国家网络安全投入成本与安全利益收益之间的平衡点。网络空间纯粹防御型力量建设经济成本太高，任何单一漏洞都可能产生体系化的战略风险，全面漏洞防御不可能也不现实，是个无底洞。网络进攻能力则政治成本非常高，容易引发国际社会应激性安全反应，但以攻击性网络作战能力反击网络威胁则具有相当的合法性，攻防兼备的主动防御能力恰巧能够被现有国际法所默许。二是斯诺登揭秘之后，美国网络空间主动防御能力建设的方式被国际社会广泛关注，美国创新性的主动防御体系建设经验被国际社会掌握，主动防御被视作是网络空间战略能力提升到前所未有的高度。除英国以外，2016年宣布拥有主动防御能力的国家还包括澳大利亚。估计，到2020年以前，俄罗斯、德国、日本、法国、印度、巴西、韩国等网络中等强国，都可能在该能力建设方面取得突破，将国家层面的溯源能力与主动进攻能力结合起来，形成体系化。但各国在主动反击能力运用上存在巨大的风险，主要原因是网络主动反击的成功率尚不是很高，容易出现攻击错误目标、附带影响正常网络通信的情况，容易外溢到政治领域、挑起地缘政治争端。

虽然目前网络反击力量尚掌握在各国政府手中，但未来，国家运用该力量的政策、特别是对私营部门在攻击性反击力量体系中扮演角色的政策定位值得关注。2016年10月，美国乔治·华盛顿大学国土安全网络中心发布题为《灰色区域：私营部门与应对网络威胁的主动防御》报告。该报告的核心目的是在坚持私营企业不能自主完成攻击性主动反击的原则条件下，胁迫私营企业更加广泛地参与主动反击。该报告虽然明确提出，它所提主动防御不是主动反击，主动反击仍然是政府部门的独有权利，美国深刻理解，如果该能力被私营企业滥用会导致何种后果，但这种政策底线能够保持多久还是未知数。2016年11月，美国政府修订《联邦刑事诉讼程序规则》第41条相关条款，

要求执法机构更易侵入刑事侦查中涉及大范围计算机的网络，并在位置未知的情况下取得计算机的授权许可，国家执法机构的主动进攻能力得以进一步释放。美国私营企业界则比较理性，仍在坚持以发展促安全的基本理念。2016 年特朗普赢得选举之后，美国互联网协会致信特朗普，核心还是建议保持私营部门的网络中立角色定位。在全球保守势力上台执政之后，国际社会在网络安全力量运用政策上趋于保守还是激进，将深刻影响未来网络空间战略稳定，是值得深度观察与思考的核心问题。

四、联合国在网络空间国际治理的地位需要进一步确立，三大方向亟待各国共同努力

自 2015 年联合国政府专家组（UN GGE）报告达成多项网络空间国际行为准则成果以后，联合国在网络空间国际治理领域中的地位愈发重要。根据前文对 2016 年三大涉网战略方向的发展态势分析，联合国亟待在“制定具有国际法律约束力的文件遏制网络空间军事化急剧恶化态势、建设独立第三方网络安全能力确保涉网地缘政治冲突稳定、发展关键基础设施跨国安全机制”等三方面扮演重要角色。

（一）联合国框架下网络空间国际治理处于瘫痪状态，呼唤强有力的具有国际法性质的约束文件

2016 年联合国框架下的网络空间国际合作争吵不断、柔弱无力。尽管联合国大会授权成立的 2016—2017 年度政府专家组（UN GGE）于 8 月底召开第一次会议，但这样的会议仍然还只是各类组织阐述自身利益关切的平台，尚不能就国际反恐、网络犯罪、公民隐私保护、网络空间军事化等等问题达成一致意见。联合国裁军事务研究所 2016 年 6 月专门组织的“瓦森纳安排”框架下的恶意网络工具防扩散会议，很难解决军民两用网络工具在民众隐私防护与国家安全需求保障、合法网络安全研究与非法网络利用之间的矛盾问题。曾由巴西政府、世界经济论坛和 ICANN 共同支持的 NETMundial 倡议，也因为不被国际互联网协会（ISOC）、互联网络治理论坛（IGF）等主要国际组织支持而于 2016 年处于流产状态。2016 年 11 月，第 57 界 ICANN 大会在印度海德巴拉召开，就美国政府交出 ICANN 管理权之后的 ICANN 的管理模式进行了探索，但 ICANN 只是实现了私有化，并没有实现国际化，

国际社会对因特网域名安全问题并没有进一步实质性举措。2016 年 12 月，在墨西哥召开的互联网治理论坛（IGF）更多地关注发展问题，更多地是促进各国间的相互理解。从 2016 年国际网络安全战略态势发展来看，联合国框架下的上述现有机制不能满足维护网络空间战略稳定的现实需求，国际社会地缘战略冲突割裂的局面，限制了各国、各主要网络大国之间在网络空间国际合作上展示应有的政治意愿，联合国亟待推动新的带有国际法约束性质的网络安全条约，急需要在网络空间条约框架下做出新的体制机制创新。

（二）如何回应中俄两国联合倡议、抑制网络空间军事化急剧恶化态势成为联合国未来网络空间新使命

2011 年，中俄在上合组织框架下推动的网络空间行动准则，直接推动了联合国专家组平台上三次有实质意义的国际合作，包括网络主权原则在内的几项重大原则成果已经被国际社会广泛认同。2016 年 6 月，中俄元首就《协作推进信息网络空间发展》的联合声明，进一步将“在联合国框架下研究建议应对合作机制，包括研究制定全球性法律文书”提上议程。联合国框架下推动网络空间国际条约的最终落实成果表现为联合国网络空间能力建设，而该能力建设不外乎三大模式：一是国际原子能机构模式，也就是构建网络空间协查能力；二是全面禁止核试验组织模式，也就是构建网络空间合作溯源能力；三是和平利用外太空委员会模式，也就是构建遏制网络空间军事化能力。2016 年，以上三类模式在不同国际场合都有被专家学者甚至政府机构所倡导，应该成为未来联合国网络空间国家合作的发展方向。

（三）以跨国金融领域关键基础设施合作防护为牵引，推动联合国框架下网络安全能力构建

推动联合国条约与第三方网络安全能力建设必须有切入点，而 2016 年多起曝光的、攻击跨国金融系统网络犯罪案例为这样的合作提供契机。2016 年 2 月孟加拉央行 SWIFT 系统遭到攻击损失 8100 万美元，随后 2015 年厄瓜多尔、越南、乌克兰等多家银行 SWIFT 系统遭攻击的案例被曝光。2016 年 7 月，中国台湾、泰国等地曝光有国际黑客利用 ATM 取款机漏洞盗提巨额现金。12 月，俄罗斯再曝光其央行、其第二大银行 VTB 也遭受黑客攻击。国际金融系统是当前最为全球化的公共服务平台，其威胁来源主要不是国家行为体，其攻击目的不由国家安全驱动，是国际社会共同关注的网络安全问题，是主要国家间能够达成互不攻击金融系统政治承诺的最可能领域。在这样的需求推动下，联合国可以探索推动跨国电力、核、交通、航运等等关键基础设施的互不攻击政治承诺或条约，推动构建第三方国际合作网络溯源、合作协查、金融系统供应链安全监测等等能力，并在此基础上逐步推动国家网络空间战略稳定。目前，卡内基国际和平基金会正在推动这样的网络政策倡议，需要很多国家跟进推动。

五、中国真诚实践负责任国家行为规范，以坚实合作举措消弭网络空间战略阴云

从 2016 年发展态势看，未来 3—5 年国际网络空间战略稳定面临十字路口，如何在有限冲突中保持网络空间总体稳定是国际社会共同课题，成为检验是否践行负责任国家的核心标准。保持网络空间战略稳定符合中国国家安全利益需求，2016 年中国通过系列政策与行动宣示，向国际社会率先垂范负责任国家，成为支撑国际网络空间战略稳定的坚强柱石。

（一）坚持发展与安全并重理念，清晰传递国家战略意志

中国网络空间战略是清晰明确的，也是体系化的。网络强国战略就是中国网络空间国家战略，打造网络空间命运共同体就是中国网络外交使命。2016 年 4 月 19 日，习主席在网信工作座谈会上讲话，进一步明确整体的、动态的、开放的、相对的网络安全战略理念，建设包括“关键信息基础设施安全保障、网络安全态势感知、网络安全防御和网络威慑”四大能力构成的国家力量体系，进一步就中国网络安全战略指明了方向。在 2016 年 11 月 16 日，乌镇世界互联网大会上再次重申实现网络空间命运共同体的四项原则：“尊重网络主权，维和和平安全，促进开放合作，构建良好秩序”，五点主张：“加快全球网络基础设施建设，促进互联互通，打造网上文化交流平台，促进交流互鉴，推动网络经济创新发展，促进共同繁荣，保障网络安全，促进有序发展，构建互联网治理体系，促进公平正义”。事实证明，上述四点原则和五点主张对于国际互联网治理已经起到了非常积极的作用。

（二）展开多平台对话与合作，以主动姿态多角度沟通

2016 年，中国在多层次多角度推动网络空间国际合作。中美打击

网络犯罪及相关事项高级别联合对话先后于6月和12月在北京和华盛顿召开第二次和第三次会议。目前，双方在网络安全桌面推演、热线联络机制、执法信息共享和协查取得实质进展，正在就关键基础设施防护和网络反恐情报共享合作的问题进行深入研究。这标志着中美双方一轨官方合作正在逐步取得进展。6月，首次中英高级别网络安全对话在北京召开，双方就打击恐怖主义、网络犯罪等共同关注的问题深入交换意见。2016年7月11日，由外交部与联合国共同组织的网络安全国际研讨会在北京召开，会议主题明确定位于“促进一个开放、安全、稳定、可接入、和平的信息通信技术环境”。相比较国家一轨对话，由民间智库发起的二轨对话更是丰富多彩，中国国内各类智库与世界范围内的顶级智库之间网络安全对话增进了双方的理解。

（三）发挥中国网信产业作用，发展国际数字经济集合体

源自中国的网信产业企业正在网络设备、移动终端、网络信息服务、网络安全服务等等领域向世界发挥越来越大的作用。2016年，阿里公司正在推动电子商务领域网络安全标准，华为公司提出的5G网络短码标准被国际社会采纳，中国奇虎360利用自身的网络安全大数据能力，发布多次国际范围内的网络安全威胁报告，美国DYN公司遭受大规模DDOS攻击导致美国东西海岸域名系统瘫痪后，中国大华等公司积极跟进，协助处理分析整个事件。因为中国网信产业的能力提升，这些企业越来越回归企业的社会责任，越来越秉持开放共享的态度向世界提供自身的网络安全产品和服务，他们在大数据、云计算、物联网、人工智能等领域必将发挥越来越大的作用，为稳定网络空间战略稳定做出应有贡献。

大国竞争对网络安全的影响

罗杰斯在 2018 年参议院武装部队委员会上的证词

尊敬的麦凯恩主席，资深成员里德，以及委员会的杰出成员，非常感谢今大邀请我来代表美军网络司令部（USCYBERCOM）的全体人员。我很荣幸能够领导这个优秀的团队，并公开谈论他们的成就——我们在很大程度上要归功于国会和本委员会的支持。我希望这是我最后一次作为 USCYBERCOM 的指挥官跟诸位谈谈它的努力和进步。目前，它即将成为完全意义上一级联合作战司令部，所以我渴望回答诸位可能提出的问题或解释你们的任何关切。我期待着与你们就我们在网络空间所看到的变化，以及这些变化对网络司令部本身、对国防部和对我们国家有何意义进行对话。

美军网络司令部的任务是指导、同步和协调网络空间规划和行动，并在与国内外合作伙伴的合作中维护并促进国家利益。我们有三个任务目标：一是通过指挥国防部信息网络（我们称之为 DoDIN）的运维和防御来确保国防部的军事任务安全；二是阻止或击败针对美国利益和基础设施的战略性网络威胁；三是通过网络空间实现联合作战军事指挥官赋予的作战任务目标。该司令部位于马里兰州米德堡，本财政年度，该司令部正在执行超过 6 亿美元的项目和工程。我们的全职参谋人员有 1060 名，另有部分平民以及承包商。在去年 12 月底，我们网络任务部队（CMF）有 5070 名军人和文职人员，未来总共编制为 6187 人，这意味着 CMF 的人员总数已经满编 82%。

我们的 133 支分队被组织成多个代表所有军种的不同组成部分（Components），所有军官和士兵都来自四个军种，并以陆军网络司令部、海军网络司令部、舰队网络司令部/第十舰队、空军网络/第 24 空军（以及美国海岸警卫队网络司令部）四大军种所属的二级网络职能组成司令部（Functional Component Command）的方式来组织训练和装备。美军网络司令部一级职能组成司令部则包括一个本部（Headquarter），但要通过各军种组成司令部所属的本部来执行作战任务，这些军种网络组成司令部本部包括：联合国家网络任务部队本部（JFHQ -

CNMF)，DoDIN 联合部队本部（JFHQ - DODIN)，以及其他四个军种联合网络部队本部（JFHQ - Cyber)（每个都与上述四个军种的网络组成司令部一一对应)。现役和预备役的人员在我们的部队中共同服役，海岸警卫队也加入了他们的行列。

美军网络司令部根据国家和国防部的战略指导执行任务。在升格美军网络司令部为一级联合作战司令部的过程中，总统和国防部长对其任务和职责作出了几项规定，我下面将对此进行更多的说明。我希望今天能准确表达出我对美军网络司令部独特价值的理解，这既包括对总统和国防部长所赋予任务和职责所蕴涵价值的理解，也包括对网络司令部为美国国家利益以及国防建设所带来价值的理解。但首先我想让大家了解一下我们面临的作战环境以及当前迫在眉睫的网络威胁的严重性。

一、网络空间环境（The Cyberspace Environment ）

我们面临着来自对手的各种威胁，这些威胁来自于精确而勇敢的行动，而且往往是秘密行动。美军网络司令部每天在网络空间与对手接触、交战。因此，我们对网络黑客如何攻击美国、如何攻击我们的盟友和伙伴以及其他许多目标有实质性的了解。这些知识反过来为我们加深对那些赞助此类活动的人提供了更深入的了解，无论他们是国家、犯罪组织还是暴力极端分子。可以说，网络空间是一个具有独特挑战的全球性的和动态的作战环境。

过去一年里，网络空间最重大事件与打击伊拉克和叙利亚伊斯兰国（ISIS）取得的进展有关，因为美军网络司令部为将 ISIS 武装分子赶出中东大本营做出了重大贡献。如今，ISIS 所谓的“哈里发国”正在土崩瓦解。它已经失去了曾经在伊拉克和叙利亚控制的 98% 的领土，大约 320 万叙利亚人和 450 万伊拉克人现在有了重建他们城市和生活的机会。在伊拉克和叙利亚，拒绝 ISIS 的庇护是文明的胜利，也是稳定该地区国家和中东地区和平的重要一步。网络作战在这次战役中扮演了重要的角色，USCYBERCOM 支持美国中央司令部（USCENT-COM)、美国特种作战司令部（USSOCOM）和美军联盟伙伴，成功实施了打击行动。我们在执行这些任务时学到了很多，目前仍在继续执行这些任务。针对 ISIS 的网络作战行动日益增多，帮助我们重新学习并加强了过去十年中针对暴力极端分子网络行动的重要经验教训。我要强调的是，这场战役是一场联合作战行动，既有主要国际合作伙伴的支持，又有针对 ISIS 的现实物理打击手段的配合。

在中东针对 ISIS 的作战只是反暴力极端分子持久作战行动的一个章节。目前看，这一章快要结束了，但整个故事远未结束。虽然 ISIS 在伊拉克和叙利亚已经丧失了很多大本营，但我们相信，ISIS 的领导人和顽固的追随者们正在制定全新的计划。简单地说，物理空间作战行动的减少并不意味着我们已经赢取了对 ISIS 的持久打击行动。如果没有网络空间（情报和作战行动）持续的关注和支持，我们就有可能在伊拉克和叙利亚的解放区以及全球更多新地点，让像 ISIS 这样的暴力极端组织卷土重来。随着联军在伊拉克和叙利亚取得进展，许多 I-SIS 武装分子已经逃离了伊拉克和叙利亚的战场，其中包括数千名外国战士（算上潜在的，也可能有数万人）。这些成员分散到全球各地，包括非洲、欧洲、亚洲和中东其他国家。在许多情况下，他们客观上强化了这些国家的 ISIS 分部或其分支机构。他们带着有毒的意识形态和经验，融入当地的人群，发展新的本地和在线网络，压制了我们伙伴、盟友甚至包括美国自己的执法能力，使得执法部门没有足够能力去监控所有这些潜在的威胁。

在过去的几年里，ISIS 的武装分子和同情者已经使阿富汗局势变得复杂，这挫败了阿富汗中央政府为这个饱受战争蹂躏的土地带来秩序和发展的努力。我们目睹了他们在战场和网络上的出现，时刻与他们作战，并注意到他们与喀布尔政府和其他反叛组织的冲突。阿富汗战争地区是网络空间作战的另一个重要的区域。美军网络司令部也正在其中战斗，利用网络空间行动来保护联军、打击恐怖分子头目，并破坏敌对势力的行动。我们也为在非洲和亚洲打击其他暴力极端主义组织的部队提供类似的支持。

我们相信，我们还可能面临来自暴力极端主义分子的网络空间威胁的进一步发展。自 ISIS 成立以来，其领导人和他们的技术专家一直保持着强大的网络影响力。我们评估，他们将继续寻求在网络空间和利用网络空间增加他们的这种影响力。他们和其他组织，如“基地”组织及其附属组织，仍然在利用互联网推销他们的恐怖主义意识形态，获取资金和物质支持，并激励追随者。ISIS，就像之前的“基地”组织一样，一直在努力瞄准易受影响的个人，并激励他们在西方发动袭击。这就是为什么美军网络司令部正在与执法部门、情报部门和联盟伙伴合作，寻找并摧毁ISIS网络基础设施和媒体运作中的关键节点（以及其他暴力极端分子的类似基础设施）的原因。

当然，我们最大的担忧仍然是由国家资助的恶意网络行为体及其背后的国家所采取的行动。我们发现，现在许多国家都在寻求将网络空间行动与他们传统军事能力的计划结合起来。事实上，有几个国家已经发起了持续的战役规模级的行动，以侦察和获取我们的关键技术、能力、平台和系统，因为这些技术是由国防承包商开发和生产的。正如国防部长新《国防战略》强调的那样，最令人担忧的国家是俄罗斯和中国，它们拥有先进的技术基础、强大的常规力量和核武库。我们观察他们，不仅是因为他们块头大而且装备精良，还因为他们对邻国实行高压外交，而且我们对他们的战略意图还不了解。这两个国家也被认为是网络空间的对等竞争对手。

在网络空间，俄罗斯代表着另一种不同的问题。情报界去年得出结论，来自俄罗斯的行为体，在高层决策者知情的条件下，利用影响作战来干扰2016年美国总统大选。近几个月来，国会听取了主要社交媒体公司的证词，称他们的商业记录在大选前记录了俄罗斯网络干预的更广泛的模式——这一模式与攻击其他几个国家的恶意网络活动相吻合。克里姆林宫利用黑客窃取了一些私人通信，并将其打包定向泄露，制造了虚假的社交媒体人物形象和虚假新闻，希望在有争议的问题上引起西方内部不和。这个想法是为了让西方选民对所有的新闻媒体产生不信任感，并且最终会导致人们互相不信任。这威胁到美国民主的根基，使人们很难看清俄罗斯的意图，并很难制定共同的措施，以反制俄罗斯在其近邻国家的侵略行径及其在国内的镇压。

俄罗斯发起的针对美国及其盟国的恶意网络活动，远远超出了上述行为。俄罗斯情报机构运行着自己的网络盗窃活动。我们都看到了去年11月辩诉交易中的那个外国黑客，他承认为莫斯科的某情报机构工作，为此，他攻击俄罗斯政府感兴趣的邮箱账户和密码，并将其卖给俄罗斯处理。

我们正在监控由俄罗斯制造的乌克兰冲突所引发的网络冲突。在基辅，国防部长马蒂斯指出，俄罗斯没有严格遵守条约承诺，也没有遵守条约承诺的精神，最过分的是，试图通过武力改变国际边界。这种地理空间的行为与俄罗斯的网络空间行为相吻合；俄罗斯的网络行动似乎是为了补充和支持其在地面上的侵略性行动。虽然我们不能在公开会议上讨论细节，但我想提请大家注意，过去16个月来，针对乌克兰公民和基础设施发生了一系列非常严重的网络攻击事件。例如，美国国土安全部的国家网络安全与通信集成中心（NCCIC）在7月向公共事业部门发出警告，称去年冬天乌克兰电网出现了一种新的恶意软件，这就是历史上代价最高昂的网络攻击，Notpetya，它是由俄罗斯军方去年6月发动的。在成千上万的乌克兰电脑上，Notpetya加密并摧毁了硬盘。这场网络攻击迅速蔓延至乌克兰以外地区，给欧洲乃至美国的企业造成了数十亿美元的损失。

网络空间的各种非国家行为体也引起了我们的关注。作战上主要的难点是如何将他们的努力和活动与政府资助的活动区分开来。网络罪犯和恐怖分子增加了全球所有地方的系统管理员和网络防御者的“背景噪音水平”。

在此种背景下，我应该提醒，增强溯源能力符合我们的战略利益，但对于防范这么多种网络威胁，并不是必须的。某个特定的恶意软件依然是危险的，无论它是由有组织的犯罪分子，意识形态的激进分子，还是一个国家实体来开发和使用的。去年发生了一系列令人震惊的事件，涉及日益复杂的网络工具。例如，一个匿名的自称“影子经纪人”的匿名组织在线发布了一款名为“NotPetya”和“Wannacry”的黑客工具，两者都是经过修改并拥有强大功能的工具。让这一趋势更加令人担忧的是，这些破坏性网络工具的使用不受控制，而这些工具的使用者显然并不在乎它们是否会干扰或破坏了远远超出其主要目标的系统。我们有理由相信，某些特定的国家是这些网络攻击的幕后黑手，而事实上，这些网络攻击者的行为是傲慢的，破坏了他们本国公民的电脑，这充分说明了他们在网络空间中对负责任的国家行为的漠视。国防部系统在这些事件中没有受到特别的伤害，但那是因为我们在积极的、多层次的防御系统上进行了大量的早期投资。并不是每个人都有这样的资源，所以，更多无辜受害者的硬盘被加密，他们的数据被窃取，他们的生意受到了损害。在我们行动起来保护自己和我们的盟友和伙伴之前，我们不需要对每个特定的行为体都能确定性溯源；事实上，所有用户都必须采取基本步骤来保护他们的数据和系统。我们需要对威胁和入侵做出大规模的果断回应。这就是美军网络司令部的使命所在。

二、三大里程碑

几个最新发展成就让2018年成为美军网络司令部的关键年。

第一个是USCYBERCOM被提升为一级联合作战司令部。这将发生在我的继任者的确认和任命上，总统最近提名了他（保罗·中森根，三星）。USCYBERCOM的升格向国际合作伙伴和对手展示了我们在网络空间的决心，表明国防部正在优先考虑建立网络防御和网络韧性能力。升格也反映了网络空间日益增长的威胁的重要性，并表明美国在保持领导地位。我的继任者自然希望在USCYBERCOM上做出调整，以反映他的构想。但在许多方面，升格不会在司令部的主要方面造成突然的改变。在近期内，美军网络司令部司令将以双帽制继续担任美国国家安全局/中央安全局（nsa/css）的负责人。USCYBERCOM已经在网络任务空间开展作战业务，并在美国政府机构和盟友中拥有重要的合作伙伴。在可预见的未来，这些都将保持不变。

从长远来看，升格意味着美军网络司令部的重大调整。你可以通过查阅总统在2017年11月批准的新的统一指挥计划（UCP）来领会其中的含义。UCP让美军网络司令部负责全球网络空间作战的计划和执行。分配给USCYBERCOM的职责包括：一是指导DODIN的运维、安全和防御；二是指导关键基础设施的网络防御，确保国防部能够完成其任务；三是警告和防范针对美国及其利益的重大网络攻击；四是在展开网络攻击行动之前，协调国防部和美国政府；五是向美国政府和国际机构派驻军事联络官，代表网络司令部处理网络事务；六是在国防部的规划和预算程序中，倡导、推动网络能力建设；七是整合战区网络作战的安全合作，支持联合作战指挥官；八是执行网络作战行动，以支持军事和民事当局，按照其指导防御国土安全。

UCP也赋予了美军网络司令部新的职责，使之符合国会的意图，使其成为像美国特种作战司令部模式的混合司令部。根据新的UCP中规定的作为联合部队提供者的责任（军政框架下），USCYBERCOM提供“基于任务战备的网络任务部队”，以支持联合作战指挥官任务要求，并协助参谋长联席会议主席确立“全球联合采购解决方案”。此外，在新的”联合部队训练员”的职能之下，美军网络司令部必须确保联合网络力量得到训练，并拥有互操作能力；能为所有联合网络力量制定标准；执行并支援联合作战司令部层级演习；并为联合网络空间作战提供策略、原则和程序。有了这些与全新军种类似的职能，网络司令部将为网络作战部队准备和提交项目建议书和预算提案；确认和确定需求的优先级，包括确认和确定允许在任何作战域内运用网络空间部队的能力；多元化（网络）作战基础设施；制定和提交情报支持需求；协调军种部门对网络空间作战部队的宣传、派遣和招募工作；并行使有限的采办权，与第 17 年国防授权法案（NDAA）和 FY16 NDAA 第 807 节的规定相一致。

在执行不断膨胀的任务的同时，美军网络司令部必须在未来几年内做出重大改变，这一点我们可以从上述这一长串的职能列表中得出结论。因此，我们的许多领导、团队和作战军官将会承担双重职责，指导和支援正在进行的网络空间作战，同时监督由 UCP 升格所要求的改变。我不需要补充的是，在这段时间里，我们的资源流的稳定性和可预测性尤其重要。

第二个需要报告的重要的成就是网络任务部队的进展，特别是我们计划即将完成建军的 133 CMF 分队，他们所有人将在 9 月前完成全部的作战能力。事实上，我们可能在更早的时候达到这个目标，很可能在今年 6 月。这个期待已久的里程碑是在国会的支持下，各军种和国防部业务局多年来一直努力工作的结果。我们在 USCYBERCOM 完成了战备管理程序，以维持 CMF 分队的战备工作。毕竟，委派一艘军舰——尽管也是一件重要的事件——并不必已经使这艘船做好所有战备。在一艘船上，就像在一个网络任务分队一样，要让船员们熟练地履行职责，整个团队做好准备，能够执行任何可能的任务，还有很多工作要做。

最后需要报告的是，几周后，美军网络司令部将在米德堡开设新的综合网络中心和联合作战中心（ICC/JOC）。它的施工即将完成，我们将在 4 月开始将部队开进大楼。该设施是 USCYBERCOM 的第一个专用建筑，提供先进的指挥和控制能力，以及我们执行任务所需的全球集成能力。我很感谢国会的支持，使我们在这个漫长的过程中走了这么远，当然，我也邀请委员会成员参观米德堡，参观我们的新设施。

另外，今年晚些时候，美军网络司令部将正式请求国会在2019年度国防预算中增加对新的网络司令部总部设施的支持。今天，我的总部在10个由国家安全局拥有的或出租的建筑内办公，分布在巴尔的摩—华盛顿高速公路走廊的50平方英里范围内。没有其他联合作战指挥官面临这样的障碍，这使得高效和有效的参谋职能面临挑战。在一个需要以“秒”来计时的作战环境中，我们需要一个总部，它可以促进参谋业务和合作伙伴的整合，加快信息流和决策流。我相信我们总部的合适位置仍是在米德堡的一个独立的、专门建造的设施里，我将请求国会对这一请求的支持。

三、网络司令部的任务和表现

（一）我们的首要任务目标仍然是保卫国防部的信息系统

几十年前，敌人意识到，美国军队的力量在很大程度上源于其综合和同步的功能，而后者依赖于网络、带宽、处理和分析能力。作战、后勤、情报、指挥和控制都依赖于连接在公共互联网基础设施中的敏感网络。攻击我们的信息系统对一些对手来说是一种阻止美国军队的方式。我们了解这一点，是因为我们读了他们的教义文章，观察他们对我们系统的刺探，我们看到他们如何监视我们的人员。如果他们试图渗透到DODIN的努力是成功的，并且为攻击我们的国防部网络和系统打开了途径，那么我的联合部队指挥官就将会发现，执行他们各自的任务是很困难的。

确保并保护DODIN是一项至关重要的、需要24小时不间断的任务。那句古老的格言仍然正确：一分预防胜于一磅的治疗。确保信息系统安全，使我们节省那些因需要修复本可预防的入侵、破坏所消耗的代价和时间。例如，上面提到的Wannacry和NotPetya恶意软件，利用了微软公司当时稍早几个星期前修补过的漏洞。许多企业和用户已经安装了这些补丁，让他们的安全更新保持了当前的最新状态——就像我们在DODIN上所做的一样。因此，国防部和这些企业及用户基本上没有受到这二次疫情的影响。2018年刚开始，新的挑战以各种各样的形式呈现出来，包括被称为“熔毁”和“幽灵“的漏洞。而这些漏洞在几乎所有的计算机处理器中都是固有的。及时地协调这些预防措施，并在像国防部 DODIN 这样的“大型企业”中进行协调，绝非易事，但我们已经学会了以一种有规律、及时、负责的方式来做到这一点。这并不是说我们在运维 DODIN 时做了所有的事情；它更倾向于重申网络司令部当前“集中指挥授权模式”的重要性，该模式可以评估运维风险、作出直接回应，并要求管理员对执行规定的补救措施负责。

我们每天都能看到证据，证明敌人持续刺探 DODIN。大多数这样的刺探都是试图进行间谍活动，而不是网络攻击，但累积起来，它们迫使我们投入大量的资源和精力去防御——这也许就是他们背后的意图。在过去的一年里，我们的网络保护团队一直在充分参与测试我们的系统，并支持我们的任务伙伴的防御努力（下文将详细介绍）。国会曾在 2018 年度 NDAA 预算案 1640 款要求国防部制定一个“战略性网络安全计划”，并与美军网络司令部合作，审查核指挥和控制、敏感信息系统和远程打击资产等关键防御能力的网络安全问题，我们赞赏国会在网络防御这一领域给予的关注和帮助。

保持国防部信息网络、武器系统和附属网络的运行和安全需要许多合作伙伴，特别是各军种、国家安全局、国防信息系统局（DISA）、国防部首席信息官（CIO）以及各种网络安全服务提供商（CSSPs）。在我们的经验中，成功地保卫我们的系统需要在联合部队中应用久经考验的作战原则，以及与确保所有国防部网络设备安全的活动紧密相连。在这一点上，我很自然地关心任何立法或政策建议，这些提案将把作战风险的管理从军事指挥系统中撤出，并将其授予国防部文职人员或顾问委员会。我想特别指出的是在 2018 年度 NDAA 法案（Sec909）中通过的那段表述，它暂时授权国防部 CIO（首席信息官）为国防部网络设定标准和认证能力。这一条款可以被解释为在军事指挥链之外设立新的官职，本来该指挥链就是用来确定联合部队指挥官可以使用哪些能力执行他的任务的，现在在开发和采办过程中插入另一层审查机制，它延迟了本来需要的速度和敏捷性。

为次，我进一步解释一下我的推理：DODIN 相当于一个网络空间的联合安全区域——本质上是一组基地（Base）和通信资产，能够保障整个联合部队的行动和任务顺利完成。我对这个联合安全区域的安全、运作和防卫负责，我的完成任务的能力每天都受到物理、逻辑和任务层面（Personal）不断变化的、动态的影响，这些因素共同构成了这一区域的地形（Cyber Terrain）。我必须保护这一地形，避免潜在的威胁，并保护它不受特定威胁的影响。国防部信息技术的设计、部署和运维直接影响了我如何机动（Maneuver）地作战以保护DODIN，从而影响我必须承担的风险程度（间接地影响到整个联合部队的风险程度）。作为指挥官，我应该是接受和管理DODIN作战风险的决策者。这也将有助于我对国防部信息技术、网络和网络空间能力的发展计划、采办方式、政策制定和标准开发产生重大影响。

（二）我们的第二个主要目标是保卫美国免受针对美国利益和基础设施的网络威胁

我们担心，许多这样的网络攻击现在发生在“运用武力”的门槛以下，处于武装冲突的背景之外。但累积起来，我们的敌人却累积了战略利益。美国必须不断地、持续地与网络攻击交锋和对抗，以重新设定对手对我们行为和承诺的期望。国务卿的新版《国防战略》在讨论联合部队的全球运作模式时谈到了这一点。在这种模式中，网络是一种与对手保持对峙的基本能力，它“可以帮助我们更有效地在武装冲突的层面之下展开竞争。”通过一致行动，并与各部门合作伙伴协调，我们可以影响敌对行动者的算计，阻止恶意的网络活动，并澄清网络空间中可接受和不可接受行为之间的区别。当然，网络能力也会干扰并可能阻止来自网络或者运用网络的威胁。

网络空间对于我国安全与繁荣至关重要，要求跨部门和机构的统一反应，而无需考虑特定行业或地域。网络能力应该与所有领域的计划和行动相结合，以影响和塑造敌对行为，为冲突中的联合作战以及武装冲突之外的联合作战做好准备。

要防御美国免遭网络攻击，与我们的盟友和合作伙伴一道，在国内和国外，执行共同防御或与我们的盟友进行合作，同样不可或缺。USCYBERCOM在制定“Whole of Goverment”计划，通过与国土安全部、联邦调查局、国务院等部门以及其他部门和机构的合作，帮助国防部提高集体态势感知能力。通过与我们的跨部门合作伙伴一起工作，我们也已经成熟了与关键基础设施部门的合作。这样的合作使我们能够更好地理解网络空间中的事件和趋势。USCYBERCOM建立了跨部门协调程序，以促进网络司令部本部各业务局和其他美国政府实体之间的情报共享。

作为一级联合职能战斗司令部，美军网络司令部有权直接与外国伙伴的对等网络实体机构合作。美军网络司令部已经向主要的外国合作伙伴部署了联络官，并且正在起草协议以扩大协作、增强互操作性。近年来，加强我们与外国伙伴关系的举措，已经让我们增强了能力和赢得了地位，回报丰厚。司令部的升格使美军网络司令部进一步成熟这样的伙伴关系，建立这种牢固关系并赢取信任，有助于我们和我们的合作伙伴塑造网络空间。我们注意到并支持 2018 年度 NDAA 中（Sec－1239a）条款，这将促进与北约和欧洲伙伴的网络安全合作，以挫败俄罗斯的恶意影响。

（三）网络司令部第三项主要目标是支援联合作战

USCYBERCOM 通过帮助联合部队指挥官在网络空间或者借助网络空间，实现他们所需要的物理空间现实效果，完成第三个任务。我们看到联合作战指挥官们获得网络支援的需求不断增长；网络效应能确保联合部队投射力量，增强其杀伤力，并保卫其指挥和控制系统。我们的“战神”联合特遣部队在伊拉克和叙利亚打击 ISIS 的地面行动中，向美国中央司令部和 USSOCOM 提供了重要的支援“火力”。我们从这场斗争中吸取了很多教训，特别是战场空间情报（准备）问题。我们还发现传统的定位目标的程序和方法在网络领域也具有广泛的适用性。也许我们经验中最重要的一点是，如何建立正确的流程，将网络空间作战整合进一个复杂的、已充分协调的多域军事行动的一部分。我已指示我们的所属组成部门应用这些相关的教训，借鉴本次临时的、以联合特遣任务部队编组在网络空间打击 ISIS 的模式，仿效它，并将它转变为持久的编组架构，解决全球范围内的其他暴力极端主义威胁。

在支持联合部队指挥官联合作战方面，美军网络司令部正在努力将网络力量这种“高需求/低密度”的资产在全球范围内同步计划和行动。两任国防部长都认可了我们这种网络空间资产的管理方式的改变。“战神”特遣部队这种新编组架构为美军网络司令部指挥官提供了在联合部队中平衡风险的授权，能让他将网络能力集中在最需要的地方，既及时又准确。这种运用军事网络资产的战略方式，将使我们能够在冲突的各个阶段遏制和应对网络威胁，并在全球同步网络空间作战行动。我们正在把这个概念应用到美军网络司令部的作战计划和应急计划中。

美国参谋长联席会议主席在去年秋天更新了《网络空间作战指挥和控制框架》，从而进一步推进了这一目标，并指示美军网络司令部在每个联合作战司令部建立”网络作战综合计划要素”（CO－IPEs）。我们希望在未来五年内，所有这些新单位具备全面作战能力，在联合作战司令部的计划和行动中，计划、同步、整合和消除冲突网络作战行动。CO－IPEs 将直接支持联合作战指挥官，但仍将在我的指挥下，并在 USCYBERCOM 的军种组成司令部的管理控制之下。USCYBERCOM 正在领导规划工作，以建立 CO－IEPs。CO－IEPs 的大小和配置将是可变的，以最好地满足其所属司令部的任务需求；在大多数情况下，他们的人数将少于 40 人。USCYBERCOM 将监控军种在这个方面的进展，以支持他们各自的 CO－IEPs，并提供指导以使他们的努力保持同步。

在我们的任务中，成功取决于一支训练有素、随时待命的部队。把我们的人称为“最有价值的资源”听起来很不新鲜，但对我们网络司令部的人来说，这种说法是正确的。我必须感谢国会最近提高了网络司令部打造劳动力的灵活性；新的“网络例外服役”（Cyber Excepted Service）条例将帮助我们在竞争激烈的人才市场中招聘、管理和保留网络专业知识。我们正迅速准备引进人才。在 NDAA 的支持下，军种将有能力直接委任网络空间作战军官，他们中的第一个将在今年早些时候进入该部队。至于我们宝贵的文职技术专家，我们正利用这种能力直接雇佣技术人员来加强我们的团队。我还注意到，各军种将在 2019 财年领导网络培训任务，因为他们将接管近年来美军网络司令部所执行的培训职能。我们已经为这种发展做了一段时间的准备，并且相信这种转变将是无缝的。

美军网络司令部在网络空间的成功也反映在完全整合的预备役和国民警卫队网络战士身上，他们已按照与常规部队相同的联合标准训练。在米德堡的总部，我们雇佣了 300 多名全职和兼职的预备役人员，为情报、行动、计划、培训和网络能力的发展提供支持。另有 150 多位预备役和国民警卫队成员不断动员，领导和执行支援 CNMF 和“战神”联合任务部队的行动。预备役的价值尤其重要，因为预备役人员经常从私营部门带来网络技能；还有很多人从联邦政府或州政府的经验中获得知识。此外，美国陆军预备役和国民警卫队正在建造 21 个网络保护分队（CPT），计划在 2024 财年达到全面作战能力。这些预备役部队士兵今天已经在战斗。例如，一支由来自 7 个州的士兵组成的全陆军国民警卫队团队，从去年开始就一直在执行任务，为我们的行动提供了必要的网络空间支持。

到今年夏末，三支国民警卫队和后备队将获得全面作战能力。尽管这一数字本身似乎很小，但该预备役的优势在于其激增的能力。空军网络司令部能力提升的很大一部分贡献就来源于吸引了超过上千的预备役成员。

最近的事件表明，有必要加强现役和预备役部队网络力量之间的协调，以应对国内的反应。美军网络司令部、预备役部队、州、地方和部落政府以及各部门合作伙伴之间未来的培训伙伴关系，使这些核心任务能够在经过授权之后，对美国以外的威胁采取行动，同时又允许执法部门和州当局在国内防范威胁。

完成所有这些工作需要持续的训练和练习。USCYBERCOM 的人员，包括现役和预备役部队，通过日益真实的演习场景和模拟的网络环境，磨练他们的技能和团队合作。今年 6 月，我们将重新聚焦年度“网络卫士”（CYBER GUARD）演习，从认证战术团队转到验证我们的作战概念。今年的演习计划考虑了各州州长和国民警卫队副官们对保护关键资产的担忧。这将是一个真正的作战级指挥演练。我们的“网络卫士”和“网络旗帜”（CYBER FLAG）演习将包括更多来自其他联合作战司令部的人员，并包括整个政府和业界的参与者，以评估网络能力。演习假定“国防支持民事当局”的想定背景下，国家关键基础设施中发现了外国入侵者。我们将与国民警卫队参谋长及其他的“网络盾牌”（CYBER SHIELD）演习、国土安全部合作伙伴以及他们的“网络序曲”（CYBER PRELUDE）演习努力同步。此外，我们的演习每年都在进攻性和防御性的网络行动中包括了更广泛的外国合作伙伴。

最后，我们还需要给优秀的人提供好的工具。在这方面，我们正在使用我们的新采购授权（在 2016 年 NDAA 上授予的），并于 2017 年 9 月授予 IT 执行研究服务合作时，执行了我们的第一次此类采办。该奖项的价值超过 50 万美元，并证明了美军网络司令部可以获得为网络任务部队提供装备所需的服务和能力。此外，USCYBERCOM 还提供了几个基础工具包中的第一个，使 CMF 能够在减少接触风险的同时对抗对手网络；网络司令部的有机开发团队还为“战神”特遣部队定制了装备，能够让他们干扰和影响对手使用社交媒体。我们也感谢国会对 2018 NDAA 的（Sec1642）规定，它要求美军网络司令部评估新的、更快、更敏捷的网络能力开发过程。我们有一个团队专注于这个任务，他们应该准备好在法案规定的时间内向秘书报告他们的发现。

四、结论

再次感谢邀请我今天在国会面前代表美军网络司令部，像过去的四年里国会一直允许我代表网络司令部那样作证。担任美军网络司令部司令是我军旅生涯的亮点。在过去的四年里，这个司令部已经完成了大量的工作，让网络任务空间可作战化。这使得在 2014 年看起来仍几乎不可能完成的任务几乎成为了 2018 年的惯例。事实上，在过去的一年里，随着网络司令部的成熟，包括为升格成一级联合作战司令部所做准备，我们已经取得巨大的进步。所有这一切都是美军网络司令部全体人员和我们的任务伙伴的非凡才能和努力所取得的。他们是伟大的人，国会应该为他们感到骄傲。

国会的支持对司令部的成熟起到了巨大的帮助，这对我们代表国家所做的工作仍然至关重要。正如从我的评论中所收集到的，我们面前有大任务，国会的持续帮助可能会使任务成功和不那么令人满意的结果之间的区别更明显。我对我的人在面对任务的时表现出的能力和动力充满信心，就像我从来没有动摇过我对国会对美军网络司令部的支持一样。现在我期待你们的提问。

重组面向跨战区威胁环境的联合部队

（美国陆军战略家、军文作家协会成员）Chad Pillai

进入2017年，美国或美国国防部所面对威胁的性质发生巨变，它们的面孔也更加多极化：俄罗斯在欧洲、中东和中亚地区的报复；东北亚地区不可预测的朝鲜；伊朗在中东寻求霸权地位；以及“伊斯兰国”和“基地”组织等恐怖组织的持续威胁。尽管美国仍是国际舞台上最具影响力的行为体，但它过去所拥有的对日益增长威胁的影响力，以及能够超越自身内部人为界限规划进程的能力，并未能与威胁环境的演变同步。因此，美国防部需要改变它的计划和决策模式，打破其以“战区联合作战司令部（GCC）”为中心的系统运作模式，以便在全球范围内更有效地对抗跨地区、多域、多功能的威胁。

自第二次世界大战结束以来，特别是在1986年戈德华特·尼科尔斯改革法案通过后，美国国防部正式使用战区联合作战司令部概念。该法案将对战区联合作战司令部的授权和确立他们之间关系与国家指挥机构—总统和国防部长—直接联系起来。每个战区联合作战司令部都由总统在统一指挥计划（UCP，又称联合司令部计划）中指定一个特定的区域，并负责具体的职责，而国防部长则为战区联合作战司令部分配军事任务，制定部队运用方针（Guidance of the Employment of the Force）。冷战结束后，国防部一直就坐拥国际安全环境顶端，尚没有某个足够重大的威胁警示美国，足以让国防部对这种决策模型进行审查。这种军事业务模式的持续存在导致战区联合作战司令部变得如此强大和有影响力，以至于Dana Priest在她的《发动战争，与美国军队保持和平》一书中，将美军战区联合作战司令部的指挥官描述为现代版的军事总督。

一、除非实施改革，否则美国虽是一个全球性的大国，但却只在某战区范围内思考和行动；而美军的国家挑战者虽是地区大国，却能在全球范围内思考和行动

即使是在最近的阿富汗、伊拉克、叙利亚、也门战争中，所有军

事作战行动都限定于美军中央司令部责任范围内，没有出现跨战区联合作战司令部作战的军事需求，也就没有机会让美军检讨当前战区联合作战司令部模型。而这种类似规模的检讨，还要回溯到二战期间马歇尔将军曾试图平衡欧洲和太平洋两大战区的作战需求。一些地区大国的崛起，以及他们以跨战区、多域、多功能的方式挑战当前军事业务模式的能力，意味着有必要进行改革。除非实施改革，否则美国虽是一个全球性的大国，但却只在某战区范围内思考和行动，而美军的国家挑战者虽是地区大国，却能在全球范围内思考和行动。邓福德将军，参谋长联席会议主席（CJCS），承认了这一挑战，他在新美国安全论坛上发表讲话时表示：

> “美军当前的计划方式，美军的组织结构，以及美军的指挥和控制模式，并不是为当前这场斗争而优化的。所以，当我审视美军现在如何战斗，审视21世纪军事作战的特征，审视美军通常如何应对未来斗争…显然这些斗争都是跨战区的…我必须全面分析当前斗争的性质：先分析一下打击暴力极端主义，然后再分析一下未来与对等竞争对手（peer competitors）的冲突，我不认为美军能够有效响应，我不认为美军能够控制节奏。除非美军能再次做出根本性的调整，我不认为美军能像过去一样及时地设计决策与行动。这种调整涉及组织构架，计划方式，战略制定方法，以及指挥和控制模式。”

当前，有许多关于国防部改革的建议。其中包括前副国防部长Michele Flournoy，她的建议包括：提升美国网络司令部的地位，将美国网络司令部提升为一级联合职能组成司令部（FCC）；合并美军北方司令部和美军南方司令部，合并美军欧洲司令部和美军非洲司令部；将美军特种作战司令部（SOCOM）从联合职能组成司令部（FCC）提升到类似陆军、海军、海军陆战队和空军的军种。为了改善决策流程，她建议：合并国防部长办公室和联合参谋部、军种部长和军种参谋；减少四星级和三星级司令部的数量；裁撤“联合需求监督委员会（Joint Requirements Oversight Council）”以减少人员编制。总的来说，她的目的就是要缩减臃肿总部（五角大楼）的规模。

Mark. Cancian 则在他的文章《美军需要戈德华特·尼克尔斯改革地图，以避免不迷失》中强调了与 Flournoy 类似的建议。但他承认，改革的挑战非常严峻。他说："虽然许多国防管理上的缺点已被找到，并被认定为事实。但在该如何去做的问题上却没有明确的共识。"他建议分两步走：将近期改革目标限定于"快速胜利"，以逐步推动美军管理和规划方面的变化。一旦这些改革得以实施，国会就应该启动未来改革的进程，包括对联合作战司令部的功能和作用进行审查。然而，即使他的建议能在未来提高或改善国防部管理模式，但在激烈竞争的环境中，这些建议仍无法解决国防部如何全球性、战略性、可操作性运转所面临的根本性问题。要解决这些问题，需要打破当前战区联合作战司令部造成的人为障碍，需要破除战区联合作战司令部狭隘的、极力保护所属资产和人员的特权。

二、美军需要的是能在全球范围内联合思考和行动的组织

Kelly. McCoy 在他的文章《设计联合司令部之初的世界已不复存在》中更进一步给出结论："联合作战司令部已经不再适应目前和未来的安全环境"，"当环境变化时，现有组织结构已不能充分反映现实环境，是时候该推动革命性调整了"。McCoy 的主要建议是将战区联合作战司令部转变为基于威胁的联合职能组成司令部（FCC）。比如说，美军欧洲司令部就变成"反俄罗斯联合作战司令部"；美军太平洋司令部变成"反中国联合作战司令部"；美军中央司令部变成"反伊朗联合作战司令部"。这种基于威胁的联合职能组成司令部模式目前有范本，主要以特种作战司令部的形式存在，它被指定领导对抗暴力极端分子。然而，特种作战司令部只被授予同步协调跨战区联合作战司令部特种作战的权力，他们并无权决定这些部队任务的优先排序，也无权决定如何运用这些部队。除非新的联合职能组成司令部能够有权自主对从全球范围内抽调给自己的联合部队优先使用，否则它将无法提供当前战区联合作战司令部所需要的革命性变革。如果有的话，它也只会让人更加困惑。

尽管 Flournoy、Cancian 和 Mccoy 提出了上述建议，但国防部的计划和决策模型目前仍在继续与跨战区的威胁进行斗争，除非将重点放在整合上的改革彻底完成。Dunford 在他的"下一代国防论坛"（Next

Defense Forum）演讲中再次强调了这个问题。他说：“我们（参联会）现在使用协调和协作机制确立战区联合作战司令部之间相互支持关系。但就真正的整合而言——换句话说，执行跨战区、跨领域或跨职能部门的作战任务，决策授权只在国防部长一人手中”。在国防部长之后负责集成的是国防部，但它目前主要任务只是指定联合作战指挥官为同步者或协调要素。以特种作战司令部为例，赋予该司令部这些授权的最终目标只是通过协商共识达成一致。结果是造成Flournoy所称的“共识的暴政”，导致军官和文官只能提交低质量的建议。这个问题有个例子，那是在陆军计划部门中存在的一个说法，它总结到：“军种在全球范围内进行思考，但很狭隘；而战区联合作战司令部则在战区内思考，但很联合。”美军需要的是一个能在全球范围内联合思考和行动的组织。具有讽刺意味的是，这些专家提出的解决缺乏集成度的建议，正是需要文职或军事领导人获得授权，让他们能够通过信息、资产和部队跨战区交流，以迅速评估、响应并获得主动。但目前，除了国防部长办公室的授权之外，还没有哪种诚实的仲裁机制可以迫使一个司令部迅速地转移资产和人员，以应对威胁或获得主动权。如果要在国防部层面上创立这样的组织，从审查国防部长的授权和职责的角度看，就是需要突出强调如何让国防部长办公室面对这种快速决策的挑战。

三、为了让美国在新的竞争对手中继续保持全球领先霸权，国会必须采取行动，为全球作战创造一个整合者

在审查国防部长的授权和职责时，你可以将其分为以下三个主要职能：1. 实施和整合军种的预算和采购计划；2. 通过联合作战司令部集成和运用联合部队；3. 情报界最大组成分部的首脑。这三个责任牵扯面太广，工作量足以从身体和精神上消耗掉任何个人；为此，国防部长将一些日常任务委派给国防部常务副部长（Deputy Secretary of Defense）和/或国防部副部长（Under-Secretaries of Defense）。

例如，国防部常务副部长（Deputy Secretary of Defense）负责支持预算的制定和监督各种采购项目。负责情报工作的副部长（Under-Secretaries of Defense）负责监督国防部庞大的情报机构，包括国家安全局、国防情报局、国家地理空间局以及其他军事情报机构。制定战略

和政策的责任被委派给负责政策的副部长（Under-Secretaries of Defense）。国防部长所没有的是管理和整合全球作战的人。如果国防部长是一名足球教练，他需要一个进攻协调者：一个既能管理好几个小组，又能专注于外部威胁的人。有两个主要的替代方法可以创建这样的进攻协调人。

正如一些人所建议的，第一个选择是将参联会主席提升进军事指挥链。参联会主席不仅需要在编制上提升位置，还需要将他提升到五星上将，以获得在军种参谋长和联合作战指挥官之上的声望。让参联会主席——一位经验丰富的军官——作为全球作战的集成者，似乎是合乎逻辑的选择；然而，这样的举动引发了人们对保持文官控制军队原则的担忧。

第二个选择是创建一个负责军事作战的副国防部长（这个职位甚至可以保留“战争部长”——Secretary of War——的头衔），并授予其权力，可以跨战区调动资产和人员，就像军事 J－3（军事作战）那样。这将在国防部内部强化“统一指挥”的原则，并创造必要的灵活性，以适应不断变化的安全形势。

四、随着全球对等竞争对手和具有跨国影响力地区大国的崛起，如果美国想要保持其竞争优势，就必须在跨战区同步上，变得更加灵活、更具适应能力

“戈德华特·尼科尔斯法案”将军种参谋长从“指挥链”中剔除，以避免军种狭隘主义影响军事作战。同样，一项新的改革法案需要减少战区联合作战司令部的权力，以提高全球作战的效率和效力。由于全球集成者——无论军事或民事方式——的想法必将遭到国防机构的反对，这样的改革必须由国会在立法上推动。在历史上，国防机构一直反对这种改革，比如 1947 年的《国家安全法》和 1986 年的《戈德华特·尼科尔斯法案》，因为改革明确表明，国防机构总会出现赢家或输家。然而，为了让美国在新的竞争对手中保持领先的全球影响力，国会必须采取行动，为全球作战创造一个整合者。

在中东和中亚地区，美国军队在打击恐怖分子和叛乱分子方面经验丰富。然而，随着全球对等竞争对手和具有跨国影响力的地区大国的崛起，如果美国想要保持自己的竞争优势，就必须在跨战区同步上

变得更加灵活和适应。实现这一目标的唯一途径是改变美军目前的指挥和控制结构，使美军能够成为一个真正在全球范围内作战和思考的全球大国。

（说明：本文所表达的观点仅属于作者本人，不代表美国陆军或国防部。）

保罗·中森根："多域战"（MDB）中的网电空间

几个月来，某民族国家秘密渗透到其邻近国家的关键网络，同时在他们共同边界上集结装甲部队，而该国是美国的盟友。当对手准备对该邻国发动大规模网络攻击时，它们的坦克已经在边境发动好准备攻击。就在附近，美国的某陆军师，参与了一个盟军的训练演习，准备成为防御侵略的第一道防线。敌人不知道的是，在发觉这种首轮进攻征兆的同时，盟军和美国军队已经加强了他们的网络，并即时短暂地切断了（敌方）临近城市的电力来欺骗敌人。与此同时，一艘美国海军军舰向对手发射了电磁脉冲（EMP）导弹，使其电子系统失灵。面对一个数量上占优势的敌人，盟军利用 EMP 武器创造的机会之窗，横跨多个领域发动攻击，让敌军既残废又困惑。

当前，美国在任何领域的优势都已经不再像以前那样稳固。持续降低中的、接触和使用对廉价网络空间技术的门槛，可能会在包括人类这一维度上的任何域创造优势。在任何领域的优势都不再能够必然确保成功的军事行动。相反，在特定的机会点（这里的'机会点'应该是包括陆海空天电网核、时间和空间等维度上的机会点——译者注）上借用跨域优势，才能创造在未来战场上击败对手所需要的竞争优势。认识到这一新的范式，陆军和海军陆战队发展了"多域战"概念，以威慑和击败敌人。

"多域战"并不是一个新概念。纵观历史，军队一直试图通过协调同步陆上和海上的攻击以及后来的空中打击来征服他们的敌人。利用电磁频谱和现代通信技术的出现，使拥有先进作战能力的军队能够通过参与多域战来获得优势。要想在 21 世纪的多域战战场上获胜，陆军和联合部队必须：（1）首先以进攻性行动保卫自己的网络；（2）向对手投送网络效应；（3）并将网络能力整合到未来的所有域。

在第二次世界大战的早期阶段，英国发现自己暴露于纳粹军队，并可能遭受即将入侵的威胁。在德国军队几乎不受约束地在欧洲大陆大部分地区胜利进军时，英国军队即面临着失掉这场与在战术上更强、规模上更大的战争：因为德国海军潜艇的狼群战术关闭了海上航道，阻止了来自美国的关键补给，影响了英国商业，使一度伟大的英国海军变得很脆弱。失掉这场战争很可能成为事实，痛苦也很可能像法国沦陷、英国在比利时敦刻尔克大撤退那样重演。

尽管在陆海空三个域中落后，英国利用两场大战（欧洲大陆战场和不列颠之战）之间的空档期开发出了雷达。利用雷达组建的一体化空中和陆地防御系统被证明对后来赢取胜利来说至关重要。利用这种电磁频谱，英国人成功降低了“德国空军”空袭打击的突然性：英国人没有坐等观察哨目视德国战机，而是使用了包括雷达在内的一体化防空系统，这提供了至关重要的超视距预警能力。英国陆军的防空阵地则提前装满弹药，而皇家空军战斗机则可以提前从机场起飞，与敌人进行空对空作战。雷达允许英国保持对大陆德军的空中优势，保护他们的海上防线，挫败德国的入侵计划。

就像英国在陆、海、空和电磁频谱上的行动所证明的那样，跨域作战行动能够创造相对优势，并最终确保胜利。在为未来各种冲突做准备时，美国陆军和海军陆战队认识到，强调某个域可能会导致战争的失败。相反，跨越多个域的战斗，包括网电空间，增加了美军的战斗力，同时增加了战场的复杂性。这个新概念的成功很大程度上依赖于对网电空间作战的整合，这也是本文所要阐释的主要内容。

一、思考问题的新方式

陆军参谋长马克·米尔利将军说：“……我们正处于战争属性发生质变的拐点。”科技、地缘政治和人口的变化正在改变美国军队作战的方式。如果我们希望避免（大战初期）首次战斗的损失，那么现在就必须让军队准备好在所有域同时面临挑战。未来冲突的速度要求我们不能坐等我们对手采用新工艺和新技术。

美国在某些域技术上的压倒性优势已经被割让给了对等对手（near-peer adversaries）、地区性的威胁和非国家行为体。根据参谋长联席会议主席约瑟夫·邓福德将军的说法，技术的扩散和快速发展使得不仅俄罗斯和中国很容易就能缩小与美国优势的差距，同时也让较小的参与者有机会“挫败美国的利益”。就在美军联合部队使用机器人作为力量倍增器、改进无线电射频武器并继续利用某些武器系统的漏洞时，对手也会以同样的方式与美军保持同步发展。集群机器人、微型无人驾驶飞行器以及各种各样的技术将会制造混乱，并在未来的战斗中颠覆美国的决策优势。除非美军为新技术做准备，否则，无论美军曾经的武器有多么强大，一旦他们越过攻击发起线发动攻击，对抗性技术的采用很可能使得美军的火力变得软弱无力。

为了在联合环境中推进联合部队（Combined Arms）的成功，多域战概念设想未来地面作战部队跨越多个域向指挥官提供多种手段，以威慑、击败对手，同时与不同的合作伙伴一起工作。这一概念将采用让联合部队在所有域协同机动的方式，为敌人制造多重困境。对于美军来说，全时的、全域的主导优势已经不再必然，也不是必须的。相反，指挥官们必须在指定的时间点、在每个域内实施机动，主动创造机会窗口和暂时主导地位，从而获得优势。

多域战依赖于相互依赖的网络，这些网络也是网电域（Cyberspace）的基础。网电空间作为战略作战（Strategic Operations）的一个重要手段，既提供了机会，又提供了漏洞，需要美军网电力量“为在信息环境中取得胜利”做好准备。

二、准备之一：防御网络（Network）、数据和武器系统

> 要想在21世纪的多域战场上获胜，陆军和联合部队必须首先进攻性地（Aggressively）保卫自己的网络

在野战场或空中交战之前，陆军网络部队就已经进入战斗，与那些扰乱美军网络运维的敌人对抗：陆军网电防御者中的一部分战术先遣（前置部署）小分队负责保护战术网络，对综合防空系统的某些破坏行动做出反应。他们持续更新系统，确保每个武器和战术作战人员拥有最新的补丁（也可称为逻辑装甲）；在戈登堡（美陆军网络司令部所在地）后方基地，网络保护分队（CPT）远程保护更广泛的网络，猎杀那些高级持续威胁（APT），并维持（网电空间）战略态势（Strategic Picture），以保卫网电关键阵地

（Cyber Key Terrain），使任务式指挥（Mission Command）得以实现。

没有网络，就没有多域战。跨越所有域机动的肌腱也靠网络。军队不仅依赖于网络进行通信和作战，网络也是所有网电部队赖以投射力量的武器系统。失败的网络安全防御可能会暴露网电作战的基础设施。就像以前岸防炮兵部队那样，陆军必须认识到，想要在某个域中防御得很好，需要在所有其他域进行防守。海军上将哈里·B. 哈里斯曾形容陆军的角色是“保卫海洋不受陆地的影响”。通过保护后勤中心、海港和空军基地来阻止敌人介入，岸防炮兵实际上加强了其他域（海空军）的能力。网电部队通过梯次防御来保护网络，同时也保护空中、海上和陆地力量的通讯。串行式的梯次防御能制造复杂性，在阻止敌军作战行动的同时，还能够确保友军的自由机动。

跨域防御首先从每个域防御开始。因为曾经的小麻烦——网络攻击——现在可以造成严重的军事影响，有效地运维和保卫网络必须是所有作战行动的首要任务。对美军网络的威胁可能会使我们通过攻击性网电作战行动取得的潜在收益黯然失色。此外，当我们在网电空间中寻求更大能力的同时，我们可能会变得更容易遭受到对手的入侵和先发制式人的打击。有效地运维和防御美军网络的重要性怎么被夸大都可以，因为它实在太重要了。

敌人试图寻找信息，了解每个美国国防部信息网络（DODIN）上的用户，为他们提供一种接敌途径。确保 DODIN 的安全，不仅可以确保地面部队跨域通信，而且还可以确保攻击性的网电作战行动进入敌人的网电阵地。在网电空间中统一指挥网电行动和网络防御这两项任务，便于在网电空间更好地组织防御。

未来冲突的速度要求我们不能坐等我们对手采用新的工艺和技术

加强网络可以为指挥官提供其他域的机会，并赋能（Enableing）任务指挥模式。从航空到火力的各种作战组成（Component）部队，必须与地面部队进行沟通，同时能够机动地获取敌人的信息、地形和友军的部署。在冲突中获得和维持决定性的优势需要准确和及时基于收集到的信息做出决策。网络允许共享和整合在不同的组织、命令甚至域之间的数据。除非有强大且安全的通信线路，否则情报报告、命令、目标和执行命令将不会通畅。在没有网络的情况下，跨域战场的同步和集成是不可能发生的。

三、准备之二：向敌方投送效果

> 陆军网电操作员（Cyber Operator）可能会在敌人网络中机动并展开行动：敌人的战斗计划可能会突然消失，造成物资供应列车在错误的指令和铁路信号造成的交通堵塞中缓慢摸索；正当敌方部队准备装备、意图发动攻击时，可能会收到关于他们领导人在社交媒体上抛弃他们的令人困惑的信息；由于前线电子战部队的信号干扰，敌人可能发现自己无人机已经坠毁。

某个域可以为另一个域创建“临时优势窗口”。将战场扩展到多个域，可以为指挥官提供各种手段，以便在出现漏洞时利用漏洞，而不是仅仅基于线性架构（linear constructs）交战。就像英国在1940年的英伦战役中利用雷达的电磁频谱来发展他们的交战域一样，网电空间今天也必须这样做。在信息环境中通过网络对敌人投送效果，能够赋予美军战场指挥官更大实力，同时增加战场的复杂性，让对手不知道美军网电部队已经潜伏在他们的网络之中。

网络也是所有网电部队投射力量（Power）的武器系统

美国国防部（DoD）网电战略的目标之一是“需要维持可行的网络手段”，并将其集成到计划之中，以实现更加精准的军事目标（不一定要破坏对手网络）。为了实现这一目标，网电部队通过在网电空间投送“力量”（Power，可以将这种力量理解成为达成现实物理效果的虚拟力量，也可理解为以借助虚拟网电手段远程达成的物理效果，译者更倾向于后者）来支持各种层级司令部机关。从网电空间效果的开发到部署，必须与指挥官的意图和目标相联系。网络力量必须利用他们各种解决问题的技能来预测需求，并创建工具和能力来满足指挥官需求。与炮弹或炸弹不同，网电工具是受限的，甚至可能是一次性的使用系统。地面部队可以请求多发炮弹摧毁某个电力变压器，但网络力量也应该可以有机会投送效果，达成摧毁同样的设备的目的。指挥官必须在正确的窗口中同步使用这种网电力量，以便借助网电空间域，明智地运用所有可用资源。

除网络之外，通过电磁频谱进行攻击也可以提供另一种手段。电子战成功地支持了俄罗斯最近在克里米亚的地面行动，并展示了多域集群威胁（这里讲的是俄罗斯的混合战争——译者注）是如何迷惑敌人的。目前，电子战能力处于战术层面，为地面指挥官提供反应式的、灵活性的手段，以进行电子战攻击、电子战支援或电子战防御。使用其所属部队的设备和才能，指挥官可以通过电磁频谱将火力结合起来，以支援机动作战行动。通过在某一时刻干扰敌人的通信，同时也掩盖了美军自己的痕迹，地面部队可以在战场上自由驰骋。无论以何种方式在网电空间中采取行动，获得动态的、浮动的优势，再加上联合军事行动，就能增加对手的复杂性。网电部队必须以创造性的方式发挥作用，以保持这种动态优势。

四、准备之三：集成的能力

美国军队正在调动军队试图重新夺回被敌军夺走的边境城镇。美国空军在上空盘旋，炮弹呼啸着从他们的建筑物上空呼啸而过，但弹药只落在小镇外的伪装车辆上。当小镇中敌人的分遣队调整麦克风来报告这些军事活动时，他们的电脑会发出要求他们投降的信息，并要求他们提供该小镇中每个士兵的准确位置。美国机动小分队隐秘接敌，释放出一群无人机。电子战的操作员以这种方式欺瞒该小分队的实际规模，让那些敌方指挥官感到困惑，并认为美军有一个营级规模的兵力。惊慌失措的四十个敌方战斗人员投降了。一架由奥斯丁初创公司开发的无人机飞向每一个敌方士兵，扫描他们的虹膜，确认身份，并告诉他们如何遵照命令投降。单个电子战专家（Electronic Warfare specialist）即可在敌方向五人远征网电分队（Expeditionary Cyber Team）——而不是一个营——投降时，干扰任何潜在的敌方通讯。

从防御到进攻，能力必须跨越网电空间、电子战和信息作战。就在英国领导人利用一种新技术——雷达——来获得比纳粹更大的优势时，联合部队指挥官今天也必须这样做，以支持 MDB。开发新的网电空间能力始于设定问题框架，然后在整个集成过程中进行创新。新的国防部倡议强调研究和开发周期（这里指 2016 年以后美军推动的国防采办改革，译者注），但是为了满足军队所需的速度和敏捷性，还需要更多具体的措施。在过去的十年里，对手创造了新产品，花了更多的钱，甚至还窃取了美国的研究成果来对抗美国的传统优势。为了重新获得优势，国防部已经采取了更多倡议来加速网电空间技术采办流程，包括设立国防创新委员会，组建战略能力办公室，构建实验性国防创新单元（DIUx）机制。陆军希望尽速采办并部署技术能力，以更快地支援地面部队，而不是多达数年的开发采购周期。

同样重要的是，部队的力量结构和教育手段也必须作出调整，以吸纳新技术。指挥官必须能够像目前正在推动的快速采办一样，迅速集成新能力提供的机遇。通过职业化军事教育，增强军队领导人对网电威胁和网电空间能力的理解，从而重塑司令部机关。今天（这里应该是指 2017 年初组建“战神特遣部队 - JTF - ARES”、对“伊斯兰国”宣战），指挥官们拥有网电和电子战能力，让他们在打击伊拉克和叙利亚的伊斯兰国的同时，又满足美国陆军欧洲司令部的紧急作战需要，这为司令部机关在网电空间的重塑制造了实践机会。

> 网电部队必须能够利用他们多样化解决问题的能力来预测需求，并创建满足需求的工具。

当前，陆军网电—电磁行动对陆军军及军以下部队的支援倡议（Cyber Electromagnetic Activity-CEMA，Support to Corps and Below，亦称 CSCB），展示了网电作战如何被整合到联合机动部队之中（“战神特遣部队 - JTF-ARES”模式，创建了全新网电行动支援联合作战指挥控制模式，译者注），以便在较低的兵力层次上取得成功。此外，尽管电子战（EW）人员提供了卓越的规划能力，但他们结构编组规模太小，限制了他们在整个网电空间的作战行动。CSCB 则有能力将电子战与网电作战、信息作战、情报人员、相关设备和能力紧密结合，为指挥官提供进攻性和防御性的网电能力，以便在之前他们受限的域中获得优势。此外，CSCB 还展示了如何调整流程，以便能够运用已经有机内嵌的电子战分队。

即使有了适合网电部队的编组模式和武器平台采办方式，指挥官还必须像可视化陆战场那样可视化网电阵地。从调动部队到协调协作，可视化可以在国防部内部或者跨政府部门之间进行有效协调，以允许更快的应对敌对行为。可视化最终可以减少网电空间中的一个主要风险，那就是跨越边界进入另一个责任区所带来的风险（这里应该是指跨越战区，译者注）。划区授权可以限制作战风险，因为许多人仍然无法看透最终的效果。在（网电）战场态势图上添加适当图片实现可视化，可以显示完整的战场运动轨迹、作战过程，这将有助于加快（跨区）作战授权审批流程。

五、结论

> 国防部网电战略的目标之一是，需要将可行的网络手段整合到计划中，以精准实现军事目标。

> 被迷惑后，敌人远远撤离了边界。美军使他们的决策流和信息流不知所措。关键通信设备崩溃了。规模不如对手的美国和盟军部队在某种程度上击败了装备精良的部队，虽然对手能够连接到其后勤基地。MDB 创造了某种复杂的战场，让敌人无法控制，最终导致失败。

多域战的成功得益于每个域获得他人的优势来支持，这种成功需要创新方法集成网电作战，就像英国当时创造性的运用雷达那样。如敌方不能在分层的作战行动中实现跨域协调，就会暴露出间隙。美方联合的跨域机动也会给敌人创造更多困难。今天，网络是将所有域的作战行动联系到一起的最关键的那部分。网络在连接所有域的同时，对网电空间作战的成功也是必要的。从保护网络作为基础，到投送效果防御敌人，陆军必须准备在一个呈指数变化的环境中战斗，在这样的环境中，看起来每个明天都会大不相同。从防御网络起步，网电作战可以保护“基地”，基于该基地，进攻部队就可以通过光纤和频谱投送效果。借助所有层级高度集成的司令部的努力，在多域冲突中集成网电空间域，对未来联合部队指挥官至关重要。

图书在版编目（CIP）数据

网络空间战略问题研究/温百华著．—北京：时事出版社，2019.10（2023.12重印）

ISBN 978-7-5195-0297-3

Ⅰ.①网… Ⅱ.①温… Ⅲ.①信息战—研究 Ⅳ.①E866

中国版本图书馆CIP数据核字（2019）第144956号

出版发行：时事出版社
地　　址：北京市海淀区彰化路138号西荣阁B座G2层
邮　　编：100097
发行热线：（010）88869831　88869832
传　　真：（010）88869875
电子邮箱：shishichubanshe@ sina. com
印　　刷：北京世纪优彩科技有限公司

开本：787×1092　1/16　印张：27.25　字数：405千字
2019年10月第1版　2023年12月第5次印刷
定价：160.00元